유엔한국임시위원단 제2분과위원회 보고서

-한국 측 요인 면담 기록(1948.1.26~3.6)-

경희대학교 한국현대사연구원
현대사 자료총서 4-1

이 자료집은 2015년 대한민국 교육부와 한국연구재단의 지원을 받아 수행된 연구임(NRF-2015S1A5B8037125)

유엔한국임시위원단 제2분과위원회 보고서
-한국 측 요인 면담 기록(1948.1.26~3.6)-

RECORDS OF HEARINGS AND ORAL STATEMENTS BEFORE

SUB-COMMITTEE 2 (HEARINGS OF KOREANS)

경희대학교 한국현대사연구원

허동현 · 김재웅 · 김재호 · 안소영

경인문화사

FIRST PART OF THE REPORT

OF

THE UNITED NATIONS TEMPORARY

COMMISSION ON KOREA

VOLUME III –ANNEXES IX–XII

GENERAL ASSEMBLY

OFFICIAL RECORDS: THIRD SESSION

SUPPLEMENT No. 9 (A/575, Add. 2)

Lake Success New York

1948

　2015년 한국연구재단이 지원하는 중점연구소로 선정된 경희대학교 한국현대사연구원은 2년 동안의 연구 성과물로 『한국문제 관련 유엔문서 자료집(1948~1949)』(상·하)(2017)와 『한국전쟁 관련 유엔문서 자료집』(1~3)(2018), 총 5권을 발간한 바 있다. 본 자료집 『유엔한국임시위원단 제2분과위원회 보고서 -한국 측 요인 면담 기록-』은 '유엔과 한국문제'에 초점을 맞춘 본 연구원 중점과제의 세 번째 성과물로, 유엔한국임시위원단(UNTCOK)이 1948년 5·10 선거에 관한 자신들의 활동을 기록한 보고서[원제: First part of the report of the United Nations Temporary Commission on Korea, Volume Ⅲ (1948), 약칭 A/575/Add.2] 가운데 포함되어 있는 부속문서 일부(Annex X, XI)를 완역한 것이다.

　유엔한국임시위원단(이하 임시위원단)은 1947년 11월 14일 제2차 유엔총회의 결정으로 조직되었다. 통일임시정부 수립을 지원하기 위한 미소공동위원회가 결렬되자 '한국문제'는 미국의 제안으로 유엔에 이관되었다(1947.9.17). 이어서 미국, 소련, 중국, 영국의 4개국 회담에 한반도 통일문제를 상정하려는 시도가 소련의 반대에 직면하자 미국은 임시위원단의 파견을 통한 통일(임시)정부 수립 지원이라는 해결방안을 제시했고 총회의 승인을 얻게 되었다.

　1948년 1월 서울에 도착한 임시위원단은 남한의 정치지도자들과 협의하는 한편, 북한 측 정치지도자들과도 접촉을 시도하였다. 그러나 총선거를 위한 자유로운 분위기의 조성은 순조롭지 못했을 뿐더러 위원단의 북한 지역 진입이 거부되는 등 현지에서의 임무수행은 난관에 봉착했다. 더 이상의 필요한 조치를 찾기 어려웠던 임시위원단은 유엔소총회와의 협의를 통해 향후의 활동방향을 모색하였고 마침내 '임시위원단의 접근이 가능한 지역' 즉 남한에서의 총선거 실시라는 유엔의 결정을 통보받았다. 그 후 임시위원단은 총선거 실시 감독의 임무를 수행하는 한편, '전반적으로 자유로운 분위기' 속에서 선거가 치러졌다는 내용의 보고서를 작성했고 이 보고서는 제3차 유엔총회에서 대한민국이 유엔한국임시위원단의 접근 가능 지역에서 실시된 총선거를 통해 수립된 합법정부임을 승인하는 근거가 되었다. 유엔한국임시위원단 활동 보고서가 해방 후 한국현대사 연구의 기초사료로서 중요한 의미를 갖는 이유이다.

임시위원단이 유엔총회에 제출한 보고서는 5·10선거를 전후로 하여 크게 두 부분으로 나누어진다. 첫째는 제1부, 1948년 1월 12일부터 5월 24일까지의 활동내용에 관한 기록(First part of the report of the United Nations Temporary Commission on Korea, Vol.1~3)이고 둘째는 제2부, 5월 25일부터 10월 14일까지 대한민국 정부수립 후의 활동 요약(Second part of the report of the United Nations Temporary Commission on Korea, Vol.1~2)이다. 1965년 국회도서관 입법조사국이 번역·발간한 『1948년도 국제연합한국임시위원단 보고서』는 바로 이 보고서 제1부 제1권(Vol.1)에 해당하는 것으로, 대한민국 정부수립과 관련하여 유엔 및 임시위원단의 역할에 관한 연구를 촉발시키는 데 크게 기여하였다.

그런데 제1권의 내용이 임시위원단의 창설과정, 위원단의 권한 및 조직 구성, 한국의 정치상황 등 주로 위원단 조직 자체와 그 환경에 관한 사실들이라면, 제3권은 임시위원단이 남한지역에서 실제로 수행한 임무와 활동의 전 과정을 포괄하는 것으로, 그 가운데 본 자료집은 총선거를 둘러싼 한국인의 여론을 파악할 수 있는 부분(Annex 10,11)을 전문 번역한 것이다. 제3권의 전체 구성은 "자유로운 선거분위기에 관한 인터뷰 및 구술기록"(A575/Add.2, Annex 9), "한국 측 요인에 대한 인터뷰 및 구술 기록"(A575/Add.2, Annex 10), "남북한의 선거법 및 선거규칙에 대한 요인들의 견해"(A575/Add.2, Annex 11), "유엔한국임시위원단 선거감시반의 1948년 5·10 선거에 대한 관찰 기록"(A575/Add.2, Annex 12)의 4가지 부속문서로 이루어져 있다. 이들 문서들이 2월 하순경부터 3월 초에 걸친 짧은 시일 내에 작성될 수 있었던 것은 임시위원단 산하에 설치된 3개 '분과위원회(sub-committee)'와 '선거감시단'의 체계적인 역할 분담과 신속한 활동의 결과였다.

첫째, 자유로운 선거분위기 보장을 위한 방안을 강구하는 임무를 맡은 제1분과위원회는 미군정의 임시위원단 연락 장교 웨커링(John Weckerling) 준장 (1948.2.19), 주한 미 군정장관 윌리엄 딘(William F. Dean) 소장(1948.2.24~3.5), 미군정 특별고문 퍼글러(Dean Charles Pergler)와 프랑켈(Ernest Fraenkel) 박사 (1948.2.26), 주한 미군 사령관 하지(John R. Hodge) 중장(1948.3.3) 등 미군정 인사들을 대상으로 인터뷰를 실시하였다. 이를 통해 자유로운 선거 실시의 가능성 여부에 관련된 치안을 비롯한 한국사회의 사정과 당면 문제점, 선거관련 한국의 기존 법규와 미군정 법령 등을 조사했다.

둘째, 제3분과위원회는 남북한의 선거법 및 규정을 검토하는 역할을 담당했다. 인터뷰를 통해 유권자와 후보자의 연령 제한, 부적격자의 자격 제한에 관한 남북한 법률 조항의 차이, 부일협력자의 선거 참여 문제, 문맹자의 투표권, 국회의원 정족수 등에 관한 견해를 조사하였으며 그 결과를 답변자의 좌, 우, 중도의 정치성향별로 구분하여 정리했다.

셋째 '선거감시단'은 선거과정을 유권자 등록(1단계:1948.4.5~10), 후보자 등록(2단계:1948.4.19~24), 투표(3단계:1948.5.7~11)의 세 단계로 나누어 선거감시 활동을 전개하기로 하였고, 지역별 선거관리위원회 위원과 지방단체장, 입후보자, 지역유지 등과의 인터뷰를 통해 선거등록 현황과 후보자들의 정치성향, 전국에 걸친 선거 분위기와 투개표 상황을 상세하게 기록했다.

마지막으로, 본 자료집의 보고서를 작성한 제2분과위원회는 1948년 1월 17일, 임시위원단 제5차 회의의 결정에 따라 설치되었다. 잭슨(S.H. Jackson, 호주 대표)을 위원장으로 호주, 중국, 프랑스, 필리핀, 엘살바도르 대표로 구성된 이 위원회는 선거 실시 및 위원단의 역할과 관련하여 한국의 개인 및 정치·종교·문화 단체로부터 다양한 의견을 청취하는 것을 임무로 하고 있었다. 이를 위해 제2분과위원회는 1948년 5월 10일까지 개인들로부터 278통, 각종 기관으로부터 498통(지역 기준으로는 서울의 기관 및 개인으로부터 478통, 그 외 남한 전 지역으로부터 298통), 모두 776통의 서신을 접수했다.

뿐만 아니라 균형 있는 여론 수렴을 목적으로 우익, 중도, 좌익 인사 대표, 그리고 정치와 무관한 단체의 대표들을 대상으로 인터뷰를 실시하고자 했다. 남북한 정치지도자들의 견해를 골고루 듣는 것이 애초의 목표였으나 북한 측 지도자들과의 인터뷰는 성사되지 못했다. 이를 보완하고 균형 잡힌 의견을 수렴하기 위해 허성택(조선노동조합전국평의회 위원장), 허헌(남조선노동당 당수), 김원봉(인민공화당 당수), 백용희(전국농민조합총연맹 위원장), 유영준(조선부녀총동맹 위원장) 등 좌익단체 지도자들에게 인터뷰를 요청하였으나, 이 또한 위원회 활동 자체에 대한 반대, 그리고 인터뷰에 응할 경우의 신변보장 문제를 제기해 옴에 따라 성사되지 못했다. 결국 제2분과위원회의 인터뷰는 이승만(대한독립촉성회), 김구(한국독립당), 김규식(과도입법의원), 김성수(한국민주당), 안재홍(남조선과도정부 민정장관), 조병옥(경무부장), 장건상(근로인민당), 여운홍(사회민주당), 그리고 재계, 종교계, 사회단체의 대표, 마을 이장을 포함한 각계각층의 인물들을 대상으로 실시되었다. 따라서 제2분과위원회의 보고서가 한국인 전체의 여론을 균형 있게 대변한 것인지의 여부에는 의문의 여지가 없지 않지만, 제2분과위원회는 인터뷰를 실시한 남한지역에서는 적어도 자유롭고 민주적인 선거 분위기, 모든 단체와 정당들의 차별 없는 표현, 집회 및 출판의 자유, 정치범 현황, 남한의 경찰에 관한 긍정적 평가를 내리고 있다.

임시위원단은 제30차 회의(1948.3.31)에서 제1·제3 분과위원회와의 협조 하에 검토를 마친 후에 제2분과위원회의 최종보고서를 채택하였다. 특히 1948년 1월 26일부터 3월 6일까지 제2분과위원회가 실시한 한국 측 주요 인물들의 인터뷰 기록은 총선거 실시에 관한 한국 여론에 관한 보고서로,

한국문제에 관한 유엔총회 및 소총회의 협의석상에서 참고자료로 활용하도록 위원장에게 제공되었다. 유엔총회에서 대한민국 정부 승인의 판단 근거가 되었다는 점에서 매우 중요한 의미를 갖는 자료인 만큼, 관련 주제의 연구 진전에 널리 활용될 수 있을 것으로 생각된다.

이 자료집이 나오기까지 많은 분들의 도움이 있었다. 먼저 한국현대사연구원이 한국연구재단의 중점연구소로 선정되어 도약의 발판을 마련할 수 있도록 본 연구원의 설립과 발전에 지속적인 지원을 아끼지 않으신 경희대학교 조인원 총장님께 감사의 인사를 드린다. 또한 이 자료집의 발간을 위해 소중한 자료를 제공해 주신 유족 장익 주교님과 운석 장면기념사업회의 류덕희·한홍순 두 분의 전·현직 이사장님께 감사 말씀을 드린다. 그리고 본 자료집의 기획과 편집, 해제, 교정에 이르는 전 과정에 참여한 본 연구원의 김재웅, 김재호, 안소영 교수님과 서홍석, 김경수 선생님, 또한 궂은 일을 마다하지 않고 힘을 보태 준 김영숙 선생님과 안현정, 김나영, 박혜민, 홍재영, 강정우 조교에게도 고마움을 전한다. 마지막으로 어려운 출판환경에도 불구하고 자료집을 세상에 나오게 해 준 경인출판사의 한정희 대표님과 김환기 이사님, 그리고 편집부 직원들에게 감사드린다.

2018년 12월
한국현대사연구원 원장 허동현

X. 제2분과위원회 면담 및 구술 기록

제2분과위원회에서 실시된 면담 및 구술 기록

제2분과위원회 : 제5차 회의 요약기록[1]
1948년 1월 26일 월요일 오전 10시 30분, 서울 덕수궁

의장 : 잭슨(S. H. Jackson, 호주)

청문 : 이승만(李承晚)

의장 : 위원님들, 모두 이승만 박사를 만난 경험이 있는 것으로 알고 있습니다. 회의를 시작하기에 앞서, 관련 절차를 간단히 말씀드리겠습니다. 이승만 박사는 우리에게 간단한 진술을 하게 될 것이고, 이어서 제2분과위원회가 토론을 진행하게 됩니다. 본 분과위원회가 준비한 사항들을 질문하고, 이어서 제2분과위원회 위원들 가운데 이승만 박사에게 질문할 의향이 있는 분은 없는지 확인할 것입니다. 이후 제1분과위원회가 제출한 사항들에 대해 질의하고, 제1분과위원회 위원들 가운데 질문할 의향이 있는 분은 없는지 확인할 것입니다. 동일한 절차가 제3분과위원회에서 제출한 질문에도 적용될 예정입니다.

금일 아침 이승만 박사를 모시게 된 것을 기쁘게 생각합니다. 그러면 진술을 듣겠습니다.

이승만 : 저는 진술할 내용을 준비해 오지 않았습니다. 오늘 저는 최대한 답

---

1   1 Document A/AC.19/SC.2/PV5.

변을 드리고, 본 위원회에 협력할 일이라면 무엇이든 하고자 출석하였습니다. 다만 제가 드리고 싶은 말씀은 여러분께서 이곳에 도착하시기 전 미국 언론에서 다음과 같은 보도를 했다는 점입니다. 제가 유엔위원단(유엔한국임시위원단을 가리킴. 이하 유엔위원단으로 표기함)의 방한을 반대한 한국인 중 한 사람이라는 것입니다. 이는 사실과 다릅니다. 저는 제1차 미소공동위원회가 결렬된 후 한국문제를 유엔총회에 상정할 것을 제안했습니다.

물론 우리에게는 정부도 없고 한국 국민들에 의해 선출된 국회도 없습니다. 또한 우리에게는 다소 결함이 있었습니다. 우리는 남한만이라도 과도정부 수립을 위한 선거가 필요하다고 깨달았습니다. 한국인들의 의사를 대변할 국회를 구성하기 위해서 입니다. 미국무부는 1946년 12월 당시 남한에서 과도정부 수립을 위한 선거의 실시가 적절하고, 우리가 선거법을 채택하는 즉시 남북총선거를 실시하는 것에 동의한 바 있습니다. 이후 우리는 이를 위해 노력해 왔지만 결국 실패하였습니다.

이미 자발적인 환영 인파를 보셨다시피 우리 한국인들은 모두 유엔위원단을 환영하고 있습니다. 아마도 우리가 유엔위원단에 과도한 희망을 걸고 있는지도 모르겠습니다. 그러나 우리는 유엔위원단이 기적을 이루어 낼 수 있다고 믿습니다. 공산주의자를 제외한 모든 한국인들은 여러분이 위대한 임무를 완수해 주시기를 바라고 있습니다. 그런 이유에서 저는 여러분에게 협력하기 위해 가능한 모든 일을 하겠다고 말씀드리고자 합니다. 여러분의 임무가 실패한다는 것은 상상도 할 수 없기 때문입니다. 이는 한국인들에게 재앙이 될 것입니다.

사소한 것이라도 여러분에게 도움이 될 수 있다면 무엇이든 말씀해 주십시오. 여러분 모두 만나 뵙게 되어 반갑습니다. 그리고 여러분께서는 우호적인 사람들과 늘 함께 한다고 생각하셨으면 좋겠습니다. 우리는 여러분의 성공을 돕고 싶습니다.

의장 : 이승만 박사님, 본 분과위원회는 당신에게 여러 질문을 할 예정입니

다. 모든 분야에 걸쳐 다양한 내용이 포함될 것입니다. 그러나 당신께서도 우호적인 사람들과 함께 한다는 점을 알아주셨으면 합니다. 그리고 생각하시는 바를 정확히 말씀해주십시오. 박사께서 간단히 말문을 열어주셨으니, 이제 1919년에 있었던 만세운동의 배경을 조금 더 상세히 설명해주시기 바랍니다.

이승만 : 1905년 한반도가 일제 치하로 접어들 무렵 한국인들은 미국이 한국과 교류하는 첫 번째 서구 국가가 되어야 하고, 나아가 1882년의 조약에 따라 제3국이 한국을 부당하게 침략할 경우 즉시 한국 문제 해결을 위해 노력할 것이라고 천명해 주기를 희망하였습니다. 그러나 평화를 사랑하는 한국인들은 국제 조약(어떤 국가는 '종잇조각'이라고 비아냥거렸던)을 지나치게 맹신하였고, 그 결과 한국은 일본에게 점령당했으며 강대국들은 이를 외면했습니다.

이러한 상황에서 일본의 탄압과 압제는 한국인들의 뼈와 살 속에 깊이 파고들었습니다. 그리고 일본의 식민통치는 제1차 세계대전 종전 무렵에 선언된 민족자결주의에 영향을 주었습니다.

의장 : 우드로 윌슨(Thomas Woodrow Wilson)은 당신의 친구였습니까?

이승만 : 그를 직접적으로 알고 있었습니다. 당시 한국인들은 민족자결주의를 진지하게 받아들였고, 이른바 '평화적인 비폭력 혁명'을 시작했습니다. 온 나라의 국민들은 한 사람처럼 들고 일어나 한국의 독립을 외쳤습니다. 민족대표 33인이 선언문에 서명했고, 일본은 총칼로 진압하였습니다. 그리고 13개 도를 대표하는 사람들이 서울로 모여들어 공식적으로 '국민회의'라는 단체를 선포하였으며 '대한민국 임시정부'를 조직하였습니다.

의장 : 그들은 실제로 공식적인 행정부의 직위를 가진 사람들이었습니까?

이승만 : 그렇습니다.

의장 : 일본인들이 존재함에도 불구하고 말입니까?

이승만 : 네. 그들은 아주 빈틈없이 조직되었기 때문에 일본은 놀라지 않을 수 없었을 것입니다. 그러나 첩보 시스템이 치밀하게 구축되어서 2~3명의 사람들조차 모여서 대화할 수 없었습니다. 한국인들이 지하에서 비밀리에 준비했기 때문에 만세운동은 일본 군경의 목전에서 일어날 수 있었습니다. 또한 동시에 전국 300여 개의 거점에서 한국인들은 봉기하였고 집회를 열어 독립선언문을 낭독했습니다. 그리고 자신들이 국가의 참된 주인임을 선언하며 일본의 철수를 촉구했습니다. 전국 300여 개의 도시에서 거행된 만세운동에서는 동일한 선언문이 낭독되었고, 사람들은 국기를 소지하는 일이 범죄행위였음에도 불구하고 태극기를 흔들었습니다. 한국인들은 모두 태극기를 준비했고 독립을 요구하며 행진을 벌였습니다. 이러한 이야기들은 우리 역사의 중요한 미담입니다. 물론 일본은 만세운동을 효과적으로 진압했습니다.

의장 : 만세운동이 한반도 전역에서 일어났습니까? 아니면 서울에만 국한되었습니까?

이승만 : 300개가 넘는 도시의 시장과 공공장소에서 벌어졌습니다. 그러나 일본 헌병대가 잔혹 행위와 범죄를 자행하였습니다. 한국인들은 매우 놀랐습니다. 그런데 사람들은 일본이 문명국가라고 언급합니다. 당시 이러한 정서가 국제적으로 팽배했습니다. 한반도에서는 정부를 운영할 수 없었기 때문에 한국인들은 '독립 임시정부'를 중국에 세웠습니다. 그리고 한국인들은 민주 국가들이 재차 한국의 독립을 외면했다는 사실에 실망했습니다. 그들은 귀환이 허용된 1945년까지 중국에서 임시정부를 유지했습니다.

의장 : 독립운동 지도자들이 피신할 당시 상하이(上海)나 충칭(重慶)으로 이동하였습니다. 다양한 행선지 가운데 어떠한 인사가 어디로 갔는지 알려줄 수 있습니까?

이승만 : 김구(金九) 씨는 중국으로 갔고 저는 워싱턴에 있었습니다. 제가 외국에 있을 때, 그들이 저를 대통령으로 선출했습니다. 그들 중 일부는 중국으로 갔고 나머지는 한국에 남았습니다. 일부는 체포되었고 이 가운데 한 명은 두 다리를 완전히 잃었습니다.

의장 : 그는 누구입니까?

이승만 : 그의 성(姓)은 김(Kim)입니다. 대한국민대표민주의원(大韓國民代表民主議院)의 일원입니다.

의장 : 선생이 동의한다면 제2분과위원회의 질문으로 넘어가고자 합니다. 첫 번째 질문입니다. 한국에서 자유민주선거가 실시되기 위한 조건들은 무엇입니까?

이승만 : 첫째로 선거는 외세의 영향으로부터 자유로워야 합니다. 북한 측에서 선거를 진행한다면 소련군의 영향에서 자유로워야 합니다. 같은 맥락으로 남한에서는 미군정이 손을 떼야 합니다.

하지(John Hodge) 중장이 남한에서 총선거를 실시하여 정부를 세우는 것에 실패해왔기 때문에, 현 정국이 매우 불안정합니다. 지금까지 사실상 모든 미국의 점령국에서는 선거를 실시하여 정부를 수립했습니다. 남한 국민들은 총선거를 실시했던 경험이 없기 때문에 우리에게는 자치정부가 없습니다. 그 이유는 본인이 1946년 겨울 미 국무부를 방문하여 관리들에게 언급했던 것과 같습니다. 하지 중장은 모스크바 3상회의 결정에 따라 우리가 정부를 세우거나 임시 선거를 실시하기 보다는 소련과의 협력을 얻어내는 것을 우선적으로 고려했습니다. 그리고 이러한 협력을 도출해내기 위해 우리가 공산당 지도부와 협력을 모색해야 한다고 생각했습니다.

1945년 10월부터 하지 중장은 5개의 실질적인 프로그램을 차례로 시작했습니다. 각 프로그램은 독립 정부의 전조(前兆)로 불렸습니다. 대한국민대표민주 의원도 이 가운데 하나였습니다. 또한 좌우합작위원회 등이 있었습니다. 당시 저는 하지 중장에게 이러한 시도가 절대 성공할 수 없다고 피력하였으며, 이후 해당 프로그램들은 모두 실패로 귀결되었습니다. 그 이유는 첫째, 소련은 남한 내 공산주의자들로 하여금 미국이나 한국이 추진하는 어떠한 계획에도 협력하 지 않도록 부추겼기 때문입니다. 둘째, 한국 공산주의자들은 자신들의 의지가 관철되지 않는다면 어떠한 정부나 조직과도 협력하지 않을 것입니다. 그리고 남한 국민들은 공산주의자들이 정부를 좌우하는 것에 적극적으로 동의하지 않 습니다. 이후에도 하지 중장은 모스크바 3상회의 결정을 불변의 법칙으로 여겼 고 신탁통치를 한국인들이 독립을 쟁취할 수 있는 유일한 통로라고 생각했습 니다. 그리고 우리가 그들과 협력할 것을 주장했습니다. 그러나 한국인들은 모 스크바 3상회의 결정이나 신탁통치 계획을 거부하였습니다. 하지 중장은 미소 공동위원회의 개최를 성사시켰지만 모두 실패했습니다.

이후 하지 중장은 저와 함께 좌우합작위원회(左右合作委員會, the Coalition Committee)를 조직하였습니다. 1946년 여름, 저는 남한 곳곳을 누비며 국민들 에게 "공산주의자들은 생각을 바꾸고 한국의 독립을 위해 전 국민과 함께 협력 해야 한다"고 촉구했습니다. 이러한 상황에서 하지 중장은 저에게 전화를 걸어 중요한 사안이 있다고 전하였습니다. 그는 제가 돌아오기를 희망했습니다. 당 시는 제가 하지 중장에게 전폭적인 협력과 지지를 보내던 때였습니다. 저는 하 지 중장이 맥아더 장군의 휘하에 있다고 생각했습니다. 또한 맥아더 장군이 한 국의 신속한 독립을 위해 진심으로 일하고 있다고 믿었습니다. 그러나 맥아더 장군은 한국문제에 대해서 어떠한 조치도 취할 수 없었습니다. 저는 하지 중장에게 분명히 협조했습니다만, 그의 계획에 대해 공산주의 지도자들이 협조할 가능성은 희박하다고 강조하였습니다. 그럼에도 불구하고 그는 해당 업무에 몰두하였습니다. 하지 중장은 미소공동위원회 재개를 위해 소련을 초청해야 한다고 말했습니다. 이것이 우리의 목적을 달성하기 위한 유일한 방법이며, 그 방편으로 좌우합작위원회를 설치해야 한다고 주장했습니다. 그는 김규식(金奎植)과 여운형(呂運亨)에게 공동위원장 직위를 요청했습니다. 그러나 김규식 박사는 제가 지지하지 않는 이상 동의할 수 없다는 입장이었습니다.

우리는 새로운 방법을 모색해야만 했습니다. 저는 하지 중장에게 첫째, 좌우합작위원회가 결성되지 못할 것이라고 말했습니다. 둘째, 당시 저는 교육의 일환으로 전국을 순회하며 한국인들에게 공산주의 테러리즘을 반대하도록 설득하고 있었습니다. 만일 제가 좌우합작위원회를 지지한다고 천명한다면, 이는 자기모순을 시인하는 것과 다르지 않습니다. 하지 중장은 제게 한국인을 위해 반드시 필요한 일이라고 말했고, 결국 저는 "성공 여부를 떠나 좌우합작위원회를 시도해 봅시다"라고 말했습니다. 민족주의 지도자들의 지지 속에 김규식 박사는 여운형과 그 추종자들을 비롯한 공산주의자들의 지지를 얻기 위해 모든 노력을 다했습니다. 그러나 그들은 끝내 좌우합작위원회를 지지하지 않았습니다.

한국인들은 하지 중장에게 좌우합작위원회를 해체하고자 하는 뜻을 서면과 구두로 수차례 전달했습니다. 한국인들은 북한의 사주를 받은 공산주의 선동가들과 분투하였기 때문입니다. 한국에는 공산주의 분파가 없습니다. 일제가 공산주의자들이 활동하는 것을 일체 허락하지 않았다는 사실 때문에 한국에는 공산주의와 관련된 문제가 없습니다. 따라서 공산주의자들의 문제는 다른 나라에 비해 훨씬 간단한 사안입니다. 일제의 패전 당시 그들은 수백만 엔의 자금과 각종 물자, 정부 부처 등을 공산주의 지도자들에게 이양했습니다. 그리고 그들은 일본 거주민들이 떠날 때까지 이들의 안전과 생명을 보장하는데 최선을 다해 줄 것을 요청했습니다. 공산주의자들은 '인공'(조선인민공화국, 이하 인공으로 표기)이라 불리는 단체를 조직했습니다. 1945년 10월 귀국 당시, 인공의 주석으로 제가 거론된 것을 알고 깜짝 놀랐습니다. 이에 따르면 저는 공산주의 단체의 수장이 됩니다.

의장 : 본래 '인공'은 한국에 공산주의자가 거의 없던 시절부터 공산주의 조직이었습니까?

이승만 : 소련이 38선 이북지역을 점령하고 공산주의 조직을 창설한 이후 시베리아와 만주에서 다수의 공산주의자들을 파견했습니다. 남한으로 건너온 여운형, 박헌영(朴憲永), 허헌(許憲) 등은 본인을 주석으로 내세우며 소위 인공을 수립했습니다. 그래서 저는 인공에 대해 아는 바가 없다고 표명했습니다. 저는 타국을 고향으로 여기는 어떠한 부류의 사람들과도 결합하고 싶지 않았습니다. 그들은 마침내 인공에 참여하는 일이 한국인들을 구원할 것이라고 선언했습니다.

물론 대다수 한국인들은 이것이 무엇을 의미하는지 알지 못했습니다. 그리고 인공을 독립된 한국 정부라고 생각했습니다. 나는 그들과 전혀 관련이 없다고 선언했고, 사실상 전 국민이 하룻밤 사이에 입장을 바꿨습니다. 당시가 하지 중장이 저에게 전화하여 남한 지역 순회를 멈추고 좌우합작위원회 창립을 지원해달라고 요청한 때였습니다. 이는 중요한 일이었고 사람들은 하지 중장이 좌우합작위원회를 해체해야 한다고 요구했습니다. 좌우합작위원회를 설치한 장본인이 하지 중장이었기 때문입니다. 그러나 하지 중장은 이러한 요구를 거부했고, 결국 얼마 전에 좌우합작위원회는 해체되었습니다. 그러나 군정의 지원과 격려 속에 중간파들의 합작운동이 시작되었습니다. 이는 다양한 우려를 야기하고 일부 한국인들에게 두려움을 촉발하였습니다. 1946년 이후로 남한에서 세 번의 대형 테러 사건이 있었다는 사실 때문입니다. 한 번은 대구에서 50명의 경찰관들과 그 가족들이 살해당했습니다. 이 사건으로 많은 이들이 목숨을 잃었으며 주택들이 불탔습니다. 이에 따라 한국인들의 상황이 매우 좋지 않

있습니다. 최근에 제2차 미소공동위원회가 결렬된 이후, 공산주의자들은 당명과 간판을 바꿔왔습니다. 그리고 그들은 지금 이 좌우합작위원회로 물밀듯이 들어오고 있습니다.

의장 : 다시 질문으로 돌아오겠습니다. 당신은 우리에게 외세가 물러나야한다는 두 번째 조건을 밝혀왔습니다.

이승만 : 내정의 영역인 정당 정치에 개입하지 않아야 합니다.

의장 : 세 번째 조건은 무엇입니까?

이승만 : 세 번째 조건은 유엔위원단이 한국인들에게 자유를 주기 위해 당도한 이후 과도입법의원이 채택한 일련의 선거법에 관한 것입니다. 한국인들은 이 선거법을 활용할 것이라고 말해왔습니다. 따라서 우리가 선거법을 통해 총선거를 실시하게 해 주십시오. 이 선거법은 어느 때에는 서명 및 공표되었다고도 알려졌지만 다른 때에는 그러지 못했다고도 했습니다. 최근에는 선거법이 불명확하고 어떤 조항은 포함되어서는 안 된다는 말도 있습니다. 그래서 우리는 군정에 의해 채택된 선거법이 실재하는지 알지 못합니다. 이는 한국인들에게 너무나 복잡한 사안입니다.

의장 : 다른 질문에 포함된 내용인데, 지금은 이를 건너뛰어도 될까요?

이승만 : 또 한 가지 고려해야 할 사항은 모든 한국인들이 삼일절 이전에 선거의 실시를 희망한다는 점입니다. 1919년의 혁명(만세운동)으로 인해 삼일절은 한국인들에게 굉장히 의미 깊은 날입니다. 많은 사람들은 이날을 미국의 독립기념일과 같이 여깁니다. 그리고 한국인들은 삼일절 전에 선거를 실시할 수

있게 된다면 매우 기뻐할 것입니다.

의장 : 부연하고자 하는 조건이 있습니까?

이승만 : 그렇습니다만, 잠시 생각할 시간을 가져야겠습니다.

의장 : 그렇게 하시죠. 그리고 우리는 이 문제로 다시 돌아오겠습니다.

다음 질문을 하겠습니다. 당신은 현재 한국의 자유선거 실시를 방해하는 어떠한 조건들이 있다고 생각합니까? 지금까지의 조건들과는 별개로 이는 자유선거에 관한 질문입니다. 당신이 보기에, 자유선거가 내일이라도 실시될 수 있습니까? 아니면 자유선거 실시를 방해하는 특정한 조건들이 현존하고 있나요?

이승만 : 저는 지속적으로 지방의 지도자들과 연락을 취하고 있습니다. 약 3~4개월 전에 우리는 비밀리에 선거를 진행한 적이 있습니다. 왜냐하면 군정이 자신들의 승인이 없는 한 어떠한 선거도 실시해서는 안 된다고 명령했기 때문입니다. 그래서 우리는 간신히 선거를 치렀고 이는 얼마 후에 공개되었습니다. 약 2주 동안 우리는 230여 명의 대표들을 선출했습니다. 하지 중장이 이들을 대의기관으로 인정했더라면, 제대로 기능했을 것입니다. 그러나 그렇지 못했습니다. 우리는 이를 바탕으로 선거관리위원회를 조직했습니다. 이후 선거관리위원회는 모든 지역과 작은 마을까지 설치되었습니다. 그들 모두 선거를 기다리고 있습니다. 그리고 만약 1년 전에 하지 중장이 남한의 임시 선거를 실시하도록 허락했다면, 우리는 선거를 완료하고 4주 내로 보고서를 제출하였을 것입니다.

의장 : 우리는 오히려 한반도 전체에 해당하는 선거를 생각하고 있습니다. 물론 이 선거를 위해서 분과위원회는 유엔위원단을 고려해야 합니다. 만일 보

통선거를 기반으로 한 선거가 3월 1일에 실시된다면, 이를 저해할 요인들이 있습니까?

이승만 : 현재 우리 측에서 우려하는 문제가 하나 있습니다. 중간파 정당이 출범할 당시, 하지 중장이 열렬한 격려사를 보냈고, 언론 보도에 따르면 다른 장성들도 축전을 보내도록 요구받았다고 합니다. 이후 각 지방에 있는 공산주의자들은 지하로 내려갔습니다. 그리고 일부 지방 정부 관리들은 중간파와 협력하며 일하고 있습니다.

의장 : 중간파의 존재가 자유선거를 가로막는다고 생각하십니까?

이승만 : 이것이 요점입니다. 보고에 따르면, 북한 공산주의자들이 신권(新券)을 발행했다고 합니다. 그리고 주민들에게 구권(舊券)을 교환하도록 명령했습니다. 그리고 선거 캠페인을 위해 수백만 원을 남한으로 보내고 있습니다.

의장 : 말하자면 신권으로 대체된 북한의 구권들이 선거 캠페인을 위해 이곳의 공산주의자들에게 보내지고 있다는 것이군요.

이승만 : 그것이 우리에게 보고된 사실이며, 그들은 이러한 방식으로 작전을 벌이고 있습니다. 그리고 일부 지역에서 지방 관리들과 군정은 서로 협력하는 가운데 공산주의자들을 도와주고 있습니다.

의장 : 이익을 보는 측이 중간파들이 아니고 공산주의자들입니까?

이승만 : 바로 그렇습니다. 그리고 공산주의자들은 이를 가능케 하는 수단들을 갖고 있습니다.

의장 : 당신은 북한의 화폐개혁으로 인해 사실상 남한 공산주의자들에게 흘러간 자금이 자유선거를 위협한다고 생각합니까?

이승만 : 자유선거에 대한 위협이 될 것입니다.

의장 : 당신은 중간파가 외세와 협력 관계에 있다고 했습니다. 앞서 언급한 일도 이 가운데 하나입니까?

이승만 : 그들은 이 자금을 곳곳에 풀고 있습니다. 여기에는 또 다른 위험이 도사리고 있습니다. 진실로 우리가 민주적 선거를 실시할 때라고 봅니다.

의장 : 민주선거를 실시한다면 선거 기간에 모든 정당과 단체들이 집회 및 출판의 자유를 가질 수 있다고 생각합니까?

이승만 : 그렇습니다. 이에 관련하여 한 가지 제안을 드리고 싶습니다. 민주적 형태의 정부라고 하더라도 특수한 환경에서는 의사표시 및 결사의 자유 등이 제한될 수 있습니다. 특정 기관을 설립하기 위한 표결에서는 다수결의 원칙이 보장되어야 합니다. 이는 민주주의 원칙입니다. 그렇지 않습니까? 남한에서 한국인들은 반역적이고 비민주적인 무리에 대항해 굳게 버티어 섰습니다. 왜냐하면 우리가 공산주의자들을 통제하지 않는다면, 한국의 모든 기관들이 파괴될 것이라고 생각하기 때문입니다. 이에 따라 한국인들은 공산주의자들이 파괴적·종속적 노선을 버리지 않는 이상 각 기관과 단체 및 정당을 보호하려고 합니다.

이것이 보편적인 정서일 뿐만 아니라 진실로 한국인들에게는 민감한 사안입니다. 모스크바 3상회의에 의거하여 하지 중장은 중립적인 입장을 지지하고 있습니다. 이는 공산주의자와 민족주의자를 동등하게 대하겠다는 의미입니다만,

남한의 공산주의자들은 대단히 위험한 집단입니다. 공산주의자들에 대해 중립적인 입장을 견지한다면, 이러한 처사는 그들을 고무할 뿐만 아니라 정당에 잠입하는 기회를 주는 것입니다. 따라서 정당정치와 관련된 일은 한국인들 스스로에게 맡겨져야 한다고 봅니다. 하지 중장을 비롯한 인사들은 한국의 정당문제를 해결할 수 없습니다. 이 문제를 한국인들의 손에 넘겨주십시오. 미국 언론을 통해 우익 세력이 공산주의자들이나 좌익 세력에 대해 테러를 일삼고 있다는 소식이 보도되었습니다만, 이는 사실과 다릅니다. 완전히 민주적인 선거를 실시할 것을 제안합니다. 어떠한 단체에 대해서도 소신에 따라 투표할 권리가 있습니다. 우익세력이 엄격한 기준을 바탕으로 기획하는 선거가 대다수 사람의 의지에 따라 실시되도록 해 주십시오. 이것이 우리의 소원입니다.

의장 : 집회나 표현의 자유가 제한되어야 할 인사가 누구라고 말씀하시는 것입니까?

이승만 : 누구도 표현의 자유를 막을 수 없습니다.

의장 : 그들이 공산주의자 혹은 자금을 바탕으로 이 나라를 파괴하려 하는 세력이라도 말입니까? 그들이 시위 및 집회의 자유를 가져도 된다고 생각하십니까?

이승만 : 물론입니다. 그러나 한국인들이 집단적으로 공산주의자들의 발언권과 선거유세 및 피선거권을 인정하지 않는다면, 유엔위원단이 개입하여 "당신들은 민주주의 원칙을 위배하고 있습니다"라고 말할 수 있겠지요.

의장 : 그러한 단체가 존재할 때라야 유엔위원단은 개입할 것입니다만, 해당 사례는 아직까지 없었습니다. 따라서 현재로서는 공산주의자들이나 다른 누구

도 차별하지 말아야 한다는 입장입니까?

이승만 : 차별은 없습니다. 모든 사람들에게 보편적인 참정권을 부여하고, 엄격하고 민주적인 절차에 따라 선거를 실시함으로서 한국인들의 열망을 실현하도록 해 주십시오. 이것이 우리의 입장이며, 극우주의자로 매도되는 우파에 대한 보도를 바로잡고 싶습니다. 제가 극우주의자로 내몰리고 있습니다만, 온건적인 우파는 누구이며 협조적인 우파는 누구인지 알고 싶습니다. 극우주의자들은 없습니다. 우리 모두가 조국의 독립을 위해 노력하는데, 그렇다면 우리가 극우주의자라는 말씀입니까? 극우주의자들이 좌익세력과 중간파에 대한 테러를 일삼는다는 보도가 있습니다. 테러리스트 우파는 없습니다. 테러분자는 파괴를 일삼는 반미(反美) 공산주의자들뿐입니다. 그들이 테러를 자행하는 유일한 세력입니다.

의장 : 공산주의자들 가운데 소련에 대해 한국이 추종하는 일을 저지하려는 인사들이 없습니까? 다시 말하자면, 공산주의자로서 소련을 추종하지 않는 좌익 세력이 있습니까?

이승만 : 한국인들은 소련을 추종하지 않습니다. "공산주의자들은 소련에 대한 한국의 종속이 곧 한국의 자유와 독립을 의미한다"고 봅니다. 공산주의자들은 그렇게 믿습니다. 이러한 공산주의자들의 인식은 정당의 문제가 아닌 국가의 생사와 직결됩니다. 그렇기에 다른 나라에서 공산주의자들은 정부의 통제 아래에 있으며, 이들을 규제하는 법과 원칙이 있는 것입니다. 우리에겐 법률이 없습니다. 따라서 한국인들은 안보, 생존, 가정, 재산을 보호하기 위해 공산주의자들을 통제하려고 합니다.

의장 : 자유선거 과정에서 우익의 계획을 지원할 온건한 공산주의자들이나

좌익인사는 없다고 생각합니까?

이승만 : 우리는 과거에 대다수의 정당 대표나 단체장들이 조선인민공화국의 충실한 후원자들이었음을 수차례 폭로하였습니다. 우리는 국민들에게 정치 상황을 설명하면서 "국민 개개인의 가정, 이웃, 기관에 암약한 공산주의자들이 있다면, 공산주의자들이 잘못되었음을 환기하고 그들로부터 돌아서라고" 당부했습니다. 우리는 비로소 지금이라도 외세를 추종하지 않고 한국의 독립을 위해 일하겠다고 선언하는 공산주의자들이 있다면, 그들을 받아들일 용의가 있다고 줄기차게 언급해 왔습니다.

위원장 : 사실상 앞서 답변하셨던 질문입니다. 1948년 3월 31일 이전에 선거가 실시되어야 한다고 생각하십니까?

이승만 : 그 때가 아니더라도 최대한 신속하게 실시되어야 합니다.

의장 : 3월 31일 이전에 실시될 수 있다고 생각하십니까?

이승만 : 그렇습니다.

의장 : 예를 들어, 만일 우리가 2주 이내로 선거를 실시하기로 결정한다면 3월 31일까지 종료할 수 있습니까?

이승만 : 하지 중장의 지시가 있거나 혹은 유엔위원단이 공표한다면, 보통선거의 원칙에 따라 분명한 일자에 선거가 실시되어야 합니다. 유엔이 고집하는 두 가지 요건이 있지요. 나이 제한과…

의장 : 해당 기간에 선거를 치르는 것이 가능합니까, 혹은 8일 정도가 소요될까요?

이승만 : 이전에 말씀드렸다시피, 4주 이내에 선거의 완료가 가능하다고 봅니다. 선거와 관련된 사전 업무를 모두 마친 상태이기 때문에, 유엔위원단이 일자를 공표한다면 우리는 선거를 실시할 예정입니다.

의장 : 남북한에 정치적 이유로 투옥된 사람들의 숫자에 관해 아는 바가 있습니까?

이승만 : 정확한 정보는 확보할 수 없었으나, 사실상 정치범은 없다고 봅니다.

의장 : 남한에 대해 말씀하시는 겁니까?

이승만 : 그 규모를 확인할 방법이 없습니다. 종종 사적으로 보고되는 정보는 있으나, 현재 그들의 수가 어느 정도인지는 불명확합니다. 얼마 전 하지 중장이 사면을 명령하였고, 669명의 재소자가 석방되었습니다.

의장 : 남한에서 말입니까?

이승만 : 예, 남한에서입니다.

의장 : 북한의 정치범 숫자에 대한 대략적인 추정치가 있습니까?

이승만 : 변영태(卞榮泰) 박사, 북한에 소위 정치범들이 얼마나 있는지 알려줄 수 있습니까?

변영태 : 그에 대해서는 아는 바가 없습니다.

의장 : 북한 정권이 수천 명을 잡아들이지 않았나요?

변영태 : 그렇다고 봅니다. 북한의 정치범은 수천 명에 달할 것입니다. 예를 들어, 저명한 민족주의 지도자인 조만식(曺晚植) 씨는 가택연금 상태에 있습니다.

의장 : 만 명 정도로 추산된다는 말씀입니까?

변영태 : 어떠한 부분도 확실히 말씀드릴 수 없습니다.

의장 : 정치적 명목으로 투옥된 인사들에게 선거에 참가하거나 투표할 수 있는 권리가 주어져야 한다고 생각하십니까?

이승만 : 그것은 아주 세부적인 사안이 될 것입니다. 우리가 수감 중인 정치범들에게 동등한 기회를 주기 위해 참정권을 부여한다면, 많은 혼란과 어려운 문제들이 발생할 것입니다. 이는 다른 나라에서도 선례가 없는 것으로 알고 있습니다.

의장 : 이 부분은 다른 분과위원회의 질의 시간에 재차 논의될 예정이기 때문에 생략하겠습니다.

이승만 : 방금 질문은 한국인들에게 큰 파장을 불러올 것입니다. 유엔위원단 전체를 어려운 상황으로 내몰기 때문입니다.

의장 : 남한의 선거법(남조선과도입법의원 공법 5호)과 북한의 현행 선거법

과 관련하여 변경하고자 하는 사항이 있다면 어떤 내용입니까?

이승만 : 사실 저는 선거법을 적용시켜야 한다고 주장하는 지도자들 가운데 한 명입니다. 과도입법의원이 대의기관이 아니라는 사실 때문에 선거법에 반대하는 사람들이 있습니다. 그들은 한국인 스스로가 임시 선거법을 제정해야 한다고 생각합니다. 그러나 말씀드렸듯이 제 입장은 여전히 우리가 보유하는 무엇이든 이용해야 한다는 것입니다. 선거법을 충분히 주의 깊게 연구해오지 않았습니다만, 제가 판단하기에 여기에는 친일적인 요소가 있었습니다.

의장 : 제 생각에 현재는 이 문제를 잠시 보류해야 할 것 같습니다. 우리가 전체적인 흐름을 이해할 수 있도록 다소 세부적인 질문이 예정되어 있기 때문입니다. 아마 박사께서 잠시 휴식을 취한 후에 분과위원회의 다른 위원들이 다시 질문할 것입니다.

이승만 : 의장께서도 저와 계속 함께 합니까?

의장 : 아닙니다. 박사께서 괜찮으시다면, 아직 2개 분과위원회들의 질문에 답변해주셔야 합니다.

이승만 : 제 시간은 당신의 처분에 달려있습니다. 이는 우리 한국인들의 문제입니다. 그리고 여러분들은 우리가 이를 해결할 수 있도록 돕기 위해 오셨습니다. 우리는 가능한 모든 일이라도 해야 합니다. 호 박사께서 여기에 남아계셨으면 좋겠습니다만, 레이크 석세스도 박사를 필요로 하고 우리도 물론 그렇습니다.

호세택 박사(胡世澤, Hoo Chi-Tsa, 사무차장보) : 저는 임무가 끝날 때까지 머무를 수 없습니다. 그러나 첫 단계인 선거 문제가 마무리 될 때까지는 배석할 예정입니다.

이승만 : 필요하다면 조금 더 머무르시도록 타진해 보겠습니다.

호세택 : 저는 첫 단계인 선거문제가 끝날 때까지 배석하길 희망합니다.

의장 : 다음으로 제1분과위원회에서 제출한 질문에 대해 논의하겠습니다. 대단히 신중한 질문들입니다. 여기에는 자유로운 분위기에서 선거가 실시될 수 있도록 하는 분과위원회(제1분과위원회)의 요구사항이 포함되었습니다.

표현의 자유, 언론과 보도의 자유, 집회 및 결사의 자유, 임의적인 체포와 구금으로부터의 보호, 폭력이나 위협으로부터의 보호 등과 관련됩니다.

당신이 보기에 현행 법률, 규정, 법령이나 현재 한국에 만연한 분위기 가운데 자유선거의 실시와 양립 불가능한 내용이 있습니까? 만약 그렇다면, 당신이 보기에 그것들은 무엇이며 이러한 상황을 개선하기 위해 필요한 법조항들이 무엇입니까?

이승만 : 법률과 조례는 미군정 통제 하에 운용되고 있으며, 한국인들은 이를 임시방편적인 조치로 여겨서 포괄적으로 연구하지 않았습니다. 물론 특정 법조항은 임시적인 것으로 여겨질 수 있습니다. 그러나 경찰과 사법부는 매우 잘 유지되고 있습니다. 물론 현 상황은 불리한 조건에 놓여 있습니다. 예를 들어, 러치(Archer L. Lerch) 장군이 군정장관으로 재직할 당시 군사법원이 해산 되었습니다. 그는 한국인들에게 정부 이양을 제안했고, 미국인 직원들은 다른 건물로 옮겼습니다. 이때 미군정 군사법원이 해산되었다는 사실을 공표하였습니다. 최근에 이 군사법원이 부활하여 한국 사법부와 업무가 중복된다는 사실이 알려졌습니다.

언론의 자유에 대해서 말씀드리자면, 남한에서는 이러한 권리를 보장한다고 생각합니다. 일각에서 특정 언론이 탄압받는다고 비판하는 사람들이 있었지만 그뿐입니다. 저는 그렇게 생각해 본 적이 없습니다. 이 문제에 대해 개인적으로 의견이 없습니다만, 저는 우리가 관용적이라고 봅니다. 적어도 북한에 비해 남한에서는 광범위한 자유를 보장하고 있습니다.

의장 : 그러면 미군정 군사법원과 한국 대법원(supreme court)이 동일한 역할을 수행하고 있다는 입장이십니까?

이승만 : 저는 사법행위가 중복될 필요가 있는지 의문입니다. 전쟁 중이라면 다르겠지만, 지금은 그렇지 않습니다. 현재는 평화시기입니다. 평화가 3년 동안이나 지속된 만큼 이러한 업무의 중복은 전혀 이롭지 않습니다.

의장 : 군사법원이 정치범 재판을 관장하고 있습니까? 아니면 한국 법원이 담당합니까?

이승만 : 얼마 전 대법원 판사들이 대규모 사퇴를 고려한다는 언론 보도가 있었습니다. 그리고 2~3명이 이미 사임한 것으로 알고 있습니다. 그러한 결정이 어떻게 이루어졌는지 저는 알지 못합니다. 그러나 한국 대법원이 판결한 일부 사건들이 군사법원에서 재심되었다는 보도가 연달아 있었습니다.

의장 : 박사께서 보시기에 군사법원에서 입안한 군법 가운데 자유선거의 실시를 저해하는 사항이 있습니까?

이승만 : 저는 전국에 지방 군사법원이 얼마나 세워졌는지 모르지만, 한국인들의 의식에 어느 정도 영향을 미친다는 점은 확실합니다.

의장 : 결사 등을 제한하는 법률에 대해 아는 바가 있습니까?

이승만 : 우리 국민들은 평화롭고 질서정연한 방법으로 집회를 할 권리가 있다고 생각합니다.

의장 : 그렇게 할 수 없도록 하는 법률이 있습니까?

이승만 : 이와 관련된 법률이 있다고 생각하지는 않습니다. 그러나 때때로 군정에서 집회를 개최할 수 있는 시간을 지정하거나 일정한 인원을 초과하지 못하게 제한한다고 생각합니다.

의장 : 집회 인원이 얼마나 되는지 아십니까?

이승만 : 그 규모는 일정하지 않습니다. 어떤 때에는 백여 명이 참석하지만, 매우 임의적입니다.

의장 : 임의적으로 판단하는 근거는 사령관의 명령이 그렇다는 것입니까, 아니면 군사법원이 그렇다는 것인가요?

이승만 : 우리는 엄격히 전제적 정부 하에 있었습니다.

의장 : 군사법원은 소요사태나 폭동에 대응합니다. 관련 법안을 만드는 일은 일반적이지 않습니까?

이승만 : 글쎄요, 폭동이나 파업 등의 사태는 한국 경찰이 잘 관리하고 있습니다.

의장 : 본 법정이 불필요하다고 생각하시는 것입니까?

이승만 : 필요성을 느끼지 못합니다. 1946년에 테러 활동들이 빈발했습니다. 그러나 군정이 계엄령을 선포한 대구를 제외하고는 헌병대의 도움 없이도 한국 경찰들이 잘 관리해 왔습니다.

의장 : 군사법원이 기각하지 않아야 할 법률이나 규정 혹은 조례는 없습니까?

이승만 : 언젠가 지방 군정이 특정 단체를 지원하고 특정 집회를 독려했다는 등의 불만을 들은 적이 있습니다.

의장 : 한국 경찰이나 법원 혹은 두 기관에서는 귀국의 국민들 또는 단체의 집회 및 결사의 자유에 대해, 자유로운 선거에 영향을 미친다는 명목으로 규제하고 있습니까?

이승만 : 네. 저는 초점이 이 부분에 맞춰져야 한다고 생각합니다. 얼마 전 한국인들이 선거와 관련된 집회를 열었습니다. 하지 중장이 선언하고 맥아더(Douglas MacArthur) 장군이 지지하는 가운데 1년 넘게 준비해왔기 때문에, 한국인들은 선거가 실시될 것으로 굳게 믿고 있었습니다. 그러나 하지 중장이 어떠한 선거도 허가하지 않겠다고 밝히자 거리에서 집회와 시위가 시작되었습니다. 시민들은 경찰과 충돌했고, 비록 하루 이틀 뒤에 석방되기는 했지만 많은 사람들이 연행되었습니다. 집회 참석자들은 경찰에 항의했지만, 그들로부터 명령에 따라 이루어진 일이라는 답변만 들었습니다.

의장 : 박사께서는 군사법원이 없었다면 남조선과도입법의원이나 대법원이 선거의 실시를 원활하게 하는 법률이나 규정들을 제정했을 것이라고 생각하십

니까?

이승만 : 저는 그렇다고 봅니다.

의장 : 남조선과도입법의원에서 이미 발의된 법안 가운데 박사께서 반대하시거나 그 자체로 자유선거에 방해가 된다고 여기는 법안이 있습니까?

이승만 : 이는 남조선과도입법의원이 해산되어야 한다는 사실을 환기합니다. 당신은 총선거가 과도입법의원을 대체할 것이라는 점을 아시지요? 또한 그들은 해산되어야 하며 군정 관리들은 합작을 주장하는 자들이나 공산주의자, 우익 단체나 정당들에게서 손을 떼야 합니다. 그들이 자체적으로 문제를 해결하도록 해야 합니다. 그래야 집단적인 폭동과 같은 사태가 발생하지 않고, 경찰의 엄격한 법 집행에 따라 불법적인 일도 일어나지 않을 것입니다.

의장 : 제1분과위원회 위원 가운데 추가적으로 질문하실 분이 계십니까? 추후에 제1분과위원회에서 질의할 특정한 사안이 있으면 이 박사께서 답해주시는 것으로 하겠습니다.

이승만 : 언제든지요. 전화를 주시면 무엇이든 도와드리겠습니다. 우리는 이 기회를 기다려왔습니다.

의장 : 이제 제3분과위원회의 질문을 드리겠습니다. 4~5가지가 있습니다. 제3분과위원회는 "성인 투표권을 기반으로 한" 선거의 실시를 위한 유엔총회의 권고를 고려하여, 적합한 선거 연령과 입후보자 연령에 대해 한국인들의 의견을 구하고자 합니다. 현재 북한에서는 선거연령이 20세이고 남한은 23세입니다. 당신의 의견은 어떻습니까?

이승만 : 저는 연령제한에 대한 고려가 그다지 중요하지 않다는 견해를 표명한 적이 있습니다. 일각에서는 선거연령 제한을 낮추는 것이 공산주의 이념을 가진 다수의 급진적 젊은이들에게 선거권을 부여하는 처사라고 생각합니다. 그러나 이는 사소한 문제라고 봅니다. 따라서 저는 선거 제한연령을 23세 혹은 20세에 규정하는 문제를 중요하게 여기지 않습니다.

의장 : 입후보의 경우는 어떻게 생각하십니까?

이승만 : 원래 25세였다가 23세로 하향된 것으로 알고 있습니다. 그러나 한국의 연령 체계는 특수한 경우 거의 1년이 늦기도 합니다. 따라서 21세나 22세, 혹은 23세로 조정하는 일은 그다지 큰 문제가 아닙니다. 물론 이번 사안을 촉발시킨 공산주의자들은 어떤 방식으로든 입후보 연령에 관한 분란을 조장할 것입니다. 그러나 우리는 방해공작만 일삼는 공산주의자들을 고무하고 이들을 제외한 사람들을 좌절시키기 위해 이 자리에 있는 것이 아닙니다. 만천하에 드러났듯이, 우리는 그저 올바른 길로 나아갈 뿐입니다.

의장 : 이와 관련하여 다른 질문이 있습니다. 한국 공법 5조 2항 (a)호를 읽어보면,

"다음의 범주에 해당하는 자는 선거권이나 피선거권을 부여하지 아니한다.

(1) (법적) 무능력자, 준무능력자, 정신질환자 및 약물중독자.

(2) 징역형을 선고받거나 복역 중인 자 및 집행유예 혹은 탈주범.

(3) 1년 이상의 징역 혹은 금고형을 받은 자, 그러나 형기만료 이후 3년 이상 경과하거나 혹은 집행유예 인 경우, 그리고 선고가 정치범죄로 내려졌다면, 그 자는 이 범주에 포함되지 않음.

(4) 법률로 투표가 거부된 자, 그리고 '반역자', '부역자', 혹은 '모리배'로서 법률로 규정된 자"

라고 규정되었고,

북한의 선거 규정 1조 (1)항을 읽어보면,
"1. 정신이상자 및 사법부 판결로 보통선거권이 배제된 자를 제외하고, 북한의 모든 20세 이상 공민은 재정상태, 교육, 거주지 및 종교에 상관없이 보통선거권과 피선거권을 가짐"
이라고 되어 있습니다. 이 조항들이 적절하다고 생각하시는지요?

이승만 : 해당 조항들은 일부 사람들의 선거권을 제한하며, 인위적이고 사소한 내용을 담고 있습니다. 또한 인간의 자유를 제한합니다. 또한 이 법에서 특정한 구체적 언급을 할 만큼 충분히 중요한 사항은 거의 없습니다.

의장 : 예를 들어 과도입법의원 공법 5조(5호) 제1조 제4항에서는 법률에 의해 투표가 금지된 자들 그리고 법률에 의해 '반역자', '부역자', '모리배'로 분류된 사람들에 대해 언급하고 있습니다. 이는 논쟁적이고 다루기 어려운 사안입니다. 해당 법률이 부역자로 분류하지 않는 한 '부역자들'은 법적 차원에서 부역자가 될 수 없습니다.

이승만 : 저는 이 법안이 채택될 당시 공식 성명을 냈습니다. 친일 반역자와 부역자, 모리배에 대한 경계선을 어떻게 구분할 지 누가 결정하겠습니까? 저는 "이 일은 정부가 수립되어 특별 심의기구를 설치하고 법안과 제반 규칙을 마련해서 재판하면 해결될 문제"라고 천명했습니다. 동시에 "이 문제는 많은 논쟁을 야기하고 공산주의자들에게 분란을 일으킬 시간을 주는 것"이라고도 언급했습니다.

의장 : 이에 대해 제3분과위원회는 조금 더 깊게 파고들었습니다. 그들은 이

렇게 묻습니다. 일제강점기 동안 공직에 있었던 사람들에 대해서는 투표권이나 피선거권을 박탈해야 합니까? 만약 그렇다면 어느 단계의 공직까지 적용되어야 하며, 어떤 주체가 각각의 사안에 대한 결정을 내려야 합니까?

이승만 : 제 생각엔 어떤 주체도 해당자들을 구분하는 데 성공하지 못할 것 같습니다. 심지어 일제하에 공직에 있었던 한국인들 중에는 신망을 받은 자들도 있기 때문에 이는 매우 어려운 문제입니다. 그들은 동포들을 돕기 위해 가능한 모든 일을 했습니다. 저는 그런 사람들을 상당수 알고 있습니다.

의장 : 투표 문제라면, 그렇게 많은 사람이 해당되지는 않을 것이고 일부 경우에 불이익을 받을 것입니다. 이것이 단지 선거 문제임을 상기한다면, 그들이 반역자로 불리는 경우나 형을 선고받는 것과 상쇄될 수 있습니다. 말하자면 이 숫자는 아주 적은 것에 불과합니다. 일제하 공직에 있었던 사람들에게 규정이 적용되어야 할까요, 아니면 적용하지 않아야 할까요? 이에 관해 더 큰 불이익이 주어져야 할까요?

이승만 : 저의 의견은 다음과 같습니다. 우리가 반역자들에 대해 언급하지 않더라도 투표자들은 각 지역구의 저명한 지도자들에 대해 알고 있습니다. 그들은 누가 반역자이고 누가 친일파인지를 판단할 수 있으며, 공공의 적에게는 투표하지 않을 것입니다. 그러면 모든 것이 해결됩니다. 유권자들이 결정하게 하는 것입니다.

의장 : 박사께서는 부역자로 증명된 사람들이 선거권을 부여받는다면, 실제 효과는 그다지 없을 것이라고 생각하십니까?

이승만 : 그것이 저의 생각입니다. 진짜 부역자들이 있다면 한국인들은 그들

을 미워할 것이며, 심지어 그런 자들이 많다고 해도 일반 대중에게 그다지 영향을 미치지 못하고 득표율 또한 저조할 것입니다.

의장 : 일반 대중이 충분한 투표 기회를 가진다면 말입니까?

이승만 : 그렇습니다.

의장 : 그들이 자유롭게 투표하게 하거나 규제하는 일은 상당히 어렵지 않을까요?

이승만 : 어떠한 규제나 간섭 없이 모든 사람들이 희망에 따라 투표하게 합시다. 다시 말하자면, 이 문제는 투표로 해결될 사소한 사안입니다. 그들 스스로 말하게 합시다.

의장 : 제3분과위원회는 부역자로 판단될 수 있는 사람들에게 어떠한 조치도 내려지지 않는다면, 그들은 선거뿐만 아니라 유권자들의 투표에도 영향을 미치고 일부 지역에서는 입장을 바꿀 수 있다고 봅니다. 맞습니까?

이승만 : 변 박사, 어떻게 생각하십니까? 부역자들과 반역자로 간주되는 사람들이 어떻게 해서든 유권자들에게 영향을 미치고 그들을 설득할 수 있다고 생각합니까?

변영태 : 이 박사께서 언급하였다시피 이 문제는 정부를 통해서만 완전하게 해결될 수 있으며, 정부가 부재한 경우에는 우리가 관련 규정에 동의한다고 해도 이를 실행할 수 있는 주체가 없게 됩니다. 그러니 이렇게 두고 넘어가는 것이 좋다고 봅니다. 어쨌든 일부 부역자들과 반역자들이 있다고 해도 선거에서

큰 영향력을 행사하지는 못할 것입니다.

의장 : 두 가지 질문이 남아있습니다. 박사께서는 문맹자들에게도 투표권이 주어져야 한다고 생각하십니까?

이승만 : 제가 잘못 알고 있는 것이 아니라면, 유엔 협약은 문맹자의 투표권을 옹호하는 것으로 알고 있습니다.

의장 : 이에 대해서 동의하십니까? 자유롭게 의사를 표현하실 수 있습니다.

이승만 : 그렇게 생각합니다. 어떠한 종류의 제약도 없는 자유가 최선이라고 말씀하셨지 않습니까? 문맹자 제한이 철폐되면 사람들은 완전한 자유를 누리고 불만을 제기하지 않을 것입니다.

의장 : 박사께서 보시기에 어떠한 규모로 한국 의회가 구성되어야 한다고 생각하십니까? 한반도 전체의 경우에 말입니다.

이승만 : 10만 명 당 한 명 꼴로 하면 대략 250명의 대표가 나오게 됩니다. 여기서 북한 인구까지 고려한다면 약 230~250명 정도가 나올 것입니다.

의장 : 이쯤에서 잠깐 휴식시간을 가져야 할 것으로 봅니다. 제3분과위원회 위원 가운데 질문하실 분이 계십니까?

루나(Rufino Luna, 필리핀) : '성인 투표권'이라는 용어와 관련해서 한국인이 성년이 되는 법적 연령으로 이해해도 됩니까?

변영태 : 만 20세를 말합니다.

의장 : 그렇다면 사실상 21세를 의미하겠군요?

이승만 : 네.

의장 : 만약 생일이 연초(年初)라면 우리 기준으로 21세가 됩니다.

마네(Olivier Manet, 프랑스) : 이승만 박사께서 이미 선거를 실시할 조직을 모두 갖추었고 선거를 개시할 준비가 되었다고 하셨는데, 이는 정확히 무엇을 의미합니까? 박사께서 보시기에 남조선과도입법의원에서 제정된 선거법을 바로 총선거에 적용할 수 있을 만큼 외부의 간섭으로부터 자유롭다는 점을 의미하는 것입니까?

이승만 : 제가 이미 과도입법의원에서 제정된 선거법에 문제가 있다고 말씀드렸습니다. 논의된 문제 가운데 일부가 이미 선거법에 포함되었고, 일부 사람들은 이에 대해서 문제를 제기했습니다. 결국 군정이 이 항목들 중 일부가 잘못되었다고 했기 때문에, 저는 선거법이 완벽히 준비되었다고 말하지 않겠습니다. 군정 성명에 따르면 법률은 군정에 의해 채택되고 승인되어야 하므로 한국인들이 직접 관여할 수 없습니다. 그러나 우리에게는 조직된 선거위원회가 있고 모든 지역구와 면 단위에서 운영할 준비가 되어 있습니다. 그리고 등록을 비롯한 업무는 현재 지방정부에서 담당하고 있습니다.

의장 : 군정의 승인 아래 이루어지고 있는 것입니까?

이승만 : 군정의 관리 하에 있습니다. 그런 점에서 우리는 준비되어 있습니다.

메논(K. P. S. Menon, 인도) : 제가 드리고자 하는 질문은 모든 분께 드리는 것이 아닙니다. 그렇지만 명망이 높고 노련한 지도자이신 이승만 박사께 이 질문을 드려야겠습니다. 이 박사는 미래를 어떻게 예상하십니까? 박사께서는 공산주의자들과 어떤 종류의 협력도 불가능하다는 점을 명백히 밝혀왔습니다. 그러나 현재 상황은 우리의 상대가 공산당뿐만 아니라 소련이 지원하는 북한 정권도 있다는 점입니다. 이런 환경에서 이승만 박사께서는 항상 이루고자 하시는 목표, 말하자면 통일된 독립 국가를 어떻게 성취할 생각이십니까?

이승만 : 메논 박사께서 문제를 제기해 주신 데 대해 감사드립니다. 덕분에 우리가 어떤 방략을 갖고 있는지 설명할 기회가 생겼습니다. 지금도 여전히 소련은 북한지역에 대한 지배권을 철회할 것이라고 생각하지 않습니다. 우리는 어떠한 힘이 필요하다고 생각합니다. 우리에게는 의지할 만한 군대가 없습니다. 그래서 우리는 한국을 구원하기 위해 다른 나라가 소련과 전쟁하기를 기대해야 합니다. 그러나 우리는 군사적인 물리력을 대신할 힘이 있다고 믿습니다. 그것은 도덕의 힘입니다. 물론 요즘 같은 시대에 도덕의 힘은 현실적 관점과는 동떨어져 있습니다. 그러나 저는 아직 인류가 어떠한 양심과 견해를 갖고 있다고 믿습니다. 그리고 저는 여론이 사람과 사람, 국가와 국가 사이의 관계를 관리하는 데에 대부분을 차지한다고 생각합니다. 그러므로 제가 제1차 미소공동위원회 실패 후 제안했던 사항은 한국인이 유엔총회에 참석하도록 하지 중장에게 요청하는 것이었습니다. "중무장 병력도, 경찰력도, 결정을 강제할 어떤 수단도 없으면서 유엔이 무엇을 할 수 있겠습니까?"라는 물음이 있었습니다. 저는 이에 대해 "유엔총회는 국제적 분쟁에 대한 상급 법원"이라고 답했습니다. 이는 국제연맹을 조직할 당시의 명제였습니다. 그러나 이 계획은 실행되지 못했고 국제연맹은 실패로 돌아갔습니다. 두 차례의 세계대전을 거치며 인류는 사람들 사이의 재판이 인간사회의 평화를 기반으로 이루어지듯이, 국제사법재판도 국제적 평화를 기반으로 한다는 점을 깨닫기 시작했습니다.

우리의 경우가 이에 해당합니다. 우리는 대내외적으로 어떤 범죄행위도 저지르지 않았습니다. 우리가 저지른 죄가 있다면 일본에 대항해 싸운 것이고 그것이 대단한 범죄라고 생각하지 않습니다. 우리는 유엔 결정이 정의를 바탕으로 내려진다는 것을 알고 있었습니다. 그래서 확신했습니다. 이는 국제적인 여론을 형성하는 데에 큰 효과를 낼 것입니다. 그리고 앞서 말했듯이 국제 여론이 충분히 비등한다면, 저는 "소련처럼 힘센 나라도 국제 여론을 무시하고 불법적인 일을 밀어붙일 수는 없다"라고 강력히 말하겠습니다. 사실상 두 번의 세계대전이 이러한 인식 하에 마무리되지 않았더라면, 세계는 또 다른 대전(大戰)을 피할 수 없었을 것입니다. 향후 또 다른 세계대전을 피하기 위해서 우리는 강자와 약자 모두가 자위권을 발동할 수 있는 원칙을 고수해야만 합니다. 그렇지 않으면 태양 아래 어떤 나라도 평화와 안전을 누리거나 또 다른 세계적 대재앙(세계 대전)을 피할 수 없을 것입니다. 이러한 사실을 믿기에 우리는 이렇게 생각합니다. 소련이 유엔총회에서 점령군의 동시 철수를 제안했을 당시, 저는 미국이 이를 따를 수는 없다고 말했습니다. 왜냐하면 먼저 미국은 한국의 분단에 최소한 부분적인 책임이라도 있으며, 한국의 분단을 종식시킬 도의적인 책임이 있기 때문입니다. 또한 소련이 북한에 거대한 공산군을 조직함에 따라 한국의 소년들이 적색 깃발 아래 무기를 들도록 강요했을 때, 저는 하지 중장에게 국방군 창설을 허가해줄 것을 요청했습니다. 하지 중장은 "우리는 한국 분단 종식의 희망을 품고 소련을 다루어야 합니다. 우리가 국방군을 창설하면 소련을 불쾌하게 할 것입니다"라는 취지로 말했습니다. 저는 "왜 소련이 북한에서 벌이는 일을 미국은 남한에서 하면 안 되는지 모르겠다"고 말했습니다. 그래서 우리는 절대적으로 무력하고, 무방비 상태에 놓여 있습니다. 만일 미 점령군이 지금 철수한다면, 이는 사실상 남북한 전체를 공산주의자들의 손아귀에 넘겨주는 것을 의미합니다. 그러니 미국이 그렇게 해서는 안 됩니다.

그렇다면 해결책은 무엇일까요? 해결책은 다음과 같습니다. 미국이 남한에 상징적인 소규모 병력만을 유지한다면, 이는 미국의 납세자에게 커다란 부담이 되지 않을 것입니다. 우리는 현재 소련이 미국과 전쟁을 벌일 준비가 되어 있지 않다고 보기 때문에 상징적 병력으로도 충분합니다. 이 병력은 총선거를 실시하고 정부를 수립한 이후, 미국과 유엔이 남한의 안보에 변화가 없을 것이라고 판단할 때까지만 유지될 것입니다. 정부는 국방군을 조직할 것입니다. 우리는 여러 조직을 갖고 있습니다. 우리에게는 훈련된 젊은이들이 있습니다. 이들 중 하나가 국방경비대(國防警備隊)로 알려진 조직이며 훈련된 상태입니다. 하지 중장이 이들을 지원했고, 대다수가 무기를 보유한 채 방어 임무를 수행할 준비가 되어 있습니다. 그리고 우리에게는 향후 한국 해군으로 편성될 해안경비대(海岸警備隊)가 있습니다. 이들은 복무가 준비된 상태입니다. 기타 조직들도 있으니 우리는 그들을 선발하고 국방군을 창설할 계획입니다.

우리에게 무기, 소총, 군수품 등만 있다면 이 조직을 6주 안에 완비할 수 있습니다. 우리가 제안하고자 하는 바는 이렇습니다. 우리에게는 병력 구성을 위한 인적자원들이 있고, 이를 통해 38도선을 더욱 강고하게 경비할 수 있습니다. 요즘 남한에 주재한 특파원들의 이북 행을 철의 장막이 가로막고 있습니다. 그러나 남한은 북한으로부터 오는 사람들에게 널리 열려 있습니다. 한국 화폐를 갖고 오는 이 사람들은 명령을 받고 무기를 가져와 때때로 남한에서 테러를 자행합니다. 그들은 테러를 실행에 옮기고 있고, 우리는 이들을 몰아내고자 합니다. 그래서 우리가 해야 할 일은 북한 군대에 입대해 있는 한국 청년들에게 명령을 하달하고 전향시켜서 남한 군대에 합류하도록 하는 것입니다. 그들은 제가 라디오 방송을 통해 북한의 모든 한국인이 거사하여 싸워야 한다고 발표하기를 요구하고 있습니다. 그리고 제가 그렇게 하지 않은 것에 대해 이의를 제기하고 있습니다. 그러나 저는 "제가 어떻게 우리 국민들에게 무기, 심지어 작대기나 다이너마이트도 쥐어주지 않고 나가서 소련군들을 무찌르라고 말할 수 있었겠습니까?"라고 그들에게 물었습니다. 이러한 상황에서 우리는 최소한 소련군에 있는 많은 한국 청년들이 우리 측으로 합류하고 조만간 소련군은 북한에서 철수하게 되리라 생각합니다. 제 생각에 우리가 심각한 내전은 피할 수 있다고 봅니다. 그들이 공산주의자들을 위해서 부모형제와 싸울 이유가 없습니다. 저는 38선 이북지역의 한국인들이 가진 충직한 정신을 믿습니다. 우리는 그들과 계속 연락하고 있습니다.

물론 한국인들은 자본주의·민주주의와 공산주의 간의 충돌이 불가피하다고 생각합니다. 그리고 상황 설명을 위해 제가 다음과 같이 언급했습니다. "소련 당국이 신화폐를 발행하고, 일본 구화폐를 보유한 사람들에게 교환하라고 했습니다. 한국인들은 일본 화폐를 소련 화폐로 바꾸기 위해 몰려들었습니다." 누군가 물었습니다. "이 신화폐를 어떻게 하실겁니까? 그럼 이건 더 이상 가치가 없는 것입니까?" 그들은 이렇게 말했습니다. "현재로서는 가치가 없지만 소련이 패배하면 우리가 이 돈을 들고 모스크바로 가서 그들이 이에 상응하는 대가를 지불하도록 말할 것입니다." 그것이 한국인들의 정서입니다. 비현실적으로 보일지라도 정서가 그렇습니다.

메논 : 저는 이승만 박사께서 원하는 방향으로 일이 진행되기 바랍니다. 그러나 소련은 가까이에 있고 미국은 멀리 떨어져 있습니다. 소련은 매우 명확한 정책을 갖고 있는 반면 미국의 정책은 변화를 겪고 있습니다. 그리고 물론 소련은 미국보다도 한국에 많은 관심을 갖고 있습니다.

이승만 : 아주 현실적인 관점입니다. 실상 우리는 그 사실에 대해 무관심하지 않고 또한 그렇게 생각합니다. 소련과의 합병은 독립국가인 우리나라의 노예화를 의미합니다. 자, 만약 그리 된다면 남한에서 우리가 무엇을 할 수 있겠습니까? 우리가 자발적으로 항복하고 소련과 연합한다면, 한국의 독립은 무위로 돌아갈 것이기에 우리는 이를 원하지 않습니다. 우리는 저항하고 싸워야 합니다. 우리는 우리가 성공할 것이라고 말하지 않습니다. 그러나 우리는 저항도 해보지 않고 나라의 멸망을 받아들일 수 없습니다.

메논 박사께서 소련은 가까이에 있고 미국은 멀리 떨어져 있다고 말씀하셨지요. 현실적이고 현명한 해결책이 있을 것입니다. 저는 우리가 무엇을 해야 할지 생각하고자 합니다. 그냥 받아들이고 그들의 위성국가 중 하나가 되는 것이 우리에게 이로울까요? 문제는 우리가 무엇을 할 것인가라는 점입니다. 한국인들은 오래 전에 나라를 포기할 수는 없다고 결정을 내렸습니다. 우리는 일본과 40년 간 싸웠습니다. 우리는 계속해서 싸웠고, 지금은 다른 주인에게 넘어가 있습니다. 우리는 조용히 이 상황을 수용하거나 나라의 분단을 좌시할 수 없습니다. 그럴 수는 없습니다. 한국 사람들은 독립이 불가능하게 될 경우 유혈사태가 벌어질 수 있다고 분명하게 결의했습니다. 저는 유혈사태가 한국 독립과 직결된다고 생각하지 않습니다. 그리고 이는 극동 지역의 평화를 저해하게 될 것입니다. 이것이 요점입니다. 차라리 유엔과 미국은 강대국이 약소국을 점령해도 된다는 견해를 수용하는 것이 현명할지도 모르겠습니다. 그러나 그렇게 된다면 유엔이 위험에 처하게 되고, 양대 강국 중 하나인 미국은 언젠가 운명을 걸고 싸워야만 할 것입니다.

만약 이웃이 당신의 집에 무력을 앞세워 침입한다면, 또한 권총도 없기 때문에 당신의 집을 넘겨주고 나와야 한다면, 그리고 다른 이웃이 "저 사람은 위험한 자이므로 원하는 걸 갖게 해줍시다"라고 말한다면 당신은 용납하지 않을 것입니다. 그가 언젠가 우리 모두에게 무기를 겨눌 것이라는 점은 자명합니다. 이는 평화 제의가 아니지요.

패터슨(George S. Patterson, 캐나다) : 이승만 박사께서 방금 특정 부분에 대해 언급하셨던 사항에 대해 질문을 해도 될까요? 박사가 제안하신 해결책은 남한에 정부 수립을 가능하게 하는 미국의 상징적 병력이 주둔해야 한다는 점입니다. 남한에서의 정부 수립과 병력의 훈련 및 무장과 병행하여 북한의 한국인들에게 호소할 것입니다. 그리고 미국과의 갈등을 회피하려는 소련 때문에 두 나라의 병력은 개입하지 않을 것입니다. 이 박사의 예상대로 분쟁은 남한의 한국인들과 북한의 공산주의 지배자들 사이에서만 있을 것입니다. 저는 그 분쟁이 지엽적일 수 있다는 관점에는 전적으로 동의합니다. 만약 분쟁이 장기화 될 경우 이 박사가 예상한 바와 같이, 한국의 상황은 소련의 지배에 들어가는 것만큼 악화될 것이기 때문입니다.

이승만 : 그렇습니다. 앞서 말씀드렸듯이 저는 상당히 긍정적입니다. 남한의 한국인들이 전국을 대표하는 정부를 갖게 되면, 그들은 자신들을 대변할 수 있는 위치에 서게 될 것입니다. 일부 사람들이 생각하듯이 내전 문제는 그다지 심각하지 않습니다. 우리는 많은 공산군이 우리 측으로 합류하도록 설득할 수 있습니다. 물론 공산주의자들이 돈만 제공해주면 무엇이든 하거나 성급하다는 의미가 아닙니다. 우리 한국인들은 스스로 해결할 수 있는 내정에 대해서 책임을 질 것입니다. 그러나 우리는 소련 측에서 그들이 원하는 영토를 점령하는 사안에 대해서는 미국과 유엔에 전적으로 의존하고 있습니다. 이것이 여러 나라들을 보호하는 집단 안보입니다. 이 원칙이 유엔위원단과 유엔총회에 의해 실현되어야 합니다. 저는 소련 사령부가 특정 상황을 수용하도록 강제할 수 있다고 생각합니다.

소련문제는 한국만의 문제가 아닙니다. 이는 전 세계의 당면과제이며 다른 나라들은 한국이 홀로 소련과 싸우게 해서는 안 됩니다. 최소한의 도덕적 힘이 필요합니다. 소련은 북한에 만족하지 않고 남하하여 우리를 점령할 겁니다. 답변이 되었습니까?

패터슨 : 충분하지 않습니다. 조금 더 나갔으면 합니다. 방금 박사께서 윤곽을 드러낸 상황이 발생하고, 한국이 어떤 집단 안보체제를 확보한다고 가정합시다. 이 경우 박사가 대표하는 조직이 신속하게 정부를 수립할 수 있으며, 한반도에서의 분쟁이 내전으로 국한된다고 확실할 수 있습니까?

이승만 : 그게 우리가 할 수 있는 전부입니다. 우리는 소련과 싸우고 그들을

몰아낼 만큼 군사력을 신장시킬 수 없습니다. 북한 지역에서의 반공의식이 이곳 남한 보다 100% 더 강하기 때문에 공산주의와 관계된 사안들에 대해서 충분히 대응할 수 있습니다. 그들은 영원히 공산주의자로 남아 있지 않기로 결심했습니다.

마네 : 이승만 박사께서는 미국정부가 남한에 수립된 정부를 위해 상징적인 숫자의 병력을 배치할 준비가 되었다고 믿는 분명한 근거가 있습니까?

이승만 : 수정을 하고 싶습니다. 우리는 미국의 병력이 한국 정부의 지휘를 받을 것이라고 언급하지 않습니다.

마네 : 그렇군요. 그렇다면 소련도 북한에 상징적인 병력을 주둔시키지 않을까요? 결과가 어떻게 될까요? 이 박사께서는 남북 모두에 상징적인 병력이 주둔한다면, 이는 사실상 점령과 같은 의미라고 생각하지 않으십니까?

이승만 : 소련과 미국이 제 제안을 수용한다면, 우리는 소련에게 철수를 촉구할 것입니다. 우선 소련은 한반도 북반부를 점령할 권리가 없기 때문입니다. 반면 미국은 여기 남아 있을 이유가 있습니다. 그들은 우리의 적인 일본과 싸워 몰아냈습니다. 미국은 한국인들이 정부를 수립하고 자립할 때까지 일시적으로 이곳에 있을 것입니다. 그리고 소련군이 잔존할 이유가 없습니다. 제가 말했듯이 소련군은 즉각 철수해야 합니다. 여전히 예기치 못한 문제가 있을 수 있습니다. 그러므로 미국은 남한에 소규모 병력을 유지해야 합니다. 그리고 우리가 선거를 실시하고 정부를 수립하도록 지원해야 합니다. 또한 우리는 국방군 창설을 신속하게 준비할 것입니다. 미국은 적절한 시기에 철수할 것이고, 우리는 북한의 공산분자들을 처리하는 데 노력할 것입니다. 그러나 소련이 우리를 무력으로 점령하기 위해 남하한다면, 이는 단지 한국의 문제가 아닙니다. 전 세계의

문제입니다. 세계가 왜 민주주의 진영이 두 번의 세계대전에서 싸웠는지를 잊고 "소련이 만족할 때까지 얻도록 놔두자. 힘을 갖고 있으니까. 우리는 싸우고 싶지 않아. 그들이 그렇게 하도록 놔두자"라고 말하며 이를 수용한다면 평화는 단시일 내에 파국으로 치닫게 될 것입니다. 각국은 입장을 취해야 합니다. 그렇지 않으면 존재를 걸고 싸워야 하는 비슷한 운명에 처하게 될 것입니다.

의장 : 이승만 박사님이 참석해주신 데 대해 감사합니다. 우리가 당신의 의견을 알 수 있도록 신경써주셔서 감사드립니다. 우리가 해당 의견들을 아주 고귀하게 여긴다고 생각하셔도 좋습니다. 이승만 박사의 의견은 우리에게 많은 도움을 줄 것입니다. 분과위원회가 박사로부터 더 많은 정보를 얻는 것에 동의하시고, 그렇게 해주신다면 아주 감사하겠습니다.

이승만 : 앞서 말했듯이 무엇이든 도와드리겠습니다. 분과위원회가 어떤 정보라도 원하신다면 최대한 협조하겠습니다. 여러분을 만나 우리 가슴속에 있는 생각들을 논의하는 영광을 주신 데 대해 감사드립니다.

(오후 1시 15분 청문회 종료)

제6차 회의 요약기록
1948년 1월 26일 오후 3시, 서울 덕수궁

의장 : 잭슨(S. H. Jackson, 호주)

의장 : 유엔한국임시위원단 제2분과위원회 제6차 회의의 개회를 선언합니다.

청문 : 김구(金九)

(김구가 회의실에 배석함. 김구에 대한 위원회의 모든 질문은 영어로 이루어졌으며, 김구의 한국어 답변은 영어로 통역됨)

의장 : 김구 선생께서는 하실 말씀이 있으십니까?

김 구 : 제가 말하기에 앞서 여러분께서 질문하시는 게 좋겠습니다.

의장 : 위원단의 3개 분과위원회가 제기한 문제들이 있습니다. 우리는 한국에서 실시될 자유 민주 선거에 관심이 있습니다.

김 구 : 저는 한반도 전체에서 총선거가 실시될 것으로 생각하고 발언하고자 합니다. 그래서 여러분의 질문이 한반도 전체의 선거를 의미하는 것이라 생각합니다. 저는 38 이북지역에서의 선거가 자유롭게 실시되지 않았다고 생각합니다. 소련의 간섭 아래 실시되었기 때문입니다. 그곳 사람들은 투표 시에 어떤 선택권도 없었습니다. 저는 남한에서도 공정선거를 보장하는 자유가 없다고 생각합니다. 제가 알기로 남한에는 다가오는 선거에서 승리를 위해, 모든 정치적 사안을 조작하려는 세력이 존재하기 때문입니다. 제가 아는 바로는 선거를

조작하기 위한 모든 준비가 완료되었다고 합니다.

저는 점령군들이 한국에서 철수하고 모든 군사 및 준군사조직들이 무장해제하거나 완전히 해산하지 않는 한, 한국인들은 자유롭게 선거를 실시할 수 없다고 생각합니다. 구체적으로 말해 위원단이 38선을 철폐하지 않는 이상, 그들의 임무는 완전히 실패할 것입니다. 한국인들이 위원단을 환영한 이유는 한국을 위해서라면 어떻게 해서든 이 어려운 문제를 해결할 것이라고 믿었기 때문입니다. 남북의 점령군이 철수하는 경우에, 철수 이후 한국의 질서유지는 위원단의 몫이 되어야 합니다. 다시 말해 그것은 유엔의 몫입니다.

요약하자면, 현재와 같은 상황 아래에서 자유롭고 공정한 선거의 가능성은 없다고 봅니다.

의장 : 자유선거에 필요한 환경을 조성하기 위해 선거를 방해할 수 있는 세력에 대해 조치를 취해야 한다고 보시는군요. 그 세력이 선거를 방해하지 못하는 상황이 발생하거나 점령군 철수 후에도 언급하신 세력이 통제되어야 선거를 실시할 수 있다고 보시는 것 같습니다.

김 구 : 저는 한반도 전체를 시야에 두고 있습니다. 그런 조건들을 무시하고 남한만의 단독 선거를 지지할 수 없습니다.

의장 : 우리가 남한만을 이야기하는 것은 아닙니다. 우리는 한국 전체에 대해 말하는 것입니다. 선생께서 말씀하신 조건들이 수용된다면 한반도 전체에서 자유롭고 공정한 선거가 실시될 수 있겠습니까?

김 구 : 저는 그렇다고 봅니다.

의장 : 남북의 점령군이 철수하고 나면 어떤 단체에서 선거를 실시할 수 있

겠습니까?

김 구 : 점령군이 철수한 이후에 말입니까?

의장 : 그렇습니다.

김 구 : 저는 선거에 대한 책임이 유엔한국임시위원단에 있다고 생각합니다. 위원단은 선거를 감시하기 위해 한국에 당도하였기 때문입니다. 따라서 저는 유엔이 질서유지뿐만 아니라 선거를 감시할 권한도 갖는다고 생각합니다.

의장 : 남북한의 군정이 철폐된다면, 당신은 선거를 조직화하려고 할 것입니다. 남한에는 선거를 관장할 수 있는 과도입법의원이 있는데 북한에는 없습니다. 어떤 방법을 통해 한국 전체의 선거를 담당할 기구를 설립하시겠습니까?

김 구 : 점령군 철수 후에 유엔이 한국의 질서 유지를 담당한다면, 남북의 정치 지도자들 사이에 회담을 할 수 있습니다. 그 회담에서 선거에 관한 대책들이 도출될 것입니다.

의장 : 선거와 관련한 조직에 대한 견해는 없으십니까?

김 구 : 네, 없습니다. 궁극적으로 선거를 가능케 하기 위해 남북한의 정치범들을 모두 석방하는 것이 선행되어야 한다고 생각합니다. 예를 들어, 민족주의 지도자인 조만식(曺晩植) 선생이 소련에 의해 아직 북한에 구금되어 있습니다. 심지어 남한에도 선거가 본격화되기 전에 석방해야 할 정치범들이 많습니다.

의장 : 당신의 의견에 따르면, 어떤 선거에서든 모든 정당과 단체가 선거기

간 동안 차별 없이 표현과 집회, 출판의 자유를 가져야한다고 생각하십니까?

김 구 : 반드시 필요하다고 생각합니다.

의장 : 질문 4는 생략해도 될 것 같습니다. 남한과 북한에서 정치적인 이유로 투옥된 사람들의 규모에 대해 아시는 바가 있습니까?

김 구 : 제가 파악하기에 많은 사람들이 정치적 이유로 투옥되었다고 알고 있습니다. 예를 들어, 북한에는 종교지도자들뿐만 아니라 학생들도 수감되어 있습니다. 공산주의자들에게 반대한 이들도 체포되었습니다. 여기서 정확한 규모를 말씀드리지는 못하겠습니다. 위원단이 그 수를 알아내고자 한다면 충분히 파악할 수 있을 것입니다.

의장 : 우리가 그들을 석방한다면, 직접 알아낼 수 있다는 말인가요?

김 구 : 그렇습니다.

의장 : 수감자의 수를 추측해 보시겠습니까? "수감자들이 북한에 만 명, 남한에 만 명 정도 있다"는 식으로 말씀해주시겠습니까?

김 구 : 단순한 추측으로 특정 규모를 언급하는 일은 소모적이라고 생각합니다. 저는 남북한 양측에 많은 정치범들이 수감돼 있다는 통념적인 정보만을 갖고 있습니다. 북한에 수감된 다수의 정치범들은 더욱 가혹한 대우를 받는 곳으로 이송되었습니다.

의장 : 그들을 보다 더 가혹하게 다루기 위해 북한 외부로 이감했다는 말입

니까?

　　김 구 : 맞습니다.

　　의장 : 김 선생은 남북한의 수감자 규모가 수백 혹은 수천 명에 이른다고 보십니까?

　　김 구 : 수백 수천보다는 수만 명에 달한다고 봅니다.

　　의장 : 남북한 공히 수만 명이라는 말입니까?

　　김 구 : 그렇습니다.

　　의장 : 그들이 석방된다면, 모든 선거에 대하여 투표권을 부여해야 한다고 생각하십니까?

　　김 구 : 투표를 허락하거나 그렇지 않아야 할 인사가 있다고 봅니다. 해당 시점의 분위기에 따라 다를 것입니다.

　　의장 : 그 질문은 뒤로 남겨두고 다시 본론으로 돌아와야 할 것 같습니다.
　　질문 7은 "남한의 현재 선거법(남조선과도입법의원 공법 5호)에 대한 개정을 제안하시겠습니까? 북한은 어떻습니까?"입니다. 이 질문도 넘겨야할 것으로 생각합니다. 조금 뒤에 다시 말씀드릴 예정입니다. 제2분과위원회 위원들 중 추가로 질문할 분이 있습니까?

　　마네 : 김 선생께서는 남북한의 수감자들 중 주요 인사들의 성함을 알려주

실 수 있습니까? 지금까지 분명한 자료가 없기 때문입니다. 물론 그것은 정치적 사안이기 때문이겠지요?

김 구 : 오랫동안 조국을 떠나 있다가 겨우 2년 전에 돌아왔기 때문에 과거 한국의 상황에 대해서는 잘 모릅니다. 제가 귀국한 이후 지금까지의 상황을 파악하기 위해 노력했습니다만, 정계에서 주로 누가 활동했는지 언급할 만큼 충분한 준비가 이루어지지 못했습니다. 그래서 저는 누가 주요한 인사인지 말할 수 없습니다. 그러나 정치적인 명목으로 구금되거나 체포된 사람들이 많이 있습니다. 제 생각에 그 사람들이 중요한 것 같습니다.

마네 : 충분한 답변이 되지 못한 것 같습니다. 소위 정치 지도자들로 간주되지 않는 사람들이 수감되었다는 의미입니까?

김 구 : 많은 사람들이 체포된 것으로 알고 있지만, 특정 인사들의 이름을 거론하지 못하겠다는 의미입니다.

의장 : (반드시 유명할 필요는 없지만) 우리가 알면 관심 가질만한 사람들을 아십니까?

김 구 : 두 사람의 이름을 알려드릴 수 있습니다. 조만식과 김병조(金秉祚)[1]입니다. 그들은 일생 동안 일본에 맞서 싸워왔습니다. 현재 그들은 북한의 공산주의자들에게 구금되어 있습니다. 저는 이 두 사람을 잘 압니다. 남한에는 물론 좌익 진영에 소속된 많은 사람들이 있습니다. 그들은 공산주의자거나 그 동조자들입니다. 어쨌든 그들은 좌익 진영에 소속되어 있습니다. 그들 중 많은 사람

---

1   원문에는 "Kim Pyong Cha"로 표기되었으나, 문맥상 김병조(金秉祚)로 보인다.

들이 상이한 정치적 견해 때문에 체포되어 있습니다. 심지어 우익 진영에도 그들의 정치적 시각 때문에 체포된 이들이 있습니다.

의장 : 또 다른 인사들의 성함이라도 알려주실 수 있겠습니까? 물론 기밀이 유지될 것이라는 점을 말씀드립니다.

김 구 : 나는 어떤 확실한 목적을 갖고 해당 사안을 조사할 만한 위치에 있지 않습니다. 지금까지 전반적인 상황을 설명해드린 것입니다.

의장 : 원하신다면 전반적 상황까지만 언급하셔도 괜찮습니다. 제1분과위원회를 대신하여 질문 8을 드리겠습니다.

다음은 선거를 위한 자유로운 분위기의 조성 문제를 다루는 제1분과위원회의 의견입니다. 최소한의 선행 요구조건이 있습니다. 이는 표현의 자유, 언론의 자유, 집회와 결사의 자유, 임의동행이나 구금으로부터의 보호, 폭력이나 협박으로부터의 보호입니다. 당신이 보기에 자유로운 선거 분위기 조성과 모순되는 법령, 규정 혹은 상황이 있습니까? 만약 그렇다면 그것들은 무엇이며, 상황을 개선하기 위해 어떠한 합법적이고 타당한 법조항들이 요구됩니까?

김 구 : 나는 어떤 법률이나 규정, 법령이 선거를 위한 자유분위기와 양립 불가능한지 지적할만한 위치에 있지 않습니다. 그러나 여러분이 답변할 시간을 주신다면 정보를 드릴 수 있습니다. 공포된 법령이 많기 때문에 그것이 어떤 내용인지 정확히 짚어낼 수가 없습니다.

마네 : 아마 김 선생의 답변 목적은 마음속에 담아두고 있는 법령뿐만 아니라, 그것을 적용할 방법까지도 서면으로 제출하거나 언급하시는 데 있을 것입니다.

의장 : 위원단에 서면을 보내시거나 정보를 제공하시겠습니까?

김 구 : 필요하시다면 관련 법률들을 검토한 후, 정보를 드리겠습니다.

의장 : 상당한 도움이 될 것입니다. 제출하실 때에는 우리가 법률뿐만 아니라 그것들의 적용 방법에도 관심이 있다는 사실을 유념해 주시겠습니까?

김 구 : 그 문제를 고려해서 몇몇 자료와 함께 필요한 정보들을 제공하겠습니다.

리우위안(Liu Yu-Wan, 대만) : 의장께서 우리가 법률과 규정뿐만 아니라 남한에 지배적인 분위기에도 관심이 많다는 점을 지적하신 것은 중요합니다. 정보에는 법과 규정, 적용 방안과 분위기가 포함되어야만 합니다. 번역할 필요는 없지만 그렇게 하셔도 됩니다.

김 구 : 자유로운 분위기를 조성하기 위해 개선해야 할 조건들에 관한 정보를 드리겠습니다.

의장 : 해당 정보를 언제 받을 수 있을지 알려주실 수 있습니까?

김 구 : 일주일 내로 제출하겠습니다.

의장 : 우리가 김 선생께 질문지를 작성한 다음 복사해 드려도 괜찮을까요?

자비(Zeki Djabi, 시리아) : 그렇게 하시죠.

의장 : 제3분과위원회는 제2분과위원회가 "'성인 참정권을 기반으로' 선거를 실시하도록 하자"는 총회의 제안을 고려하여, 가장 적합한 선거 연령과 입후보 연령에 대한 한국인들의 의견을 수렴하기를 요청합니다.

물론 이는 이곳에서 실시되는 선거에 적용될 것입니다.

김 구 : 제 생각에 선거 가능 연령은 20세가 가장 적합하고, 입후보 연령은 25세가 적당하다고 봅니다.

의장 : 남조선과도입법의원 공법 5조 2항 (a)는 다음과 같습니다.

"다음의 범주에 해당하는 자는 선거권이나 피선거권을 부여하지 아니한다.

(1) (법적) 무능력자, 준무능력자, 정신질환자 및 약물중독자.

(2) 징역형을 선고받거나 복역 중인 자 및 집행유예 혹은 탈주범.

(3) 1년 이상의 징역 혹은 금고형을 받은 자. 그러나 형기 만료 이후 3년 이상 경과하거나 혹은 집행유예인 경우, 그리고 선고가 정치범죄로 내려졌다면, 그 자는 이 범주에 포함되지 않음.

(4) 법률로 투표가 거부된 자, 그리고 '반역자', '부역자' 혹은 '모리배'로서 법률로 규정된 자"

라고 규정되었고,

북한의 선거 규정 1조 (1)항을 읽어보면

"1. 정신이상자 및 사법부 판결로 보통선거권이 배제된 자를 제외하고, 북한의 모든 20세 이상 공민은 재정상태, 교육, 거주지 및 종교에 상관없이 보통선거권과 피선거권을 가진다" 라고 규정되었습니다.

김 선생께서는 정신질환자, 모리배, 부역자 및 전체 내용에 대해서는 어떻게 생각하십니까? 각종 규정이 적합하다고 보십니까?

김 구 : 부적합하다고 판단되는 부분이 다소 있습니다. 반면 몇몇 규정들은 적합하다고 생각됩니다. 저는 해당 규정에 대해 확답을 드리고 싶지는 않습니다. 저는 이 법들이 남북 전체의 총선에 적용될 수 없다고 생각합니다. 이것이 제가 선거에 관한 모든 문제들을 논의하기 위해 남북한 정치지도자들의 회담을 제안하는 이유입니다.

의 장 : 일제강점기에 공직을 맡아왔던 사람들은 투표권이나 피선거권을 박탈당해야 합니까? 그렇다면 어느 공직까지 해당되며, 어느 당국에 의해 결정되어야 합니까?

김 구 : 저는 공직의 적용범위를 지적하고 싶지 않습니다. 다시 말해, 그들이 고위직에 있었다고 해서 모두를 처벌할 필요는 없다고 봅니다. 제가 파악하기로, 과거 일제에 부역한 한국인들이 많습니다. 그리고 그들이 고위직을 차지했다고 해서 해당자들의 공무(公務)가 반드시 악질적이었던 것은 아닙니다. 예를 들어, 전직 형사는 한국인들에게 무자비한 일들을 자행했을 수 있습니다. 따라서 직위에 따른 차별은 부적절합니다. 저는 이 문제를 남북한의 모든 정치지도자들이 참여할 회담에 이양할 것을 제안합니다.

의 장 : 일제강점기 동안에 친일행적으로 죄가 있는 사람은 투표권이나 피선거권을 박탈해야 합니까?

김 구 : 앞선 질문과 다소 비슷하군요. 이 문제는 앞서 언급한 회담에 넘기는 것이 바람직합니다. 필요하다면 해당 사건들을 처리하기 위한 특별 법정을 설치할 수도 있습니다.

의 장 : 선생님은 문맹자들에게도 투표권을 부여해야 한다고 생각하십니까?

김 구 : 저는 글을 읽고 쓸 줄 아는 사람에게 투표권이 주어져야 한다고 봅니다. 문맹자들은 정치에 대해 잘 모릅니다. 이것이 제가 한국에서 최대한 문맹을 퇴치하고자 하는 이유입니다.

의장 : 선생님이 보시기에, 한국 국회는 대략 몇 명의 의원으로 구성되어야 합니까?

김 구 : 400명 정도가 적당합니다.

의장 : 근거는요?

김 구 : 제 생각에 400명이면 전체 인구를 대표하기에 충분합니다. 물론 그들은 인구 비율에 의거해서 선출되어야 합니다.

마네 : 김 선생님께서 북한에 적용 가능한 선거법이나 규정을 남한에서는 찾기 어렵다는 의견을 주셨는데, 이는 북한의 정치, 사회적 변화에 기인하는 것입니까? 혹은 이를 남한에 적용하기가 너무 어렵기 때문인 것입니까?

김 구 : 위원님이 언급하셨듯이 지난 몇 년간 너무 많은 변화들이 있었기에 현행 선거법은 북한에 적용할 수 없습니다. 그리고 동법은 남한에 있어서도 적절하지 않다고 봅니다. 대체로 이 법안에서 큰 단점은 찾기 어렵습니다만 완벽하지는 않습니다. 북한의 상황과 법적 문제 때문에 저는 이 법을 총선거에 적용할 수 없다고 봅니다.

마네 : 김 선생님께서는 북한의 정치사회적 변화를 고려할 때, 남북 정치 지도자들 간의 회담이 양측의 견해를 조정하는데 성공할 것이라 생각하십니까?

김 선생님께서는 어떤 방법으로 회담을 개최할 생각이십니까?

김 구 : 원론적으로 강조해야 할 부분은 한국인들이 하나의 민족이라는 점입니다. 남한과 북한 사람들 모두 같은 뿌리에서 나왔습니다. 이것이 제가 화해가 가능하다고 보는 이유입니다.

리우위안 : 김 선생님은 외국 군대의 즉각 철수를 희망하는 것 같습니다. 외국 군대가 즉각 철수하면, 한국에 무정부 상태나 내전이 발생할 것이라고 예상하십니까?

김 구 : 물론 저도 유엔이 한국 전체의 문제를 책임지지 않는다면, 점령군이 한국에서 철수한 후 무질서와 무정부 사태가 초래될 것으로 예상합니다. 소련이나 미국은 이 문제를 다루어 왔습니다. 저는 소련과 미국 군대의 갑작스러운 철수 이후, 유엔위원단이 한국의 평화와 질서를 유지할 적절한 방법을 찾아야 한다고 생각합니다. 저는 여러분이 현재의 경찰력이나 국방경비대 혹은 해안경비대를 활용하는 일에 개의치 않습니다만, 시의적절한 방법을 찾으실 것이라고 믿습니다. 가장 어려운 사안은 어떻게 38선을 철폐하는 지에 대한 문제입니다. 한반도는 군사적인 이유로 양분되었습니다. 따라서 이 문제는 국제적으로 다루어져야 합니다. 한국인들 스스로는 해결할 수 없습니다. 한국은 지난 40년간 일제 치하에서 고통 받았습니다. 한국은 연합국에 대하여 어떠한 피해도 가하지 않았습니다. 그러나 현재 한국의 상황은 일제 치하 때보다 더욱 악화되었습니다. 일본은 연합국에 패망했습니다. 유엔위원단이 어려운 상황에 직면해 있지만, 이 문제의 해결을 위해 최선의 노력을 해주시기 바랍니다.

자비 : 남북의 정치 지도자들이 회담하기로 동의한다면, 회담의 개최가 실질적으로 가능합니까?

김 구 : 현재로서는 남북이 분단되었고, 남북 간의 왕래가 자유롭지 못하다는 점 때문에 어려움이 있습니다. 이러한 요인이 회담의 개최를 저해합니다. 그러나 남북한의 점령군이 철수하면 자유롭게 왕래할 수 있고, 유엔위원단의 후원 아래 한국인들은 자유롭게 모일 수 있습니다.

의장 : 김 선생님이 원하는 회담의 선결 조건으로 모든 외국 군대가 한국에서 철수한다면, 이와 동시에 어떤 일이 일어날 것으로 생각합니까?

김 구 : 외국군대의 철수로 인해 발생할 상황을 말씀하시는 것입니까?

의장 : 남북한에서 동시에 군대가 철수한다고 생각해봅시다. 군대의 철수로 인해 어떠한 결과가 나타나겠습니까?

김 구 : 리우 위원께서 말씀하셨듯이, 특정한 주체가 시의적절한 수단으로 질서유지의 책임을 지지 않으면 혼돈과 무질서가 발생할 것으로 봅니다. 예를 들어, 북한에는 강력한 군대가 있고 남한에도 군대 혹은 준군사조직이 있습니다. 양측은 서로 대립하거나 타협할 수도 있습니다. 그건 다른 문제입니다.

의장 : 양측 군대가 철수한 상황에서 어떠한 주체가 향후의 사태를 저지하기 위해 무장력을 행사해야 한다고 봅니까?

김 구 : 저는 통상적으로 유엔위원단이나 유엔을 고려하고 있습니다.

의장 : 유엔이 필요한 병력을 지원할 것을 제안하시는 겁니까?

김 구 : 네. 다른 군대는 염두에 두고 있지 않지만, 유엔은 이 문제를 적절히

다룰만한 준비가 되어있다고 생각합니다.

의장 : 통상적인 말씀이시군요. 우리는 보다 구체적인 내용을 원합니다.

마네 : 김 선생은 유엔이 당분간 병력을 동원하지 않을 것이라는 점을 확실히 알고 계십니다. 저는 단지 앞서 지적한 사태가 발생한다면, 우리가 어떠한 업무를 수행해야 하는지 선생의 의견을 알고 싶습니다.

김 구 : 유엔이 선거 감시를 위해 유엔위원단을 파견할 때, 위원단이 선거과정에서 당면할 어려움을 극복할 준비가 잘 되어있을 것이라고 생각했습니다.

의장 : 다시 말하자면, 그 사이에 유엔에서 필요한 병력을 파견할 예정입니다.

김 구 : 저는 여러분께 특정한 제안을 할 수 있는 위치에 있지 않습니다. 이는 전적으로 선거의 실시를 담보할 여러분에게 달려 있기 때문입니다. 여러분의 궁극적인 목표에 도달하기 위해 장애물들을 극복해 나갈 것이라고 생각합니다.

의장 : 선생께서 도모해야 할 사안입니다. 저는 우리가 먼저 이 문제를 고민해 온 한국인들에게 조언과 도움을 얻기 위해 이 자리에 모였다고 생각합니다. 그리고 실행 가능한 방안을 모색하고자 합니다. 분명히 선생께서는 그러한 계획을 갖고 계시지 않은 것 같습니다.

김 구 : 저는 위원단에 분명한 방안을 제시할 수 없습니다. 선거가 어려움 없이 실시될 수 있는지 불명확하며, 선거 실시를 위한 위원단의 직능에 대해 어떠한 정보도 갖고 있지 못하기 때문입니다. 저는 위원단 자체에 대한 명확한 의견

이 없습니다.

의장 : 본 분과위원회는 위원단에 보고해야 합니다. 우리는 가장 중요하고 영향력 있는 한국인들로부터 의견을 취합하여, 이들 방안 가운데 하나를 제시해야 합니다. 그래야만 이후 우리가 본 업무에 착수할 때, 도움이 될 것이라고 생각합니다. 김 선생께서는 선거법 작성에 관한 의견을 제안할 텐데요, 이는 우리에게 큰 도움이 될 것입니다. 김 선생님께서 의견을 제시해 주신다면 감사하겠습니다.

김 구 : 그렇게 하겠습니다.

의장 : 아마 김 선생님께서 언급할 내용이 있을 것으로 생각합니다.

김 구 : 메논 위원의 라디오 담화와 환영회에서의 연설을 청취한 바 있습니다. 제가 아는 한 대다수의 한국인들은 메논 위원님의 의견을 충분히 수용할 것입니다. 임무 수행 중에 많은 어려움에 당면하겠지만, 유엔위원단이 어려움을 헤쳐 나가기 위해 열심히 노력해주시길 바랍니다. 한국인들이 위원단과 유엔의 뒤에 서있을 것입니다. 여러분이 저에게 어떠한 협조나 도움을 요청하시면 기꺼이 도와드리겠습니다.

의장 : 정말 감사합니다. 김 선생님께서 말씀하신대로 계획이나 방안을 제출해 주신다면 우리에게 큰 도움이 될 것입니다. 이제까지는 우리가 수행해야 할 업무의 실현가능성을 부정적으로 평가하고, 단지 행운만 빌어주셨기 때문입니다. 우리는 한국인들에게 도움을 요청하기 위해 왔고, 김 선생님께서는 우리가 추진해야 할 일에 대해 말씀해주셔야 한다고 생각합니다.

김 구 : 제가 계획을 입안할 여력이 있다면, 여러분께 건설적인 정보를 제공하기 위해 최선을 다해보겠습니다.

의장 : 감사합니다.

(오후 5시 25분 청문회 종료)

제7차 회의 요약기록[1]
1948년 1월 26일 오후 6시 30분, 서울 덕수궁

의장 : 잭슨(Mr. JACKSON, 호주)

청문 : 중도좌파단체 대표

의장 : 제2분과위원회의 정식 회의입니다. 제2분과위원회는 유엔한국임시위원단이 담당한 업무의 전반적 상황을 파악하기 위해 설치되었습니다. 우리가 당국의 의도대로 움직이는 조직이 아님을 이해해야 합니다. 우리는 위원단 자체를 위한 정보를 얻고자 왔습니다.

첫 번째 질문은 '자유민주선거가 한국에서 실시되기 위해 필요한 조건이 무엇인가'라는 것입니다.

중도좌파단체 대표[2] : 자유롭고 공정한 선거 분위기를 조성하기 위해 저는 인권의 기본 원칙 가운데 하나인 자유권을 보장해야 한다고 생각합니다. 해당 자유권은 표현의 자유, 언론의 자유, 결사의 자유, 집회의 자유, 파업의 자유 등입니다. 현재 이러한 자유권을 제한하는 법률과 규정이 존재하지만, 자유선거를 보장하기 위해서는 다양한 자유권을 침해하지 않도록 해야 합니다. 과거 여기에서는 이와 같은 자유권들이 제한되었습니다.

예를 들어, 실제 규정에 따라 3인 이상의 사람이 모일 때에는 경찰 당국의 사전 허가를 받아야 하며, 경찰은 조사관이나 기타 인물을 해당 모임에 참석시킵니다. 표현의 자유를 제한하는 사례도 있습니다. 지방군정청에 대한 비판은 그것

1　Document A/AC.19 SC.2 PV.7. 이 회의는 제1차 분과위원회 결정에 의해 개최되었음 (document A AC.19/SC.2/SR.1, page 3). 1차 회의에서 보안 문제로 인해 덕수궁에서의 청문이 금지되었고, 의장과 사무국장에게 적절한 일정 조정의 권한이 부여됨.

2　개인 안전과 청문인의 요청으로 청문인의 성명과 소속 조직은 기록에서 삭제됨.

이 건설적인 것인가에 관계없이 법률과 규정에 저촉됩니다. 비판을 제한하는 법률과 규정이 존재합니다. 이런 점에서 비판은 좋은 뜻에서든, 건설적인 내용이든 간에 객관적으로 판단되지 않습니다. 이 때문에 많은 신문이 폐간되었고 편집인들은 투옥되었습니다. 수감된 편집인들은 지방군정청을 비판하는 모든 기사에 대해 관련 정보를 제출해야 했고, 정보원에 대해서도 진술해야 했습니다.

메논 : 그들이 감옥에서 정보원의 신상을 누설하도록 강요받았습니까?

중도좌파단체 대표 : 정보원을 말하도록 강요받았습니다.

의장 : 어떻게 강요받았나요? 고문을 받았습니까?

중도좌파단체 대표 : 그렇습니다. 저는 기사 작성자의 이름도 외울 수 있습니다. 그들은 고문과 구타를 가해 정보를 제공한 정보원을 진술하도록 강요했습니다. 누구나 정부를 비판할 수 있는 표현의 자유는 자유권 가운데 가장 중요합니다. 그 비판이 건설적인 지의 여부를 떠나, 개인은 자신의 의견을 표현할 자유와 지방군정의 어떠한 조치도 비판할 수 있는 자유를 보장받아야 합니다. 그렇지 않고 자유는 존재할 수 없습니다.

파업금지법(미군정법령 19호[3])이 있습니다. 파업은 법령 위반입니다. 일련의 추상적인 법이 존재할 뿐이지만, 특정 정당을 대상으로 개인적 유감을 표현하는 일에 대한 법령 적용은 매우 구체적으로 이루어졌습니다. 집회의 자유를 예로 들 수 있습니다. 이에 따르면 3인 이상의 사람들은 함께 모일 수 없습니다. 언젠가 두 사람이 모여 사적인 대화를 나눈 일이 있는데, 집회로 간주하여 이들을 투옥시켰습니다. 또 다른 예로, 어떤 사람들이 저녁 초대를 받아 모임을 가

---

3 미군정법령 19호(1945. 10. 30)는 주한미육군사령부군정청에 의해 포고됨.

겼을 때도 경찰이 들이닥쳐 해당 모임을 특정 회의로 간주하여 저녁식사에 참석한 사람들은 투옥되었습니다. 지난해 목포(Meuk Po) 지역에서 여러 정치범들이 석방될 당시, 한 무리의 사람들이 이들을 환영하기 위해 석방 장소에 갔습니다. 물론 이들은 조직된 정당원들이 아니었습니다. 그들은 단지 석방된 정치범들을 환영하기 위해 그곳에 갔습니다. 그러나 이 역시 집회 내지는 회의로 간주되었고, 또한 그 사람들은 좌익적 성향을 보인다는 명목으로 투옥되었습니다.

메논 : 해당 법령의 복사본을 확보할 수 있을까요? 이것이 경찰법입니까 아니면 다른 당국의 법령인가요?

중도좌파단체 대표 : 미군정법령입니다.

메논 : 복사본을 받을 수 있을까요?

중도좌파단체 대표 : 이는 맥아더 장군이 공표한 일련의 법령입니다. 포고령 제2호는 맥아더 장군이 공표한 총칙으로부터 나왔습니다. 그리고 포고령 제19호는 지방군정청이 공표했습니다. 법령은 아주 간단했지만 그 적용에 있어서는 매우 과장되고 왜곡된 측면이 강합니다.

메논 : 포고령 제2호는 3인 이상의 모임을 금지하는 어떤 구체적인 내용을 담고 있습니까?

중도좌파단체 대표 : 특정 자유를 제한하고 있습니다. 포고령 자체로는 인원의 제한을 두지 않지만, 경찰이 이를 적용하는 과정에서 인원에 대한 제한을 두고 있습니다. 이것이 제가 강조하는 법령 적용의 문제입니다.
나아가 인권의 기본 원칙 중에는 생존권, 쟁의권, 사유재산 보호권 등이 있습

니다. 사유재산 보호권에 대해 제가 주의를 환기시키고자 하는 또 다른 예는 우리가 건물주와 계약했던 서울의 본부입니다. 우리 본부는 3월 24일에 우익 청년단이 점거하였습니다. 그들은 본부를 무력으로 점거했고 어느 정도 협상 끝에 다시 돌려주었습니다. 8월 13일에는 다른 청년단이 본부를 점거해서 30~40만 원의 재산상 피해를 냈습니다. 이에 이와 같은 우익단체의 불법점거에 대해서 군정청에 진정서를 제출하였지만, 아직까지 만족스러운 답변을 받지 못했습니다.

제가 언급하고자 하는 사실은 지난 2~3년간 한국에 테러리즘이 만연했다는 점입니다. 인간의 삶과 사유재산에 대한 보장이 없었기 때문입니다. 또한 사람들 사이에 계속되는 두려움이 있습니다. 따라서 한 개인이 가장 먼저 해야 할 일은 두려움으로부터 자유를 보장받는 일입니다.

충분히 알고 계시리라 믿기에 기본 원칙에 대해서는 더 이상 말씀드리지 않겠습니다. 그러나 정치범 석방의 중요성에 대해서는 매우 강조하려고 합니다. 이곳의 우익인사들은 현재 투옥된 정치범들이 없다고 주장합니다. 그러나 저에게는 정치범들이 존재한다고 믿는 합당한 이유가 있습니다. 포고령 제2호와 미군정법령 제19호는 어떤 집회나 쟁의 등을 제한하고 금지합니다. 그리고 이러한 법령 위반은 대부분 정치적 이유에서 발생한 것으로 간주됩니다. 포고령 제2호와 미군정법령 제19호에 저촉되어 투옥되었기에 그들이 정치적인 이유로 투옥되었다고 보는 것이고, 그들이 정치적인 이유로 투옥되었기에 그들이 정치범이라는 논리입니다. 작금의 이 정치범들은 심지어 일제 치하에서도 투옥되었습니다. 이는 그들이 인간의 기본권을 위해 싸웠기 때문입니다. 그들은 단기간 투옥된 것이 아니라 10년이 넘게 갇혀 있습니다. 저는 인권의 기본 원칙을 위해 싸운 그들을 정치범이라고 보며 석방해야 한다고 생각합니다.

이제 친일파에 대해 짚어보겠습니다. 남한에서 자유롭고 공정한 선거 분위기를 조성하기 위하여, 선거 전에 친일파와 일본 부역자들을 처단하기 위한 조치를 취해야 합니다.

메논 : 선생은 다양한 정치적 자유가 필수적이라고 말씀하시는데, 북한에서는 이 자유가 얼마나 보장된다고 생각합니까?

중도좌파단체 대표 : 제가 북한의 사정은 상세하게 알지 못합니다. 그러나 북한에서도 표현의 자유는 제한적입니다. 그럼에도 불구하고 이는 친일파와 반동분자에만 해당된다고 언급하고자 합니다. 다른 사람들은 표현의 자유를 제한받지 않습니다. 그들은 원하는 대로 말하고 비판하며 표현할 수 있습니다.

메논 : 선생님은 정치범이라고 부를 만한 재소자가 남북한에 얼마나 있다고 보십니까?

중도좌파단체 대표 : 그 규모는 확실하지 않으며, 정확한 수치는 모르겠습니다.

메논 : 북한이나 남한에 투옥된 특별한 인물들의 이름을 알고 있습니까?

중도좌파단체 대표 : 저는 단순히 현황에 대한 일반적이 언급을 하는 것입니다. 여러분이 이름과 규모를 알고 싶다면, 다음 기회에 기꺼이 말씀드리겠습니다.

저는 친일파 한국인들에 대해 언급하고 싶습니다. 예를 들어보겠습니다. 필리핀에서는 이와 같은 친일파들에 대해 크게 대응하지 않았습니다. 그들은 모두 독립을 위해 일했기 때문입니다. 그래서 그들은 정도의 차이가 있더라도 친일파를 민족주의자와 다르지 않게 생각합니다. 또 다른 예를 들면, 저는 캘커타에서 저에게 "친일파 인도인들과 인도인들 스스로는 같은 목표를 위해 일합니다. 바로 궁극적인 독립이지요"라고 말하는 동지들을 만났습니다. 그래서 그들 모두는 보스 박사(Dr. Netaji Subhas Chandra Bose)를 존경했습니다. 중국의 친일파 문제는 한국과 매우 유사합니다. 일본이 우리를 수십 년 동안이나 지배했기 때문입니다. 일본이 한국에 대한 지배력을 강화하도록 협력한 일부 한국인들이 있습니다. 그 친일파들은 다수의 한국인들을 살해하고 탄압했습니다. 이 친일파 한국인들은 전시에 연합국에 맞서 일본을 도왔으며, 지난 3~40년간 일본에 반대하는 목소리를 낸 수천 명을 희생시켰습니다.

메논 : 선생께서 아주 현실적인 구분을 해주셨다고 생각합니다. 수바시 찬드라 보스와 같은 인사는 잘못 알려져 있어서 그렇지 진정한 애국자입니다.

중도좌파단체 대표 : 해방 이후 일본 육군의 항복에 따라 이 친일파들은 직책에서 물러났으며, 당시에 있던 '군청(Gunchung)'이라는 조직이 법령과 체제를 유지했습니다. 그러나 이들 모두 조국을 사랑하는 애국자이며, 누구도 그들이 좌익이나 우익 중 하나라고 말할 수 없습니다. 그러나 당시 미군은 비행기를 통해 이들이 직책과 지위를 유지해야 한다고 요청하는 전단을 살포하였습니다. 미군이 전단을 뿌리자 일제 치하에서 직책을 맡았던 친일파 한국인들이 모두 돌아왔습니다. 경찰에 소속되었던 친일파들이 모두 복귀했고, 해방 이후 3년 동안에 어떠한 친일파들도 형을 선고받지 않았습니다. 친일파 한국인들은 행정부의 재무, 교육 그리고 상공부에서 권력을 쥐고 있습니다. 지금 이 순간에도 친일파의 손에 권력이 있습니다.

또 다른 예를 들고 싶습니다. 남한의 경무부에는 28,000여 명의 경찰이 있습니다. 이 가운데 5,000여 명은 일제강점기에 경찰업무를 담당하였습니다. 예를 들어, 경무부에서 10명의 경무국장 중 6명이 일제 하에서 직책을 맡았습니다. 경무부국장 중 8명이 일제에 복무했고 2명은 신입입니다. 경감(police inspector) 중에서는 39명이 일제에 복무했고 19명이 신입입니다. 따라서 고위직 중 전직 일본 경찰이 높은 비율을 차지합니다.

작년에 언론에서 헬믹 장군(G. C. Helmick, 군정장관 대행)에게 일제 치하에서 일했던 경찰의 숫자에 대해 질문하자 그는 5,000명 정도라고 밝혔습니다. 그들은 장군에게 왜 전직 경찰들을 해임하지 않았는지 질문했습니다. 그리고 장관은 그들을 해고한다면 모두가 반미주의자가 될 것이라고 답했습니다.

솔직히 말씀드리자면, 일제강점기 동안 한반도 전체에는 단지 7,000여 명의 경찰이 있었습니다. 따라서 일제에 복무했던 5,000여 명 대부분이 남한에서 현직 경찰에 복무한다고 볼 수 있습니다. 이 규모는 발간되지 않은 연감에서 찾을 수 있습니다. 이러한 상황은 남한의 교육부, 사법부 등의 행정부에도 만연해 있습니다.

이제 국방경비대(鮮國防警備隊, Korean constabulary)에 관하여 말씀드리고자 합니다. 고위급 사령부에 있는 인사들도 일제 치하에서 일을 했습니다. 일제에 복무하였을 뿐만 아니라 여전히 권력을 가진 제3여단장 이응준(李應俊) 대령을 예로 들 수 있습니다. 다른 예로는 김석원(金錫源) 대령이 있습니다. 일제에 부역했고 현재 정치적인 이유로 육해공군출신동지회를 조직하고 있으며, 이 단체는 정치적 문제에 대해 김석원 대령에 대한 지원을 도모합니다. 모든 친일파 한국인들은 일본의 교육을 받았고 일본의 정치사상에 몰두해왔습니다. 그리고 현재 그들의 유일한 목적은 그들의 지위와 정치력을 유지하는 것입니다.

한국이 40년간 일제 치하에 있었지만 식민 당국에서 일했던 모든 사람을 친일파라고 규정할 수는 없습니다. 그들 중 일부는 생계를 위해 일제 치하에서 일했습니다. 그래서 우리는 압박에 의해 일한 사람과 자발적으로 일한 사람을 구분해야 합니다. 친일파 한국인들은 지금 남북의 통일과 미국-소련의 화해를 반대합니다. 통일이 기정사실화되고 미국과 소련이 한반도에 공화국을 수립하기 위해 협력하면, 그들의 권력이 유지될 수 없다고 우려하기 때문입니다. 통일된 한반도에 민주공화국을 수립하고 자유선거에 대한 열망을 이룩하기 위해, 통일에 반대하는 친일파들이 투표하거나 선거에 출마하는 일을 막는 조치를 취해야 합니다. 이 친일파들은 수차례 사소한 분란을 일으켰고, 이를 점점 확대시켜 더 큰 사건을 조장하고자 합니다. 그들은 이러한 사건들이 반미주의자나 반유엔주의자의 소행이라고 말할 것입니다. 그들은 지위와 명성을 되찾기 위해 어떤 일이든 시도할 수 있기 때문입니다. 그들은 통일을 저지하기 위해 그리고 소련, 미국, 유엔 사이에 적대적인 분위기를 조성하기 위해 노력할 것입니다.

이제 민주적 원칙에 따른 경찰의 재조직화에 대해 말해보고자 합니다. 미군이 당도한 이후 민주적인 경찰 조직을 만들기 위해 시도해왔습니다. 그리고 이들은 그러한 경찰력을 조직해야 한다고 항상 염원했습니다. 그러나 현재 경찰은 일제 하에서 교육받은 자들이고 식민지배자들의 태도를 보이고 있습니다. 즉, 한국인들에 대한 경찰의 태도는 식민지배자들과 다르지 않으며 한국인들을 식민지민과 같이 대하고 있습니다.

투옥되었던 제 자신을 구체적인 예로 들겠습니다. 저는 어떠한 조사도 없이 투옥되었습니다. 조사를 위해 소환된 것은 몇 주가 지난 뒤였습니다. 저는 열흘이나 더 감옥에 머물었고, 이 기간에 3시간 반 동안 몽둥이 등으로 구타당하거나 고문을 당했습니다. 제가 감옥에 있는 동안 당국은 저에게 진술을 요청했지만, 정작 저의 진술 내용은 받아들여지지 않았습니다. 대신 제가 서명할 진술서만 있었습니다. 그러나 저는 그러한 의향이 없었습니다. 물론 이는 본인의 경우입니다만, 저는 사람들이 투옥되어 100일 동안 재판도 받지 못하고 구금된 사례를 알고 있습니다. 저는 투옥된 사람들이 누구나 용의자가 된 사유를 고지 받아야 한다고 생각합니다. 그리고 용의자로 몰릴 경우 본인의 사유를 제시하고, 구속의 적부를 판단할 재판을 받아야 한다고 생각합니다. 감옥에서 이와 같은 시간이 흐른 뒤에 저는 법정으로 소환되었고 증거가 제출된 후에 무죄를 선고받았습니다. 그런 즉 법정에서 무죄를 선고하기 전까지 저는 한 달 넘게 아무 이유도 없이 투옥되었던 것입니다.

한국 법원은 저에게 무죄를 선고했습니다. 즉, 저는 불법적으로 구속되고 자유를 희생해야만 했습니다. 제 경험상 남한에서 구속된 사람은 어떤 질문을 할 권리도 없습니다.

일본 경찰은 한반도를 점령하는 동안 한국인들을 극도로 탄압했고, 이러한 수단은 잘 알려졌습니다. 현재 28,000여 명의 한국 경찰관들 중에서 5,000여 명이 일제 치하의 경찰이었습니다. 그들이 현재 남한에서 사용하는 수단을 짐작할 수 있습니다.

저는 경찰이 법정에 도움이 되어야 한다고 생각합니다. 그러나 일제 치하에서 행정부와 경찰력은 분리되었습니다. 비록 일부 한국인들에게 행정부의 직책이 주어졌지만 일본인이 경찰력을 보유했습니다. 그러나 행정부는 전혀 힘이 없었습니다. 권력이 경찰에 있기 때문입니다. 남한에서도 이러한 수단이 활용되고 있습니다.

메논 : 우리 모두 경찰이 도덕적인 면모를 보이지 않고 있다는 점을 인식한다고 생각합니다. 경찰은 일제 부역자들로 가득 차 있습니다. 그러나 선생이 생각하시듯이 선거 전에 경찰을 완전히 재조직하고 민주적인 질서를 도입하게 하는 것이 가능하겠습니까? 저는 이 사안을 실질적·정치적 문제로 다루고 있습니다. 저는 그 필요성이나 정당함에 대해서는 따지지 않고자 합니다. 그러나 민주적인 경찰로의 재조직이나 행정부의 분리 등은 정부에 의해 추진되어야 할 사안입니다. 이런 과도기에 할 필요는 없습니다. 따라서 실용적인 방법으로서, 전체 경찰력에 대해 일제 점검을 하기보다, 6명 혹은 12명의 최고 고위층과 연결된 악명 높은 일제 부역자들을 축출하고 정직한 사람들을 투입하는 것이 낫지 않겠습니까. 말하자면, 악명 높은 친일파들을 정직한 인사들로 대체하는 것입니다.

중도좌파단체 대표 : 경찰은 공정하고 정치적으로 특정 당파에 소속되지 않아야 합니다. 그러나 최근 경찰들은 회합과 집회를 열고 있습니다. 그리고 책임 있는 지휘부 사람들은 그들에게 특정인을 지지하도록 주장하고 이러한 의견에 동의해야 한다고 말합니다. 대부분의 경찰 사무실에는 이승만(李承晩) 박사의 사진이 걸려 있습니다. 즉, 경찰은 사실상 정치적인 집단이며 특정 정치인이나

정당을 지지하고 정치적 중립의 원칙을 어기고 있습니다. 자유선거를 실시하기 위해 경찰을 재조직해야 합니다. 경찰 재조직의 전제는 정치적으로 어느 당파에 소속되어서는 안 되며, 좌우익 어느 편에도 속해서는 안 된다는 점입니다.

메논 : 선생께서 경찰이 지방 정부에 의해 통제받고 지역적 기반을 바탕으로 분권화된 체제도 희망하신다는 점을 알고 있습니다.

의장 : 일본이 그랬듯이 말입니다.

메논 : 미국에는 연방 경찰과 주 경찰이 따로 있습니다.

중도좌파단체 대표 : 우익청년단과 이들이 일으킨 테러에 대해 진술하고자 합니다. 남한의 이 청년단은 사람들을 집회에 참여하도록 강요해 특정인에게 투표하도록 강요했습니다. 또한 그들은 자신들에게 자금을 기부하도록 강요하고 있습니다. 그들에게 반대하는 사람은 종종 강도를 당하거나 구타로 고통 받았습니다. 이 청년단은 서울에만 있는 것이 아니라 마을 단위에도 있습니다. 그들은 언제나 경찰의 비호를 받아왔습니다. 경찰과 이 청년단들은 서로 결탁하여 대중들에게 압박을 가하고 그들을 강제하고 있습니다. 이 청년단들은 불법적인 일들을 자행하지만 두려워하지 않습니다. 경찰의 도움을 받으며 협력하기 때문입니다. 선거를 위한 자유로운 분위기를 조성하기 위해 행정부와 관련하여 한 마디 해보고자 합니다. 남조선과도정부에서는 한국민주당이 우세합니다. 주요 간부들 대부분이 그 정당에 속해 있기 때문입니다. 그래서 일당체제라 할 수 있습니다. 자유선거를 실시하기 위해 이러한 일당체제는 해소되어야 합니다. 일당체제 아래서 자유선거가 열릴 수 없기 때문입니다. 그런 점에서는 노동당이 지배하는 북한과 상황이 비슷합니다. 이것이 해방 3~4년 후에 제가 얻은 결론입니다.

의장 : 선생은 아주 흥미롭군요. 드리고 싶은 질문이 있습니다. 청년단에 대해 말씀하셨는데, 그 청년단의 지도자는 누구입니까?

중도좌파단체 대표 : 이청천(李靑天) 등입니다. 위원회가 이 모든 사안을 조사하도록 유엔위원단이 결정했으면 합니다. 구성원들은 서울 뿐 아니라 변두리에서도 찾을 수 있습니다.

의장 : 사실상 누구도 책임을 지지 않는 정당입니까?

중도좌파단체 대표 : 책임이 없지 않습니다. 이 청년단 대부분은 우익들입니다.

의장 : 중앙의 통제를 받습니까, 아니면 지역 본부가 있나요?

중도좌파단체 대표 : 중앙 조직의 통제를 받습니다. 이 조직은 현재 한국의 복지에 대한 선전을 기획하고 있습니다. 그들은 분단된 정부를 선호합니다. 그리고 그들은 이 선전물을 모든 지역, 특히 향촌에 퍼뜨리고 있습니다. 그들은 사람들에게 남한 단독 정부 수립에 동의하도록 강요하고 있습니다. 또한 자신들에게 투표하지 않으면 정부 수립 후에 보복할 것이라고 말해 왔습니다. 이러한 방법으로 그들은 사람들 사이에 공포를 조장하고 있습니다.

호세택 : 지금까지 제가 이해한 바로는 그들이 단독정부를 지지하지 않습니다. 그들은 "통일 정부가 불가능하기에 단독 정부를 구성해야만 한다"라고 말합니다. 그들이 통일정부에 반대하는 언급을 합니까?

중도좌파단체 대표 : 먼저 그들은 통일이 불가능하다고 보기 때문에 단독정

부를 구성하고자 하는 것입니다. 일부는 어떤 경우라도 단독정부를 지지합니다. 그러나 후자가 여론을 선도하고 있습니다.

현재 상황은 매우 불안합니다. 그 원인은 국제적 요인을 비롯한 사안일 수 있지만, 상황이 매우 불안정하다는 것이 제가 내린 결론입니다. 한반도에 민주적 정권 수립을 위한 진정한 자유선거의 실시를 위해 점령군은 철수해야 하며, 차후에야 선거가 열릴 수 있습니다. 그러나 저는 남한에 자유로운 분위기를 조성하기 위해 위원단이 조치를 취해주기를 바라며, 외국 군대의 철수 이전에 그 조치가 취해졌으면 합니다. 위원단에 협력하기 위해 모든 것을 하겠습니다.

의장 : 그 문제는 뒤에서 다루겠습니다. 현재 여기서 시행되고 있는 경찰규칙이 일제강점기에 시행되던 것과 대동소이하다는 의견이 사실입니까? 변화가 있었습니까, 그대로입니까?

중도좌파단체 대표 : 덧붙여 미군의 규정과 법령을 비롯하여 현재 시행되고 있는 법안 대부분이 일제로부터 비롯되었습니다.

메논 : 물론 어떤 정당을 말씀하시는지 알고 있습니다.

밀너(Ian F. G. Milner, 사무부국장) : 기록을 위해 선생이 내비친 입장을 선생이 속한 단체의 관점으로 봐도 되겠습니까?

중도좌파단체 대표 : 제가 말씀드린 견해는 본인의 시각이 아니라 우리 단체의 입장입니다. 위원단의 청문 대상 9명의 명단을 봤는데, 거기에는 진정으로 민주적인 사상을 가진 인사들이 많이 없어 아쉬웠습니다. 위원단이 진실로 애국자들과 민주적 관점을 지닌 이들의 의견을 수용하지 않는다면, 실상에 대한 명확한 인식을 할 수 없을 것입니다. 대부분의 민주 인사들은 현재 체포 명령이 발

부되었거나 혹은 투옥되는 등 이동의 자유가 제한되었습니다. 그래서 저는 위원단이 이동의 자유가 제한된 애국자들을 대상으로 청문을 했으면 합니다. 나라의 민주적 기반을 세우기 위해 위원단은 민주주의자들, 애국자들 그리고 통일 지지자들의 견해를 청취해야 합니다. 위원단이 통일 반대론자들, 남한 단독정부 지지자들의 의견만 듣는다면, 이는 사안의 단면만을 이해하는 일입니다.

의장 : 애국자들이 누구이며, 이후에 우리가 그들에게 접근하는 데 도움을 주실 수 있습니까? 군을 비롯한 다른 기관의 감시 아래서 그들과의 만남을 시도하고 싶지는 않습니다.

중도좌파단체 대표 : 저도 역시 당국의 감시에서 자유롭지 않기에 명단을 제공할 수 없습니다. 그 사람들에게는 이동의 자유가 없으며, 위원단이 자유로운 분위기의 조성을 위해 어떠한 시도도 하지 않는다면 청문은 불가능할 것입니다.

의장 : 저는 시간과 장소 여하를 불문하고, 당신이 언급한 사람들 가운데 1~2명과 접촉하기 위해 홀로라도 나설 의향이 있습니다. 저는 이러한 일의 위험성을 알고 있습니다. 우리가 대화를 하고자 하는 누군가를 위해 행동과 이동의 자유를 요구하는 특정 시도를 하더라도 우리에게는 시간적 여유가 없습니다. 그들을 주시하는 결과만을 초래할 것입니다.

중도좌파단체 대표 : 이는 시간의 문제가 아니라 내 조국의 명운이 걸린 사안입니다. 아마 다른 나라들은 시간적 요건을 중요시하겠지만, 우리가 서두르지 않아야 한다고 봅니다. 그리고 자유로운 분위기를 조성하여 관련 인사들을 인터뷰하고 청문할 수 있도록 어느 정도 시간이 주어져야 합니다. 그러한 과정 없이 진정한 민주공화국 수립은 불가능합니다.

의장 : 우리가 이러한 인사들 다수와 연락을 시도하는 것은 현명하지 못하다고 생각하십니까? 완전히 비공식적인 만남을 말하는 것입니다.

중도좌파단체 대표 : 저는 일부 사람들과 비밀리에, 혹은 사적이거나 반(半)공식적인 회동을 갖는 것이 중요하다고 봅니다. 그러나 현재 상황이 매우 어렵다는 점을 이해해야 합니다. 저에게 발부된 체포 명령은 없으나, 한 곳에 머무르지 않고 수시로 이동해야 합니다. 저는 테러리스트들의 경고를 받아왔고, 경찰관들은 저에게 어디에 거주하며 어떠한 일을 하거나 어디에 가는지를 묻습니다. 위원단이 제가 언급하는 특정인들과 인터뷰한다면, 단지 그들의 사상과 견해만을 듣게 될 것입니다. 제 생각에 위원단은 대중의 의견과 목소리를 들어야만 합니다.

의장 : 불행하게도 선생이 거론한 바와 같이 우리는 우익들의 의견만을 수월하게 듣고 있습니다. 우리는 위원단에 보고하고 가능한 조치를 취할 수 있도록, 앞으로 수 주 동안 최대한 객관적인 배경지식을 확보해야 합니다. 우리는 현재 안건에 대해 확신을 하지 못합니다. 요점은 이렇습니다. 선생과의 대담에 대해 만족해야 할지, 그리고 여기 위원들과 함께 다른 사람들과의 대담을 시도하지 말아야 할지에 대해 선생의 조언을 듣고 싶습니다. 우리는 인터뷰할 대상자들이 대부분 우익 인사들이라는 점에서 매우 불만입니다.

그러나 현 시점에서 우리가 어떻게 대중의 의견을 청취할 수 있겠습니까?

중도좌파단체 대표 : 방법은 위원단의 선택에 달려 있고, 군정과 합의가 가능할 것입니다.

의장 : 우리가 대화하고자 하는 사람들의 석방과 안전에 대해 말입니까? 다시 말해, 우리 앞에 배석할 수 없는 분들과의 만남은 시도하지 않는 편이 안전

하겠군요. 우리가 가진 정보와 배경지식에 만족해야 하며, 이제 우리가 찾는 정보를 얻을 수 있는 정책을 만들기 위해 노력해야 합니다.

중도좌파단체 대표 : 선거를 위한 일뿐만 아니라, 인터뷰를 위한 자유로운 분위기를 만드는 업무에도 매진하셔야 합니다.

통역 : 위원단이 이동의 자유가 없는 중도좌파단체 대표에게 어떤 방법으로 접근할 수 있는지 물어보았습니다.

중도좌파단체 대표 : 허헌(許憲)[4] 선생을 예로 들겠습니다. 그에게는 체포령이 떨어져 있고 거의 모든 사람들, 심지어 거리의 아이들까지 그의 얼굴을 알고 있습니다. 그의 특정한 행동기미도 이내 알려질 것입니다. 체포의 위험이 있습니다. 그의 삶은 끊임없이 위험에 처할 것입니다.

의장 : 인정합니다.

중도좌파단체 대표 : 이것이 명단을 알려드릴 수 없는 이유입니다. 자유분위기가 조성되지 않는 한 이름을 건네 드릴 수 없습니다.

의장 : 처음부터 그러한 어려움을 인식하고 있었습니다. 그렇다는 것을 알고 있었지요. 우리가 대상자들에 대한 감시로부터의 자유와 불간섭에 대해 경찰이나 군정과 합의할 수 있다면, 그들이 먼저 우리와 면담을 시도할까요? 우리가 실제로 군정과 합의하고 필요에 따라 한국 경찰과도 합의한다면, 당신이 말하는 사람들이 어느 정도까지 그 합의를 신뢰할 수 있겠습니까?

---

4 남조선노동당 당수, 제2분과위원회에서 면담하고자 하는 9인의 정치 인사 목록에 포함되어 있음. (document A/AC.19/SC.2/2).

중도좌파단체 대표 : 물론 자유분위기가 조성될 수 있겠지요. 예를 들어, 체포령은 일시적으로 철회될 수 있고 특정인에 대한 이동의 자유도 허용될 수 있습니다. 그러나 진정한 자유의지로부터 나오는 그들의 행위를 금지하는 법령이나 규정 때문에, 그러한 일들이 쉽게 이루어지지는 않을 것 같습니다. 저는 여기서 제 자신의 관점뿐만 아니라 제가 속한 단체의 입장도 밝혔습니다. 위원단 측에서 저의 의견을 고려해주시기를 바랍니다.

호세택 : 한국 전체의 선거가 불가능하다면, 자유로운 분위기가 조성될 경우 남한에서의 자유선거는 실시할 수 있겠습니까?

중도좌파단체 대표 : 호세택 박사께서는 북한에서 선거 실시가 불가능하다면 남한에서 자유선거의 분위기가 조성될 수 있는지, 그리고 제가 이에 동의할 수 있는지에 대해 질문하신 것 같습니다. 저는 남한에서 실시되는 어떤 선거든 참여가 무의미하다고 생각합니다. 이는 한국의 궁극적인 분단을 상징하는 단독선거를 의미하기 때문입니다. 한국이 두 개의 독립된 국가로 분단된다면 이는 매우 불행한 일입니다. 북한은 소련의 통제를 받고 남한은 미국 정부의 지배를 받게 될 것이기 때문입니다. 소련과 미국의 정치적 관계에 의해 한반도의 통일은 절대 불가능할 것이며, 이는 한국인들의 희망과 배치됩니다.

남북한이 통일되지 않으면 국가를 구성하는 재정, 행정, 교육 그리고 다른 부문들이 통합되지 못하고 하나로 구성될 수 없을 것입니다. 이것이 우리가 마주할 어려움들입니다.

의장 : 정말 많은 시간을 할애해주셨습니다.

중도좌파단체 대표 : 저를 맞아주신 분과위원회에 감사드립니다.

의장 : 여기에 방문하시어 선생의 입장을 알려주셔서 매우 감사합니다. 제가 보기에 이러한 일은 여러 사안들이 해결될 때까지 우리가 할 수 있는 유일한 일인 것 같습니다.

(오후 8시 30분 청문 종료)

제8차 회의 요약기록
1948년 1월 27일 오전 10시 30분, 서울 덕수궁

의장 : 잭슨(S. H. Jackson, 호주)

의장 : 유엔한국임시위원단 제2분과위원회의 제8차 회의 개회를 선언합니다.

청문 : 김규식(金奎植)

(김규식 박사는 위원회실에 배석함)

의장 : 김 박사님께서는 우리가 제시한 순서대로 질문하지 않기를 희망합니다. 김 박사께서 원하시는 대로 상세히 진술하실 것입니다. 첫 번째 질문입니다. 한국에서 자유민주선거가 실시되기 위하여 필요한 조건이 무엇이라고 생각하십니까?

김규식 : 일반적으로 다른 나라에서도 중요시하는 조건들이 우선해야 한다고 생각합니다. 그 조건들이 일반적인 기준이 될 것입니다. 그러나 한국에서는 이미 전개된 특수한 상황을 고려해야 한다고 생각합니다. 바로 이전의 강압적인 수단들과 직간접적인 위협, 부당하고 부적절하다고 느끼실 선거운동 등입니다. 그러나 저는 먼저 민주주의 국가에서 일반적으로 인정되는 표현, 언론, 결사, 집회의 자유 등이 보장되어야 한다고 생각합니다. 그러나 저는 유엔위원단 위원님들이 그러한 자유가 실현되고 있다고 확신하기 어려울 것이라고 생각합니다. 이것이 위원단이 다루는 가장 어려운 부분입니다.

여러분은 일부 신문이나 특정 정당 혹은 인물들이 표현의 자유를 갖고 있다고 생각하실지 모르나, 왜곡된 보도를 접하게 되실 것입니다. 여러분은 그저 적절히 그려진 그림을 보게 될 것이고, 편향되고 왜곡된 보도에 의해 호도될 것입니다.

저는 이것이 위원단 측에서 감수해야 할 잠재적인 위험이 된다고 생각합니다. 저의 말뜻이 잘 전달되고 있는지 모르겠습니다. 예를 들어, 선거철에 우리는 "경찰은 중립적이어야 한다. 모든 정부 관료들(장관들과 군수들)은 중립적이어야 한다. 그들은 사람들을 겁주거나 강제하지 말아야 하고 강권하거나 위협하지 않아야 한다"라고 말할 것입니다. 위원단의 감독관들이 선거 여론조사를 하는 동안 표면적으로는 아마 모든 일들이 질서정연해 보일 것입니다. 모든 업무들이 규정에 따라 진행될 것입니다. 그러나 제 의문은 비록 항상 관복을 입거나 공무원 자격이 아니더라도, '일부 정당 지도자들이나 테러를 일삼는 일부 청년단들 그리고 일부 공무원들과 심지어 경찰관들이 특정 마을이나 지역구를 확보하면서, 주민들에게 특정 후보를 의원으로 선출하라고 권고하는지 위원님들이 어떻게 알 수 있는가'라는 점입니다. 그래서야 되겠습니까? "지시를 따르지 않으면 향후 곤경에 처할 수 있습니다"라는 식의 위협이나 협박을 받을 수 있습니다. 그 '후에'는 '그 후 언제까지나'를 의미할 것입니다. 선거가 끝나고 6개월 후가 될 수도 있고 1년 뒤 혹은 심지어 6년 뒤가 될 수도 있습니다. 그러니 주민들은 "그래, 지시에 따라야지. 그 길 뿐이야"라고 말할 것입니다. 이러한 상황이라면 위원님들은 선거 전후로 무슨 일이 벌어지는 지 알 수가 없습니다. 여러분은 여기에 선거를 감시하러 오신 것이지 선거를 준비하러 오신 것도 아니고 물론 선거 후에 어떻게 되는지 보러 오신 것도 아니지요.

의장 : 질문할 내용이 있습니다. 선거를 위한 자유분위기 조성을 목표로 하는 분과위원회(제1분과위원회)의 의견으로는 다음과 같은 최소한의 선결조건이 필요합니다. 표현의 자유, 언론과 정보의 자유, 집회와 결사의 자유, 임의동행과 구금으로부터의 보호, 폭력과 협박으로부터의 보호입니다. 당신이 보기에 현재 시행 중인 법률, 규정이나 법령 혹은 현재 한국에 만연한 특정 환경 중 자

유로운 분위기 보장과 양립 불가능한 것이 있습니까? 만약 그렇다면, 그것들은 무엇이며 현 상황을 개선하기 위해 어떠한 합법적이고 타당한 법조항들이 필요합니까?

김규식 : 제가 명확하게 답변할 수 있을지 모르겠습니다. 제가 일본의 법규를 조사하지 않았다는 것을 인정해야 하기 때문입니다. 일본인들이 강점기 동안 통과시킨 몇몇 특별법을 제외하면, 이곳 법정의 법규 대부분은 구(舊) 일본법에 기초하고 있기 때문입니다. 북한에서도 마찬가지라고 생각합니다. 여기는 미국이 아니기에 미국이 남한에서 "미국 법규나 법전에 따르겠습니다"라고 할 수는 없습니다. 한국은 식민지가 아니기에 식민지법이 존재할 수 없습니다. 그렇다 하더라도 특별법이 제정되어야 합니다. 미군이 주둔할 당시 법률가들을 불러서 사용가능한 법전을 편찬하도록 했습니다. 저는 그들이 모여서 무언가를 작성했다고 생각합니다. 일당제의 영향이 존재했습니다. 특정 정당이 거대한 영향력을 행사할 수 있었고, 선거는 성사되지 못했습니다. 특정한 사상을 토대로 만들어진 치안유지법(治安維持法, Peace Preservation Law) 등 일본이 도입한 불필요한 법들을 철폐하기로 결정되었습니다. 일반적으로 법원은 기존 일본법의 기반 하에 운영되었습니다. 그 부분에 대해서는 연구를 하지 못했습니다. 선거 실시에 방해가 되고 불리한 기존의 법들에 관하여는 특정 조항들이 부족하다고 생각합니다. 왜냐하면 저는 여러분이 선거를 실시할 때 방해가 되고 불리한 법들을 회피하기보다는 상황을 보다 긍정적으로 인식해야 한다고 생각합니다. 즉, 일부 법들은 선거를 보다 쉽고 자유롭게 시행할 수 있도록 작용할 것입니다. 또한 선거가 더욱 공정하게 진행되도록 하는 동력이 될 것입니다. 저는 우리가 충분히 생각할 시간이 없었다고 생각합니다. 군정이 할 수 있는 최선은 과도입법의원(過渡立法議院, Interim Legislature)을 세우는 것이었기 때문입니다. 그리고 과도입법의원이 할 수 있었던 최선은 본 과도입법의원이나 후신 기관을 전원 선출직 구성체로 재조직하기 위한 일부 선거법을 통과시키는 것

이었습니다. 이러한 연유로 남조선과도입법의원이 통과시킨 현행 선거법을 긍정적으로 인식할 수 없다고 말할 수 있으며, 더욱이 완벽하다고 할 수는 없습니다. 동법은 지적받을 만한 많은 결함들이 있습니다만, 당시에 조성된 상황에 따라 우리가 제정할 수 있는 최선이었습니다. 요점을 깔끔하게 말씀드렸는지 모르겠습니다. 저에게 질문하시고 싶으시다면 기꺼이 소상히 말씀드리겠습니다.

의장 : 실시 가능한 선거와 현재의 표현의 자유, 언론과 정보의 자유의 관계에 대해 말씀해 주실 수 있습니까?

김규식 : 표현의 자유가 남용되는 면이 있다고 생각합니다. 제가 무슨 말을 하는지 궁금하시겠지만 다음의 예가 있습니다. 지난 7월 즈음, 화신 빌딩 최상층에서 마이크를 사용한 강연이 열렸습니다. 화신 빌딩은 시내 중심부에 있는 종로의 백화점입니다. 마이크를 활용한 해당 강연은 3일간 아침부터 밤까지 열렸습니다. 그 강연들의 주제는 본인과 좌우합작위원회 위원들, 민정장관 안재홍(安在鴻) 씨가 조국의 배신자이기 때문에 나라를 소련에 팔아치우려 한다는 것이었습니다. 정확한 어휘는 기억이 나지 않습니다만, 그들은 '안재홍 같은 사람은 죽임을 당할 것'이라고 말했습니다. 그들이 사살된다는 것인지 살해당한다는 것인지 모르겠습니다. 벽보가 붙었는데 경찰관들은 벽보를 보고도 어떠한 조치를 취하지 않았습니다. 벽보가 시내 곳곳에 붙었고 이 강연들은 3일 동안 지속되었습니다. 저 스스로는 이 일들에 대해 크게 신경 쓰지 않았습니다. 먼저 그들을 걱정할 만한 시간이 없기 때문입니다. 저는 다른 업무 때문에 여념이 없었습니다. 그래서 저에게 들어온 보고를 들었을 뿐입니다만, 본인 생각에 누군가 안재홍 씨에게 갔고 당시 러치(Archer L. Lerch) 장군과 경무부장 조병옥(趙炳玉) 박사에게도 간 것 같습니다. 조병옥 박사는 "내게 그 벽보를 가져오시오. 이 일을 막아야 할 지 보겠습니다"라고 답했습니다. 당시 비가 내렸고 물론 우리는 돌아다니며 남아있는 벽보와 조각 모두를 모아야 했습니다. 우리는 그것

을 조병옥 박사에게 제출했습니다만 그 이상에 대해서는 듣지 못했습니다. 그 강연은 다음 날도 계속되었던 것 같습니다. 한 가지 예가 있습니다.

가장 최근의 극우신문들 중 하나입니다. 언론이라고 불릴 가치도 없다고 생각합니다. 아주 직설적이고 단순하게 말하자면 편집자라는 인사가 발행인이 되어서는 안 된다고 생각합니다. 이 신문의 책임자는 이종형(李鍾馨)이라는 사람입니다. 그는 일제강점기에 아주 악명 높은 친일파였습니다. 이 보고가 얼마나 신빙성 있는지는 모르겠습니다만, 일반적인 보고에 따르면 그는 헌병대에 들락날락하며 동포들을 해하는 모든 일들을 자행하곤 했습니다. 그는 이 신문사를 운영하면서, 특정 정치 지도자들의 맹목적인 추종자가 되지 않는 안재홍 씨나 저 같은 사람들을 매도하고 있습니다. 그는 사설을 내면서 저를 중국식인 Kim Chien(역자주: 매국노를 의미하는 '漢奸'으로 유추해보면, Kim Chien은 '金奸'이 아닌가 함)으로 불러왔는데 이는 '반역자 김씨'를 의미합니다. Loo Chien은 '늙은 반역자'('老奸')를, Han Chien(韓奸)은 한국에 대한 반역자를 의미합니다. 안재홍 씨도 같은 방식으로 매도되었습니다. 저는 고민할 다른 문제들이 있고, 남들이 저에 대해 어떻게 말하든지 걱정하지 않기 때문에 그러한 공격에는 사실 면역이 되어 있습니다. 저에 대한 긍정적·부정적 평가에는 그다지 신경 쓰지 않습니다. 이는 신과 제게 달린 일입니다. 저는 인간이 언제나 다른 사람들의 생각을 헤아릴 수는 없다고 생각합니다. 그러나 이 문제는 딘(William Frishe Dean, 3대 군정장관) 장군의 주의를 끌었고, 처음 딘 장군의 답변은 "그런 일이 한 번 더 발생하면 내가 신문을 정간시키겠습니다"이었습니다. 저는 딘 장군이 말씀하신 것을 이해했습니다. 이틀 후에 또 다른 사설이 게재되었습니다. 그리고 그 문제는 다시 딘 장군의 주의를 끌었습니다. 그는 "이 문제를 공보부장에게 넘겨야겠습니다"라고 말했습니다. 공보부장은 "이러한 언론 문제에 대한 법령이나 법규가 없습니다. 이것이 우리가 과도입법의원에 일부 법규의 통과를 요청하는 이유입니다"라고 말했습니다. 그러나 이 사안은 유보되고 있습니다.

그런 즉 여러분은 한국이 어떠한 방식으로 언론과 표현의 자유를 인정하는지 아실 수 있을 것입니다. 우려스럽게도 선거 기간 역시 그러한 자유가 크게 확장될 것입니다.

의장 : 박사는 미국 언론을 비롯한 다른 언론들에도 익숙하시지요. 예를 들어, 미국에서는 그러한 표현의 자유가 어떻게 적용이 됩니까? 해당 용어들이 미국에서 사용됩니까? 미국에서 공인에 대해 기사를 작성할 때, 그러한 기고가 허용되나요?

김규식 : 그런 경우 미국에서는 명예훼손 사건으로 처리될 것이라고 생각합니다. 더욱이 안재홍 씨는 민정장관이고 저는 과도입법의원 의장입니다. 개인적으로 우리 둘을 언급하는 것이 아니라 과도입법의원과 군정 공무원의 일원으로서 말씀드리는 것입니다. 우리는 군정 3부 가운데 행정부와 입법부의 수장입니다. 그리고 비록 군정일지라도 군정의 위신을 지켜야 합니다. 2명의 군정 수장들이 무분별하게 매도되도록 하는 것은 군정의 위신에 좋지 않습니다. 그것이 제가 딘 장군과 하지 장군에게 전하고자 했던 사실입니다. 이는 표현의 자유가 아닙니다.

의장 : 부당한 허가 말입니까?

김규식 : 네.

의장 : 현재 한국에서 언급되는 집회, 결사, 시위의 자유에 대해 말씀해주시겠습니까? 제가 알기로 3명까지 모임을 제한하는 군정의 규정이 있다고 하던데요.

김규식 : 그 또한 어려운 질문입니다. 왜냐하면 어떤 정당들이나 사회단체들

이 회합을 열고자 할 때는 허가를 받아야 했습니다. 서울의 경우 수도경찰청장과 시청으로부터 허가를 받아야 했습니다. 보통 3~4일 전에 미리 신청서를 작성했어야 했습니다. 허가의 여부는 절대적으로 허가를 내 주는 사람의 재량에 달려 있습니다. 그래서 관계자가 잘 아는 사람이 쉽게 허가를 받는 경우가 발생하기 쉽습니다. 다른 경우에는 허가를 받기 어려울 것입니다. 몇 주 전에 인천에서 이러한 사례가 있었습니다. 우리의 민족자주연맹 인천지부가 결성식을 하려 했습니다. 경찰이 허가하지 않을 가능성이 높아 저는 경무부장에게 사람을 보내 허가를 구해야 했습니다. 경무부장이 인천에 연락하여, 우리는 회합을 허락받을 수 있었습니다. 이러한 사례들이 발생하고 있습니다. 업무가 평등하고 정당하며 공정하게 처리될 것이라는 보장이 없습니다.

의장 : 우리가 한 가지 이야기를 전해 들었습니다. 한 남성이 감옥에서 석방되어, 친구들을 만나고 있었는데 경찰이 갑자기 덮쳐서 불법집회의 명목으로 체포했다고 합니다. 경찰은 이 모임이 정당 회합과 같은 성격이 아니라고 확신했습니다. 이러한 모임이 일반적인 방법으로 가능하다면, 어떻게 경찰이 즉석에서 사람들을 체포하거나 자신의 목적을 달성하기 위해 군정의 규정을 이용할 수 있겠습니까?

김규식 : 네, 이곳에서는 인신보호영장(habeas corpus) 같은 것이 발부되지 않고 있습니다. 경찰은 대부분의 사람들에게 경찰서나 연행 장소로 가도록 요구합니다. 과도입법의원을 대표하여 딘 장군에게 편지를 쓰려 했습니다. 1~2주 전에, 의원 가운데 한 사람이 체포되어 특정사안에 대해 조사받기 위해 CIC(Counter-Intelligence Corps, 방첩대) 본부로 소환 요청을 받았습니다. 해당 사안은 소형 총기의 운반 문제로 밝혀졌습니다. 방첩대는 그에게 허가를 받았는지 물었고, 그는 수도경찰청으로부터 허가를 받았다고 답변하였습니다. 그는 두 시간 조사 후 풀려났습니다. 그동안 저는 군정에 간접적으로 이 사람의

체포 사실과 CIC 본부 혹은 경찰서로 끌려갔다는 사실을 알렸습니다. 과도입법의원의 의장에게 사전 공지도 하지 않고 그런 자리에 있는 사람을 CIC로 끌고 가는 것은 러치 장군이 공포한 미군정법령 제118호와 후속 법령을 위반하는 처사입니다. 제가 관련 정보를 알려주자 이 사람은 즉시 석방되었습니다. 저는 아직 항의 서한을 딘 장군에게 보내지 않았습니다. 그 의원이 석방되자 장군이 부산으로 출장을 갔기 때문입니다. 그는 며칠 간 자리를 비웠습니다. 그리고 저는 사건의 진상을 알기 위해 그가 돌아올 때까지 기다리고자 했습니다. 이것이 CIC와 관련된 사건입니다.

지난 8월 과도입법의원의 다른 의원인 원세훈(元世勳) 씨도 비슷한 사건을 겪었습니다. 그는 과도입법의원 문 밖에서 경찰에게 체포되었습니다. 제가 보기에 수도경찰청에서 와서 "선생님 저희와 경찰서로 가시죠. 몇 가지 질문을 드려야 합니다"라는 말을 한 것 같습니다. 그들은 원세훈 씨를 경찰서로 연행했습니다. 그는 약간의 학대를 당했습니다. 그리고 이따금 면전에서 욕을 들었습니다. 그는 지하실에 오르내리기를 8~9번 반복했습니다. 그는 조사받기 위해 10시간 가까이 잡혀 있었습니다. 그는 일제하에서 악명 높았던 친일 경찰서장에게 주로 조사받았습니다. 이 사람은 여전히 활동 중입니다. 그때 경찰은 다음 날 아침 9시에 그를 돌려보내려 했으나, 헬믹(G. C. Helmick) 장군이 이를 중지시켰습니다. 그때 저는 공식적인 항의를 하지 않았습니다. 이는 이런 종류의 사건 가운데 첫 번째로 일어난 일이었습니다. 그러나 이런 일이 두세 번 발생했을 때 저는 보고를 해야 했습니다.

의장 : 군정이 어느 정도까지 경찰에 대한 통제를 가했습니까? 군정의 지시 없이 경찰력이 작동하는 데에는 어떤 제한이라도 있습니까?

김규식 : 그 문제에 대해서는 말씀드리고 싶지 않습니다. 제가 미군 사령부와 경찰의 정확한 관계에 대해 충분히 알지 못하기 때문입니다. 경찰은 독립된

조직입니다. 이전에 일본에서나 다른 나라들에서 경찰은 주로 국립경찰국을 포함하는 내무부에 속해 있었습니다. 일제 총독부에도 비슷한 조직이 있었습니다. 점령군이 들어온 이후 내무국이나 군정의 내무부가 없었기 때문에 경찰은 특정 당국의 지휘 아래에 있기가 다소 모호했습니다. 그들은 재조직 구상의 일환으로 내무부 설립을 계획했습니다. 계획은 했지만 지금까지 그들은 내무부를 설립하지 않았고 독립된 조직이자 분리된 부처로 만들었습니다. 통위부장은 유동열(柳東說) 장군이 맡게 됨에 따라 조병옥 박사가 경찰의 책임자가 되었습니다. 그러한 이유로 예를 들어, 지방에서 도군정지사는 경찰에 대한 통제권이 없습니다. 군수에게도 경찰 통제권이 없습니다. 두 주체가 분리되어 일하고 있습니다. 일방은 뒷받침하는 무력도 없이 단순히 통치하고 있고, 또 다른 측은 무력을 보유하고 있으며 실질적으로 지사보다 더 큰 권력을 행사하고 있습니다. 서울에서도 비슷한 일들이 우리 눈앞에서 벌어집니다. 서울 시장은 경찰을 통제하지 못합니다. 그리고 시청이 경찰과 협력하여 쓰레기를 치우고 거리를 정화해야 하지만 어려움이 있습니다. 김형민(金炯敏) 시장과 그의 미국인 고문관 윌슨(Mr. Wilson) 중령은 저의 집무실을 방문하여, 그들을 뒷받침하는 경찰이 없기 때문에 거리를 정화할 방법이 없다고 불평했습니다. 시장과 고문관은 쓰레기통을 제작하는 업무 등을 추진할 충분한 자금이 없다고도 했습니다. 한편으로 경찰은 이것이 시장의 업무라고 주장해왔으나, 사람들이 쓰레기를 길 한가운데 버려도 경찰은 가만히 서서 지켜봅니다. 그것이 불만입니다. 저는 그 내용을 제 집무실에서 김 시장과 미국인 고문관으로부터 직접 들었습니다.

의장 : 경찰을 그렇게 만든 책임이 누구에게 있습니까? 계속해서 독립적으로 일하도록 경찰을 통제하거나 과도입법의원 및 시장실과 협력하기를 거부하는 개인이나 조직이 있습니까?

김규식 : 먼저 그들은 국립경찰을 완전히 독립된 조직으로 만드는 잘못된

제도를 채택했습니다. 경찰은 자주권을 갖고 있습니다. 경찰은 군정장관이나 점령군 사령관이 아니면 복종하지 않습니다. 물론 그것이 절대적으로 불법적인 방식이라고 할 수는 없습니다. 하지 장군이 조병옥 박사에게 전화를 걸어서 "이렇게 저렇게 해서는 안 됩니다"라고 말하거나 그에게 단순히 구두 명령을 내릴 수도 있습니다.

의장 : 이러한 경찰 조직은 왜 거리를 정화하는 문제에 있어서 서울 시장과 협력하기를 거부해야만 하는 것입니까? 이것이 경무부장의 소관이라면, 그의 임무는 분명 지방 당국의 근무에 지원이 잘 전달되고 있는지 감독하는 것입니다. 그 지원을 거부하는 사람이 조병옥 박사 본인입니까, 아니면 행정부를 견제할 목적으로 조병옥 박사를 조종하는 어떤 세력이 있다고 생각하십니까?

김규식 : 시장과 미국인 고문관이 말해준 범위를 넘어서는 경우에 대해서는 잘 모릅니다. 그러나 저는 이것이 다른 부처에 책임을 떠넘기는 '책임 전가'의 문제라고 추측합니다. 저는 이러한 문제들이 군정을 통해 부처들이 모여서, 서울거리의 정화가 어느 소관인지 논의한다면 금방 조정될 일이라고 생각합니다. 이는 비효율의 한 예입니다. 한국에서 벌어지고 있는 일을 챙기지 않고, 이것이 한국인들을 위한 것인지 불리한 것인지도 신경 쓰지 않습니다.

의장 : 경무부장이 재판절차를 거치지 않고 자기재량에 따라 사람들을 구금합니까? 우리는 확인할 수 없었던 이런 종류의 일들에 대한 보고들을 받아왔습니다. 인신보호법의 부재 상태에서 이를 막을 방법은 없습니다. 그런데 사람들을 구속하는 것이 정치적으로 중요한 연관성도 없는데, 경무부장이 그렇게까지 광범위한 영역까지 다루는 이유가 있습니까?

김규식 : 네, 저는 그 부분에 대해 분명히 말씀드릴 수 없었습니다. 그러나

저는 대부분 지역에서의 주요 직책은 특정 정당원들이 쥐고 있다는 사실을 들었습니다. 대부분의 장관들과 군수들은 해당 정당의 당원입니다. 더욱이 저는 대부분의 관구경찰청장 또한 그 정당의 실질적 당원이거나 요원이라는 점도 들었습니다. 그들은 그 정당 혹은 비슷한 종류의 다른 정치 조직의 구성원입니다. 그리고 그들은 대중들 사이에 큰 불안을 일으킨 자들입니다.

의장 : 그 정당이 군정의 통제로부터 실질적으로 자유롭기 때문에 언론에 대한 통제권을 갖고 있다는 말씀입니까?

김규식 : 네, 많은 사람들이 그렇게 생각하고 있습니다. 그것이 정당화되었는지 아닌지는 말씀드릴 수가 없습니다.

의장 : 저는 체포와 구금에 관한 질문을 드렸습니다. 박사께서 보시기에 선거 기간에 우리가 방금 논의한 경찰과 관계된 상황 하에서, 어떠한 주체가 폭력에 대한 위협과 실제 폭력으로부터의 보호를 가능케 하겠습니까?

김규식 : 드릴 답변이 없어 유감입니다. 강압, 폭력 및 불합리한 수단을 배제하고 최대한 공정한 선거를 보장하기 위한 준비를 해야 할 뿐만 아니라 개혁도 필요할 것입니다. 아시다시피 국립경찰에 관한 한 개혁은 대단히 더딘 과정을 수반합니다. 재작년 11월~12월 동안 있었던 경상북도에서의 폭동 이후, 제 의견에 따라 하지 장군이 한미협회(American-Korean Conference)의 회담을 지시했습니다. 회담은 바로 이 방에서 개최되었습니다. 군정과 점령군의 다수 유명인사들이 참석했습니다. 브라운 장군(Albert E. Brown)이 하지 장군을 대리했습니다. 러치 장군이 헬믹 장군과 함께 있었고 존슨 박사(E. A. J. Johnson, 군정 수석고문), 랭던 씨(William R. Langdon, 군정 정치고문), 번스 박사(Arthur C. Bunce, 군정 경제고문)를 비롯한 인사들이 있었습니다. 하지 장군은 좌우합작

위원회가 한국 측에 있어야 한다는 결정을 내렸습니다. 따라서 좌우합작위원회 의장인 저는 한국 대표단의 일원이 되었습니다. 좌우합작위원회는 제가 자발적으로 시작한 것이 아닙니다. 어쨌든 우리가 경상도에서 일어난 폭동의 원인과 결과를 검토했을 때, 당연하게도 국립경찰과 군정에 많은 비난이 쏟아졌습니다. 우리는 이 회담에서 많은 토론을 했습니다만, 끝내 결론을 내릴 수 없었습니다. 결국 미국과 한국 측의 권고가 달랐기 때문입니다. 양측이 제출한 권고안이 동의를 받지 못해 미국과 한국은 각각 권고안을 작성했습니다. 이와 관련하여 하지 장군은 어떠한 일도 하지 않았습니다. 이는 단지 사안에 대한 토론일 뿐 그 이상은 아니었습니다. 그러나 저와 좌우합작위원회가 국립경찰과 그 동조자들로부터 미움을 받고 반감의 대상이 된 결과를 초래하였습니다.

테러가 심하게 횡행하던 1947년 8월 중순에 있었던 다른 사건이 떠올랐습니다. 우리 과도입법의원의 좌익 의원 한 명이 체포되어 종로경찰서로 연행되었습니다. 그리고 군정장관의 이목을 끈 이후에야 석방될 수 있었습니다. 제가 CIC에 대해 언급한 것이 세 번째입니다. 저는 이 문제에 대해 공식적인 항의를 시작하려고 합니다.

마네 : 김규식 박사의 모든 발언이 흥미롭다고 생각합니다. 사실상 우리는 지금까지 이러한 구체적인 사실들을 접할 기회가 없었습니다. 실질적인 관점에서 최대한 자유로운 선거 분위기를 조성하기 위해 제안하실 사항이 있습니까?

김규식 : 어떠한 방식도 절대적일 수 없기에 '아마'라는 단서를 붙여야겠지만, 부분적으로라도 난제를 해결할 몇 가지 방법이 있을 것입니다. 예를 들어, 위원단이 실제로 선거를 감독하거나 지금 하고 계시듯이 선거 시행을 위한 계획을 준비하신다면, 위원단은 정확한 실상을 충분히 이해할 수 있을 것입니다. 그리고 이러한 업무가 가장 어려운 과제라고 봅니다. 가능하다면 위원단이 소규모 형태의 점검위원회를 조직할 것을 추천합니다. 자문위원회 형태까지는 필

요하지 않으며 점검위원회 수준이 적절합니다. 그래야 특정 지역에서 사건이 발생하였을 때, 여러분은 철저한 조사를 할 수 있게 됩니다. 그러나 점검위원회의 인적 구성은 절대적으로 신뢰할 수 있는 3인~5인으로 조직되어야 합니다. 아마 일부 인사들에게 추천을 받는 절차가 필요할 것으로 보입니다. 그리고 이 위원회는 반드시 중립적이어야 합니다. 이러한 점검위원회를 조직하는 것이 가능하다면, 여러분은 아마도 점검위원회에 문의하여 관련 사건의 정확한 진상을 알 수 있을 것입니다. 이것이 한 가지 방편입니다.

다른 방법은 국립경찰이나 정부 공무원을 재교육하는 것입니다. '개혁'이라는 단어를 쓰진 않겠습니다. 이 조직을 개혁하려면 수년이 소요될 것이기 때문입니다. 그러나 본인의 생각에 여러분들은 사령관과 군정의 도움으로 그들을 재교육할 수 있습니다. 물론 저는 하지 장군이 절대적으로 협력할 의지가 있고 준비도 되었다고 생각합니다. 하지 장군이 명령을 내린다면 하달이라는 효과가 있다고 생각합니다. 동시에 점검위원회 혹은 조사위원회를 통해 제가 말씀드렸던 현 상황들이 검토되어야 합니다. 위원회가 특정한 변화를 추진할 것입니다. 최악의 경우에는 인사이동이 있을 수 있습니다. 이는 경찰뿐만 아니라 공무원들의 업무도 개선할 여지가 있습니다. 그러므로 일반적인 방식으로 길을 닦고 가시밭길을 헤쳐 나가야 할 것입니다. 순탄하지는 않겠지만 길을 닦아나가야 합니다.

한국 사람들은 일반적으로 위원단의 선거감시가 거의 불가능하다고 생각합니다. 현재의 상황에서 여러분이 기꺼이 남한만의 단독 선거 실시를 추진한다면, 그리고 이러한 선거가 편향적이고 일인·일당 체제의 수립과 직결됨에도 불구하고 그 결과에 신경 쓰지 않겠다면 더 이상 드릴 말씀은 없습니다. 그러나 유엔이 공정 선거를 보장하려 한다면 마땅히 합리적인 방안들을 모색해야 합니다. 이 점을 고려하여 남한에서 단독 선거를 실시한다고 가정합시다. 우익만 투표하고, 좌익은 선거를 보이콧하거나 지하에서 투표를 해야 하는지 주저할 상황이 발생할 것입니다. 물론 그렇다면 이는 단독 선거가 될 것입니다. 예를 들어, 어떤 사람들은 중간파들을 매우 반대합니다. 저는 일부 극우 동지들에게 종종 공산주의자로 매도당합니다. 제가 좌우합작위원회에 발탁되었을 때, 저는 명목상 우익을 대표했는데 지금은 중간파로 분류됩니다. 그래서 저도 제 자신을 모르겠습니다. 제가 김규식이라는 점만 알겠습니다. 그것이 제가 말할 수 있는 가장 확실한 사실입니다. 물론 그마저도 확신을 못하겠습니다.

저는 공산주의자 및 좌익들과 공모하기 때문에 심지어 중간파들까지도 핍박해야 한다고 말하는 인사를 알고 있습니다. 이러한 발언이 적절한지의 여부와 관계없이 현 상황을 볼 때, 3~4주 내로 한국에서 선거가 실시된다면 편향적인 결과만을 도출할 것입니다. 이는 확신할 수 있습니다. 공정 선거를 위해서 모든 사람들의 선거 참여를 보장해야 합니다. 이것이 가능한지 아닌지가 문제입니다. 물론 그 가능성은 유엔위원단이 소총회에 이 사안을 언급하는지에 달려 있습니다. 소총회가 어떤 결정을 내릴 지는 제가 언급할 수 없습니다. 아마 여러분 스스로도 말할 수 없을 것입니다. 그러나 여러분들은 남북을 아우르는 통일된 한국 정부를 세워야 한다는 유엔총회의 결정을 이행해야 한다는 점에는 동의할 것입니다. 후에 총회는 "우리가 북한에 입북할 수 없기 때문에 남한지역 만이라도 선거를 실시해야 하며, 유엔총회는 그것을 통일 정부로 인정해야 한다"고 결정할 수 있습니다. 물론 이는 잘못된 표현이며 '중앙정부'라고 말할 수 있고, 문제의 양상이 바뀔 수 있습니다. 제가 드리는 말씀이 약간 충고로 들릴 수 있지만 그럴 의도는 없습니다. 그러나 저는 유엔위원단이 38선을 건너는 일이 금지되고 남한 단독 선거를 실시하여 반쪽짜리 선거가 될 지라도, 그리고 유엔총회와 소총회가 이 선거를 한국의 중앙정부를 수립하는 것으로 결정할 지라도 이 과정을 면밀히 검토해야 한다고 봅니다. 그리고 위원단에서는 그러한 제안이 나오지 않아야 한다고 생각합니다. 한국 사람들을 고려할 때, 여러분이 그런 일은 하지 않으셨으면 합니다. 남한 단독정부를 옹호하는 사람들이 있지만 저는 단독정부가 수립되어서는 안 된다고 말하겠습니다. 한국은 단지 만주와 중국 대륙의 한 부분에 붙은 반도의 작은 나라입니다. 심지어 지도에서는 더욱 작아 보입니다. 한국의 역사와 전통을 생각해보면, 우리는 북한과 남한이라고 불러본 적이 없습니다. 우리의 일상 대화에서도 쓰인 적이 없습니다. 어떤 사람을 경상도나 평안도에서 온 사람이라고 지칭한 적은 있더라도 북한 사람이라고 부른 적은 없습니다. 영국에서 어떤 사람을 스코틀랜드 사람이라고 부를 수 있어도 북부 영국인이라고 부르지는 않습니다. 한국에서도 마찬가지입니다. 누군가가 경상도에서 왔다고 할 수 있어도 우리는 절대 그를 북한사람이나 남한사람이라고 부르지 않습니다. '남한 단독정부'라는 용어야 말로 국제적으로 말하기에 정확한 용어가 아닙니다. 여러분은 절대로 단독정부를 인정하지 못합니다. 여러분은 중앙정부를 인정합니다. 비록 그 중앙정부가 소규모임에도 불구하고 말입니다. 지난 전쟁 와중에 런던에는 많은 중앙정부들이 있었습니다. 그들은 망명정부들이었습니다. 그럼에도 불구하고 중앙의 권한 행사를 주장했습니다. 제 말을 양해해주신다면, 심지어 중국정부의 경우도 소비에트의 모략으로 외몽고가 분리되었고, 신장은 분리될 준비가 거의 완료되었고, 현 상황에서 만주의 입장은 혼란스러워 보입니다. 팔로군, 만주의 조선의용군과 싸우고 있는 중화민국 국군은 중앙정부 군인 국민당 군대입니다. 물론 중앙이라는 명칭이 정부에 주어져야 하고 총회의 승인을 받았다면 이는 그들에게 달려있습니다만, 이러한 가정은 남한 정부가 궁극적으로 한국을 통일하고 이름 그대로 진정한 중앙정부가 될 것이라는 조건에 따른 것입니다. 그러나 남한 단독정부를 운운하는 사람들은 역사에 '망나니'로 남을 것입니다. 이 용어가 전파될 경우 소련의 지시를 받는 북한의 공산주의자들은 '인민공화국'이나 '인민위원회'를 세울 것이기 때문입니다. 그러면 여러분은 85,000평방 마일이 조금 넘는 조그만 땅덩이에 두 개의 단독정부들을 세우게 됩니다. 뿐만 아니라 역사에 그런 일이 한 번 일어나게 되면, 영원히 지속되고 영구화될 것입니다. 그러므로 남북 분단의 영구화에 여러분도 책임이 있고 우리들도 책임이 있는 것입니다. 무엇보다도 이렇게 된다면, 실질적으로 남한 전체를 점령하려는 소련의 목표를 달성하도록 돕는 꼴이 됩니다. 그리 오랜 시간이 걸리지 않을 것입니다. 비록 일부 인사들이 남한 단독정부의 대통령이 되고자 하더라도 남한의 국방력이 미미하다는 것이 현실입니다. 남한에는 25,000여 명의 경찰이 있습니다. 정확한 숫자는 모르지만 남한에는 경찰, 국방경비대, 해안경비대를 포함하여 5만 명 정도의 종합방위 병력이 있습니다. 북한에는 추정하건대 50만 명 정도의 잘 훈련되고 무장된 병력이 있습니다. 지난 가을 저는 만주에서 분명한 보고를 받았는데, 팔로군과 함께 중화민국 국군에 맞서 싸우고 있는 조선의용군이 당시 약 25만 명 정도 되었다고 합니다. 그리고 현재 그들이 최소한 30만 명이 될 것으로 봅니다. 30만 명과 50만 명이 있으니 북한에는 무장 병력이 80만 명 정도 있는 셈입니다. 제가 보기에 이러한 이유로 소련이 미국에게 한반도에서의 미소 양군 동시 철수를 제안한다고 봅니다.

유엔총회에서 소련은 "한국인들 스스로 정부를 수립하게 합시다"라고 주장했습니다. 제3자 뿐만 아니라 한국인들의 귀에도 이는 매우 달콤하고 합리적으로 들립니다. 그러나 한국을 홀로 두고 동맹군들이 철수할 때, 우리는 노련한 전투원들인 80만 명의 존재를 기억해야 합니다. 이들 가운데 일부만으로도 언제든지 급습하여 남한에 소비에트 정부를 조직할 수 있습니다. 그러면 소련의 계획이 완수되는 것입니다. 그들의 계획은 성공할 것입니다. 이러한 이유로 저는 위원단이 성급하게 업무를 처리하지 않기를 희망합니다. 보통 회자되듯이 로마는 하루아침에 만들어지지 않았습니다. 저는 여러분이 하루아침에 많은 것을 성취하리라 생각하지 않습니다.

저는 모든 준비와 조사가 철저히 이루어져야 한다고 생각합니다. 저는 딘 장군과 논쟁 중이었습니다. 그리고 딘 장군은 그다지 제 의견에 동의하지 않는 것처럼 보였습니다. 그러나 수단과 방법을 가리지 않고, 소련이 그랬듯이 미군이 남한에 주둔하는 동안 3~4개월 내에 최소 2~30만 명의 병력을 소집하여 훈련시킬 수 있을 것입니다. 저는 개인적으로 2~30만 명의 핵심적인 병력이 있다면, 북한에서 50만 병력이 침투하여 남한전체를 쓸어버리려 해도 두려워하지 않을 것입니다. 그들은 모두 공산주의자가 아니기 때문입니다. 이 가운데 일부는 남하하라는 명령을 받았을 지라도, 총구를 그들의 지휘관에게 돌릴 것입니다. 그러나 우리는 어느 정도의 자본금을 확보해야 합니다. 북한의 훈련된 군인들이 남하 명령을 받으면, 남한에는 방위병력이 부족하여 그들의 의지대로 될 것입니다. 물론 그들이 우리 측으로 넘어오지는 못하겠지만, 우리가 일종의 방위군을 보유하고 있으면 무언가를 도모할 수 있습니다. 우리는 그들 중 일부가 우리 측으로 넘어오기를 기대할 수 있습니다. 우리는 일본군에게 그러한 공작을 진행한 적이 있습니다. 인도에서도 그렇게 했습니다. 즉, 우리는 군사작전을 수행할 수 있습니다. 따라서 저는 일을 빠르게 진척시키지 않았으면 합니다. 제안을 하자면, 사안에 대해서 더욱 철저하고 확실하게 조사하는 것이 긴요하다고 봅니다.

여러분께서 제가 다소 솔직하다는 점을 양해해주신다면 제안하려는 사항이 하나 더 있습니다. 저는 스스로 정치가라고 말하지 않습니다. 사실 저는 정치를 좋아하지 않습니다. 저는 어쩔 수 없이 정치권에 있는 것입니다. 이미 여러분이 난관에 봉착했다고 생각합니다. 저는 신문 보도를 통해 여러분이 위원단의 북한 방문 허가 요청을 보내셨다는 것을 알고 있습니다. 저는 소련이 위원단의 방북을 불허했다는 최신 보도도 접했습니다. 그렇다면 여러분은 첫 번째 난관에 도달하신 것입니다. 아마 가장 큰 장애물일 것입니다. 제 요점은 여러분이 여전히 이번 사안이 한국문제라고 주장할 수 있다는 것입니다. 그리고 "한국인들 스스로 문제를 해결하게 합시다"라고 말하며 소련과 장단을 맞출 수 있습니다. 이는 유엔총회에서 소련이 주장해왔던 바입니다. 이러한 의견은 매우 훌륭하고 합리적으로 들립니다. 그러므로 유엔위원단이 북한 방문의 허가 여부와 관계없이, 일부 북한의 지도자들이 이곳으로 내려와서 남한의 지도자들과 회담하는 것을 허가하는 방안이 어떻습니까? 그 회담은 비공식 회담이 될 수도 있고 공식 회담이 될 수도 있습니다. 북한 인구가 8~9백만 명에 불구하지만 남한 인구가 2,200만 명으로 3배 정도가 많으니, 북한 지도자들이 남한을 방문하는 대안이 적절할 수 있습니다. 나아가 북한은 일부 지도자들만을 내려 보낼 수 있지만, 우리는 다양한 정당의 많은 지도자들이 있습니다. 이러한 회담은 위원단의 감독 하에 열릴 수 있습니다. 그것이 하나의 조건이 될 수 있습니다. 아마 북한 지도자들이 남한 지도자들 가운데서 논의하기를 거부하는 인사들을 가려내려 할 수 있습니다. 남북 지도자들 간의 회담은 어떠한 종류의 통일 정부를 수립해야 하는가, 혹은 가능한 합작 정부 등에 대해서 타협과 이해를 도출해낼 수 있을 것입니다. 알바니아와 비슷한 사태에 직면할 수 있지만, 저는 기꺼이 위험을 감수하겠습니다. 우리가 공산주의자들과 합작 정부를 세운다면 그들은 소수로 합작 정부에 진출하여 결국에는 다수가 되어 판세를 뒤집을 것입니다. 그렇더라도 모든 고민을 우리 스스로에게 전가하는 것보다는 낫습니다. 물론 우리가 무력으로 패배하면, 그 결과를 받아들여야 합니다. 그러나 우리가 처음부터 패배를 당연시 할 필요는 없습니다.

우리가 회담을 개최한다면 일종의 양해를 할 수 있는 가능성이 생깁니다. 그리고 이는 난관을 물리치고 길을 여는 것을 도와줄 것입니다. 또한 부분적으로는 유엔총회에서 소련과 보조를 맞출 것입니다. 유엔총회에서 소련은 "왜 한국 문제에 대해 한국 지도자들이 상호 토론하고 일종의 이해와 타협을 끌어내도록 하지 않는 것입니까? 우리는 그들의 동의 없이 조약을 맺어 왔습니다. 우리는 얄타, 카이로, 모스크바에서 그런 조약을 맺었고 신탁통치가 시작되었습니다. 이제 그들 스스로 회담하도록 하고 어떤 해결책을 제시할 수 있는지 지켜봅시다"라고 언급했습니다.

의장 : 대표자들을 동수로 구성해야 합니까, 아니면 인구에 비례하여 구성하는 것이 낫겠습니까?

김규식 : 그것은 양측의 바람에 달려있다고 생각합니다. 그들이 어느 정도의 대표자 규모를 제시할지 불분명하지만, 우리가 아는 김일성(金日成), 김두봉(金枓奉)이 있습니다. 그리고 공산주의자가 아닌 조만식(曺晩植)이 있습니다. 이 인

사들이 우리가 고려하는 전부이지만, 더 많은 북측 지도자들의 참여를 주장할지 모릅니다. 그렇다면 우리는 그렇게 하도록 할 것입니다. 북한 사람들은 남한의 이승만(李承晚) 씨나 김구(金九) 씨를 원하지 않을 수 있습니다. 그들을 지속적이고 공개적으로 매도해 왔기 때문입니다. 그들이 함께 배석한다면 다소 부자연스러운 상황이 연출될 것입니다. 이 경우에는 남한의 다른 인사들로 대체될 수 있습니다. 아마 그들 스스로 선택한 사람이 될 것입니다.

마네 : 제가 보기에 이런 경우의 문제점은 북한 인사들은 이미 선정되었다는 점입니다. 그러나 남한의 경우는 누가 대표자들을 선택합니까?

김규식 : 여러 방법이 있다고 봅니다. 여러분이 선출된 정당이라고 지칭할 당들도 있고 반선출직 구성체인 과도입법의원도 있습니다. 그리고 군정도 있습니다. 불분명하지만 군정은 대표자들을 제시하려고 할 것입니다. 그리고 '국민의회(Kukmin I Hoi)'처럼 국민들의 대의기관이라고 주장하는 단체들이 있습니다. 국민의회는 '국회(National ssembly)' 정도로 번역할 수 있습니다. 국민의회는 김구 씨와 조소앙(趙素昻) 씨가 이끌고 있습니다. 대한독립촉성국민회도 있습니다. 이승만 씨가 이끌었던 비상국민회의(National Delegates, 非常國民會議)라는 최근 해산한 단체도 있습니다. 다양한 정당들이 있는데, 물론 우리는 공동 대표자들이나 개별 대표자들을 지정하기 위해 우익, 중도, 좌익의 다양한 정당들이 회합하게 할 것입니다. 당연히 남한이 참여시킬 수 있는 숫자는 제한될 수 있습니다.

의장 : 박사께서는 북한과 남한의 대표단이 아닌 다목적의 대표단을 제안하시는 것입니까?

김규식 : 저의 제안을 말씀하시는 것입니까?

의장 : 네, 그렇습니다.

김규식 : 대표단의 규모 여하를 떠나 양측은 각각 남한과 북한을 대표합니다. 이 점은 이해하셔야 합니다. 물론 남한의 대표단 전체가 일당으로 구성되지 않을 것입니다.

의장 : 북한과 남한 양측이 군정의 동의를 받는 것은 현실적으로 어렵습니다. 북한이 절반도 되지 않는 대표단을 수용하거나, 남한이 대표단의 절반을 차지해야 한다는 주장을 수용할 것으로 보십니까?

김규식 : 저는 단지 추측할 뿐입니다. 그러나 북한이 동수 혹은 절반을 요구하면, 이에 대해서 남한이 동의하지 않을까봐 우려됩니다. 유사한 제안이 지난 미소공동위원회에서 제기되었습니다. 제가 그러한 제안을 한 사람들 가운데 한 명이기 때문입니다. 제가 듣기로 거의 합의에 도달하였지만, 소련이 갑자기 결정을 보류한 것으로 압니다. 현재 상황은 약간 다르다고 봅니다. 소련은 유엔총회에서 한국문제는 한국인들이 해결하도록 해야 한다고 주장해왔습니다. 그래서 이에 대해 "북한과 남한의 한국인들이 스스로 문제의 해결책을 찾기 위해 토론에 참여하기를 바란다"고 말할 수 있었습니다. 물론 소련이 "불가하다"고 언급할 수도 있겠지요.

의장 : 위원단 자체 추천안인 북한에서 5명, 남한에서 8명의 지도자들로 구성하는 방법 혹은 남과 북 공히 5명으로 구성하는 방법 중 어떤 방안이 낫다고 보십니까?

김규식 : 이에 대한 입장은 이미 정해졌습니다. 이 경우에 5:5로 대표단을 구성할 수 없다고 생각하며, 아마도 북한 대표 5명과 남한 대표 8명이 최선일 것

제2분과위원회 면담 및 구술 기록

입니다.

의장 : 그 선택은 누가 합니까?

김규식 : 북한과 남한이 각각 제안하게 해야 합니다.

의장 : 남북한의 한국인들이 말입니까?

김규식 : 그렇습니다.

의장 : 어떻게 남측의 주민들로 하여금 5명의 선출된 대표단에 동의하도록 할 계획입니까?

김규식 : 이 분과위원회나 다른 단체를 통해서 다양한 정파가 모여야 합니다. 모든 통로를 염두에 두고 있지만, 분과위원회가 요청하거나 제안한다면 좋을 것 같습니다.

마네 : 김규식 박사께서도 아시다시피 북한은 라디오 방송을 통해서 체계적으로 유엔위원단 보이콧을 주장하고 있습니다. 그리고 유엔위원단과의 대화를 원하지 않는다고 천명하였습니다. 따라서 김규식 박사께서는 남북 지도자 회담을 중립 지역에서 개최하거나 본 위원단의 감독 하에 진행할 생각이 있으십니까? 위원단이 감독을 한다면 북한 당국이 반대하거나 심지어 초청을 거절하지 않겠습니까? 남북한 당국의 지도자들이 회합할 수 있는 지역을 혹시 염두에 두고 계십니까? 그런 생각이 있으십니까, 아니면 그들이 서울로 오기를 희망합니까?

김규식 : 저는 그들이 서울을 방문하는 것이 적절하다고 생각합니다. 이곳에 보다 쾌적한 숙소가 있으니 더 편할 것으로 봅니다. 물론 그들이 38선 인근의 모처에서 만나기를 주장한다면 개인적으로 반대하지 않겠습니다. 본인의 생각은 이렇습니다. 소련이 원한다고 해도 우리는 그들이 갖고 있는 이면의 동기나 최종 목적에 대해 고려하지 않습니다. 우리가 진정한 한국인이라면, 우리 고유의 골격을 갖추고 몸 안에 한국인의 피가 흐른다는 사실로부터 멀어질 수 없습니다. 그들이 소련의 노선을 추종하는 공산주의자들인지의 여부를 떠나, 한국의 독립을 원하지 않는다거나 북측 주민들의 자유를 원하지 않는다고 말할 수는 없습니다. 그러한 이유로 우리가 "노선이 무엇이든, 모스크바의 야욕이 무엇이든, 이 위원단을 보이콧할 수는 없습니다"라고 말할 수 있습니다. 그럼에도 불구하고 한국의 독립과 자유를 희망한다는 점은 완전히 분명합니다.

우리는 북한의 지도자들을 남한으로 오게 해서 남측 지도자들과 자유롭게 만나도록 하고자 합니다. 그리고 우리가 한국 독립을 위한 방안을 어떻게 찾을 수 있는지 공식적으로 논의하고 싶습니다. 아마 위원단에서는 그 회담에 참관인을 두고 싶어 할 것입니다. 물론 그들이 평양 개최를 주장한다면 개인적으로 저는 기꺼이 방문할 것입니다. 제가 이 회담에 대표자로 참석한다면 저는 기꺼이 나설 것입니다. 다른 사람들의 의향은 모르겠지만, 저는 남한의 모처나 서울을 회담 장소로 추천합니다. 북한에서 회담을 갖게 된다면, 더 많은 사람들이 남한에서 이동을 해야 하기 때문입니다.

패터슨 : 김규식 박사께서 남북 지도자 회담이 유엔위원단의 감독을 받아야한다고 말씀하신 것 같습니다. 그러나 마네 위원이 지적했듯이, 김규식 박사께서 제안한 계획은 유엔위원단의 개입이라는 편견을 갖게 할 수 있습니다. 회담에 관한 계획이 유엔위원단에서 입안된다면, 이 또한 불신을 조장할 수 있습니다. 한반도의 지도자들에게 회담 계획을 준비하도록 제안한다면, 소련 군정도 반대하기 어려울 것입니다. 그래서 저는 남북의 지도자들이 자체적으로 계

제2분과위원회 면담 및 구술 기록

획을 수립하고 회담을 함에 있어, 이에 대한 논평을 발표하는 것에 선생께서 동의하는지의 여부와 그 이유에 대해서 질문하고자 합니다. 그들이 유엔위원단에 건의하고자 한다면, 위원단은 기꺼이 수용할 것이라고 확신합니다. 그러나 유엔위원단이 계획을 작성하고 회담 개최의 주요 목적이 유엔위원단에 건의하는 것으로 알려진다면, 각종 어려움과 위험이 수반될 수 있습니다. 이러한 조건에서는 소련 당국의 태도가 달라질 수 있습니다.

김규식 : 제가 위원님의 질문을 잘 이해하지 못하였습니다.

패터슨 : 조금 더 구체적으로 말하겠습니다. 이 상황에서 남북의 지도자들은 어떠한 이유에서 자신들의 계획에 따라 모이지 않는 것입니까?

김규식 : 유엔위원단 위원 가운데 첫 번째 그룹이 서울에 당도하기 몇 주 전에 남북 회담을 위한 움직임이 있었습니다. 당시에는 12개 정당협의회로 불렸고, 이후에는 13개 정당협의회로 지칭되었습니다. 언론에서는 본인이 그 협의체의 회의에 참석했다고 오보를 냈습니다. 저는 그 회의에 간 적도 없으며 아무런 관련이 없습니다. 그 와중에 사망한 정안립(鄭安立)이라는 인사는 남북 지도자들의 공동회담 개최를 목적으로 북한에 방문하여 그곳의 지도자들과 면담하려는 계획에 대해 승인을 요청하였습니다. 그러나 그는 교통사고로 사망했습니다. 12 혹은 13개 정당협의회에 대해 김구 씨 당의 당원이자 충칭임시정부 외무부장이었던 조소앙 씨는 본 계획의 주요 지지자였습니다. 그는 남북 간 회담 계획의 동력이었습니다. 그러나 이승만 씨와 연관된 일부 사람들이 그를 공산주의자들과 공모하는 인사로 낙인찍기 시작했습니다. 그래서 그는 차라리 일을 그만두는 편이 낫다고 생각했습니다. 여기에서 알 수 있듯이 남북 지도자들의 회담과 같은 계획을 유엔위원단과 한국인들 모두가 제안한다면, 극우주의자들이 반대하려 할 것입니다. 그러나 제안이 처음부터 위원단에서 제기된다면 더

큰 무게가 실릴 것입니다. 우리는 회담을 실현시키기 위해서 모든 가능한 수단을 모색해야 합니다. 우리는 북한 지도자들의 생각을 알아보기 위해 북한에 대표단 파견을 시도할 수 있습니다. 그리고 우리는 그들이 남한을 방문하는 것에 대해여 소련의 허가를 요청하도록 지원할 수 있습니다. 그러면 북측 지도부는 남한을 방문할 수 있을 것입니다. 물론 우리가 성공한다고 낙관적으로 이야기할 수는 없지만, 최소한 시도는 해볼 수 있습니다.

마네 : 김규식 박사께서는 소련 측으로부터 38선 통과를 정식으로 허가받은 북한 대표단이 사전에 의견 조율도 없이 남한의 동포들과 자유롭게 이야기할 것이라고 보십니까? 비밀 회담이라고 해도 말입니다.

김규식 : 본인은 그들이 소련의 지침을 비롯한 각종 사항들을 준비하고 남한을 방문할 것으로 생각합니다. 그러나 우리는 그것을 신경 쓸 필요가 없습니다. 지침이 무엇이든 그들이 이곳에 내려와서 하는 말을 들어보면 됩니다.

메논 : 그 회담이 열린다면 외국 군대의 철수는 회담 전에 하는 실시하는 것 적절합니까, 아니면 후에 하는 것이 낫습니까?

김규식 : 공동회담을 말씀하시는 것입니까?

메논 : 박사께서는 주둔군의 철수가 본 공동회담의 개최에 선행해야 한다고 보십니까? 아니면 공동회담 후에 진행되어야 한다고 보십니까?

김규식 : 조금 전에 그 계획의 실행은 위원단 위원들의 북한 방문이 허가되는지의 여부에 달려있다고 말씀드렸던 것 같습니다. 문제를 명확히 하기 위해 위원단의 북한 방문 불허가 확실시 될 때까지 기다리는 게 좋겠습니다. 이 문제

가 교착상태에 빠지게 되면 개방을 위한 다른 방법은 제시할 수 있습니다. 다른 한편으로는, 우리가 최종 결론이나 교착상태에 도달하기 전에 남북 지도자들 간 공동회담을 위한 협의를 시작하는 것이 좋습니다. 최종적으로 교착상태에 빠지는 것을 막는 효과가 있기 때문입니다. 저는 상황을 모릅니다. 여러분이 교착상태에 빠졌는지는 불분명하나 모스크바는 의견을 표명했습니다. 저는 여러분이 북한의 답변을 기다리고 있다는 사실을 알고 있습니다. 그러니 답변을 받을 때까지 어떤 제안이 제시된다면, 북측의 답변이 약간이나마 달라지도록 하는 데에 긍정적인 영향을 줄 것입니다.

메논 : 미국과 소련의 군대가 회담 전후로 어느 시점에 철수해야 한다고 보십니까?

김규식 : 외국 군대의 철수 문제는 그렇게 생각하지 않아도 될 것으로 봅니다. 이런 종류의 회담은 전적으로 비공개 회담이 될 것이기 때문입니다. 공식적일 수도 있고 비공식적일 수도 있지만, 군대의 철수 문제가 회담의 선결요건이 될 필요는 없습니다. 물론 회담에서는 군대의 철수 문제가 논의될 수 있습니다. 그러면 아마도 남측 지도자들은 북측 지도자들의 제안에 분명한 답을 내놓아야 합니다. 저는 남한 지도자들이 "준군사조직 혹은 유사군사조직은 해산되거나 남과 북을 아우르는 국가 방위군으로 재편성되어야 한다"고 명시하는 유엔 총회 결의안 적용 문제에 대해 분명한 응답을 해야 할 것으로 판단합니다. 이는 통일정부가 존재할 때만 실현 가능합니다. 통치 기관이 남북한에 각각 하나씩 있으면, 그것이 한국군이든 외국군이든 두 개의 사령부가 존재하는 형태입니다. 이와 관련해서 유엔 결의안은 정확합니다. 한국 통일정부의 수립 후에 최대한 90일 이내에 국가 방위군 조직업무에 착수할 것입니다. 북한이나 소련의 제안에 대한 답은 그 어구를 유념하여 작성되어야 합니다. 그러나 저는 우리가 이와 같은 특별한 시기를 이용하는 데 있어서 소홀하지 않아야 한다는 점을 강조

하고 싶습니다. 지금부터 정부 수립 때까지 국가 방위군은 조직될 수 있습니다. 북한이 이미 훈련된 병력을 보유하고 있음에 따라, 남한도 훈련에 착수해 최소한 북한의 절반 정도라도 훈련된 병력을 갖출 수 있도록 노력해야 합니다. 그래서 때가 되면 병력을 사용할 준비가 되어 있도록 해야 합니다. 다시 말해, 우리는 '목마른 자가 우물을 판다'는 중국 속담에 묘사되는 형세가 되기를 원하지 않습니다.

오늘 아침 여러분과 함께 하는 동안 저는 다른 한 가지 견해를 강조하고 싶습니다. 저는 본 위원단이 북한을 방문할 수 없더라도 "한국의 독립 여부와 관계없이 38선이 폐지되어야 하며 철의 장막은 걷혀야 한다"고 유엔총회에 건의할 수 있다고 생각합니다. 물론 소련이 미국과 소련 점령군의 동시 철수를 제안했을 때, 이는 경계선 일부를 철폐하자는 것과 다르지 않았습니다. 그러나 저는 유엔이 철의 장막을 먼저 걷고, 점령군들의 실질적 철수 이전에 사회경제적 교류가 가능하도록 제안할 수 있었다고 생각합니다. 저는 이러한 요청이 협상을 재개하는 데에 한 조건이 될 수 있다고 생각합니다. 여러분이 "무장 병력을 철수시키고 철의 장막을 철폐하겠습니다"라고 말한다면, 여러분에게 무슨 일이 벌어질지 모르기 때문입니다. 산사태 같은 소란스러운 일이 벌어지겠지만, 여러분은 "점령군이 존재하지만 철의 장막을 걷고 자유롭게 교류하십시오. 그러면 상황이 안정되었을 때 철수 문제도 다른 방법으로 해결될 수 있습니다"라고 말할 수 있습니다.

자비 : 저는 김규식 박사께서 내전을 예상하시는 것으로 이해하겠습니다. 박사께서 남한은 북한처럼 잘 훈련된 군인들로 방비되어 있지 않다고 말씀하셨기 때문입니다. 즉, 박사께서는 남과 북의 내전을 예상하시는 것이지요.

의장 : 박사께서 남과 북의 내전을 예상하시기 때문에 남한에서 치안 병력을 양성할 기회가 주어져야 한다고 보시는 것입니까?

김규식 : 네. 저는 소련이 아무 이유도 없이 50만 명의 군인들을 훈련하고 무장시키는 문제를 부담할 것이라고 생각하지 않습니다. 그렇게 해왔기 때문에 소련이 유엔총회에서 대담하게 "점령군을 동시에 철수하고 한국인들이 스스로 정부를 수립하도록 합시다"라고 말할 수 있었다고 생각합니다. 소련은 자신들이 북한을 좌지우지한다는 것을 알기 때문입니다. 비록 명시된 협정이 없었지만 저는 38선을 획정하고 병력을 배치한 주체 이외의 세력이 38선을 철폐시킬 수 없다고 명백한 입장을 표명하였습니다. 물론 이 문제는 조사를 진척시켜야 합니다만, 아마도 얄타 회담에서는 일본의 항복과 연계하여 38선은 미국과 소련이 각각 38선 이남·이북을 점령하는 군사적 분계선으로만 합의되었을 것입니다. 물론 지금까지 제가 드린 정보에 대해 첨가되어야 할 사항들이 있습니다. 그러나 그것이 무엇이든 간에, 우리는 38선이 한국인들의 능력으로는 제거할 수 없다는 현실을 확신합니다. 38선은 한국인들이 설정하지 않았습니다. 38선 획정은 한국인들이 동의하지 않았기 때문에 여기에 참여한 주체만이 철폐할 수 있습니다. 중국 속담에 '결자해지(結者解之)'라는 말이 있습니다. 따라서 소련과 미국이 매듭을 묶은 것이라면 그들이 풀도록 하십시오. 최소한 이는 유엔의 가장 큰 책임 가운데 하나입니다. 현재 유엔이 한국문제를 해결할 책임이 있기 때문입니다. 유엔이 한국의 운명과 관련이 없었던 1년 전에는 달랐습니다. 그러나 유엔이 총회를 통해서 한국문제를 해결하는 책임을 맡았기 때문에 미소 양국 혹은 소련에 대해 함께 매듭을 풀어야 한다고 촉구해야 합니다. 그것이 양군 동시 철수의 선행 조건입니다. 왜냐하면 저는 여러분이 남북 회담을 개최하면, 북측의 지도자들이 아마도 남한의 공산주의자들이 주장하는 공동 철수안을 지지할 것이라고 보기 때문입니다. 심지어 비공산주의자들도 이를 지지할 것입니다. 괜찮습니다. 아마 애국적으로 보이겠지요. 그러나 어쨌든 우리는 결과가 어떻게 될 것인지에 대해 조금 더 현실적으로 고민해야 합니다. 저는 현실적 관점에서 이야기하는 것입니다.

마네 : 일정 기간 남북에 외국 군대가 주둔하는 동시에 38선이 철폐된다고 가정해 봅시다. 그 경우에는 어떤 일이 발생하겠습니까? 소련이 동의하면서 "좋습니다. 미국이 철군할 준비가 되면 우리도 철군하겠습니다"고 한다면 어떤 일이 벌어질까요?

김규식 : 그들이 "우리가 철군하겠습니다"라고 말한다면 미국은 쾌재를 부를 것입니다. 38선이 철폐되면, 어려운 일들과 경미한 사고들이 발생하겠지요. 그러나 이러한 불상사는 현재에도 벌어지고 있습니다. 철의 장막이 걷히면, 상황이 보다 유화될 수도 있습니다. 상황이 어떻게 전개될 지 우리가 예측할 수 없습니다. '구더기 무서워 장 못 담그면 안 된다'는 말이 있습니다. 물론 여러 난관이 있겠지만 극복될 것입니다.

마네 : 제가 궁금한 것은 바로 이 점입니다. 이 사안에 대해 만약 미국의 견해가 동의 내지는 반대라고 할 때, 소련 측에서는 전략적으로 미국의 입장과 상반되는 주장을 하지 않겠습니까?

김규식 : 네 그럴 것입니다. 그들은 공동위원회 정기회의 이전인 1946년, 미국이 38선 철폐를 제안했을 때 거절했습니다. 논의의 자체를 거부했습니다. 제가 말씀드리고자 하는 요점은 이것이 미국이 아니라 유엔총회의 요청이 되어야 한다는 것입니다. 그리고 소련 또한 유엔의 일원이라는 점을 기억해야 합니다. 이것이 제가 말하고자 하는 바입니다.

리우위안 : 회담 개최의 타당성은 무엇입니까? 저는 일부 한국인들이 박사께 "가죽을 놓고 호랑이와 협상을 시도하시는 것입니까"라고 질문할 것으로 확신합니다. 회담이 개최되었다고 합시다. 그들이 어떤 이야기를 하겠습니까? 그들이 첫 번째로 제기할 문제는 외국 군대의 철수에 대한 것입니다. 남측이 이에

대해서 준비되지 않은 반면 북측은 잘 준비되었습니다. 이는 남측 대표단이 대응하기 난해한 첫 번째 장애물입니다. 애국적 입장에서 그들은 "한국인으로서 여러분은 왜 미국이 여러분을 통치하도록 합니까? 우리는 소련이 내일이라도 떠나게 하려 합니다"라고 표명할 수 있습니다. 남측 대표단은 그 장애물을 넘지 못할 것입니다. 게다가 대만의 사례를 언급하셨다시피, 중국 민족주의자들이 수년간 노력해온 경험으로부터 말씀드릴 수 있습니다. 그들은 자신들은 준비가 되고 여러분은 준비가 되지 않았을 때 협상하려 할 것입니다. 중국에서 마셜(George Catlett Marshall) 장군의 전반적 실패도 이러한 이유에서 비롯되었습니다. 저는 남한의 우익들과 모든 사안을 두고 동의하지는 않지만, 이번 문제에 있어서는 선생이 호랑이와 협상해서 가죽을 달라고 할 수는 없다고 말씀드립니다. 선생의 권고는 남한에서 논란을 일으킬 것이 분명합니다. 분명 그렇게 될 것입니다.

김규식 : 실제로 남북 지도자들의 회담이 개최된다면, 점령군의 공동 철수 문제가 부상할 것이라고 확신합니다. 그리고 리우 위원님께서 말씀하셨듯이, 우리가 어떤 요구를 하게 된다면, 이는 호랑이에게 가죽을 내놓으라고 협상하는 꼴이 되겠지요. 어떤 경우에도 제안을 하는 측은 호랑이입니다. 아마도 호랑이는 우리의 피를 얻으려는 의도를 갖고 있을 것입니다. 제안은 동시 철수를 주장하는 호랑이로부터 나옵니다. 우리는 "우리도 철수에 동의합니다만, 하룻밤 사이에 할 수 없습니다"라고 말할 수 있습니다. 우리는 "서너 달의 시간을 주십시오"라고 요구하고 모든 준비를 마치도록 할 것입니다. 유엔총회의 결의안을 문자 그대로 인용할 필요는 없습니다. 그러나 "여기 보십시오. 우리는 여러분에게 솔직하게 말할 수 있습니다. 여러분은 북한에 방위군을 보유하고 있지만 남한의 미군정은 적절한 방위군을 조직하지 않았고 우리는 군대를 조직해야 합니다"라고 말할 수 있습니다. "여러분은 우리와 전쟁을 하게 될 것입니다"라거나 "우리는 여러분과 전쟁할 것입니다"와 같은 발언을 할 필요는 없습니다. 그

러나 "우리는 적정한 방위군 보유를 원하니 서너 달만 시간을 주십시오"라고 촉구해야 합니다. 그 사이 육군부에서 처리될 사안이라 법안 통과도 필요 없이, 우리의 우방 미국이 약간의 무기를 제공하고 원조하여 방위군 조직을 도울 수 있을 것입니다. 물론 딘 장군은 불가능하다고 말했지만 저는 불가능한 것이 없다고 봅니다. 표면적으로 불가능해 보이는 상황일지라도 고안할 수 있는 수단과 방법들이 있습니다. 심지어 우리는 일본에 남은 무기 가운데 일부를 가져올 수도 있고, 도처에 쌓인 것들을 이용할 수 있습니다. 그러나 철수가 진행되기 전에 그러한 구체적인 계획이 수립되어야 합니다. 이것이 제 의견입니다.

제가 언급할 인사 한 명이 어제 이곳에 와서 청문받기 전에 저를 찾아와 말했기 때문에, 이는 비밀을 누설하는 행위가 아니라고 봅니다. 바로 김구 씨입니다. 그분이 계획을 밝혔는지 모르지만 본인의 제안이 매우 획기적이라고 생각하십니다. 점령군 철수 후에 국제 경찰이나 중립 경찰이 한국에서 질서 유지를 담당한다는 것입니다. 저는 이에 대해 이승만 씨가 극구 반대하는 것을 이해합니다. 저 또한 완전히 반대할 생각입니다. 직설적으로 말하자면, 저는 이러한 방안이 아주 어리석고 무지몽매한 제안이라고 생각합니다. 보통의 정서를 가진 한국인들은 "이것이 국제적인 신탁통치다"고 말할 것이기 때문입니다. 여러분이 어떠한 유형의 경찰을 보유하던 그들은 여전히 명백한 경찰일 뿐입니다. 여러분 형제나 친척으로 구성이 되었다고 해도 경찰은 경찰입니다. 경찰은 일반 대중과 거의 잘 지내지 못합니다. 경찰은 그들이 보호하는 사람들로부터 좀처럼 사랑받지 못합니다. 그들이 외국 경찰이든 혹은 중립적이거나 심지어 천사라 할지라도 그러할 것입니다. 다른 나라의 낯선 사람들 사이에 외국 경찰들이 들어오면 언어나 풍습의 장벽을 마주합니다. 그들이 아무리 중립적이고 친절할지라도 잘 어우러질 수는 없습니다. 그 계획은 절대 성공할 수 없을 것입니다. 한국인들은 스스로 치안을 유지해야 하며, 유엔이나 기타 국제적인 중립 경찰이 치안을 유지해서는 안 됩니다.

루나 : 박사께서는 특정 단체나 정당 혹은 협회들이 여러 특권을 가졌기 때문에 선거에 대하여 일방적인 것으로 보십니까?

김규식 : 네. 사실 그렇게 될 것입니다. 물론 우리 모두 알다시피 좌익들은 지하로 숨었습니다. 그들이 남한 단독선거에 참여할 지는 불확실합니다. 문제는 그들이 선거를 보이콧할 지 아니면 지하로 숨었기 때문에 그들이 나서는 것이 불허될 것인가라는 점입니다. 아마 좌익들은 불참할 것입니다. 그러니 지금까지 제가 보기로 남한에서의 선거는 일방적인 단독선거의 경향이 강합니다.

루나 : 선거법에 정당이나 신념과 관계없이 모두가 참여할 수 있도록 하는 조항이 생긴다고 가정합시다. 법 자체가 그들의 참여를 허용하더라도 여전히 참여를 거부하기 때문에 일방적인 선거라고 생각하십니까?

김규식 : 선거법은 선거 참여를 가능케 하는 규칙과 규정들을 명시할 것입니다. 그러나 우리는 좌익들, 특히 공산주의자들이 어떻게 행동할지 결코 알 수 없습니다. 그들은 주로 모스크바의 지시에 따라 활동하기 때문입니다. 좌익들이 루마니아에 있건 그리스 혹은 한국에 있건 저는 그들이 대부분 모스크바의 지시에 의해 활동한다고 생각합니다. 코민테른이 다시 등장한 만큼 공산주의자들은 선거를 보이콧할 것입니다. 이 경우에 여러분이 그들을 나오게 만들어서 참여시키지 않는 한 어떤 선거법을 시행해도 효과가 없을 것입니다. 여러분이 얼마나 쉽게 그렇게 할 수 있을지는 미지수입니다. 말을 물가에 끌고 갈 수는 있지만 물을 마시게 할 수는 없습니다. 여러분이 공산주의자들을 강제하면 밖으로 나올 수는 있지만, 기권하거나 투표하지 않을 수 있습니다. 이를 저지할 방안이 있기를 희망하지만, 현실이 그러하다면 단독선거가 실시되는 일은 거의 피할 수 없어 우려가 됩니다.

어떤 정당이나 단체는 지방으로 퍼져나가서 소위 이 선거를 위해 모든 준비를 마쳤습니다. 이런 이유로 특정 인사는 선거를 2~3주 안에 즉시 실시해야 한다고 주장하기도 합니다. 유엔위원단이 한반도에 당도하기 전에 오랫동안 "유엔위원단 도착 이전에 선거를 실시하여 위원단으로 하여금 특정 그룹의 협의체에 속하도록 해야 한다"는 주장이 있었습니다. 여러분은 이를 모두 사실로 받아들이셔야 합니다. 여러분이 직면하고 있는 현실이기 때문입니다.

자비 : 박사께서는 남한에서 어떤 인사들이 선거에 불참할 것으로 보십니까?

김규식 : 아주 많다고 생각합니다. 사실 저는 그들 가운데 일부가 "선거에 참여한다면, 다수의 득표를 할 것"이라고 허풍을 떤다는 이야기를 들어본 적이 있습니다. 좌익 진영을 말하는 것입니다. 그러나 이러한 풍문은 그들이 지하로 숨기 전에 있었습니다. 그들이 지하로 숨어들었으니 첫 번째 문제는 참여가 허가되더라도 그들이 선거에 참여할 것인지에 대한 여부입니다. 다음으로는 선거참여 허가 여부입니다. 세 번째 문제는 좌익이 선거 참여하더라도 그들이 주장하는 바와 같이 충분한 지지를 받을 수 있는지에 관한 것입니다. 저는 좌익이 그러한 세력을 가지고 있는지 모르겠습니다. 그들은 작년 폭동 중에 전국을 돌아다니며 소작농들을 기만하고 속일 수 있었습니다. "우리가 권력을 쥐게 될 것이고 그렇게 된다면 여러분들은 원하는 토지를 마음껏 가질 수 있습니다. 여러분을 위한 낙원이 될 것입니다"라고 말했고 소작농들은 이를 믿었습니다. 그래서 폭동은 때때로 그들의 지시에 의해 일어났습니다. 그 이후로 소작농들은 이 선전 가운데 일부가 거짓이라는 것을 알았습니다.

소작농들이 궁금해 하는 또 다른 무리가 있습니다. 이 무리는 소작농들을 찾아와서 테러를 일삼고 돈을 갈취해 갑니다. 그들은 소작농들에게 과도한 요구를 하며, 소작농들은 그러한 상황을 명확히 이해하지 못합니다. 소작농들은 유엔위원단에 희망을 걸고 있습니다. 그들이 위원단과 공정한 선거에 대해 많이 들었기 때문입니다. 다수의 사안이 위원단의 업무에 달려 있습니다.

의장 : 박사께서 언급하신 그 무리란 말씀하신 바가 있는 그 정당입니까?

김규식 : 네, 그 정당과 단체입니다. 하나는 정당으로 불리고 다른 하나는 대한독립촉성국민회라고 불리는 단체입니다. 그들은 때때로 다른 형태를 취하고 다른 이름을 사용합니다.

의장 : 그러나 같은 정당입니까?

김규식 : 그렇습니다.

의장 : 감사합니다.

(오후 1시 15분 청문 종료)

제9차 회의 요약기록
1948년 1월 27일 화요일 오후 3시, 서울 덕수궁

의장 : 리우위안(劉馭萬, Liu Yu-Wan, 대만)

의장 : 유엔한국임시위원단 제2분과위원회의 제9차 회의 개회를 선언합니다.

청문 : 한경직(韓景職) 목사, 여운홍(呂運弘)

의장 : 잭슨 위원의 휴식 차원에서 제가 의장직을 대행해야 한다는 요청을 받았습니다. 금일 회의는 특별회의입니다. 본 청문이 이전과의 회의 양상과는 다를 것이기 때문입니다. 여러분께 이 나라의 기독교 지도자인 한경직 목사를 소개하게 되어 영광입니다. 목사께서는 북한 태생이지만 한국 전체를 위해 일하고 계십니다. 해방 이후 임시적으로 교단을 책임져 오고 계십니다. 목사님의 교회는 곳곳에 있으며, 특별히 매주 일요일 야외교회에서 월남민 5,000명을 대상으로 설교를 하십니다. 목사께서 난민 상황에 대해 특별한 연구를 해 오신 만큼 이들에 대한 말씀을 부탁드리고자 합니다. 그들이 어디서 왔는지, 어느 정도의 규모인지, 어떠한 이유에서 이곳에 있으며 어디에 정착할 것인지 등을 들어보겠습니다.

(한경직 목사가 배석함)

한경직 : 이 자리에서 남한의 난민들과 관련된 사실을 전해드리게 되어 큰 영광입니다. 이 훌륭한 임무를 수행하기 위한 한국 방문과, 우리 한국인들에 대한 여러분의 참된 노력에 대한 감사를 이루 다 말할 수가 없습니다. 무엇보다도 많은 난민들이 북한을 떠나 왜 여기에 와 있는지 알고 싶으실 것이라고 생각합

니다. 1945년 8월 이후, 약 35만 명의 사람들이 월남한 것으로 추정됩니다. 그리고 여기에는 일본이나 중국에서 귀환한 난민들은 포함되지 않습니다. 그들을 모두 포함한다면 대략적으로 350만 명을 상회할 것이기 때문입니다. 이들 가운데 대부분은 서울과 그 인근에 거주하고 있습니다. 물론 그들은 남한 전체에 분산돼 있습니다. 그들이 월남한 이유는 해방된 조국으로 돌아오고 싶었기 때문입니다. 저를 포함한 월남민들은 3가지 이유에서 이곳으로 왔습니다. 첫째는 정치적 이유이고, 둘째는 경제적 이유, 셋째는 사회적 이유라고 말할 수 있는데 대개 종교적 이유 때문입니다.

정치적 이유에 관해서 말씀드리자면, 1945년 8월 15일 해방 당시 대부분의 사람들은 당연히 한국이 독립국가 그리고 진정한 민주주의 국가가 될 것이라고 생각했습니다. 그러나 소련군이 38선으로 오고 있다는 소식을 들었을 때, 북한에 있던 모든 사람들의 환상이 깨졌습니다. 일본이 항복한 직후 그들은 한국 지도자들에게 질서 유지를 요청했습니다. 예를 들어, 저는 신의주에 도청소재지가 있는 평안북도에서 왔습니다. 일본이 항복한 후에 평북 도지사는 시와 도를 인계하고 질서를 유지하기 위해 저를 포함한 북한 사람들 일부를 초청했습니다. 우리는 17명으로 자치회(city council)를 조직했고, 저는 부회장 자격으로 참여했습니다. 우리는 2주 동안 질서를 유지했고 이후 소련군이 평양에 도착했으며 3주 후에는 신의주에도 들어왔습니다. 소련 당국은 질서 유지 업무를 인계받은 후, 부(府) 자치회와 도회를 그들 고유의 방식에 따라 재편했습니다. 자신들을 공산주의자라고 지칭하는 아주 작은 무리가 있었는데, 소련 당국이 이들에게 전권을 몰아주었습니다. 그때부터 그들은 북한을 완전히 통제했습니다. 그리고 공산주의자가 아닌 모든 사람들은 체제에서 배제되었습니다. 그들은 "숙청"을 통해 공산주의에 반대하는 사람들을 제거했습니다. 그리하여 여러분도 잘 아시다시피, 북한은 소련 체제 하의 완벽한 공산주의 국가가 되었습니다.

이는 정치 조직 뿐 아니라 교육과 경제 체계에도 해당되며, 다른 모든 부문들도 공산주의자들의 통제 아래에 있습니다. 당에 가입하지 않는 자가 있다면 더 이상 북한 지역에 머무를 수 없습니다. 공산당은 사람들을 완벽히 통제하고 있습니다. 이러한 정치적 이유로 남측에는 월남민들이 많습니다. 물론 조만식(曺晚植) 씨와 같은 지도자는 내려올 수 없었으며, 많은 인사들이 현재 투옥되어 있습니다.

두 번째는 경제적 이유입니다. 1946년 4월 그들이 경제체계의 재편을 모색할 당시, 이른바 '토지개혁'[1]을 시행하려 했습니다. 이에 따르면 지주들로부터 토지를 몰수해 농민들에게 무상으로 불하합니다. 처음에 농민들이 기뻐했습니다다만, 토지개혁은 소작인들이 토지를 소유한다는 의미가 아니었습니다. 단지 주인이 바뀌었을 뿐, 그때부터 정부가 주인이 되었습니다. 농민들에게 토지의 처분·상속·담보에 관한 권리가 없었습니다. 또한 모든 곡물수확량의 25%를 정부에 세금으로 내야 합니다. 수확량은 정부가 사전에 임의적으로 계산을 하며, 통상 실제 수확량을 초과합니다. 결과적으로 일부 지역의 농민들은 수확량의 40~60%를 내야 합니다.

게다가 현재 농민들은 이전에 지주들이 부담했던 다른 세금들도 내야 합니다. 1947년 봄부터 대부분의 농민들은 아무것도 먹지 못하게 되었습니다. 소나무 껍질을 벗기고 풀뿌리를 캐서 먹어야 했습니다. 그래서 대부분 북한의 소나무 삼림이 허옇게 벗겨졌습니다. 이것이 많은 사람들이 아사하기 전에 월남한 이유입니다.

북한은 자급자족하는 나라였습니다. 북한의 주민들이 소비할 식량은 자체적으로 충분히 생산할 수 있었고, 심지어 작년까지도 가능했습니다. 그렇다면 어떠한 이유에서 굶주림에 시달리는 것이겠습니까? 1946년에 정부가 총 6,000만 석을 세금으로 거두어들였습니다.

의장 : "석(石)"은 중국의 'tan'과 같습니다. 약 140파운드쯤이지요.

---

1 토지개혁은 1946년 3월 5일부터 시행되었다.

한경직 : 그 양은 평년 전체 수확량의 약 40%에 달합니다. 약 350만 석이 소련으로 보내진 것으로 알려졌습니다. 나머지는 공산주의자들과 공장 노동자들에게만 나눠진 것으로 보입니다. 남한에는 비공산주의자들과 노동자가 아닌 사람들에 대한 차별이 없습니다. 이것이 다수의 농민들과 도시 주민들이 남한으로 내려온 이유입니다.

그래서 이북지역의 산업이 붕괴되고 있습니다. 현재 모든 산업의 약 80%가 두 가지 이유로 폐허가 되었습니다. 첫째로, 소련이 대부분의 설비를 철거해 갔습니다. 평양 미쓰이(三井) 비행기공장의 기계들은 1946년 6월 소련으로 운송되었습니다. 상당한 금전적 가치로 평가되는 구리, 아연, 납박판, 텅스텐, 은 등의 광물들은 시베리아 등지로 운반되었습니다. 두 번째 이유는 공장에 대한 공산주의자들의 독점입니다. 일부 공장들이 현재 운영되고 있지만, 이곳은 모두 무지한 공산주의자들의 수중에 있습니다. 그들은 공산주의를 지지하지 않는 사람들을 모두 축출하고 있으며, 결과적으로 기계를 관리하거나 수리할 충분한 인력 및 각종 자재들이 없어 혼란에 빠졌습니다. 따라서 상업이 완전히 붕괴되었습니다. 현재 생산되는 물자는 고무신, 스타킹 등에만 국한되어 있습니다. 현재 그곳에는 실질적인 사기업이 없습니다. 따라서 식당, 이발소 등을 제외하고는 개인 소유의 점포도 없습니다. 많은 사람들이 옷, 가구 등을 판매하고 싶어 합니다. 지난 연말까지 암시장이 성행했으나, 지금은 구매자가 없어 그렇지 못합니다. 옷가지와 가구는 저렴합니다. 그런데 쌀 가격이 천정부지입니다. 그리하여 사람들이 마지막 남은 옷가지와 가구를 팔기 전에 월남하는 것입니다. 이것이 제가 경제적 이유에 관해 말씀드리고자 했던 모든 내용입니다.

세 번째 이유는 사회적 요인입니다. 대부분 종교적 이유를 의미합니다. 북한에는 2,352개의 개신교 교회가 있고, 약 35만 명의 신자들이 있습니다. 다음 사건들은 북한의 교회가 겪는 곤란한 상황을 대변합니다. 무엇보다도 북한에 있는 대부분의 유명 목사들이 현재 수감되어 있음을 알려드리고자 합니다. 예를 들어, 북한 내 장로교를 총괄하는 5도 연합노회장 김진수(金珍洙) 목사가 1년 전에 체포되었습니다. 그리고 18년 형이 선고되었다고 합니다. 물론 이에는 많은 명목상의 이유들이 있습니다. 그러나 근본적으로는 순전히 그분이 공산주의 체제에 협력하지 않았기 때문입니다. 그리고 조선예수교장로회 평양신학교 교장 김인준(金仁俊) 목사가 있습니다. 2년 전에 체포되었는데 행방이 묘연합니다. 신학교 이사장이었던 김화식(金化湜) 목사도 1년 전에 체포되어 행방불명 상태입니다. 다른 많은 기독교 목사들도 감옥 안에 있습니다. 이 사실들만으로도 그곳의 일반적인 상황이 그려지실 것입니다.

교회 자체가 박해를 받지 않지만, 기독교인들이 간접적으로 피해를 받았습니다. 기독교인들은 체계적으로 모든 직업을 박탈당했습니다. 예를 들어, 관공서에서 일하는 누군가가 기독교인으로 밝혀지면 이내 쫓겨납니다. 그리고 이런 일들이 공장과 상점들에서도 일어나고 있습니다. 기독교인 학생들은 중등학교에 입학할 수도 없고 고등교육을 이수할 수도 없습니다. 그들은 훨씬 더 엄격한 입학시험을 보게 하며, 언제나 종교 활동에 대해 비판받기를 강요합니다. 아이가 기독교도라면 중학교에 입학할 수 없습니다.

심지어 인민학교 학생들도 차별대우를 받습니다. 일요일은 노동하는 날이기 때문에, 그들은 일요일에 일하고 다른 날에 휴식할 것을 강요합니다. 따라서 아이들은 매주 일요일 학교에 갑니다. 뿐만 아니라 고등학생들은 일요일과 수요일 밤에 외출하는 것이 불허돼 교회를 가지 못하고 있습니다.

공산주의 세력이 기독교 교회를 공격하고 가끔 교회 건물을 파괴하는 예들이 많습니다. 이러한 사태 가운데 다수의 선량한 기독교인들이 구타당하여 죽거나 부상을 입었습니다.

얼마 전에 미소공동위원회 측에서 평양을 방문하려고 계획했을 당시, 일부 기독교 지도자들이 "기독교민주당"을 조직하려고 노력했습니다. 실상을 정직하게 설명할 수 있는 사람들은 오직 기독교인들이라고 생각했기 때문입니다. 그러나 그들의 계획이 발각되자마자 모든 지도자들이 체포당했습니다.

3~4만 명의 기독교인 난민들이 서울과 그 외곽에 있을 것으로 추정됩니다.

그 이유가 정치·경제적 그리고 종교적 요인 때문이라고 생각하실 것입니다. 이러한 세 가지 이유가 월남민이 많은 배경이 됩니다. 월남민들의 특성을 말씀 드릴 수 있습니다. 이들 대부분은 식자층입니다. 즉, 남한에 거주하는 난민 대부분이 교육받은 계층입니다. 의사, 교사, 목사, 지주 등과 같은 부류입니다.

작년에 북한이 소위 '화폐개혁'을 실시하는 동안 신권을 발행했습니다. 당국은 이전에 발행되었던 모든 군표와 조선은행권을 예금하라고 명령했습니다. 그리고 농촌지역의 모든 세대에게 700원을, 도시지역에서는 가장에게 500원과 나머지 가족에게 1인당 200원을 지급했습니다. 그러나 이 금액은 제가 '공민권'이라고 부르는 자격을 가진 사람들에게만 해당되었습니다. 화폐개혁 시행 후에는 물가가 내려갈 것으로 예상되었고 실제로 2~3주간 그러했습니다. 그러나 이후 물가는 다시 상승하였습니다. 공산주의자들에게 무슨 일이 벌어졌는지는 확실하지 않습니다. 그러나 공산주의자들은 사전에 이러한 현상을 예측하고 있었음이 분명해 보이고, 이에 따라 많은 현금을 보유한 것으로 보입니다. 물론 소련 군인들도 많은 현금을 보유하고 있습니다. 현재 쌀 0.1석의 가격이 남한에서 400원인데 반해 북한에서는 약 800원입니다.

이렇게 이북지역 주민들의 삶이 어려워져, 많은 사람들이 월남하기 위해 노력했습니다. 그러나 38선 부근의 경비는 아주 삼엄했습니다. 그리고 은밀하게 월남하다가 발각된 사람들은 사살 당했습니다. 따라서 이곳으로 내려오기란 매우 어려웠습니다. 이것이 근래에 월남하는 난민들이 거의 없는 이유입니다. 그러나 지금부터 날씨가 따뜻해지면, 올 봄에 더 많은 사람들이 월남할 것이라고 확신합니다. '화폐개혁' 때문에 상황이 더욱 어려워졌기 때문입니다.

최근 북한에서 월남한 본인의 친구가 여러분이 관심을 가질만한 사실을 접하였다고 합니다. 그에 따르면 모든 마을의 인민위원회 혹은 지역단위 인민위원회에서 유엔한국임시위원단에 제공할 서류를 준비하고 있다고 합니다. 또한 일일이 주민들의 서명을 받고 있다고 합니다. 그들이 무슨 일을 도모하려는지 불분명하지만 그런 계획이 있음은 확실합니다.

북한 내부의 정치적 이데올로기에 대해서도 말씀드리겠습니다. 물론 소수 공산주의자들도 있습니다만, 북한 신도들 대다수는 (제 생각에 약 90% 정도입니다) 진정으로 민주적인 사람들입니다. 그들은 공산주의 치하를 견딜 수 없어 공산주의에 반대합니다. 처음에는 상당수가 공산주의에 호의적이었습니다. 그러나 현재는 공산주의에 등을 돌리고 있습니다. 그 이유들은 다음과 같습니다. 첫째 그들은 더 이상 거짓 선전에 속지 않습니다. 이론적으로 공산주의자였던 많은 사람들은 현재 소련식 민주주의와 공산주의에 완전히 환멸을 느끼고 있습니다. 둘째, 절대적인 전체주의가 모든 자유를 앗아가고 있습니다. 우리들은 길었던 일제 식민지 이후에 자유를 갈망하였습니다. 셋째, 종교와 도덕을 완전히 무시하는 처사가 우리들의 정서에 반합니다. 우리의 도덕적 정서는 수천 년 동안 누적된 문화의 결실입니다. 한국인들은 다소 개인주의적이고 특정한 형태의 집산주의를 반대합니다. 다음으로 저는 모든 한국 공산주의자들을 붉히게 만든 적군의 상스러움과 야만성에 대해 말할까 합니다.

우리 모두는 공산주의를 토대로 한 소련의 세계 헤게모니 장악 야망을 알고 있습니다. 우리는 러일전쟁 이전 러시아가 취한 일들을 여전히 기억하고 있습니다. 그들은 약소국들의 친구가 아니었습니다. 평양의 유일한 공산주의 대학인 김일성대학의 교수가 1947년 6월 4일 수업에서 50명의 학생들을 대상으로 비공식 여론조사를 실시했습니다. 그 결과 46명이 미국식 민주주의를 선호했고, 단지 4명만이 소련식 민주주의를 선호했습니다. 결국 이는 북한 내부의 일반적인 정치 관념을 대변합니다. 물론 현재 우리가 이북지역에서 자유선거를 실시할 수 없다고 확신하지만, 만약 그것이 가능하다면 이북지역은 우익화가 될 것입니다.

의장 : 한 목사께서 선거에 대한 월남민들의 입장을 언급해도 되는지 질문하셨습니다. 우리가 가장 듣고자 하는 부분입니다.

한경직 : 소련의 보이콧으로 북한에서 선거를 실시할 수 없음이 명백하기 때문에, 남한에서 선거에 참여하는 것이 우리의 희망입니다. 그리고 선출된 대표자들을 통해 우리나라의 정부를 수립하고 싶습니다. 제 생각에 북한을 대표할 인사들은 그곳에서 월남한 인사가 선출될 수 있다고 봅니다. 이를 위해 월남민의 과거 북한주소를 바탕으로 특별선거구를 획정해야 한다고 생각합니다. 그렇게 하면 우리가 전체 북한을 대표하는 선택을 할 수 있을 것입니다. 이러한 방안이 합리적이고 적절하다고 봅니다. 이곳의 월남민들은 북한에 있는 사람들의 생각을 진실로 대변하기 때문입니다. 북한에서 온 난민들은 주로 젊은이들과 성인들입니다. 아동과 노인들은 거의 없습니다. 그들은 진정한 우리 지도자들입니다. 350만 명이 있지만 이 숫자가 더 많은 사람들을 대변할 것입니다. 제 요점을 알아들으셨는지 모르겠지만, 이것이 제 의견입니다. 북한의 지도자들이었던 장성한 사람들과 젊은이들이 여기에 있습니다. 아동과 노인들은 거의 없습니다. 따라서 숫자가 적을지라도 이 사람들은 이북지역을 진정으로 대변할 수 있습니다.

또 다른 이유는 이렇습니다. 북한에 7백만~8백만 명 사이의 주민들이 있는 것으로 추정됩니다. 따라서 월남민이 생기기 전의 인구는 1,100만에서 1,200만 명 사이였습니다. 이 7~8백만 명 중 대다수는 아동과 노인들입니다. 월남민이 주로 가장들이라는 점을 알면 흥미로우실 것입니다. 그들은 가정과 집을 남겨두고 여기에 홀로 내려왔습니다. 월남민들의 이전 주소지를 기반으로 특별 선거구를 획정하면, 정부가 서울에서 수립되더라도 한국 전체 인구를 적절하게 대변할 수 있다고 생각합니다. 어쨌든 서울은 전(前) 수도였습니다. 신속히 선거를 실시하고 바로 여기에 우리 정부를 조직하여 향후 북한을 되찾는 일은 월남민과 북한에 있는 우리 신도들의 희망입니다.

잭슨 : 언급하신 숫자를 확실히 하자면, 목사께서는 350만 명의 월남민들이 있다고 하셨죠. 3백만이라고 계산하겠습니다. 북한의 인구는 1,200만 명으로

간주하겠습니다. 각 가구의 투표 인구는 약 3명입니다. 말하자면 3명 중 1명은 20~40세일 것입니다. 그런 즉, 전체 인구 가운데 유효한 투표 인구는 대략 400만 명일 것입니다. 이러한 상황에서 남한에 있는 월남민의 투표 인구는 400만 가운데 300만 명이며, 이는 실제로 남한에 300만 명의 유권자가 있고 북한에 100만 명이 남아 있음을 의미합니다. 이러한 사실은 난민 문제에 있어서 새로운 충격을 줍니다. 목사님의 예상에 따라 북한의 실제 유권자 규모를 제시해주는군요.

한경직 : 체포된 소수를 제외하고는 바로 이곳에 있습니다. 여기에 있는 월남민들은 진정한 지도층입니다. 그들은 북한에서 지도자들이었습니다.

의장 : 한경직 목사님께 난민들의 정치적 성향에 관해 말씀해주시기를 부탁드립니다.

잭슨 : 우리가 정확한 수치와 근거를 얻을 수 있다면, 대단히 가치 있는 정보라고 봅니다.

한경직 : 남한에는 세 가지 정치적 성향, 즉 우익, 중간파, 좌익이 있습니다. 그러나 월남민 전체는 우익적입니다. 그들은 우리가 '중간파'라고 부르는 인사들을 부정적으로 인식하는데, '중간파'로 위장한 공산주의자들이 많기 때문입니다. 월남민 전체는 우익 지도자인 이승만(李承晚) 박사나 김구(金九) 씨를 지지할 것으로 봅니다. 이러한 성향은 우리뿐만 아니라 남한 사람들 모두의 입장이라고 봅니다.

우리는 가능하다면 신속하게 선거를 실시하기를 희망합니다. 사실인지 아닌지 불분명하지만, 선거가 연기될 것이라는 소문이 돌고 있습니다. 우리 월남민들은 선거가 연기되지 않기를 간절히 바라고 있으며, 유엔총회의 결정은 3월 이내에 내려져야 합니다. 이북지역의 주민들은 선출된 정부에 대해 아주 흡족해 할 것입니다.

자비 : 한경직 목사께서는 다수의 월남민에 대해 말씀해주셨고, 남한으로 내려온 이유 3가지를 지적하였습니다. 정치, 경제, 사회적 이유가 그것입니다. 목사께서는 동일한 이유로 인해 남한에서 북한으로 넘어간 난민들은 없다고 생각하십니까?

한경직 : 그러한 주장은 사실이 아닙니다. 소수의 공산주의자들을 제외하고는 월북한 사람이 있는지 모르겠습니다. 솔직히 말해, 공산주의자들일지라도 이곳에서 살아남을 수 있기 때문에 그런 사람은 거의 없습니다. 또한 자신들의 정치적 사상을 선전하고자 한다면, 이곳에서 선전해야 한다고 생각할 것입니다. 따라서 그들은 여기를 떠날 필요가 없으며, 정치적 도피자들은 거의 없습니다.

자비 : 그들이 정치적 이유로 월북할 필요가 없더라도, 이곳에서 직업을 갖지 못한 월남민이 없다고 생각해도 되겠습니까? 남한에는 실직자가 없나요?

한경직 : 물론 남한에는 월남민이 많기 때문에 실업이 만연한 상황입니다. 그러나 단지 고용의 기회가 없어서 북한에 가겠습니까? 남한에서는 고용이 되지 못하더라도 다른 사업을 할 수 있습니다. 북한에는 사기업을 비롯하여 심지어 상점도 전혀 없기 때문에 살아갈 방도가 없습니다. 누군가 북한에 간다면, 그것은 무엇보다도 시민의 권리를 획득하기 어려워서일 것입니다. 사실 38선을 월경하는 즉시 체포될 가능성이 농후하며, 처음으로 도착하는 장소는 감옥이 될 것입니다. 따라서 소수의 정치적 도피자들을 제외하고는 누구도 월북하려 하지 않습니다. 심지어 공산주의자들도 이곳이 북한보다 살기 좋기 때문에 38선 이남에 남는 것을 선호합니다.

마네 : 한경직 목사께서는 월남민들의 정치적 입장에 대해 대다수가 우익적이라고 말씀해주셨습니다. 그들이 처음부터 우익이었다는 의미입니까, 아니면 일부는 좌익이었지만 더 이상 북한에서 살 수 없게 되어 입장을 바꿨다는 말입니까? 양자의 비율에 대해 목사께서는 아시는 부분이 있습니까?

한경직 : 대부분이 처음부터 우익이었습니다. 본래 좌익이었고 공산주의 체제에 협력하려 했던 사람들도 약간 있었습니다. 그러나 그들은 북한 체제를 견딜 수 없었으며, 전체주의에 환멸을 느껴 월남하였습니다. 예를 들어, 소련 치하에서 평양시 인민위원장이었던 백 목사는 체제와 협력하려고 노력했습니다. 이를 위해 열심히 노력했지만 그는 전체주의 체제를 견딜 수 없었습니다. 결국 인민위원장직을 포기해야 했고 이곳으로 내려왔습니다.

마네 : 목사께서는 월남민 대부분이 식자층에 속한다고 말씀하셨습니다. 최근 월남민의 구성에 변화가 있습니까? 아니면 여전히 식자층이 다수를 차지하나요? 월남민 가운데 소작인들이나 산업노동자들이 있습니까?

한경직 : 본래 월남민의 대다수는 식자층이었습니다. 그러나 이후부터 많은 농민들과 노동자들이 월남했는데, 이는 생업을 이어나갈 수 없었기 때문입니다. 따라서 노동자들과 농민들의 숫자가 점차 증가했습니다. 그리고 가장 최근에 월남하는 사람들은 주로 노동자들과 농민들입니다.

마네 : 최근 월남한 난민들이 주로 산업노동자나 소작농이라는 말씀이십니까?

한경직 : 네.

의장 : 어느 정도의 규모인지 말씀해주실 수 있겠습니까?

마네 : 목사님의 월남민 수용소를 예로 들면요.

의장 : 최근 내려온 사람들 말입니다.

한경직 : 소수입니다. 노동자들과 농민들은 식자층에 비하면 아주 적습니다.

자비 : 한경직 목사께서는 북한에 정치범들이 있다고 믿는 것으로 알고 있습니다. 어느 정도로 추산하시는지 모르겠지만 이 정치범들을 사면해야 한다고 생각하지 않으십니까?

한경직 : 왜 아니겠습니까? 물론 가능하다면 해야지요.

자비 : 남한에도 정치범이 있다고 생각하십니까? 만일 그렇다면, 그들 역시 사면해야 한다고 생각하지 않으십니까?

한경직 : 남한에서는 정치적 사상적 자유를 보장합니다. 즉, 남한에서는 한 개인이 민주주의자일 수도 있고 공산주의자일 수도 있으며 중간파일 수도 있습니다. 남한에서는 정치적인 성향을 근거로 박해를 가하지 않습니다. 남한에 일부 수형자들이 있지만, 그 인사들은 어떤 범죄에 가담하였기 때문에 투옥된 것이라고 생각합니다. 예를 들어, 1946년 10월에 대규모 봉기가 있었고 다수의 경찰관들과 시민들이 살해당했습니다. 해당 봉기에 참가했던 사람들이 지금 투옥되어 있습니다. 그리고 공산주의자들이 비밀리에 화폐를 위조했기[2] 때문에

2　정판사위폐사건으로 추정되어 의역함.

일부 공산주의자들이 투옥되었다고 생각합니다. 여기서 여러분들은 좌익뿐만 아니라 우익인사들도 찾으실 수 있습니다. 그러나 그들은 정치적 사상 때문이 아니고 범죄를 저질렀기 때문에 투옥된 것입니다. 남한에는 통상 회자되는 정치범들은 없다고 말할 수 있습니다.

자비 : 일부 있다고 가정한다면, 사면해야 한다고 생각하지 않으십니까?

한경직 : 석방 말입니까? 물론 정치범이 있다면 석방해야 합니다. 그것이 공정하고 자유로운 선거를 위한 유일하고 민주적인 방법일 것입니다.

자비 : 북한에서 온 기독교도 월남민들도 종교적인 이유나 공산주의자들과 대립하였기 때문에 박해당해서 내려온 것입니까?

한경직 : 두 가지 이유 모두 해당된다고 말할 수 있습니다. 왜냐하면 처음에 기독교인들은 최대한 공산주의 체제와 협력하려고 노력했습니다. 그리고 정교 분리의 원칙을 지키려 노력했습니다. 그러나 공산주의자들은 유물론자이자 무신론자들이었으며, 철저히 기독교인들을 배척했습니다. 그들의 업무에 기독교인들이 참여하지 못하는 경우가 종종 있었습니다. 따라서 이는 정치적일뿐만 아니라 종교적입니다.

마네 : 월남민 가운데 북한에서 정치적 이유로 투옥된 유명 인사들의 명단을 작성하려 한 사람들이 있습니까? 월남민들은 아마 정치적 이유로 투옥된 사람들에 대한 정보가 있을 것입니다. 일부는 아마 친척이나 친구들일 것입니다. 감옥에 있는 가장 유명한 사람들이나 실종자들의 명단을 작성하려 한 사람이 있습니까?

한경직 : 유명 인사들의 명단은 있습니다. 그러나 투옥된 사람들이 너무 많아 우리가 다 셀 수 없기 때문에 오직 유명 인사들의 명단만 있습니다.

마네 : 그들의 명단을 제공하실 수 있습니까? 직업과 거주지를 포함하여 최대한 완전하고 최근 시점에 작성된 목록을 주실 수 있습니까?

한경직 : 네, 가능합니다. 저는 목사들의 명단만 가지고 있습니다만, 이곳의 정치 지도자들과 협의해서 꽤 상세한 명단을 작성할 수 있습니다. 제공해 드리겠습니다.

의장 : 그 목록을 받게 된다면 대단히 감사하겠습니다.

루나 : 월남민을 통해 북한을 대표하겠다는 목사님의 계획이 채택된다고 가정하면, 북측에 대한 점진적인 흡수에서 시작하여 궁극적으로는 통일된 한국을 이끌어낼 것이라고 보십니까? 혹은 남북분단으로 귀결되어 북한에 소련인들이 이주하게 될 것이라고 보십니까?

한경직 : 답변하기 곤란한 질문입니다. 남북은 우리의 의지가 아닌 국제적인 이유로 분단되었습니다. 물론 우리의 힘으로 이 경계선을 철폐시킬 수 있다면 좋겠습니다. 그러나 아시다시피, 38선은 우리의 능력으로 제거할 수 없습니다. 우리는 통일 정부의 수립을 원합니다. 따라서 제가 언급한 방법이 현 상황에서 가능하고 유일한 대안입니다. 우리는 머지않아 북한 흡수를 기대하고 있습니다. 그것이 우리가 원하는 방법이고, 온 겨레가 있는 한 한반도는 절대 두 나라로 쪼개지지 않을 것이라고 확신합니다. 우리는 단일 민족입니다. 우리들은 단지 지리적으로만 분단되어 있습니다. 그래서 우리는 남측에 통일된 정부가 수립되고, 이내 국제 정세가 변화하여 다시 통일될 수 있기를 희망합니다.

루나 : 목사께서는 월남민 중에서 대표자를 선출하는 것이 한국의 통일에 이롭다고 굳게 믿는 것 같습니다.

한경직 : 이러한 방법이 모든 북한 주민들을 만족시키리라 봅니다. 비록 철의 장막 때문에 그들이 투표를 못하지만, 월남민을 통해 그들의 의견이 대변된다면 아주 기뻐할 것이기 때문입니다.

마네 : 목사께서는 남한에 있는 월남민 가운데 농민들과 산업 노동자들이 거의 없다고 말씀하셨습니다. 목사께서는 북측에 있는 농민과 노동자들의 의사가 월남민을 통해 반영된다고 할 때, 그들이 충분히 공감할 것이라고 생각하십니까?

한경직 : 네, 그렇게 생각합니다. 사실 북한에는 소작인들이 거의 없습니다. 대부분의 농민들이 자신의 땅을 소유하고 있기 때문에, 토지 개혁은 사실상 그들에게 별반 도움이 되지 않았습니다. 그들은 공산주의자들에게 땅을 빼앗겼고 다시 자유롭고 민주적인 정부를 갖기를 열망하고 있습니다. 그런 이유로 월남민들이 그들을 대표한다면 아주 기뻐할 것입니다. 더 많은 사업가들과 노동자들이 월남할 것이라고 생각합니다.

잭슨 : 한 목사께서는 소련이 들어오기 이전에, 북한 지역의 산업인구 대비 농민의 비율에 대해서 알고계신 바가 있습니까?

한경직 : 정확히 말씀드리기 어렵습니다. 아마도 농민이 75%, 도시거주자와 노동자들을 포함한 비농업인구가 25% 내외라고 봅니다. 단지 농민들과 공장 노동자들만을 비교한다면 약 7:3의 비율이었을 것입니다.

잭슨 : 월남한 농민들의 비율이 1/3정도입니까?

한경직 : 대략 그러하다고 봅니다. 비율로 따지면 3:1 정도일 것입니다. 즉, 농민의 비율이 1입니다.

의장 : 우리 분과위원회가 한경직 목사께 두 가지 정보를 요청했는데 맞는지 확인해주시겠습니까? 첫째는 정치범의 목록입니다. 목사께서는 북한 당국에 의해 체포된 기독교 지도자들의 명단을 갖고 계시지요. 목사께서 그 명단을 정리하여, 우리가 북한에 소재한 정치범들에 대한 명단을 보다 광범위하게 확보하도록 도와주시기를 부탁드립니다. 또한 선거와 관련하여 사전 정보를 파악하도록 월남민의 연령을 정리해 주시기 바랍니다.

마네 : 연령과 직업도 포함입니다.

한경직 : 연령과 과거 직업에 대해서 말입니까? 기꺼이 하겠습니다.

의장 : 저희 위원단의 위원들 모두 한경직 목사님께 감사하고 있습니다.

(한경직 목사는 분과위원회를 떠남)

의장 : 사회민주당 당수인 여운홍 씨를 모시게 되어 영광입니다. 충분한 시간을 할애할 수 없음을 사과드려야 합니다. 일정 관계로 여운홍 씨와의 특별회의는 1시간 동안 진행될 것입니다. 여운홍 씨의 고견이 필요한 선거 관련 질의들이 있습니다.

(여운홍 씨가 배석함)

의장 : 첫 번째 질문입니다. 한국에서 자유민주선거가 실시되기 위하여 필요

한 조건이 무엇이라고 생각하십니까?

여운홍 : 우선 여러분이 남한에 주둔한 미군과 북한에 주둔한 소련군 양측의 협조와 도움을 받아야 한다고 생각합니다. 이것이 최우선이라고 생각하지 않으십니까? 다음으로 한반도 전체에서 공정하고 자유로운 선거를 실시하기 위해, 남북 양측의 정치 지도자들이 회담이나 협상을 갖는 것이 반드시 필요합니다.

북한에 많은 변화가 있었다고 들었지만 우리 눈으로 보지 못했습니다. 우리는 북측의 지도자들과 직접 논의해 본 적이 없습니다. 그래서 우리는 정확한 상황에 대해 잘 알지 못합니다. 그러므로 남북의 지도자들이 회담을 갖는 것이 매우 긴요합니다.

의장 : 다음 질문입니다. 당신은 현재 한국에서 자유선거의 실시를 방해하는 조건이 무엇이라고 생각합니까?

여운홍 : 네. 우리가 파악한 바로 북한에는 언론과 집회의 자유가 없습니다. 솔직히 말해 북한에 절대적인 자유가 없다는 점을 알지만, 남한도 비슷한 상황이라고 봅니다. 위원단은 남한의 현실을 간파할 만큼 오래 머물렀을 것입니다. 경찰은 지나치게 편향되어 있습니다. 그리고 여러분은 남한의 곳곳에서 테러가 자행되고 있다는 소식을 접하셨을 것입니다. 따라서 경찰이 특정 세력의 이권만을 대변하고 테러가 자행되는 한, 자유롭고 공정한 선거의 실시는 불가능합니다.

의장 : 모든 정당과 조직이 선거기간 동안 집회, 출판의 자유를 동등하게 가져야 한다고 보십니까?

여운홍 : 그렇습니다. 모든 정당들과 조직은 선거기간뿐만 아니라 언제나 동등한 자유를 누려야 합니다.

의장 : 그러한 자유가 바람직하다고 생각하십니까?

여운홍 : 그렇습니다. 아마 여러분은 특정 사건에 대한 보도가 금지되거나 일부 신문기자들이 어떤 의견을 개진했다는 이유로 체포되었다는 소식을 접하셨을 것입니다. 인민공화당(人民共和黨, People's Republican Party)이 발표한 성명이 일부 신문에 게재되었고, 이내 탄압을 당했습니다. 우리 당원인 중앙신문(Central Daily Press) 편집장은 해당 성명을 게재했다는 명목으로 체포되어 이틀 동안 구금되었습니다. 이 성명에 어떠한 내용이 있었는지 불분명하지만, 그가 성명을 게재했기 때문에 체포된 것은 확실합니다. 그런 즉, 이러한 사건은 우리에게 절대적인 언론의 자유가 없다는 것을 상징합니다.

패터슨 : 그에게 어떠한 혐의가 있었던 것이 아닌가요?

여운홍 : 그렇게 생각합니다.

패터슨 : 그가 재판을 받았습니까?

여운홍 : 구체적인 혐의에 대해서는 모릅니다. 당국은 편집장에게 성명을 게재하지 말라고 경고했지만, 그는 어떻게 해서든 성명을 게재했습니다. 그래서 아마도 그는 경찰 당국의 명령이나 지시를 따르지 않아 기소된 것 같습니다. 이것이 그의 혐의입니다. 그들은 신문사에 해당 성명을 게재하지 말라고 공문을 보냈습니다.

마네 : 그 성명에 어떤 내용이 담겨 있었는지 간단하게나마 알 수 있을까요? 정치적 계획이나 혹은 다른 정당 지도부에 대한 비난이 담겨 있었나요?

여운홍 : 그 성명을 정확히 기억하지는 못합니다만, 유엔위원단에 관한 성명이었던 것으로 압니다. 확실하지는 않습니다.

의장 : 여운홍 선생의 설명에 따르면, 인민공화당이 유엔위원단과 위원단의 도착에 관한 성명을 발표했고 경찰이 이를 게재하지 말라고 했습니다. 여 선생님 당의 당원인 중앙신문 편집장은 성명을 게재했고 체포되었습니다. 인민공화당은 좌익 정당입니까?

여운홍 : 네 좌익입니다. 그리고 경찰 당국은 극좌 성향으로 여겨지는 김원봉(金元鳳)이라는 분이 이끄는 본 정당을 남조선노동당의 자매 정당으로 간주합니다. 김원봉 씨는 어딘가에 은신 중이라 어디 있는지 모릅니다.

마네 : 경찰이 일부 정당에 대한 선호, 예를 들자면 미군정의 지시 하에 그렇게 한다는 것은 당신의 의견입니까? 당신이 받은 인상은 어떻습니까?

여운홍 : 저는 모릅니다. 언급하기 굉장히 껄끄럽습니다. 그리고 제가 말하는 모든 것은 기밀에 해당됩니다. 본인의 의견을 말하자면, 경찰은 너무 편향적입니다. 그리고 우리는 거의 매일 여러 지역구들에서 경찰에게 면밀히 감시 혹은 방해를 받는다는 보고를 들었습니다. 여러분은 아마 김규식(金奎植) 씨가 위원장인 민족자주연맹(民族自主聯盟, National Independence Federation)에 대해 들어보셨을 것입니다. 이 연맹은 모든 중도 단체들을 받아들이고 있습니다. 따라서 경찰은 남조선노동당과 인민공화당을 면밀히 주시하고 방해할 뿐만 아니라 제(諸) 정당과 민족자주연맹까지도 감시하고 있습니다.

의장 : 선거가 3월 31일 이전에 실시되어야 한다고 보십니까?

여운홍 : 아닙니다. 우선 여러분은 그럴 만한 충분한 시간이 없습니다. 아시다시피 한국인들은 선거의 경험이 없습니다. 이번이 첫 번째이고 오늘은 1월 27일입니다. 3월 31일 이전에 선거를 실시하기에는 충분한 시간이 없습니다. 선거법이 제정되고 사람들에게 공표되어야 합니다. 그리고 사람들이 이 업무를 준비할 충분한 시간이 없습니다. 그런 즉, 3월 31일 이전에 선거를 실시하는 것은 불가능하다고 생각합니다.

다음으로 3월 31일 이전에 선거가 실시된다면, 이를 민주적인 선거라고 불러서는 안 됩니다. 저는 이미 경찰이 취하고 있는 불공정한 태도와 전국에서 자행되고 있는 끔찍한 테러리스트들의 활동에 대해 언급했습니다. 따라서 저는 3월 31일 이전에 사람들을 교육할 충분한 시간이 없다고 주저 없이 말할 수 있습니다. 현재와 같은 상황 하에서는 공정하고 민주적이며 자유로운 선거가 불가능합니다.

루나 : 3월 31일이 적합하지 않다면, 선거가 언제 열려야 한다고 생각하십니까?

여운홍 : 우리가 정말로 민주적이고 자유로운 선거를 실시하고자 한다면, 아직 더 시간이 필요합니다.

루나 : 4월, 5월, 6월? 아니면 지금부터 1년 정도 소요될까요?

여운홍 : 솔직히 말씀드린다면, 최소 1년이 더 필요합니다. 우리가 경찰의 태도 변화와 테러리스트들의 활동 저지를 시작하더라도 다소 간의 시간적 여유가 필요하다고 생각합니다. 그리고 경찰이 너무 편향적이고 테러리스트들의 활

동이 계속되는 한 공정하고 자유로운 선거를 실시하는 것이 불가능합니다.

패터슨 : 경찰의 독립 등과 같은 일반적 요구사항들을 생략하고 단지 기술적인 질문만 고려한다면, 선거가 얼마나 빨리 실시될 수 있다고 보십니까?

여운홍 : 위원님이 총선을 언급하신 것은 남북 전체의 선거를 의미한다고 받아들여도 되겠습니까?

패터슨 : 네.

여운홍 : 그렇다면, 저는 시간이 좀 더 소요될 것으로 봅니다. 여러분은 북한으로부터 어느 정도 도움을 받아야 하기 때문입니다.

패터슨 : 우리가 도움을 받는다고 가정하고 자유와 관련된 조건들을 충족시킬 수 있다고 가정하면, 선거의 준비 및 실시를 위해 얼마나 시간이 걸릴 것으로 보십니까?

여운홍 : 약 6개월 정도입니다.

의장 : 정치적 명목으로 투옥된 남북 인사들의 규모에 대하여 아시는 바 있습니까? 그리고 이들에게 투표권이 주어져야 한다고 생각하십니까?

여운홍 : 진실로 남북의 정치범 숫자에 대해서는 잘 모릅니다. 여기 남한 경찰의 수장, 즉 경무부장 혹은 군정에 문의한다면, 그들은 단 한 명의 정치범도 없다고 말할 것입니다. 그러나 그 규모에 대한 정확한 정보를 드릴 수 없음에도 불구하고 정치범들이 있다고 확신합니다. 백 명 내지는 천 명 단위로 판단됩니

제2분과위원회 면담 및 구술 기록

다만, 정확히 파악할 수 없습니다. 남조선노동당 당원들은 수천 명의 정치범들이 있다고 말하지만, 저는 그렇게까지 많지는 않다고 생각합니다. 어느 정도 존재한다는 점은 확신합니다. 경무부장은 정치범이 없다고 말할 것입니다. 그러므로 정치범들에 대한 기소는 정치적 범죄와는 하등의 관계도 없습니다. 아마그들은 살인이나 강도의 명목으로 고발당했을 것입니다. 그것이 경무부장이 남한에 정치범이 없다고 말할 이유이지만 저는 있다고 확신합니다.

마네 : 정치범 가운데 알고 있는 인사가 있습니까? 정치범, 즉 순수하게 정치적 공격으로 인해 체포된 사람들 중에서 개인적으로 아는 분이 있습니까?

여운홍 : 박헌영(朴憲永) 씨, 허헌(許憲) 씨, 김원봉 씨입니다. 그들이 감옥에 있지 않지만 영장이 발부된 상태입니다.

마네 : 그분들은 실제로 감옥에 있지는 않군요?

여운홍 : 그들 대신에 김광수 씨나 박문규(Park Moo Kyo)[3] 씨 등을 말할 수 있는데, 이들은 남조선노동당의 당원일 뿐만 아니라 중앙위원입니다.

마네 : 경찰이 그들을 색출해낸다면 바로 체포할 것으로 보십니까?

여운홍 : 저는 그렇게 생각합니다.

패터슨 : 질문을 이어가겠습니다. 그들에게 투표권과 피선거권을 부여하는 문제에 덧붙여, 자유가 이번 선거에서 중요한 영향을 미칩니까? 이 정치범들

---

3 Park Moo Kyu 의 오기로 보임.

가운데 일부가 유수의 정치 단체들을 이끌 지도자가 될 것이기 때문인가요? 다시 말해, 그들의 석방이 선거에 영향을 줍니까?

여운홍 : 그렇게 생각합니다. 특히 그들은 지역적 기반이 확고한 인사들입니다.

마네 : 투옥되지 않은 인사도 있기에, 정치범을 석방해야 할 뿐만 아니라 체포하지 않아야 함을 알리는 것, 패터슨 위원님은 이 부분을 염두에 두는 것입니까?

패터슨 : 네. 그것을 덧붙여야 합니다.

여운홍 : 질문을 드려도 될까요? 제가 신문에서 읽기로, 여러분이 면담을 위해 김두봉 씨와 조만식 씨를 초청할 계획이라고 하는데 사실입니까?

의장 : 우리가 보도 자료를 배포하여 그들의 이름을 거론했습니다. 목록에는 9명이 있습니다.

여운홍 : 그렇다면 실제로 초청하려 했다는 것입니까, 아니면 형식적으로만 그렇게 하신 겁니까?

의장 : 우리는 진심이었습니다. 그들의 시각을 청취하기 위해 초청하여 만나고 싶었습니다.

여운홍 : 그들이 체포된 동안 어떻게 그들과 면담할 수 있다고 생각하셨습니까?

의장 : 우리는 최대한 모든 수단을 동원할 예정이고 최선을 다할 것입니다.

마네 : 반드시 해당 인사들이 이곳을 방문할 필요는 없습니다. 우리가 그들을 섭외하기 위해 계속해서 노력할 것이라는 뜻입니다. 우리는 가능한 모든 일을 다 할 것입니다.

여운홍 : 여러분은 아마 웨더마이어(Albert C. Wedermeyer)[4] 장군이 이곳에 방문하였다는 사실을 기억할 것입니다. 장군이 그들을 만나기 위해 백방으로 시도했지만, 그들은 소환을 거부했습니다. 하지 장군이 영장을 취소하면, 그들이 밖으로 나올 것입니다. 영장 취소를 위해 하지 장군과 협상해보셨습니까?

의장 : 하지 않았습니다.

여운홍 : 제가 보기에 하지 장군이 영장을 취소하면 그들을 접촉할 수 있을 것입니다. 그러나 그들이 이곳을 방문하는 일은 안전하지 않습니다. 뿐만 아니라 남한 어디서에든 그들이 여러분을 만나는 것은 안전하지 않습니다. 따라서 솔직히 말씀드리자면, 하지 장군이 영장을 취소하지 않는 한, 여러분이 그들을 만나는 것은 불가능하다고 생각합니다. 한 가지 질문이 더 있습니다. 김일성(金日成), 김두봉, 조만식 씨가 남한에 올 수 있도록 평양에 초청장을 발송해 보셨습니까?

의장 : 우리가 언론 보도에 언급된 사람들을 만나기 위해서 체포 명령의 취소나 중지를 모색해야 한다는 선생의 제안에 우리 모두는 감사드립니다. 두 번째 질문에 관해서는 위원단 차원에서 답할 수 있을 것 같습니다.

---

4 Wedemeyer의 오기로 보임.

여운홍 : 단지 여러분이 실제로 평양에 초청장을 보냈는지, 그들이 여기에 내려오길 희망하는 마음만 갖고 계신 것인지 궁금했습니다.

의장 : 위원단이 모든 절차를 밟을 것이라고 믿습니다.

여운홍 : 여러분이 북측 인사들을 초청한다면, 이는 아주 훌륭한 일이 될 것입니다. 우리는 남북 지도자들 간의 회담을 주장하고 있습니다.

의장 : 저는 선생이 과도입법의원 의원이라고 알고 있습니다. 우리는 선거규정과 선거법에 대해 질문할 사항이 있습니다. 현행 남측의 선거법(남조선과도입법의원 공법 5호)과 북측의 선거법에 대하여 어떠한 수정사항을 제안하시겠습니까? 북한에도 선거법이 있습니다.

여운홍 : 북한의 선거법에 대해서는 잘 모릅니다만, 저는 과도입법의원 의원이고 과도입법의원이 선거 관련 법률을 통과시켰습니다. 우리는 2~3개월 동안 이 법률을 논의했습니다. 한국민주당 당원들은 선거 연령 제한을 25세로 규정해야 한다고 주장했고, 저를 비롯한 일부 중도 세력 의원들은 20세로 낮추어야 한다고 주장했습니다. 우리는 이를 두고 거의 1개월을 소모했고 결국 23세로 타협했습니다. 그러나 저는 여전히 해당 조항이 민주적이지 못하다고 생각합니다. 그래서 여러분이 선거연령을 20세로 낮추어 주시기를 희망합니다. 비록 확실하지 않습니다만, 다른 하나는 월남민들을 위한 특별 선거구가 있다고 알고 있습니다.

의장 : 우리는 잠시 뒤에 이 법률의 구체적인 조항에 대해 다룰 것입니다.
제1분과위원회에서 제기한 질문이 있습니다. 선거를 위한 자유로운 분위기 보장 문제를 다루는 분과위원회의 의견으로, 다음과 같은 최소한의 요구사항이

있습니다. 표현의 자유, 언론과 정보의 자유, 집회와 결사의 자유, 시위의 자유, 임의 체포와 구금으로부터의 보호, 폭력과 협박으로부터의 보호입니다.

여운홍 : 저는 이미 이러한 부분을 지적했습니다. 솔직히 말해 우리가 민족자주연맹을 결성한 이후 경무부장과 수도경찰청장을 초대한 바 있습니다. 두 사람 모두 김규식 박사의 제자들이었고 박사를 지원할 것이라고 맹세했습니다. 그들이 진지하게 민족자주연맹의 발전을 위해 김규식 박사를 도왔음에도 불구하고 그들이 거느린 사람들, 예를 들어 지방의 경찰청장들은 두 사람과 같은 태도를 취하지 않았습니다. 우선 우리는 그들의 진의를 의심하고 있습니다.

저는 공정하고 자유로운 선거를 실시하는 것이 불가능하다고 설명하고자 합니다. 제 생각으로는 약 85%에 달하는 일제 치하에서 일했던 경찰이 존재하고, 경찰 내부에 이 친일 분자들이 있는 한 자유롭고 공정한 선거를 실시하는 것이 불가능합니다. 제가 85%라고 말씀드렸는데, 이는 경찰 간부를 뜻한 것입니다. 경찰 전체로는 그렇게까지 높은 비율이 아닙니다.

마네 : 일본인들이 이 경찰관들을 고용했기 때문입니까, 아니면 일본인들에게 고용된 동안 경찰과 관련된 악습까지 익혔기 때문입니까?

여운홍 : 군정은 숙련되고 경험 있는 경찰관들을 필요로 하고, 한국 경찰관들이 업무를 완벽히 수행하기 때문이라고 말했습니다.

의장 : 우리는 선거법에 대해 논의하고 있었습니다. 이제 우리는 구체적인 조항들을 다룰 것입니다. 선생은 과도입법의원이 공포한 선거법과 친숙하실 것입니다. 제3분과위원회는 제2분과위원회가 "'성인 참정권을 기반으로' 선거를 실시하도록 하자"는 총회의 제안을 감안하여, 한국 전체에 가장 적합한 선거 연령과 입후보 연령에 대한 한국인들의 의견을 수렴하기를 요청합니다. 선생은

이미 20세나 21세에서 23세까지를 선호하신다고 답하셨습니다.

다음 질문은 남조선과도입법의원 공법 5조 2항 (a)와 관련 있는데 이를 읽어보면,

"다음의 범주에 해당하는 자는 선거권이나 피선거권을 부여하지 아니한다.

(1) (법적) 무능력자, 준무능력자, 정신질환자 및 약물중독자.

(2) 징역형을 선고받거나 복역 중인 자 및 집행유예 혹은 탈주범.

(3) 1년 이상의 징역 혹은 금고형을 받은 자, 그러나 형기 만료 이후 3년 이상 경과하거나 혹은 집행유예인 경우, 그리고 선고가 정치범죄로 내려졌다면, 그 자는 이 범주에 포함되지 않음.

(4) 법률로 투표가 거부된 자, 그리고 '반역자', '부역자', 혹은 '모리배'로서 법률로 규정된 자"

라고 규정되었고,

북한의 선거 규정 1조 (1)항을 읽어보면

"1. 정신이상자 및 사법부 판결로 보통선거권이 배제된 자를 제외하고, 북한의 모든 20세 이상 공민은 재정상태, 교육, 거주지 및 종교에 상관없이 보통선거권과 피선거권을 가짐"

이라고 되어 있습니다. 이 조항들이 적절하다고 생각하시는지요?

선생께서는 이 조항들이 적합하다고 보십니까? 자격을 박탈당한 사람들, 특히 부역자들과 반역자들, 모리배들에 대한 의견을 말씀해주십시오.

여운홍 : 우리는 과도입법의원 회의에서 이 문제를 두고 요란하게 토의를 한 바 있습니다. 친일파, 부역자, 반역자를 분류하기란 매우 어렵습니다. 철저하게 재판을 진행하고 형을 선고할 수 있는 어떤 법정이 갖추어지지 않는 한 아주 어려운 문제입니다. 과도입법의원에서 이 법이 통과되었을 때, 저는 이에 대해

서 긍정적이라고 생각했습니다. 그러나 그들을 분류하기란 아주 난해합니다.

의장 : 유사한 범주의 다른 질문이 있습니다.

여운홍 : 북한 말씀입니까, 남한 말씀입니까?

의장 : 남북 전체에 대해서입니다. 일제 치하에서 공직에 있었던 사람에 대해 선거권과 피선거권을 박탈해야 합니까? 만약 그렇다면 어느 위치의 공직까지 적용되어야 하며, 각각의 경우에 대한 결정을 어느 측에서 내려야 합니까?

여운홍 : 이 또한 어려운 질문입니다. 일제 치하에서 고위직에 있었던 자들 가운데 일부는 다른 사람들에 비해 그렇게 나쁘지 않다는 평판을 받습니다. 심지어 일부 경찰관들과 형사들에 대해서도 비슷한 인식이 존재합니다. 그래서 대답하기 어렵습니다. 다만 제가 "친왕(ching-wang)"이라고 부르는 지위에 있었던 사람들은 모두 포함해야 한다고 생각합니다. 이 사람들은 더욱 높고 책임 있는 직위에 있었습니다. 우리는 현재뿐만 아니라 미래세대에게도 일련의 교육을 해야 합니다. 따라서 그들의 투표권에 대해서도 일련의 제한을 가하는 것이 매우 필요합니다.

의장 : 여운홍 씨는 임명직보다는 선출직을 말씀하시는 것입니다. 임명직들은 하급 공무원들입니다.

마네 : 선생의 입장에서는 "일본인들이 고용했기 때문에 해고해야 한다"고 말씀하셨던 경찰관들의 투표권과 피선거권을 박탈하지 말아야 한다고 생각하십니까? 박탈해야 합니까?

여운홍 : 일부 경찰관들은 죄질이 매우 불량했으나 다른 경찰들은 그렇지 않았습니다. 그래서 이 문제가 어려운 사안이라고 말했던 것입니다. 한국 경찰관 가운데 일부는 생계를 위해서 경찰을 해야만 했습니다. 심지어 일부는 일부 한국인들의 형편을 낮게 하기 위해 경찰이 되었습니다. 그러나 대다수는 일부 일본인들보다도 일제에 열렬히 충성했습니다.

마네 : 다시 말하자면 친일파 구분 문제가 종결되었다고 보십니까, 아니면 북한의 수준까지 가야 한다고 생각하십니까? 저는 북측이 다소 가혹할 정도로 친일파였던 인사들의 자격을 박탈한다고 알고 있습니다. 이 문제가 종결되었다고 보십니까?

여운홍 : 우리는 그들이 북한에서 무엇을 하는지 전혀 모릅니다. 이는 해결하기 정말 어려운 문제입니다.

의장 : 일반적인 인식으로 북한에서는 대단히 많은 친일파들의 권리를 박탈하는 수준까지 멀리 나갔습니다. 제 생각에 후반부에 제기될 질의는 선생께서 이미 답변하신 것 같습니다. 더 나아가 질문하겠습니다. 선생이 보기에 문맹자들에게도 투표권이 주어져야 합니까?

여운홍 : 그렇게 생각하지 않습니다. 그들이 투표를 하게 된다면, 누군가에게 자신의 투표를 부탁해야 하기 때문입니다. 예를 들어, 문맹자가 김규식 박사의 이름을 기재하고 싶어 해도, 대리 투표를 해주는 사람이 다른 입후보자의 이름을 쓸 수 있습니다.

마네 : 북한에서는 문맹자들이 투표할 수 있는 권리가 있음을 알고 계시지요. 북한에는 교육과 관련해 차별이 없습니다.

여운홍 : 북한에 그런 체계가 있다면, 어떻게 관리가 되는지 모르겠습니다. 아마 투표자가 원하는 이름을 적거나 혹은 감시하기 위해 내부에 감독관이나 경찰관을 배치할 것입니다. 그러나 진정으로 비밀투표를 보장하고자 한다면, 누군가에게 이름을 적어달라고 해서는 안 됩니다.

마네 : 비밀투표를 선호하십니까?

여운홍 : 당연히 그렇습니다, 위원님.

의장 : 선생이 보시기에 한국의 국회가 어느 정도의 규모로 구성되어야 하겠습니까?

여운홍 : 한국 전체를 말씀하시는 것이지요. 13개 도(道)에는 군(郡)들이 있습니다. 그리고 오늘 과도입법의원에서 통과된 법에 따르면, 각 군에는 최소 한 명의 의원이 있어야 합니다. 그러니 대략 350~400명 정도가 될 것입니다.

의장 : county가 "군"이군요.

여운홍 : 일반적으로 각 군의 인구는 10만 명 정도입니다. 일부 큰 규모의 군은 대략 20만 명입니다. 그러나 대부분의 군들은 10만 명 정도입니다. 우리 인구가 3천만 명이라고 한다면, 10만 명 당 한 명의 대표자가 있어야 하니 300명의 의원들이 있어야 할 것입니다.

의장 : 우리에게 주어진 시간이 제한되어 있으나 아직 몇 분 정도가 남았습니다. 분과위원회나 위원단 의원 가운데 질의하실 분이 계십니까?

여운홍 : 제가 질문을 해도 됩니까?

의장 : 우리가 답해야 한다면, 그렇게 하시지요.

여운홍 : 언론에서는 여러분들이 소련 정부로부터 확실한 답을 받았다고 보도했습니다. 그리고 여러분의 방북이 불허되었다고 보도했습니다. 소련 정부로부터 확실한 답을 받으셨습니까?

의장 : 그것은 분과위원회의 업무가 아닙니다. 우리에게는 위원단이 있으며, 본 분과위원회는 그 일부일 뿐입니다.

여운홍 : 만약 소련이 여러분의 북한 방문을 불허한다면 어떻게 하실 계획입니까?

의장 : 우리 위원단이 곧 접촉할 것이고 그 문제에 대해 논의할 계획입니다.

여운홍 : 소문인지의 여부는 불분명하지만, 여러분의 방북이 실패하고 한반도 전체에서 선거를 실시할 수 없다면, 여러분이 남한만의 선거를 기도한다는 풍문이 있습니다. 그것이 사실인지 모르겠지만 이에 대한 제 의견을 말씀드려야겠습니다. 여러분도 아시다시피 한국은 둘로 분단되었습니다. 우리 스스로의 의지에 의해서가 아닌 미국과 소련 때문에 분단되었습니다.

우리는 정치적·경제적으로나 도덕적·정신적인 방면에서 고통 받고 있습니다. 우리는 소련과 미국에 대하여 한국에서의 철수를 요청할 힘이 없기 때문에 고통 받고 있습니다. 그러나 우리는 스스로 나라를 분단시킬 의향이 없었습니다. 우리가 남한 단독으로 선거를 실시하고 독립 정부를 세우면, 이는 우리 스스로가 나라를 분단시키는 것을 의미하기 때문에 그렇게는 할 수 없습니다. 이는 단지 현재의 문제만이 아닙니다. 우리는 미래 세대에 큰 죄를 짓게 될까봐 우려가 됩니다. 그래서 우리는 나라를 분단시키고 싶지 않습니다.

우리가 남한에 단독 정부를 수립하면, 북한 사람들도 그들만의 정부를 수립할 것이라고 생각합니다. 그러면 한 나라에 두 개의 정부가 생깁니다. 그리고 북한에는 30만 명을 상회하는 훈련된 군인들이 있다고 들었습니다. 우리는 지금 2만 명 넘는 경찰관에 더해 경비대와 일부 조직들이 있습니다. 우리가 남북에 두 개의 정부를 수립하면, 그 다음에는 무슨 일이 벌어질지 여러분이 아실 것입니다. 우리 한국인들은 단일 민족입니다. 우리는 한 가족에 속해 있다고 생각합니다. 아시다시피 해방 후에 약 2백 만 명이 북한에서 내려왔고 그들 가운데 일부는 자식, 형제, 부인을 남겨두고 왔습니다. 우리가 전쟁을 시작하게 된다면, 이는 형제가 형제를 죽이고 아버지가 아들을 죽이고 부인이 남편을 죽이며 남편이 부인을 죽이게 됨을 의미합니다. 여러분이 이 문제를 고려하시기 바랍니다.

자비 : 북한에서 내려온 사람들이 월남을 선택한 이유가 정치 체제 때문입니까?

여운홍 : 그렇습니다.

자비 : 남한에서 월북한 난민들도 있습니까?

여운홍 : 거의 없습니다. 정치적으로 월북하거나 남조선노동당 당원들이 있다고 말씀하실 수 있겠지만, 북한에서 내려오는 사람의 수가 그들보다 훨씬 많습니다.

패터슨 : 여운홍 씨께서는 어떻게 난민의 규모에 대해 2백만 명이라고 결론

을 내리셨습니까?

여운홍 : 군정사람들과 다른 정보원들에게 들었습니다.

패터슨 : 군정의 추계입니까?

여운홍 : 그렇게 생각합니다. 제 생각에 그 규모는 100~200만 명이라고 봅니다. 그러나 제가 착각했을 가능성도 있습니다.

패터슨 : 우리는 아주 다양한 추계 수치들을 접했습니다. 어떻게 하여 사람들이 그러한 추계치를 언급하는 것인지 궁금합니다.

마네 : 선생은 단독 선거에 반대하는 것으로 알고 있습니다만, 그렇지 않다면 계획이 있습니까? 혹은 현 상황을 고려하여 선생이 우리에게 반드시 제안하고자 하는 사항이 있습니까?

여운홍 : 유엔위원단에 제안할 수 있는 것인지 모르겠습니다. 미국과 소련이 어떤 합의에 도달했으면 합니다. 그리고 가능하다면, 여러분이 남한과 북한의 지도자들이 회담을 개최하도록 도와주셨으면 합니다. 회담에서 전체 한국인들을 위해 무엇이 최선인지 논의할 수 있습니다.

마네 : 양측 대표단이 회담에 앞서 권한을 부여받거나 특정한 방식으로 선발이 되어야 한다는 사실을 고려할 때, 남한 대표단이 북한 대표단과 회담을 개최할 수 있다고 믿으십니까?

여운홍 : 일부 남한 사람들은 어떠한 회담이나 회동이 없어야 한다고 원한

다는 것을 알고 있습니다. 그리고 마찬가지로 북한의 일부 극단주의자들도 유사한 시각을 가진 채, 같은 태도를 취하고 있습니다. 그러나 남북 양측의 사람들은 회동을 간절히 바라고 있습니다. 아시다시피 남한과 북한에는 일부 극단주의자들이 있고 그들은 단독선거와 독립정부를 원하고 있습니다. 그러나 대다수 한국인들은 한국이 통일되기를 바랍니다. 이 극단주의자들은 남한에서 단독선거를 실시하고 독립정부가 수립되면 그들이 권력을 차지할 것이라고 확신하며, 북한의 극단주의자들도 동일하게 행동하고 있습니다. 우리가 한반도 전체에서 선거를 실시하고 정부를 조직하면, 그들이 권력을 장악할 수 있는 기회가 거의 없을 것입니다.

의장 : 여운홍 선생의 도움에 감사드립니다.

여운홍 : 매우 영광입니다.

(오후 6시 10분 청문 종료)

제11차 회의 전문(全文)기록[1]
1948년 1월 28일 목요일 오전 10시 30분, 서울 덕수궁

의장 : 잭슨(S. H. Jackson, 호주)

의장 : 제2분과위원회 제11차 회의를 시작하겠습니다.

청문 : 김성수(金性洙)

의장 : 한국민주당 당수인 김성수 씨를 초대했습니다. 우선 일반적인 질문에 답변해 주시면 됩니다. 위원들은 김성수 씨가 보낸 서한을 이미 받았습니다. 김성수 씨는 이 서한을 근거로 답변할 것이며 강조할 부분이 있다면 부연할 예정입니다.

(김성수가 배석함. 그의 한국어 답변과 발언은 (영어로) 통역됨)

의장 : 김성수 씨, 선거를 위한 자유로운 분위기의 조성을 관장하는 본 분과위원회 의견은 다음과 같습니다. 표현과 언론 그리고 정보의 자유, 집회 및 결사의 자유, 임의동행과 구금 및 협박으로부터의 보호가 그것입니다.

질문은 다음과 같습니다. 현재 관련된 법률, 규정 혹은 법령이 있는가, 또는 당신이 보기에 선거를 위한 자유로운 분위기의 조성에 부합하지 않는 조건이 존재하는 지에 대해서입니다. 만약 해당 조건이 존재한다면, 이를 개선하기 위한 법적 또는 실질 규정들은 무엇인가 하는 점입니다.

1　1 Document A/AC.19/SC.2/PV.11

김성수 : 남한에서 언론을 비롯한 어떠한 자유에도 제한이 없습니다. 북한의 규정이나 법령을 잘 알지는 못 합니다. 그러나 잘 알려진 사례를 말씀드리고 싶습니다. 나의 절친한 동지인 조만식(曺晩植)은 조선민주당(朝鮮民主黨, the Chosen Democratic Party) 당수이며 평안남도건국준비위원회 위원장이었습니다. 당시 건준은 좌우합작 형태였습니다. 1945년 말 모스크바 3상회의 내용이 알려졌을 때, 조만식은 신탁통치를 받아들일 수 없다고 주장하였습니다. 이는 그의 정치신념에 반하는 것이었기 때문입니다. 그는 단지 자신의 의견을 표명했을 뿐 선동을 하거나 공공질서를 와해하려 하지 않았습니다. 그러나 그는 곧 당수 및 위원장 직무를 그만 두어야 했고 지난 2~3년간 구금되었습니다. 이 사례는 북한이 언론과 표현의 자유를 인정하지 않음을 보여줍니다.

남한에서 자유로운 분위기 조성과 충돌하는 법률이나 법령은 없습니다. 북한에서 자행되는 모든 구금은 정치적 견해가 다르다는 이유로 벌어집니다. 남한에서 그러한 일은 전혀 없습니다. 자유로운 분위기 가운데 총선거를 실시하기 위해, 위원단은 이러한 환경과 부합하지 않는 법률이 없다는 점뿐 아니라 공공질서가 유지되어야 한다는 조건에 유의해야 합니다. 한 예로, 1946년 10월 경상북도에서 시작되어 이후 전라남북도를 휩쓴 폭동과 반란이 있었습니다. 폭동은 공산주의자들의 소행이었습니다. 폭도들의 심리를 보면, 그들은 순진한 농민들에게 지역 관리와 경찰을 공격하도록 교사했습니다. 선동된 농민들은 관리와 경찰을 공격했을 뿐 아니라, 역사에서 유래를 찾아볼 수 없는 가장 잔인한 방식으로 폭력을 행사했습니다. 예를 들어, 그들은 임산부를 가두거나 살해하였고, 또 그 아이들에게 폭력을 가했습니다. 어느 날 밤에는 고향에서 근무하던 세 명의 경찰관이 공격을 받아 쇠로 만든 흉기로 코가 뚫렸고 밤새 끌려 다녔습니다. 결국 그들은 근처 저수지에서 교살 당했습니다.

한민족은 법을 잘 준수하고 평화를 사랑합니다, 그리고 이러한 폭력은 우리 역사상에 없었던 사태였습니다. 공산주의자들은 사람들을 위협하면서 잔인한 수단을 이용했습니다. 이는 남한의 질서유지가 아직 불완전하다는 증거입니다.

자유로운 분위기를 저해하는 법률이나 규정은 없지만, 공공질서에 위협이 되는 일이 있어서는 안 된다고 강조하고 싶습니다. 그래서 보통선거가 자유로운 분위기에서 실시되어야 한다면, 나는 위원단이 공공질서 유지문제에 주목해야 한다고 말씀드리는 바입니다.

또 다른 예로 2~3일전 수도경찰청장 장택상(張澤相) 씨는 공무 중에 습격을 받았습니다. 세 개의 수류탄이 투척되었고, 그 중 하나가 차량에 맞았지만 다행스럽게도 폭발하지 않았습니다. 암살자들은 곧 체포되었고 북한 고위 조직의 지령에 따라 벌인 행동임이 드러났습니다. 공공질서가 이완된다면 선거 후보자들은 동일한 방식으로 공격받을지도 모릅니다.

이 모든 증거들은 북한이 남한 내의 공산주의자들과 함께 끊임없이 우리의 공공질서를 파괴하고, 보통선거가 자유로운 분위기에서 실시될 수 없도록 기도하고 있음을 보여줍니다.

의장 : 북한이 주민에게 가하는 가혹행위와 관련된 정보가 있는지 물어봐도 되겠습니까?

김성수 : 이 부분에 대해서는 들어보지 못했습니다. 그러나 북한에는 민주주의적 정신이 없다는 점을 부연하고 싶습니다. 한 가지 예로, 모스크바 3상회의 결정이 알려진 후 서울운동장에서 대중집회가 있었습니다. 1946년 1월의 일이었고, 이 대중집회는 공산주의자들이 조직하였습니다. 그들은 서울시민들에게 반탁 대중집회에 참여하도록 요구했습니다. 그러나 반탁시위에 모인 시민들은 현장에서 찬탁시위로 바뀐 것을 알게 되었습니다. 북한에서 내려온 지령이 있었기 때문입니다. 북한의 지령은 한국인들이 신탁통치를 지지해야 한다는 것이었습니다. 이에 따라 집회 주최자들은 즉시 방법을 바꾸었습니다. 그 결과 해당 시위는 찬탁집회로 변질되었습니다.

북한에는 민주주의적 정신이 없습니다. 사람들은 상부에서 하달된 지령에 따라 움직이며, 자발적으로 개인들의 자유로운 의사를 표현할 수 없기 때문입니다.

집회에 참여한 사람들은 매우 격분했습니다. 속았다고 생각했기 때문입니다. 집회는 반탁이어야 했지만, 갑자기 찬탁으로 돌변했습니다. 심지어 반탁을 지지하는 공산주의자들도 내키지 않으면서 모스크바 결정을 지지해야 했습니다.

이렇게 북한에는 표현이나 언론, 정보의 자유가 없다는 점을 말씀드립니다. 비록 그들이 스스로를 진보적 민주주의자라고 주장하더라도, 북한에는 민주주의적 정신은 없습니다. 모든 것은 소련의 지령에 따라 좌우됩니다. 또한 정치범 문제에 대해 부연하고 싶습니다. 나는 남북의 모든 정치범은 석방되어야 한다는 의견을 가지고 있습니다. 그러나 남한에는 정치범이 전혀 없다는 점을 말씀드립니다. 현재 남한에 투옥된 자들은 살인, 암살, 방화 등등의 범죄 때문입니다. 반면 북한에서는 단지 정치적 견해가 다르다는 명목으로도 투옥 사유가 됩니다. 따라서 북한에는 참된 의미의 정치범이 존재합니다. 남북에서 정치범이 석방되어야 한다면, 유엔의 결정을 보이콧하는 세력이 과연 그 기대에 부응할지 의심스럽습니다.

남한에서 미 점령군은 소위 정치범 석방에 최선을 다할 것입니다. 그러나 그 결과는 폭력과 잔혹행위로 이어질 것입니다.

아마도 가장 개연성이 높은 일은 소련이 정치범을 석방하지 않고, 남한에서는 정치범이라고 언급되는 살인자 또는 암살자들이 석방될 것입니다. 따라서 공공질서는 크게 위협받을 수 있습니다.

의장 : 당신은 남한에 정치범이 없고 단지 살인, 암살 등등의 범법자가 있다고 말했습니다. 보편적으로는 이러한 사람들도 투표권을 가져야 한다고 여겨집니다.

그러나 남한에서 군정에 반하는 죄를 범한 자, 혹은 투표권을 배제할 정도의 죄를 범하지 않은 자들도 있을 수 있습니다. 북한과는 별개로 남한 정부가 이들을 석방해야 한다고 보십니까?

김성수 : 군정에 반하지만 사소한 범죄자도 구금이 되었습니다. 그들은 그러한 범죄를 저지르도록 지령을 받았거나 선동되었고, 혹은 부정한 이익을 챙기기 위해 금품을 수수하였기 때문입니다. 많은 사례가 있습니다. 그리고 한국인들의 일반적인 인식은 군정이 매우 관대하다는 점입니다. 군정은 석방될 필요가 있는 다수의 사람들을 풀어주었습니다. 북한에 투옥된 대다수의 자들은 정치범의 성격을 지닌 반면, 남한에는 정치범이 없기 때문에 이와 같은 관대한 사례가 많습니다. 군정은 남조선로동당의 활동을 허용하였는데, 남로당은 북한의 공산주의자들과 직접 관련이 있습니다. 정치적 자유에 있어서도 군정이 관대하다는 증거는 많습니다.

의장 : 더 답변할 사항이 있습니까? 분과위원회 위원들도 더 질문한 사항이 있나요? 한두 가지 더 질문했으면 합니다. 선거라고 한다면, 어떠한 차별도 없이 모든 정당과 단체들은 반드시 언론, 집회 그리고 출판의 자유를 향유해야 한다고 생각하지 않습니까?

김성수 : 서로 다른 단체에 대해 어떠한 차별도 없어야 합니다. 이들에게는 자신들의 견해를 표현할 동등한 기회가 부여되어야 한다고 봅니다.

의장 : 공산주의자들은 배제해야 할까요?

김성수 : 그들도 선거권과 피선거권을 가져야 합니다.

의장 : 3월 31일 이전에 선거가 실시되어야 한다고 보십니까?

김성수 : 선거는 3월 말 이전에 실시되어야 할 뿐 아니라 가능하다면 이른 시일 내에 실시해야 합니다. 사실 1946년 초 즉, 제1차 미소공동위원회가 개최될 때, 나는 개인적으로 사령관에게 미소공위가 분명 미소 양측 사이에 타결될 수 없다는 취지하에 몇 가지 제안을 하였습니다. 사태의 성질상 어떠한 합의도 양측 간에 이루어질 수 없기에, 나는 하지(John R. Hodge) 장군에게 모스크바 3상회의에서 언급된 4개국이 참여해야 하거나 아니면 우리의 문제가 유엔에 회부되어야 한다고 말했습니다. 1946년 9월 기념행사에서 한국민주당도 이 같은 결정을 내리고 4개국과 유엔에 전문을 보냈습니다. 위원단 위원 가운데 일부는 해당 전보의 내용을 알 것입니다.

나는 선거를 찬성합니다. 선거의 실시가 지체될수록 한국의 상황은 악화될 것입니다. 그래서 적어도 3월말이나 아니면 더 이른 시기에 선거가 실시되어야 한다고 생각합니다.

게다가 한국인들은 최대한 조기에 선거가 실시되기를 희망할 뿐 아니라 유엔의 위신, 즉 43대 0이란 압도적인 차이로 결정된 유엔의 한국관련 결의안도 선거의 향배에 따라 그 성패가 달려 있습니다. 만약 선거가 유엔을 보이콧하는 세력 때문에 실시되지 않는다면, 이는 실질적으로 유엔이 그 세력에 종속됨을 의미합니다. 따라서 국내적·국제적 측면에서 선거는 유엔이 결정한 바와 같이 실시되어야 합니다.

의장 : 당신은 남한에 정치범이 없다고 말했습니다. 그럼 혹시 북한에 정치범이 어느 정도인지 알고 계십니까?

김성수 : 정확한 숫자는 알지 못하나, 대략 2만 명 정도로 들었습니다.

의장 : 신뢰할 수 있는 정보라고 생각하시나요?

김성수 : 분명히 그 자료는 믿을 만하다고 생각합니다. 실제로는 2만 명 이상일지도 모릅니다. 게다가 강제추방도 만연해 있습니다. 북한의 정세는 상상하기 어려울 정도입니다. 이 문제에 대해 조선민주당은 협의대상이 되어야 합니다. 당수 조만식의 지명을 받아 그들의 주요 당원이 남한에 내려왔고, 서울에서 당을 재건하였습니다. 조선민주당 부당수 이윤영(李允榮)에게 확인해본다면 아마 정확한 규모를 알 수 있을 것입니다.

의장 : 선거법과 선거 기구를 관장하는 분과위원회는 선거연령에 대한 당신의 견해를 궁금해 합니다. 북한에서는 20세이며, 남한에서는 23세입니다. 유엔 총회의 견해에 따르면, 선거는 보통선거권을 토대로 실시되어야 하는데, 선거연령이 어떠해야 한다고 보시나요?

김성수 : 남조선과도입법의원은 6개월 동안 선거 가능 연령을 논의한 끝에 25세로 제안했습니다. 이후 24세로 다시 조정되었고, 최종적으로 23세가 선거연령으로 정해졌습니다. 이 선거연령은 두 가지 이유에서 우리 현실과 상당히 부합한다고 봅니다. 우선 서구 국가들에서도 선거연령은 처음에 높았다가 점차 하향되었습니다. 덴마크와 네덜란드를 비롯한 상대적으로 선진적인 국가들은 여전히 선거연령이 25세입니다. 한국은 지금까지 보통선거를 경험한 적이 없으며, 개인적으로 23세의 선거 가능 연령은 오히려 조금 낮다고 생각합니다. 특정한 경우에는 전통적 가족관계가 사회의식이나 시민적 문제(civic questions)의 차원에서 젊은 세대의 훈육을 저해합니다. 젊은이들이 사회적 쟁점에 대해 명확한 판단을 할 수 없다고 생각되기에, 나는 23세가 가장 바람직한 선거연령이라고 봅니다.

의장 : 과도입법의원 의원으로 참여하셨나요?

김성수 : 의원이 아니었기 때문에, 논의에 참여하지 않았습니다.

의장 : 성인임에도 투표권을 부여하지 않는 사람들에 대한 문제를 살펴보면, 공법 제5호(Public Act No. 5) 제2조 (a)항은 다음과 같습니다.

다음의 범주에 해당하는 자는 선거권이나 피선거권을 부여하지 아니한다.

(1) (법적) 무능력자, 준무능력자, 정신질환자 및 약물중독자.

(2) 징역형을 선고받거나 복역 중인 자 및 집행유예 혹은 탈주범.

(3) 1년 이상의 징역 혹은 금고형을 받은 자, 그러나 형기 만료 이후 3년 이상 경과하거나 혹은 집행유예인 경우, 그리고 선고가 정치범죄로 내려졌다 면, 그 자는 이 범주에 포함되지 않음.

(4) 법률로 투표가 거부된 자, 그리고 '반역자', '부역자', 혹은 '모리배'로서 법률로 규정된 자

라고 규정되었고,

북한의 선거 규정 1조 (1)항을 읽어보면

"1. 정신이상자 및 사법부 판결로 보통선거권이 배제된 자를 제외하고, 북한 의 모든 20세 이상 공민은 재정상태, 교육, 거주지 및 종교에 상관없이 보 통선거권과 피선거권을 가진다"라고 규정되었습니다.

김성수 : 법적 무능력자 혹은 정신이상자나 마약중독자를 규정한 제1항 및 제2, 3항은 매우 적절하다고 봅니다. 그러나 제4항의 경우 반역자, 부역자, 혹은 모리배에 대한 규정은 확정짓기 어렵다고 생각합니다. 아마 조사하는데 수년이 걸릴 것입니다. 그래서 제4항은 우리의 당면과제를 위해 삭제하는 편이 좋고, 추후에 정부가 설립된다면 반역자, 부역자 혹은 모리배를 규정할 수 있는 시간이 있을 것입니다.

장택상 수도경찰청장(원문은 'General Chang')은 다음과 같이 말했습니다.

"그의 직업을 묻지 말고 그의 행위를 조사하라". 장 수도청장은 만주국에 대해 언급하면서 이 말을 했습니다. 그래서 반역자를 언급한 제4항은 시간이 지나면 삭제될 것이라고 봅니다.

연령 규정을 제외하고 남한의 선거규정 제4항만 놓고 볼 때, 북한에서 만들어진 규정이 반역죄와 모리배를 규정한 남한의 그것보다 더 낫다고 생각합니다.

의장 : 일제하에서 지위를 갖거나 또는 친일행위를 한 사람들에 대한 질문입니다. 일제하에서 공직에 있던 사람들에 대해서 선거권과 피선거권을 박탈해야 할까요, 만약 그렇다면 어떤 기관에서 담당해야 할까요?

김성수 : 친일행위자에 대한 범위를 획정하는 것은 매우 어렵습니다. 종종 고관대작들도 애국적 동기를 가진 경우가 있고, 일부 말단관직을 가진 자들이 아주 바람직하지 않은 태도를 보이기도 하였습니다. 즉, 지위고하로 구분하기는 어렵습니다. 저는 해당 조항이 잠정적으로나마 삭제되기를 희망합니다. 반역자, 부역자 및 모리배에 대한 규정이 삭제되어야 한다는 생각과 같습니다.

물론 한국의 관습으로 보자면, 훨씬 더 큰 범죄는 창씨개명입니다. 표면상 일본이 강제하지는 않았지만, 그들은 창씨개명을 하기 위해 모든 억압적 수단을 동원하였습니다. 한국인의 90%가 창씨개명을 하였습니다. 만약 하지 않는다면, 자식들은 학교에 갈 수 없었습니다. 이런 식으로 일본은 우리를 차별했던 것입니다. 순수하게 윤리적 차원에서 보자면, 일제하에서 공직을 맡은 소수보다는 창씨개명을 한 사람들의 죄질이 더 좋지 않습니다. 물론 일제에 협력한 악명 높은 자들이 있습니다. 그들은 일소되어야 합니다. 그러나 그 수는 많지 않습니다. 무시할 정도의 수입니다. 이 문제는 정부가 설립된 후 다시 다루어야 합니다. 그러나 이는 단지 시간상의 문제일 뿐, 현재의 당면과제를 위해 이 규정은 대강 넘어가는 것이 좋습니다.

의장 : 당신은 그 수가 많지 않다고 말했습니다. 현재 그들 중 일부가 공직에 있나요?

김성수 : 제가 아는 한 경찰에 일부가 있는데, 심지어 그들은 고위직도 아닙니다. 그들은 단지 수사를 위한 수단으로서만 간주될 수 있습니다. 이들 가운데 일부는 현재 국립경찰에 복무 중이지만, 그들의 과거의 경력 때문에 부정적으로 인식됩니다. 저는 일제에 협력한 자들은 셀 수 있을 만큼 소수라는 점을 강조하고 싶습니다. 이들은 선거에 영향을 미치기 어렵고, 그들 가운데 일부가 후보자로 나선다고 해도 유권자들의 표를 얻지 못할 것입니다. 그들은 선거에 영향력을 행사할 수 없습니다.

의장 : 일제하 악명 높은 친일행위, 짐작컨대 한국민족이 반대하는 친일행위자들에 대해 어떠한 생각을 가지고 있습니까? 선거의 측면에서 그들은 어떻게 취급되어야 할까요?

김성수 : 다가오는 선거에서 친일행위로 악명 높은 자들은 다수가 아닙니다. 첫째, 그들을 규정하기 어렵습니다. 둘째, 극악한 자들은 선거에 영향을 미치지 못할 만큼 소수입니다.

의장 : 어떤 행위를 염두에 두시는 건가요?

김성수 : 몇 가지 예를 들겠습니다. 도의를 넘어서면서까지 창씨개명 및 '지원병' 입대 강요, 또는 밀정 등을 담당한 사람들이 있었습니다. 겉으로 보기에 일부 한국인이 일본과 협력한 것으로 보입니다. 그러나 내면적으로 거의 모든 한국인들은 격렬한 반일감정을 가집니다. 그래서 친일문제를 규정하기 어렵다고 봅니다.

의장 : 문맹자들에게도 투표권을 부여해야 할까요?

김성수 : 문맹자들에게는 투표권을 부여해서는 안 됩니다. 적어도 자신의 이름을 쓸 줄 알아야 합니다. 교육받지 못한 사람들은 선거에 대한 판단을 할 수 없을 것입니다. 한 달이면 배울 정도로 쉬운 한글을 모르는 사람은 배제해야 합니다. 여기에 해당하는 사람은 많지 않다고 생각합니다.

의장 : 한국인들 가운데 문맹자의 비율은 얼마인가요?

김성수 : 당초에 문맹률은 매우 높았습니다. 그러나 군정이 성인교육 문제를 다루기 시작하면서 많이 줄었습니다. 문맹은 점차 줄어들 것이라고 봅니다. 물론 확신할 수는 없지만 20% 정도를 넘지 않는다고 생각합니다.

의장 : 문맹이 20%군요.

김성수 : 순전히 저의 추정일 뿐입니다. 그리고 군정이 통계를 강조하지 않는 것으로 보아, 맹신할 필요는 없다고 봅니다. 저는 군정이 문맹률을 정확히 조사했다고 생각하지 않습니다.

의장 : 국회의원 수는 어느 정도가 되어야 한다고 보십니까?

김성수 : 국회의원 수는 대략 350명 이상 400명 미만이 되어야 할 것입니다. 남한에서는 240명 혹은 250명 정도가 되어야 하는데, 여기에는 특별선거구 규정에 따라 월남자들이 선출한 30~40명 정도의 대표가 포함됩니다.
각 군(郡)이 단일 선거구이며, 대도시에는 10만 명을 기준으로 선거구가 획정되어야 합니다. 군 단위 지역 선거구에서 일부는 10만 명을 넘거나 미달되기

도 할 것입니다. 그러나 각 군은 모두 선거구가 되어야 합니다. 이에 근거하여, 대략 350명~400명이 한국 전체를 대표하는 국회의원이 될 것입니다.

의장 : 분과위원회 위원들은 추가로 질문할 사항이 있나요?

리우위완(劉馭萬, 대만) : 김성수 씨에게 몇 가지 질문을 하겠습니다. 먼저 경찰문제입니다. 경찰은 김성수 씨가 대표로 있는 정당과 밀접한 관계가 있고, 김성수 씨의 정당에 각종 의혹이 생길 때마다 옹호한다는 이야기를 접했습니다. 그래서 김성수 씨가 우리에게 충분히 이야기했는지 의심스럽습니다. 먼저 한국의 법률에 따르면, 경찰관에게 정당가입이 허용됩니다. 그렇다면 당수로서 당신의 정당에 얼마나 많은 경찰관이 있는지 밝힐 수 있나요?

김성수 : 저는 경찰의 정당 가입에 관한 군정의 규정을 잘 알고 있습니다. 제가 파악하기로 한민당원 가운데에는 경찰관이 있고 심지어는 간부도 있습니다. 그러나 그들을 색출할 방법이 없습니다. 저는 경찰에 몸담은 정당원의 정확한 수를 파악하려고 시도조차 하지 않았습니다.

한국민주당이 국립경찰과 밀접하게 연관되었다는 소문이 팽배한 이유는 단지 조병옥 경무부장이 과거에 한국민주당 집행부였기 때문입니다. 그러나 조병옥 씨가 국립경찰에 투신했을 때는 이미 집행부를 사임한 이후였습니다.

한국민주당에 악의를 가진 사람들은 조병옥 씨가 한민당원이라고 하지만, 이제 그는 더 이상 당원이 아닙니다. 제가 파악하기로 한국민주당과 국립경찰이 밀접한 관련을 갖는다고 주장하는 유일한 이유는 조병옥 씨 때문입니다. 수도경찰청장 장택상 씨는 우리 당원이 아닙니다. 그는 저의 오랜 지인입니다. 단지 대중은 제가 그와 지인이라는 이유만으로 국립경찰이 한국민주당과 연결되었다고 말할 뿐입니다. 제가 아는 전부는 어떤 정당의 당원 가운데 일부가 경찰관이라는 점입니다. 그러나 이를 바탕으로 한민당이 경찰과 정치적 관계를 맺고 있다고 주장한다면, 이는 어불성설입니다.

의장 : 어떠한 경찰도 한국민주당 외에 다른 정당으로의 가입이 허용되지 않는다는 진술은 사실입니까?

김성수 : 국립경찰과 한민당의 입장 가운데 어느 편에 대해 질문하시는 겁니까?

의장 : 어느 쪽이든 상관없습니다. 당신의 진술이 사실입니까?

김성수 : 경찰이 특정정당과 유착관계에 있다는 진술은 전적으로 사실이 아닙니다. 그러한 증거는 없습니다.

의장 : 특정 지역에서는 사실일 수도 있지 않나요? 당신이 알지 못하는 부분도 있지 않겠습니까?

김성수 : 그러한 진술은 전적으로 사실이 아닙니다. 각 도(道)에 있는 특정 지자체도 마찬가지입니다. 국립경찰은 군정의 일부이며, 군정은 한국민주당과 아무런 관련이 없습니다.

의장 : 경찰, 특히 경찰간부가 특정지역에서 명령을 내리는 것이 가능합니까?

김성수 : 그것은 절대로 불가능합니다.

의장 : 가능하지 않다고 확신하시는군요.

김성수 : 단지 현재뿐만 아니라 선거 실시 이후에도 그러한 일은 절대 벌어질 수 없다고 믿습니다. 심지어 특정 정당이 다가오는 선거에서 압도적인 승리를 거둔다고 해도, 그들이 경찰 내 중요 직위를 차지함으로써 경찰을 통제할 것이라고 단정할 수 없습니다.

의장 : 분과위원회는 이 부분을 명확히 인식해야 합니다. 지역 내에서 경찰이 갖는 지위와 성격에 대해 말씀하신 정보는 조병옥 씨가 제공한 것입니까? 혹은 각 지역에 있는 한민당 지부에서 파악한 것입니까?

김성수 : 한민당 지부가 경찰의 통제를 받는다는 말은 처음 듣습니다. 해당 정보는 한민당 지부나 조병옥 씨에게서도 듣지 못하였습니다. 리우 씨가 제기한 문제에 대해 저는 중상모략이라고 생각하며, 그 원인은 조병옥 씨가 우리 한민당 집행부였기 때문이라고 봅니다. 우리 당이 서울 혹은 지방의 경찰과 밀접하게 연결되어 있다는 주장에는 근거가 없습니다.

패터슨(George S. Patterson, 캐나다) : 김성수 씨에게 몇 가지 물어보고 싶습니다. 위원회가 질의하는 내용은 외신의 보도에 의한 것입니다. 제가 확인하였습니다.

김성수 : 외신의 보도가 반드시 사실이라고 믿을 이유는 없습니다.

패터슨 : 아닙니다, 그렇지 않습니다. 내가 이와 같은 질문을 제기하는 이유는 당신이 보내온 전문에도 등장하기 때문입니다. 따라서 조병옥 씨와 한민당과의 관계를 상정할 수 있습니다. 잘 알려졌기 때문에 의혹을 받는 것이라고 말씀드리고 싶습니다.

김성수 : 순수하게 정치적 관점에서 부연해야겠군요. 한민당은 항상 공산당과 맞설 것입니다. 그러나 본인의 정적들은 그릇된 프로파간다로 한민당과 저를 비방하였습니다.

한 가지 사례를 언급하고 싶습니다. 어느 날 저는 하지 장군과 그의 비서 이(Lee) 씨를 방문하였는데, 그들은 제가 서명한 것으로 조작된 엽서를 보여주었습니다. 조선공산당 당수 박헌영(朴憲永)은 체포 명단에 있는 사람이지만, 저는 하지 장군에게 체포하지 말 것을 요청했습니다. 저와 수개월 전에 암살당한 장덕수(張德秀) 씨가 서명한 것으로 날조된 이 엽서가 거의 매일 도착하였음을 알게 되었습니다. 하지 장군의 비서는 본인과 다른 한민당 지도자들이 서명한 것으로 보이는 많은 편지더미를 보여주었습니다. 그 편지들 가운데 제 이름이 가장 많이 등장하였습니다. 이는 반대세력이 잘못된 소문이나 프로파간다를 사용한다는 분명한 증거입니다. 유엔위원단 위원들이 그 편지들을 받게 될까봐 두렵습니다. 물론 한 사람이 하룻밤 만에 서로 다른 이름으로 수백 장의 편지를 쓸 수 있습니다. 그래서 저는 위원들이 이와 같은 서한에 전적으로 의지하지 말 것을 요청합니다. 반대당이 프로파간다나 잘못된 소문을 유포시킬 것이기 때문입니다. 이후 저는 되도록 이 일을 말하지 않으려고 했습니다. 그러나 경찰 수뇌부인 조병옥 씨와 장택상 씨에 대한 프로파간다이기 때문에, 러치(Archer L. Lerch) 장군과 브라운(Albert E. Brown) 장군 하에 있는 군정의 고위 장교들이 조사를 시작하였습니다. 군정 내에서 중요한 위치를 차지하는 김규식(金奎植)과 안재홍(安在鴻)이 하지 장군을 기소하는 사건도 있었습니다. 그러나 그 기소는 사실무근으로 드러났습니다. 그렇게 군정의 고관들조차도 잘못된 소문에 노출되며 근거 없는 기소를 받기도 하였습니다. 그러니 당연히 그 이상의 일도 예상할 수 있습니다.

따라서 세계 여러 곳에서 오신 위원단 위원들께서는 혼란스러운 상황을 잘 파악해야 한다고 봅니다. 저는 위원 여러분들이 이와 같은 잘못된 소문이나 프로파간다에 현혹되지 않기를 바랍니다. 개인적으로 본 분과위원회의 청문회에서 이와 같은 문제를 다룬다면 토론과 의견 충돌은 끝이 없을 것이라고 봅니다. 만약 청문회가 선거의 방법 및 수단문제에 제한된다면, 선거 실시에 매우 긍정적인 효과를 줄 것입니다. 청문회가 다른 이해관계나 기타 문제로 확대된다면, 여기에서 발생하는 의견충돌은 무용할 뿐만 아니라 끝없이 지속될 것입니다.

의장 : 현 단계에서 분과위원회는 별다른 의견을 개진하지 마시기 바랍니다. 분과위원회의 목적은 단지 정보수집일 뿐입니다. 김성수 씨의 진술은 유엔위원단의 보고서에 수록될 것입니다. 언론의 보도는 항상 정확하지 않습니다. 우리는 어떠한 견해도 표명하지 않아야 합니다. 비록 질문을 통해 우리 위원들이 특정한 성향을 지니고 있다는 인상을 줄지 몰라도, 이 청문회는 단지 정보를 파악하기 위함임을 잊어서는 안 됩니다.

저는 우리 위원단의 사무총장을 통해 입수한 어떠한 서한이라도 매우 상세히 검토할 것이며, 특정 인물의 서명이 있더라도 단지 그 이유만으로 배제하지 않을 것임을 김성수 씨에게 보장합니다. 분과위원회는 확보된 정보의 우선순위를 신중히 다루며, 그것의 가치 여부를 상세히 검토할 것을 당신에게 약속합니다.

김성수 : 감사합니다.

패터슨 : 자유선거의 분위기 조성을 관장하는 분과위원회 위원으로서 저는 현재의 정치상황을 묻고 싶습니다. 의장이 지적하듯이 제1분과위원회는 자유선거를 위한 분위기 조성을 가장 중요한 문제로 다루며, 우리의 주요 임무와도 크게 관련되어 있습니다. 김성수 씨는 북한에 있는 정치범을 2만 명으로 추산하면서도 명확한 근거를 제시하지 않았습니다. 저는 그와 별개로 북한에 가택연금이나 구금 같은 억압이 있는지 알고 싶습니다.

김성수 : 물론 앞서 언급하였듯이, 저는 정확한 수치를 알지 못합니다. 단지

대략적인 추산으로 2만 명이라고 말했을 뿐입니다. 여기에는 아마도 가택연금과 같은 사항은 포함되지 않았을 것입니다. 가택연금은 조만식과 같은 소수의 지도자에게만 적용되었기 때문입니다. 아마도 한두 가지 구금방식이 더 있을지도 모르겠군요. 보다 자세한 정보는 조선민주당 부당수인 이윤영 씨와 접촉하면 알 수 있을 것입니다. 구금사례 뿐 아니라 체포된 자들의 소재를 알 수 없는 다수의 사례가 있습니다. 그들은 어떠한 정보도 얻을 수 없는 시베리아와 같은 곳으로 보내졌을 것입니다. 저는 그와 같은 사례를 많이 들었습니다.

패터슨 : 정치범으로 불릴 수 있지만 암살이나 살인 같은 형사 범죄로 구금된 사람들, 즉 정치범의 범주에 있지만 다른 범죄의 명목으로 구금된 사람들은 얼마나 있다고 보십니까?

김성수 : 제 생각으로 남한에 정치범은 없습니다. 그래서 정치범으로 불릴만한 구금자도 없습니다. 이러한 주장에는 의도가 있다고 봅니다. 남한에는 전혀 정치범이 없기 때문입니다.

의장 : 감사를 드려야겠군요.

김성수 : 저의 견해뿐만 아니라 일부 사안에 대해서도 발언할 수 있는지 묻고 싶습니다.

의장 : 청문회는 계속 진행되기 때문에 향후에 기회가 있을 것입니다. 지금은 마쳐야 합니다. 앞으로 김성수 씨를 다시 초청하여 중요 사안에 대해 대담할 기회가 있을 것이라고 생각합니다.

김성수 : 한두 가지 부문에 대해 추가적으로 발언하고 싶습니다.

의장 : 다음 청문회를 열어야 합니다. 이미 우리가 계획한 시간이 모두 지났습니다.

김성수 : 선거로 선출될 국회는 전 민족적인 것(a national one)으로 간주되어야 한다는 점을 강조하고 싶습니다. 소련의 보이콧으로 북한은 선거를 받아들이지 않을 것이라고 예상됩니다. 38선은 알 수 없는 이유로 그어졌고, 이 선거에 방해가 되고 있음을 말씀드리고 싶습니다. 제가 위원단에 보낸 서한에서 밝혔듯이, 선거가 유엔감시 하에 남한에서만 실시되더라도 마땅히 그 선거는 전 민족적인 의결로 간주되어야 합니다. 그 이유는 향후 실시될 선거가 유엔 결정에 의해 합법적인 권위를 갖기 때문입니다.

비록 북한의 대중이 이 선거를 열렬히 염원하지만, 남북 전체에 대한 선거는 소련의 보이콧과 아울러 북한의 정치권력을 가진 소수의 공산주의자들 때문에 불가능하게 되었습니다. 저는 오직 남한에서만 선거가 실시된다는 우연적 사실에도 불구하고, 이 선거가 전 민족적 선거로 정당하게 간주되어야 한다는 점을 강조하고 싶습니다.

의장 : 이제 종료할 시간이 되어 아쉽게 생각합니다. 저는 우리가 이 문제를 고려할 때, 김성수 씨의 발언과 더불어 그가 보냈던 서한도 함께 다루어야 한다고 생각합니다.

(청문회는 오후 1시 15분에 종료됨)

제12차 회의 전문(全文)기록[1]
1948년 1월 29일 목요일 오후 3시 30분, 서울 덕수궁

의장 : 마네(Olivier Manet, 프랑스)

의장 : 유엔한국임시위원단 제2분과위원회 제12차 회의를 시작하겠습니다.

청문 : 조평재(趙平載), 황애덕(黃愛德)

의장 : 조평재 씨를 분과위원회에 소개합니다.

(조평재 씨가 한국어로 진술한 이후 영어로 통역됨. 분과위원회 위원들은 영어로 질문하고 조평재 씨에게 한국어로 통역됨.)

조평재 : 우리는 민족정신을 고양하기 위해 남북 통일정부를 촉구합니다.

만약 미소 양군이 계속 주둔하게 된다면, 동일한 언어와 전통 및 역사를 가진 한민족은 상이한 관습과 문화적 배경을 갖는 두 개의 민족으로 분열될 것이며, 분단은 시민적 자유와 민족적 삶에 대한 억압의 원인이 될 것입니다.

서울에서 미소공동위원회가 개최되는 동안, 시민적 자유와 민족의 기본권에 대한 박해와 억압은 없었습니다. 그러나 공동위원회가 결렬된 후, 경찰은 다수의 사람들을 체포했고 테러가 빈번히 자행되었습니다.

따라서 이러한 병폐를 고려할 때, 사후약방문(死後藥方文) 식의 대응보다는 예방적 조치에 노력해야 합니다. 우리는 인간의 기본권이 보호받길 희망합니다. 인권 옹호의 기본개념은 미소 정부 간의 협력에 근거한 통일정부에 기반을

---

1 Document A/AC.19/SC.2/PV.12

두어야 합니다. 따라서 소련의 보이콧으로 인해 단독정부가 남한에 수립된다면, 남한에서조차 자유로운 선거 분위기가 조성되지 않을까 두렵습니다.

자유로운 분위기 조성에 도움이 될 만한 특정 요건을 언급하고 싶습니다. 자유로운 분위기를 보장하고 남한에서 선거를 실시하기 위해서는 선결조건이 있어야 합니다. 첫째, 모든 정치범들이 석방되어야 합니다. 한국의 언론 중 일부는 남한에 정치범이 없다고 주장하지만, 이는 법률에 대한 무지에서 비롯된 견해가 아닐까 합니다.

변호사이자 조선인권옹호연맹(朝鮮人權擁護聯盟, the Korean Civil Liberties Union) 사무총장으로서, 나는 현재 남한에 언론과 집회 및 결사의 자유가 없다고 봅니다. 예를 들어, 특정 언론이 식량프로그램의 악화를 근거로 정부의 식량정책을 비판하는 기사를 게재했다면, 이내 언론기능이 정지되고 신문의 발행이 금지됩니다. 그리고 여기에 책임 있는 자들은 투옥됩니다.

많은 사람들이 '인민공화국'을 지지하거나 정치범은 석방되어야 한다는 자보를 게시하다가 구금되었습니다. 이들에게 체포영장은 발부되지 않았습니다.

여러분도 알다시피, 남한에서 세 명 이상이 모이는 집회는 불법입니다. 소위 불법집회가 빈번하고 다수의 사람들이 체포 및 구금된 실제 사례가 있습니다. 예를 들어, 어떤 노동조합의 조합원이 집회를 연다고 가정해봅시다. 집회가 끝나고 식사를 할 때, 이를 위해 모이는 것은 불법으로 간주되며 여기에서 체포된 사람은 징역 1년을 받게 됩니다.

학습할 수 있는 자유를 요구한 일부 학생들은 '국립 서울대학교 설립에 관한 법령'(미군정법령 제102호)'을 반대했기 때문에 투옥되었습니다. 본인은 이런 사람들을 정치범이라고 생각합니다. 이 자들 외에 사기나 횡령이란 죄목으로 체포되거나, 미국과 일본 및 외국 상품의 불법소지라는 죄목으로 재판에 회부된 많은 사람들이 있습니다.

인권옹호협회 사무총장임에도 불구하고 본인은 체포되거나 투옥된 사람들의 정확한 규모를 밝힐 수 없습니다. 그러나 위원단은 체포되거나 구금 중인 사람들의 정확한 규모를 조사할 수 있을 것입니다. 이들 정치범이 석방되지 않는다면, 자유로운 선거의 분위기를 조성할 수 없을 것이라고 봅니다.

자유로운 선거를 위한 두 번째 조건은 소위 경찰의 지방분권화입니다. 현재 국립경찰이라는 미명하에 모든 경찰조직은 국립경찰로 집중 및 단일화 되었고, 모든 지역의 경찰은 중앙의 훈령과 명령에 복종해야 합니다. 따라서 경찰이 특정한 정치적 신념에 좌우된다면 위험합니다. 예를 들어, 우익세력이 경무부장의 수장 자리를 차지한다면, 경찰은 좌익적 경향이 있는 사람들을 압박할 것입니다. 경무부장이 좌익 성향이라면, 경찰의 훈령이나 명령은 좌익적 정치신념으로 경도되거나 이를 반영하게 되겠지요. 남한의 모든 정치활동이 경찰 하에 있다는 점은 과장이 아닙니다. 그러므로 인권을 옹호하고 민족의 시민적 자유를 보장하기 위해 국립경찰을 분산시켜야 하고, 이들이 지역민들을 유린할 수 없도록 해야 할 필요가 있습니다. 소위 친일 부역자와 경찰 내 친일세력의 문제는 집중화된 경찰력을 분산함으로써 해결될 수 있을 겁니다. 자유선거의 환경은 국립경찰의 분산화를 통해 보장될 것입니다. 이것이 저의 입장입니다.

의장 : 조평재 씨, 진술 감사합니다. 조평재 씨에게 다른 분과위원회가 준비한 몇몇 질문이 있었는데 이미 답변이 된 것 같군요. 분과위원회 위원들이 동의한다면, 조평재 씨의 진술 가운데 제기할 수 있는 의문에 대해 논의할까 합니다. 혹시 질의하실 의원이 있나요?

(반응 없음)

의장 : 첫 번째 질문은 다음과 같습니다. 한국에서 실시될 자유롭고 민주적인 선거를 위해 필요하다고 생각되는 조건은 무엇인지에 대한 점입니다. 조평재 씨의 진술 가운데 이와 연관된 답변이 있다고 생각합니다. 그러나 조평재 씨는 이미 발언한 내용 중 부연할 내용이 있으면 말씀하셔도 됩니다.

자비(Zeki Djabi, 시리아) : 조평재 씨의 진술은 자유로운 선거의 분위기 조성 문제와 연관되어 있습니다. 그가 생각하는 자유선거를 위한 분위기는 무엇인지 알고 싶습니다.

조평재 : 물론 북한에도 많은 정치범이 있다고 예상합니다. 그래서 정치범에 대한 나의 발언은 북한에도 적용되어야 합니다.

의장 : 두 번째 질문은 자유로운 선거 실시를 방해하는 조건이 현재 한국에 존재하는지 여부입니다. 그러나 조평재 씨가 이미 이 문제에 대해 직접 답변했다고 봅니다. 조평재 씨, 덧붙일 말이 있나요?

조평재 : 없습니다.

의장 : 세 번째 질문은 모든 정당과 조직들이 어떠한 차별 없이 언론, 집회, 출판의 자유를 가져야 하는지에 대한 것입니다.

조평재 : 물론 본인은 모든 정당과 조직이 어떠한 차별 없이 동일한 언론, 집회의 자유 등을 가져야 한다고 봅니다.

의장 : 네 번째 질문은 1948년 3월 31일 이전에 선거가 실시되어야 하는지에 대한 것입니다.

조평재 : 1948년 3월 31일 이전에 선거가 실시될 수 있을지 의문입니다. 모든 정치범이 석방되고 자유로운 선거를 위한 분위기 조성에 일정한 시간이 필요하기 때문입니다.

의장 : 당신이 말한 자유로운 선거분위기 조성에 어느 정도의 시간이 필요한지 물어봐도 될까요? 현실적으로 얼마나 시간이 필요하다고 생각합니까?

조평재 : 전적으로 유엔위원단의 노력에 달려 있다고 생각합니다. 그러므로 정치범이 조기에 석방되고 그리고 언론, 집회 등의 자유가 보장된다면, 자유로운 선거에 필요한 조건의 마련은 생각만큼 오래 걸리지 않을 겁니다. 심지어 3월 31일에 선거의 실시가 불가능하지 않다고 봅니다. 유엔위원단의 노력과 성과에 선거가 달려있기 때문입니다.

의장 : 다섯 번째 질문은 다음과 같습니다. 남북에 있는 정치범의 수는 얼마인지 알고 계십니까? 그러나 이에 대해서도 조평재 씨는 이미 진술하였습니다. 남북에서 특히 정치적 이유로 감옥에 있는 인사들의 명단을 혹시 가지고 있는지 물어봐도 될까요.

조평재 : 아쉽게도 단지 두 명의 정치범만 알려드릴 수 있겠군요. 한 명은 현재 북한에서 수감 중인 조만식(曺晩植)입니다. 그는 중요한 인물입니다. 다른 한 명은 불법 집회를 주도해 체포된 허성택(許成澤)입니다. 노동조합의 저녁식사 시간에 체포되었습니다. 남한에서 벌어진 일입니다.

의장 : 여섯 번째 질문은 넘어가도 좋을 듯합니다. 일곱 번째 질문은 다음과 같습니다. 현재 남한(남조선과도입법의원 공법 제5호)과 북한의 선거법에 수정이 필요하다면 무엇일까요?

조평재 : 죄송하지만 그 점에 대해서는 잘 알지 못합니다.

의장 : 여덟 번째 질문입니다. 자유로운 선거의 분위기 보장 문제를 다루는

분과위원회(제1분과위원회)는 최소한의 전제조건으로 다음을 들고 있습니다. 표현의 자유, 언론과 정보의 자유, 집회 및 결사의 자유, 임의동행이나 구금으로부터의 보호, 폭력이나 협박으로부터의 보호입니다. 이 문제는 다음과 같은 질문으로 이어집니다. 현재 이와 관련된 법률이나 규정 및 법령이 있는지, 혹은 당신이 보기에 자유선거를 위한 분위기 조성과 부합하지 않는 조건이 있는지에 대한 것입니다. 그리고 만약 있다면 그것은 무엇이고, 또한 해당 사항을 개선시키기 위해 법적 또는 실질적으로 어떠한 준비가 필요합니까?

조평재 : 일제강점기로부터 답습해온 형사소송법과 행정규칙은 여전히 효력을 갖고 있으며, 입법의원을 비롯하여 단체 및 출판에 대해서 군정이 공포한 법령이나 규정은 자유로운 선거 분위기의 조성을 위해 개선되거나 조정될 필요가 있다고 생각합니다. 알코올 중독, 마약 중독, 자살 시도자에 대한 보호를 핑계로 일제가 행정규칙을 만들었지만, 그들이 도입한 규칙은 경찰이 임의적으로 적용했습니다. 통상 구금기간은 3일이었지만, 계속해서 3일이 연장되었습니다. 경찰 당국의 의도에 따라 구금기간이 길어졌던 것입니다.

의장 : 아홉 번째 질문은 다음과 같습니다. 제3분과위원회는 남북한에서 입법의원이 규정한 "성인투표권에 근거하여" 실시되어야 할 선거에 적절한 입후보연령과 관련하여 제2분과위원회로 하여금 한국 인사들의 의견을 조사해 줄 것을 요청하였습니다.

조평재 : 20세는 사리분별이 가능한 연령이라고 생각합니다.

의장 : 현재 법률에 특별한 조항이 있나요?

조평재 : 네, 법률에는 있습니다.

의장 : 20세는 서구의 방식이나 여타 체제에도 부합합니다.

조평재 : 당신이 말한 "여타 체제"가 무엇인지 모르겠습니다.

리우위안(劉馭萬, Liu, 대만) : 한국과 중국은 같은 음력을 사용해 왔습니다. 즉, 그 해(양력)가 지나야 나이를 계산합니다.

조평재 : 한국의 모든 법적 연령은 양력에 기반을 둡니다.

의장 : 열 번째 문제는 공법 제5호 제2조 (a)항에 대한 것입니다. 조문은 다음과 같습니다.

다음의 범주에 해당하는 자는 선거권이나 피선거권을 부여하지 아니한다.

(1) (법적) 무능력자, 준무능력자, 정신질환자 및 약물중독자.

(2) 징역형을 선고받거나 복역 중인 자 및 집행유예 혹은 탈주범.

(3) 1년 이상의 징역 혹은 금고형을 받은 자, 그러나 형기만료 이후 3년 이상 경과하거나 혹은 집행유예인 경우, 그리고 선고가 정치범죄로 내려졌다면, 그 자는 이 범주에 포함되지 않음.

(4) 법률로 투표가 거부된 자, 그리고 '반역자', '부역자', 혹은 '모리배'로서 법률로 규정된 자

라고 규정되었고,

북한의 선거 규정 1조 (1)항을 읽어보면

"1. 정신이상자 및 사법부 판결로 보통선거권이 배제된 자를 제외하고, 북한의 모든 20세 이상 공민은 재정상태, 교육, 거주지 및 종교에 상관없이 보통선거권과 피선거권을 가진다"라고 규정되었습니다.

이 조항들이 적절하다고 보시나요?

조평재 : (3)항이 적용된다면, 정치범 석방은 효과가 없으리라 생각합니다. (3)항을 제외하고 모든 항목이 매우 적절합니다.

의장 : 공법 제5호 제2조 (a)항에 대해 당신이 긍정적으로 인식한다고 간주해도 될까요?

조평재 : 그렇습니다.

의장 : 다른 조항은 어떤가요?

조평재 : (3)항을 제외하고 다 적절하다고 생각합니다.

의장 : 조평재 씨는 앞서 언급한 항목은 반대하지만, 북한의 선거규정 제1조 제1항은 찬성합니다.

열한 번째 문제는 다음과 같습니다. 일제강점기에 공직을 지낸 사람들의 선거권과 피선거권을 박탈해야 할까요? 만약 그렇다면 어떤 기관에서 개별 사항을 결정해야 하는가라는 문제가 남습니다.

조평재 : 나는 일제에 복무했으며, 한 때 일본정부(조선총독부)에서 소위 고등문관 직에 있었습니다. 그러나 일제의 고위관직, 특히 일제 경찰에서 상대적으로 고위직에 있던 사람들은 특별 위원회에서 다루어야 합니다. 특정 입후보자는 의회 구성원으로 피선거권을 부여받을 수 있는지 검증되어야 합니다.

의장 : 이 질문의 (h)문단은 조금 다릅니다. 일제하에서 친일행위를 한 자는 선거권 및 피선거권을 박탈해야 하는가? 만약 그렇다면 어떠한 유형의 행위에 적용되어야 하는지 또는 개인적 차원에서 일어난 것이라면 어느 기관이 친일

행위를 판단해야 하는지가 문제입니다.

조평재 : 일본군 정보부나 병참 및 전쟁물자 공급을 담당한 자들은 특별위원회를 통해 취급될 수 있다고 생각합니다.

의장 : 열두 번째 질문은 문맹인 자들에게도 선거권을 부여해야 하는지 여부입니다.

조평재 : 그렇습니다. 그들에게도 선거권을 부여해야 한다고 봅니다.

의장 : 한 가지 더 물어보겠습니다. 선거권에 대한 최소한의 요구조건 가운데 투표자가 선거명부에 서명을 기입해야 한다고 보십니까?

조평재 : 그렇습니다. 문맹자들도 그래야 합니다.

의장 : 자신의 이름을 서명하거나 혹은 후보자의 이름을 읽을 수 있어야 한다고 보십니까? 그것은 어떻게 확인할 수 있나요?

조평재 : 한글은 매우 단순합니다. 단시일 내에 배울 수 있습니다. 무지한 자들도 누가 자신들을 대변할 수 있는지 그리고 누가 애국자인지 알 수 있습니다. 그래서 본인은 이 항목을 굳이 보통선거에 적용할 필요가 없다고 봅니다.

의장 : 마지막 질문입니다. 국회를 구성할 때, 어느 정도의 규모가 되어야 한다고 보시나요?

조평재 : 죄송스럽게도 그 문제에 대해 생각해 본 바 없습니다.

자비(Zeki Djabi, 시리아) : 위원단이 내한한 이후 언론이 억압받은 사례가 있는지 물어봐도 될까요?

조평재 : '독립조선뉴스(The Independent Korean News)'라는 지역 신문사가 압류되었고, 경찰은 신문사 책임자들에게 책임을 물었습니다. 지금 지하로 숨어 든 김원봉(金元鳳)이 이끄는 인민공화당(人民共和黨, republican party)이 출판한 문건을 게재했기 때문입니다.

자비 : 위원단이 기자들을 접견할 수 있을까요?

의장 : 자비 위원은 위원단 대표들이 일부 기자들을 접견할 수 없다고 들었습니다. 조평재 씨는 이에 대해서 들어본 적이 있나요?

조평재 : 접해본 바 없습니다.

의장 : 조평재 씨는 조선인권옹호연맹 사무총장입니다. 조선인권옹호연맹에 있는 회원 수가 얼마인지 말씀해 주실 수 있겠습니까?

조평재 : 현재 거의 500명의 회원이 있습니다. 사법부에 대략 300여 명이 있습니다. 이들은 판사와 검사들을 포함하며 준회원입니다. 정회원은 아닙니다. 나머지 200여 명은 변호사가 주류를 이루고 사업가 및 주요 인사들도 포함되어 있습니다.

의장 : 인권옹호연맹 회원은 특정 정당과 제휴하고 있습니까, 아니면 여타 정당에 속해 있습니까?

조평재 : 일반적으로 회원들은 정치적 신념과 관계없이 연맹에 가입하였습니다. 연맹은 정당과 아무런 관련이 없습니다.

좌우정당 뿐만 아니라 소위 중도적인 정당에 속한 회원도 있습니다. 연맹은 정치적 신념이나 교리와는 상관없습니다.

자비 : 월남하거나 월북한 사람들은 얼마나 됩니까?

의장 : 자비 위원은 월남하거나 월북한 사람의 규모를 알고 싶어 합니다.

조평재 : 죄송하지만 근사치도 말씀드릴 수 없군요.

리우위안 : 개인의 자유를 침해하거나 법률을 위반한 사례에 관련된 통계를 연맹이 가지고 있는지 궁금합니다. 통계가 있다면, 우리에게 제공해 주실 것을 부탁합니다.

조평재 : 상당 기간 동안 연맹의 활동은 대단히 제약을 받았습니다. 연맹 간부들이 테러를 당하거나 체포되었기 때문입니다. 해당 간부가 구체적으로 누구인지 알려드릴 수 없습니다.

리우위안 : 성명을 알고자 함이 아님을 알아주십시오. 다만, 그 사건들의 빈도를 알고 싶을 뿐입니다.

조평재 : 정확한 건수는 알려드릴 수 없겠군요.

리우위안 : 인권옹호연맹 사무총장으로서, 남한이나 북한의 군정이 공포한 법령, 법률, 규정에 대해 알고 계시지요?

조평재 : 죄송하지만 북측 군정에 대한 지식은 없습니다. 그래서 북한의 법령이나 포고에 대해서는 말씀드릴 수 없습니다. 그러나 연합군최고사령부(SCAP)나 미군정의 포고령 제2호에 대해 말씀드리자면, 인권옹호나 기본권과 모순된 규정이나 법령은 없다고 생각합니다. 공공의 안녕이나 질서를 수호하려는 내용을 담은 포고령 제2호와 관련하여, 본인은 이 포고령이 좋은 의도를 가졌다고 생각하지만 오용이나 남용될 가능성을 내포하고 있다고 생각합니다. 예를 들어, 가두시위나 노동자들의 파업은 이러한 행위를 처벌할 수 있는 사람들의 눈에 의도적으로 공공질서를 방해한 행위로 간주될 수 있습니다.

루나(Pufino Luna, 필리핀) : 행진이나 시위를 하기 위해서는 당국의 허가를 받아야 한다는 말입니까?

조평재 : 그렇습니다. 반드시 그래야 합니다.

루나 : 이렇게 허가를 전제한 것이 사람들의 자유권을 침해한다고 보십니까?

조평재 : 그렇습니다. 전에는 노동자들의 파업을 금지하는 법도 있었습니다. 파업에 참가하는 노동자들은 포고령 제2호에 의해 처벌받습니다.

의장 : 더 질문하실 위원이 있습니까?

(반응 없음)

의장 : 모든 위원단 위원들은 조평재 씨가 많은 질문에 답변해 주신 데 대해 감사를 드립니다. 감사합니다, 조평재 씨.

(조평재가 퇴장함)

(청문회는 4시 44분부터 5시까지 정회한 후, 위원단 위원들은 다시 착석함)

의장 : 청문회 재개를 선언합니다.

(황애덕 여사가 착석함. 황애덕은 한국어로 말하고, 그 발언이 영어로 통역됨. 위원단 위원들은 영어로 말하고, 그 발언이 한국어로 통역됨)

의장 : 여사님은 답변 이전에 짧게 진술할 것입니다.

황애덕(편지를 읽음) :

유엔한국임시위원단 제2분과위원회 의장 잭슨(S. H. Jackson)
한국, 서울.

친애하는 잭슨 위원에게,

선거문제에 대해 우리의 견해를 청취하려는 제2분과위원회의 초청을 환영합니다. 다음의 주장은 한국 여성들의 입장을 대변하기 때문에 분과위원회 여러분들이 충분히 고려해주시길 희망합니다. 우리는 남한에서 최대한 신속하게 보통선거가 실시되어야 한다고 봅니다. 유엔이 (남북을 아우르는) 하나의 전국적 정부(a national government)를 승인할 것이기 때문입니다. 이는 곧 여러분의 임무 완성을 의미합니다.

미소 양군의 철수 및 유엔에 속한 연합군이 한국의 중앙정부(the national government) 구성을 돕도록 결의되었습니다. 이 결의는 탁월하지만, 현 상황에서 중앙정부의 수립이 실현될 수 없음을 우리는 알고 있습니다. 이 절차는 정부 수립을 불필요하게 지연시킬 뿐입니다.

둘째로 적대집단이 성공적인 정부 수립에 치명상을 입힐 시간을 갖게 될 것입니다. 한반도 주민의 2/3 이상이 남쪽에 있습니다. 북한에서 온 뛰어난 지도자도 많습니다. 이는 남한에서 실시될 선거가 주민 다수의 의견을 반영할 수 있다는 점을 의미합니다. 우리는 정부 수립에 있어 한국 지도자들이 활동할 공간이 있어야 한다고 제안합니다. 여러분들의 자문그룹에 있는 9명의 인사 가운데, 4명의 좌익 인사들은 전체 주민 중 오직 30%만을 대표할 뿐입니다. 우리는 우익인사가 4명만 있는 점에 대해 불공정하다고 판단합니다.

여러분들의 훌륭한 임무에 감사드리며

황애덕
여성단체총협의회

의장 : 지금 우리가 만나는 인사들은 저명하고 주도적인 정치 지도자로서, 별도로 선발하여 청문회를 열고 있음을 분명히 밝힙니다. 청문회는 끝난 것이 아닙니다. 우익과 좌익, 중도를 불문하고 모든 한국인 대표들부터 견해를 청취하는 것이 본 분과위원회의 목적이며, 이 청문회는 특정 결론을 내리지 않습니다.

다른 분과위원회에서 제기한 질문을 드리고자 합니다. 첫 번째 질문입니다. 한국에서 실시될 선거가 자유롭고 민주적으로 진행되기 위해 필요한 조건은 무엇이라고 생각하십니까? 두 번째 질문은 현재 자유로운 선거 실시를 방해하는 조건이 있습니까? 보다 일반적으로 말하면, 자유로운 선거 실시를 위해 필요한 것은 무엇입니까?

황애덕 : 우리는 유엔위원단이 보통선거를 감시해야 한다고 생각합니다. 여러분들은 별도의 계획이 있을 것입니다. 그러나 현재 상황과 관련하여, 반대세

력의 방해 없이 자유롭게 선거를 실시하기에는 다소 어려움이 있습니다. 본인은 어느 정도 경찰의 도움이 필요하리라 봅니다.

의장 : 단지 질문지에 기재된 내용을 언급하는 것보다는 진술을 기반으로 청문하는 것이 가장 좋다고 생각합니다.

황애덕 : 보통선거가 크게 방해받지는 않을 것이라고 생각합니다. 유엔위원단을 지지하는 사람들 다수는 보통선거를 지지합니다. 다만, 소수 집단만이 반대할 뿐입니다. 본인의 생각에 선거에 대한 방해가 그다지 없을 것입니다. 그들의 손발을 묶을 수는 없습니다. 경찰도 그 소수 집단의 투표를 막을 수 없습니다. 국제사회의 계획에 반대하는 소수세력은 모든 수단을 활용하여 선거를 방해하고 싶어 합니다. 당연히 이들 집단은 통제받아야 합니다. 그들이 선거를 방해하고자 할 때 여러분들이 통제할 수는 없을 것입니다. 그들은 불법적인 행동을 합니다. 그러나 우리는 아무것도 할 수 없습니다. 피해를 양산시키지 않기 위해서 경찰이 이 사람들을 색출하고 관리해야 한다고 생각합니다.

의장 : 투표할 수 있는 최소연령은 어느 정도여야 한다고 보십니까?

황애덕 : 최근 들어, 일반적인 입법기관의 견해는 투표연령이 23세가 되어야 한다고 수렴되는 경향이 있습니다. 다소 높다고 생각합니다. 23세보다는 더 낮아져야 하지만, 현 상황에서 23세가 가장 적절할 것입니다. 그러나 향후 20세로 수정되길 희망합니다. 다수 사람들은 20세의 선거연령에 찬성하지만 우리는 23세를 지지합니다. 전쟁 동안 이들은 학교에 갈 수 없었습니다. 23세가 적절한 연령입니다. 20세의 젊은이들은 다른 사람들로부터 쉽게 영향을 받기 때문입니다. 즉, 그들은 아직 자신의 견해를 정립하지 못했습니다.

의장 : 피선거권을 위한 연령은 어느 정도로 해야 할까요? 선거권과 같거나 더 많아야 한다고 보십니까?

황애덕 : 25세로 정해져 있습니다. 그러나 나는 25세 이상이 보다 좋다고 봅니다.

의장 : 위원들의 양해를 구하면서, 다른 질문을 하겠습니다. 여성단체총협의회 회장으로서 황애덕 씨는 협의회의 자격과 협의회에 가입한 여성단체의 수에 대해 말씀해 주실 수 있습니까?

황애덕 : 10개 단체이며 회원 수는 140만 5,000명입니다.

의장 : 협의회 간사로 일하신 지는 얼마나 되셨습니까?

황애덕 : 협의회가 수립된 18개월 전부터 계속 맡아 왔습니다.

의장 : 그 회원 수는 남한만의 수치입니까, 아니면 남북 전체의 수치입니까?

황애덕 : 북한에서 온 사람도 있기 때문에 회원 수는 남북을 포함한 수치입니다.

의장 : 협의회 회원 중에서 월남하여 여기에 거주하는 여성들을 말하는 것입니까?

황애덕 : 그렇습니다.

의장 : 그들도 포함된 수군요.

황애덕 : 그렇습니다. 월남자들입니다.

자비(Zeki Djabi, 시리아) : 여성운동은 정당과 연결되어 있습니까?

황애덕 : 그렇습니다. 10개의 단체 중 하나가 정당입니다.

의장 : 10개 단체 중 하나가 정당이 확실합니까?

황애덕 : 그렇습니다.

의장 : 어떤 종류의 정당입니까?

황애덕 : 대한여자국민당(大韓女子國民黨, The Women's National Party)입니다. 약 1만 명 정도입니다.

의장 : 직간접적으로 협의회(여성단체총협의회)가 정당과 연결되어 있습니까?

황애덕 : 아닙니다.

의장 : 정치적 색채가 있습니까?

황애덕 : 어떠한 정치색도 없습니다.

의장 : 협의회의 목적은 무엇입니까?

황애덕 : 우리의 기본목적은 독립 쟁취입니다. 이는 협의회의 단체 및 협의회 자체의 목적입니다. 다른 단체들은 또 다른 목적이 있지만, 전반적으로 협의회의 주요 목적은 한국 독립의 쟁취입니다. 또한 여성의 권리보장도 목적입니다.

의장 : 황애덕 씨, 제1분과위원회를 대신하여 당신의 답변에 감사드립니다.

(청문회는 오후 5시 25분에 종료됨)

제13차 회의 전문(全文)기록[1]
1948년 2월 2일 월요일 오전 10시 30분, 서울 덕수궁

의장 : 잭슨(S. H. Jackson, 호주)

의장 : 유엔한국임시위원단 제2분과위원회 제13차 청문회를 시작하겠습니다.

청문 : 안재홍(安在鴻)

의장 : 우리는 금일 아침 민정장관인 안재홍 씨와 자리를 마련했습니다. 민정장관으로서 우리에게 도움을 주시리라 믿습니다. 죄송스럽게도 안재홍 씨에게 문서로 답변할 기회를 드리지 못했습니다. 담화와 문답 형식으로 진행하겠습니다.

(안재홍이 착석함. 그의 한국어 답변과 발언은 영어로 통역됨)

안재홍 : 비록 문서로 작성하지 않았지만, 알고 있는 사실에 대해서는 모두 답변하겠습니다. 그리고 여러분들이 희망한다면 향후에 어떠한 정보라도 준비해 보겠습니다.

의장 : 누가 당신을 지명했습니까?

안재홍 : 작년 초에 민정장관이 되었습니다. 당시 보통선거를 실시할 만한 시스템과 관련 법률은 없었습니다. 이후 하지(John R. Hodge) 장군이 본인을

---

1 Document A/AC.19/SC.2/PV.13.

과도입법의원 민정장관으로 추천하였고, 그 결과 과도입법의원에서 저를 민정장관으로 선출하였습니다.

의장 : 당시 당신은 정당에 속해 있었습니까?

안재홍 : 한국독립당(韓國獨立黨)입니다.

의장 : 공직에 등용된 이후, 계속 정당에 있었습니까?

안재홍 : 후일 일부 당원들이 민주독립당(民主獨立黨, the Democratic Independent Party)을 새로이 결성하였을 때, 나에게 민주독립당 고위직을 맡아주길 수차례나 부탁하였지만 계속 평당원으로 있었습니다.

의장 : 지금도 당명이 변함 없습니까?

안재홍 : 그렇습니다.

의장 : 당신은 누구에게 책임을 집니까? 군정입니까, 아니면 과도입법의원입니까?

안재홍 : 두 가지 각도에서 볼 수 있습니다. 우선 본인은 군정에 책임을 집니다. 그러나 만약 과도입법의원이 본인을 신임하지 않는다면 해임됩니다.

의장 : 당신은 군정의 어떠한 법률과 규정 하에서 직무를 수행합니까?

안재홍 : 한편으로는 군정이 있지만, 남조선과도정부가 존재합니다. 민정장

관 아래 각각의 과장, 부장 및 부처장들이 있습니다. 어떠한 일을 진행하든지 본인은 과장들에게 지시를 내릴 수 있고 그들은 이를 수행합니다. 어떤 경우든 군정장관의 승인을 받아야 합니다.

의장 : 당신 아래에 어떠한 부서가 있습니까, 그리고 당신은 누구에게 지시를 내립니까?

안재홍 : 민정장관 아래에 농무부, 재무부, 사법부, 문교부, 운수부, 체신부 등의 부처가 있습니다. 동시에 국립경찰과 경무부도 있습니다. 이 두 부처는 본인에게 책임을 지지 않지만, 제가 제안하는 임무를 수행하기 때문에 그들과 밀접한 관계를 가지고 있습니다.

모든 '문서 업무'와 정부 기능은 부처장들이 수행하며, 지시와 명령을 내리기 전 민정장관에게 제출합니다. 그러나 어려움이 있습니다. 본인의 지위인 민정장관은 내각 수반이 집단책임을 지는 독립 정부와는 다릅니다.

의장 : 각 부처는 각 군, 시, 도에 어떻게 영향을 미칩니까? 각 도·시·군에 따른 조직 구성은 어떻습니까?

안재홍 : 현재 남한에는 '특별시'로서 서울과 함께 9개 도(道)가 있습니다. 서울시장이나 도지사는 민정장관을 통해 부처장 회의에서 추천됩니다. 부처장들이 동의한다면, 해당 추천은 군정장관에게 전달됩니다. 이후 군정장관이 승인하고 승인 가부를 위해 과도입법의원으로 송달됩니다. 도지사와 시장이 수행하는 행정부문의 통신과 업무는 민정장관 관할 하에 있습니다.

의장 : 그럼 도지사는 당신 아래에, 그리고 시장은 도지사 아래에 있군요. 그렇다면 서울은 '특별시'로 간주되는데, 도지사인가요, 아니면 시장인가요?

안재홍 : 서울시장은 시장 직이지만, 시민들이 선출하지는 않습니다. 도지사와 같은 방식으로 지명됩니다.

의장 : 서울시장은 두 가지 지위, 즉 시장이면서 도지사인가요?

안재홍 : 서울시는 서구 국가들의 보통 도시와는 다릅니다. 서구 국가에서는 시장이 경찰 통제권을 가집니다. 그러나 서울시장은 도지사와 동일한 권한을 가집니다. 경찰력을 한 사람의 통제 하에 두었을 때, 실질적인 혼란이 수반될 것이라고 생각하였습니다. 때문에 국립경찰을 수립하였습니다. 반면 도지사나 서울시장은 경찰에 대한 통제권을 가지지 못합니다. 그러나 점차 경무부와 도지사 간의 밀접한 협력이 중요함을 알게 되었습니다.

의장 : 조금 더 질문하겠습니다. 각 도지사 지명을 위한 선거는 없습니까? 주민에 의한 선거를 말합니다.

안재홍 : 물론 처음부터 상황을 잘 알고 있고 있었더라면, 명확한 선거법을 준비했을 것입니다. 분명 완비했을 것입니다. 그러나 미소공동위원회가 관련 사항을 마련하도록 작년부터 기다려왔지만, 결국 미소공위는 실패로 끝났습니다. 또 다시 우리는 유엔위원단이 본 사안을 해결하기를 기다리고 있습니다. 그리고 이미 선거법 초안을 마련하고 있었습니다.

의장 : 분과위원회는 단지 관련 사항에 대한 질문을 하고 있는 것입니다. 각 도에서 도지사는 민정장관 아래에 있기는 하나 혹은 그 이상의 부처로부터 지시를 받습니까?

안재홍 : 그렇습니다.

의장 : 각 부처가 특정 정책을 결정했을 때, 민정장관에게 승인을 요청하거나 준비를 합니다. 민정장관은 부처장 회의에서 해당 정책을 논의하도록 하고, 만약 합의에 이른다면 군정장관에게 승인을 요청합니다. 부처는 도지사에게 결정사항을 발송합니다. 맞습니까?

안재홍 : 행정업무를 위한 규정은 이미 도지사 및 시장의 책임 하에 진행되도록 안배되었습니다. 도지사나 시장은 모든 사안에 대해 반드시 민정장관이나 군정장관의 승인을 요하지 않습니다. 그러나 정책수정이나 재정상의 변동 같은 매우 중요한 문제가 있을 수 있습니다. 자신의 권한을 넘어선 업무는 민정장관에게 넘겨집니다. 이후 민정장관이 해야 한다고 판단된다면 이를 결정하게 됩니다.

의장 : 치안에 대한 당신의 견해는 무엇입니까?

의장 : 경무부와 관련하여, 우리는 현재 독립정부가 아닌 관계로 경무부라고 부릅니다. 이 부처는 공공질서 유지를 위해 운영되고 있습니다. 부처 명칭만 놓고 볼 때, 여러 부처들 가운데 하나일 뿐입니다.

의장 : 경무부는 민정장관에게 책임을 집니다. 누가 경무부의 수장인가요?

안재홍 : 물론 모든 경찰에 대해서는 경무부장이 책임을 집니다. 그러나 동시에 경무부장은 민정장관과 군정장관에게 책임을 집니다.

의장 : 누가 경무부장인가요?

안재홍 : 조병옥(趙炳玉) 씨입니다. 그러나 직접적 권한에 대해서 그는 군정

장관에게 책임을 집니다. 국립경찰이라고 불리는 이유에 대해 조금 더 부연하고 싶습니다. 국립경찰의 수장이기 때문에 경무부장이라고 부르는 이유는 다른 부처와도 동일합니다. 그리고 그는 민정장관과 군정장관에게 책임을 집니다.

의장 : 그는 민정장관에게 어떠한 방식으로 책임을 집니까?

안재홍 : 정부기능과 관련하여, 물론 그의 보통 업무 분야는 민정장관 하에 있습니다. 그러나 현재는 민정장관에게 직접 책임을 지지 않습니다.

의장 : 어느 부분에서도 책임을 지지 않습니까?

안재홍 : 몇 가지 부분에서 그렇습니다. 어느 때에는 민정장관이 공공질서에 관한 제안을 하기도 합니다. 또한 경무부장에게 제안할 수 있는 권한도 가지고 있습니다. 그러나 인사를 비롯한 경무부의 내부 권한에 대해서는 민정장관이 엄격하게 통제하는 것이 아니라 어느 정도는 점령군이 통제합니다.

의장 : 민정장관으로서 당신은 남한 전체에 영향을 미치는 훈령 및 규정을 확인하고 승인합니다. 그러면 훈령과 규정이 이행되는 과정에서 경찰의 협력을 어떻게 받게 됩니까?

안재홍 : 현시점에서 주민들의 복리와 남한의 공공질서 유지를 위해, 민정장관은 경무부장에게 필요하다고 생각되는 사항을 제안할 수 있습니다. 그러나 기술적 부분에서 경무부장은 민정장관의 지시를 완전히 이행하지는 않습니다.

의장 : 경찰로부터 만족스러운 협력을 얻지 못할 경우, 당신은 누구에게 도움을 요청할 수 있습니까?

안재홍 : 이 경우 우선 경무부장을 초치하여 사안의 중요성을 설명합니다. 한편 부처장이 본인의 요청을 이행하지 않는다면, 저의 견해를 군정장관에게 표명합니다. 군정장관이 본인의 제안을 승인하는 것이 적절하다고 판단하면, 경무부장에게 이행하도록 지시합니다.

의장 : 현재 경찰로부터 받는 협력에 어느 정도로 만족하십니까?

안재홍 : 본인의 제안을 항상 전적으로 이행하는 것은 아닙니다. 일부는 이행하기도 합니다. 그러나 경무부장도 나름대로 많은 요구와 희망이 있을 것입니다.

의장 : 우리에게는 어떠한 비난의 의도도 없음을 알아주셨으면 합니다. 당신이 우리에게 알려준 정보에 대해 감사를 드립니다. 간과하지 않겠습니다. 우리는 단지 엄밀한 견해를 얻고자 합니다.

안재홍 : 여러분들이 한민족의 의지에 따른 통일정부 수립을 위해 오셨다고 알고 있습니다. 따라서 여러분에게 사실 그대로를 말씀드리고 있습니다.

의장 : 감사드립니다. 각 도에서도 마찬가지입니까? 달리 말해, 도지사는 경찰의 협력을 얻는 데에 어려움을 겪습니까?

안재홍 : 때로 일부 도지사들은 각 도의 상황이 비슷하다고 보고합니다. 그러나 최근에는 경찰과 이전보다 더욱 밀접하게 협력해야 한다고 지시하였습니다. 밀접한 협력뿐만 아니라 도 경찰청장은 도지사와도 협력해야 한다고 하였습니다.

과거의 경험으로 볼 때 한국의 정세는 불안정해서, 경찰력을 도지사에게 넘긴다면 과도한 권한으로 인한 위험이 생길 수도 있습니다. 따라서 우리는 도지사에게 지나치게 많은 권한을 주지 않았습니다. 그러나 지난 2년간 도지사가 권한을 가져야 하는 여러 사례들을 알게 되었습니다.

의장 : 가장 큰 도시이자 당신이 '특별시'라고 부른 서울시에서 경찰은 거의 독립적으로 활동하였습니다. 그와 관련된 정보를 입수하였습니다.

안재홍 : 보통선거를 하게 된다면 시장은 보통선거를 통해 선출될 것입니다. 그러면 시장이 독립된 경찰력을 보유해야 한다고 생각합니다.

의장 : 선출된 시장이 경찰력을 권한 하에 두어야 한다는 의미입니까?

안재홍 : 왜냐하면 만약 시민들이 서울시장을 선출할 경우, 이는 시장이 주민의 지지를 받는다는 점을 상징하기 때문입니다. 따라서 우리가 선출된 시장에게 경찰력 통제 권한을 부여한다면, 그는 서울시민들에게 유용하도록 그 권한을 활용할 것입니다.

의장 : 그 경우 경무부장은 독립적일 수 있나요?

안재홍 : 경찰력이 서울시장 및 도지사의 관할 하에 있어야 한다고 제안하는 이유는 각 도나 서울시내에 사건이 발생할 때마다 시장이나 도지사가 해당 사건들에 대처하기 위해 경찰력을 동원할 권한을 가져야 하기 때문입니다. 그러나 한편으로는 작년 제주도의 사태처럼 국립경찰을 이용할 필요가 있습니다. 만약 국립경찰이 아니었다면, 그 사태에 대처할 수 없었을 것입니다. 도지사는 즉시 국립경찰에게 알려왔고, 경찰 가운데 일부가 비행기로 도착해 사태를 진정시켰습니다. 그것은 좌익의 주도하에서 벌어진 사태였습니다.

의장 : 현재 서울의 경찰력은 독립적 조직입니까? 즉, 국가수반(national head) 하에 있지도 않고 시장과도 아무런 관련이 없습니까?

안재홍 : 현시점에서 서울경찰은 국립경찰 및 시장과는 다소 거리를 두고 있습니다. 의장의 질문은 이것입니까?

의장 : 그렇습니다.

안재홍 : 그렇게 이해하셨다면, 잘 아시는 겁니다. 현재 서울시에 많은 사람들이 거주합니다. 따라서 경찰이 자신의 권한에 따라 처리하는 많은 사건들이 빈번합니다.

의장 : 당신은 서울시장 하에 있는 경찰을 어느 정도 신뢰하시는군요. 같은 이유로 각 도지사 하에 경찰력을 두도록 제안하시는 것입니까?

안재홍 : 각 도와의 협력을 위해서라도 국립경찰이 필요합니다. 각 도별 상황은 서울이나 여타 도시와 다르지 않습니다. 나는 도지사들이 경찰력을 주민을 위해 행사할 때에만 그들에 대한 통제권을 도지사에게 부여해야 한다고 생각합니다.

의장 : 행정에 대한 당신의 생각은 경찰이 국립경찰인 상태로 존재하며, 기존과 마찬가지로 국가 위기에 대처하는 것이 적절하다고 보시는군요. 당신은 파견할 수 있는 경찰력이 있어야 한다고 봅니다. 즉, 경찰력 일부는 서울로 파견할 수 있고 다른 경찰은 도지사가 책임지는 경찰력을 상정하고 있습니다. 행정적 차원에서 그것이 좋은 계획이라고 생각하십니까?

안재홍 : 나는 전적으로 그 계획에 동의합니다. 동의할 뿐 아니라, 민정장관이 된 이래 그 문제를 계속 연구하였고 그 체계를 진심으로 지지하게 되었습니다. 공식적으로는 아니지만, 각 도지사가 해당 지역에 있는 경찰을 활용할 권한을 가짐과 동시에 도지사와 밀접하게 협력하도록 경찰간부에게 지령을 내리는 계획을 수립하여 왔습니다.

의장 : 감사합니다, 안재홍 씨. 더 이상 질문할 사항이 없습니다. 다른 분과위원회 위원들은 질문해도 좋습니다.

마네(Olivier Manet, 프랑스) : 본 분과위원회의 주요 목적은 자유로운 선거를 위한 분위기 조성에 대한 조건을 위원단에게 보고하기 위해 필요한 정보를 수집하는 것입니다. 그리고 분명 안재홍 씨의 경험은 이 사안에 대한 정보를 제공한다고 생각됩니다. 해당 사안에 대해 구체적인 제안이 있다면, 우리에게 알려주셨으면 합니다.

안재홍 : 여러분과 협력하게 되어 영광입니다. 시간이 충분하다면, 더 오래 이야기하고 싶습니다. 그러나 시간이 제한되어 있기에, 여러분이 요청한다면 서면으로 하고 싶습니다.

마네 : 그 말씀에 감사드립니다. 오늘 오전 시간이 충분하지 않습니다. 본인이 제기한 문제는 매우 일반적입니다. 당신의 제안과 권위 있는 견해를 들려주시고 분과위원회와 협의를 하여 주신 데 대해 다시 한 번 감사드립니다.

안재홍 : 원하신다면 언제든 기쁜 마음으로 협력하겠습니다. 본인은 위원단이 매우 바쁘다고 알고 있습니다. 분과위원회가 본인과 연락하고 싶다면 기꺼이 협력하겠습니다.

의장 : 여전히 질문하고 싶은 위원들이 있을 것입니다. 행정 전문가인 루나 위원에게 발언권을 드립니다.

루나(Pufino Luna, 필리핀) : 각 시도는 관할구역에 따라 서로 구별된 경찰조직으로 구성되어 있습니까? 관할구역의 경찰행정은 국립경찰과 분리되어 있나요? 현 조직구조상, 시도 및 지자체는 국립경찰로부터 독립된 관할구역으로 분리되어 있습니까?

안재홍 : 각 도에서는 국립경찰의 지도권이 여전히 미치고 있습니다.

왕공싱(王恭行, Gung-Hsing Wang, 대만) : 현재 남한 민사행정기구가 선거인 명부의 세부내용을 담당하고 있습니까?

안재홍 : 이전에 우리는 15명으로 구성된 선거위원회를 지명하였습니다. 그들은 각 분야에서 활동한 인사들입니다. 일부는 정당출신입니다. 그러나 그들이 특정 조직이나 정당출신이더라도, 우리는 공정한 인사들을 선발하려고 노력하였습니다. 동시에 우리는 보통선거에 유익하도록 보다 많은 세부작업을 병행하였습니다. 그럼에도 불구하고 본인이 그 계획을 군정장관에게 제출하였을 때, 군정장관은 위원단이 어떠한 방해도 받지 않아야 한다고 희망했습니다. 보통선거 실시방법을 설정, 지도, 결정하는 것이 위원단의 임무이기 때문입니다. 따라서 우리는 해당 프로그램을 전혀 진행하지 못했습니다. 그래도 지명된 위원회가 있기는 합니다. 법률의 세부사항은 보통선거의 실시에 유용할 것입니다. 유엔위원단이 이 법률을 이용하길 원한다면, 가능할 것이라고 생각합니다.

패터슨(George. S. Patterson, 캐나다) : 한 가지 더 물어보겠습니다. 안재홍 씨가 말하는 계획은 본 위원단이 구성되어 내한할 것이라는 사실이 알려진 이후에 준비되었나요, 아니면 위원단의 내한 이전부터 선거를 위해 준비된 것인가요?

안재홍 : 작년에 독립적이고 민주적인 한국정부의 수립을 목표로 미소공동위원회가 개최되었을 때, 과도입법의원은 공동위원회 측에서 정부 수립에 대한 구체적인 내용을 결정하리라 생각하였습니다. 따라서 입법의원 의원들이 초안을 작성하여 군정장관에게 제출하였지만, 군정장관은 관련 업무를 진행시키지 않았습니다. 이는 유엔위원단의 일이며 유엔위원단이 어떠한 계획을 하든 우리가 거기에 따라야 하기 때문입니다.

따라서 우리가 15명의 선거위원회를 구성하였지만, 각 지역의 선거위원회는 수립되지 않았습니다.

자비 : 남한에 선거가 있었던 적이 있습니까? 과도입법의원이 있음에도 불구하고 정부는 왜 수립될 수 없었습니까?

안재홍 : 아시겠지만 현재 과도입법의원이 있습니다. 그러나 남북 전체를 대표한다고 말하기는 어렵습니다. 작년 미소공위가 열렸을 때, 우리는 남북에 걸친 선거를 통해 정부가 수립될 것이라고 생각하였습니다. 우리는 여전히 남북을 아우른 민주적 통일정부를 바라고 또 기다리고 있습니다. 어떤 사람들은 선거를 실시하여 남한 단독정부를 수립해야 한다고 말하지만, 우리는 남북 전체의 보통선거를 실시해 국회를 구성해야 한다고 생각합니다.

추가로 현재 90명의 의원들이 있는데, 그들 가운데 절반을 군정장관이 임명하였습니다. 임명된 의원들 대부분은 만주나 중국출신입니다. 그들은 애국자들이고 대부분 정당이나 여타 단체 출신입니다.

마네(Olivier Manet, 프랑스) : 시리아 위원의 질문에 대한 안재홍 씨의 답변을 본인이 정확하게 이해했다면, 과도입법의원은 정부를 구성하지 않았습니다. 입법의원이 수립된 목적은 그것이 아니기 때문입니다. 그 목적은 행정업무를 비롯한 법률 초안의 작성에 있습니다. 맞습니까?

안재홍 : 과도입법의원이 처한 현실을 볼 때, 프랑스 위원이 말한 바가 사실입니다. 입법의원이 수립되었을 때, 프랑스 위원이 언급한 바를 수행했을 뿐 아니라, 좌우합작 및 미소공위의 프로그램을 이행하고자 노력하였습니다.

그러나 작년에 제2차 미소공위는 별다른 성과 없이 종료되었습니다. 따라서 현재 과도입법의원에게 남은 유일한 과제는 행정업무 및 행정명령과 관련된 법률초안 작성 등입니다.

의장 : 당신은 일제 강점기에 2년간 투옥되었다고 들었습니다.

안재홍 : 전부 합치면 아마 8년간 투옥되었을 것입니다. 총 9번 투옥되었는데, 10일간 투옥된 적도 있고 수개월에서 수년간 투옥된 경험도 있습니다.

의장 : 그런 경험이 있다면, 분명히 일제 지배에 대한 당신만의 견해가 있다고 생각됩니다.

안재홍 : 그에 대해서는 많은 이야기를 할 수 있습니다. 본인 스스로도 보다 좋은 정부를 위해 노력한 한국의 애국자 가운데 하나라고 생각합니다.

의장 : 더 질문할 사항이 없다고 생각합니다. 우리는 당신의 애국적 헌신이 곧 보상받기를 바랍니다. 그리고 당신은 곧 수립될 독립정부를 보게 될 것입니다.

안재홍 : 한국의 독립정부 수립을 위한 여러분들의 노력에 매우 감사드립

니다.

(청문회는 오후 12시 10분에 종료됨)

제14차 회의 전문(全文)기록[1]
1948년 2월 2일 월요일 오후 3시, 서울 덕수궁

의장 : 잭슨(S. H. Jackson, 호주)

의장 : 유엔한국임시위원단 제2분과위원회 제14차 회의를 시작합니다.

청문 : 김용무(金用茂) 대법원장, 조병옥(趙炳玉) 경무부장

(김용무 대법원장이 착석함. 김용무의 한국어 발언은 영어로 통역됨. 위원들의 발언은 김용무에게 한국어로 통역됨)

의장 : 한국의 사법조직과 그 기능에 대해 김용무 씨가 말씀해 주시겠습니다.

김용무 : 분과위원회 위원들이 알고 있듯이, 한국에 적용된 시스템과 법률은 다른 민법체계 국가들과 비슷합니다.

1910년 한일병합 이후 민법체계가 한국에 도입되었습니다. 한국 법원에는 삼심제를 채택하였습니다. 1심은 지방법원입니다. 2심은 항소심이며, 3심은 고등법원입니다. 중요도가 낮은 사건, 특히 사실관계에 대한 부분은 항소심(2심법원)에서 주로 다룹니다. 3심은 고등법원이 심리를 맡은 사건을 다룹니다. 전쟁이 발발할 때까지 이러한 체계는 유지되었습니다. 그러나 일본이 소위 태평양 전쟁을 시작했을 때, 충분한 인원이 없었습니다. 일시적으로 3심제를 중지시키고 2심제가 운영되었습니다. 중요도가 낮은 사건의 경우, 항소심으로 심리하고 최종판결을 내렸습니다. 고등법원이 다루는 사건들의 경우, 2심으로 직접 고법

---

1 Document A/AC.19/SC.2/PV.14.

이 심리하였고 그대로 최종판결이 확정되었습니다.

한국인들은 2심제에 대하여 항의하였습니다. 그리고 이에 대해 일본인에게 매우 큰 적의를 느꼈습니다. 한국은 해방을 맞이하자마자 3심제를 부활시켰습니다. 그러나 법령과 법률이 수정되어야 했기 때문에 시간이 걸렸습니다. 3심제가 아직 본격화되지 않은 점이 참으로 유감입니다.

민법과 관련해서는 재산권과 채무 그리고 상법, 형법 및 민·형사소송법은 프랑스와 독일의 법을 원용해 채택하였습니다. 그래서 이들 체계에 대한 반감은 그다지 크지 않았습니다. 그러나 민법상 가족과 상속부분에서 일본은 한국에 일본식 체계를 이식하려고 하였는데, 이는 한국의 관습과 다소 충돌하였습니다. 따라서 한국의 관습에 따라 가족관계 및 상속에 관한 입법이 시급합니다.

법과 관련하여 한국인들의 두 번째 고충은 형사절차에 관한 것이었습니다. 주요 특징은 법원의 영장과 관련하여 언급되어야 합니다. 여러분들이 잘 아시듯 문명국가에서 법원영장이나 체포영장은 한 개인에 대한 체포 및 재산권 행사에 필수적입니다. 심지어 일본에서도 누구든지 체포영장이 요구됩니다. 경찰뿐만 아니라 검사도 법원으로부터 영장을 받아야 합니다. 그러나 한국에는 식민정책으로 인해 경찰이 법원의 영장 없이도 체포할 수 있게 되었습니다.

경찰은 3달에서 5달 동안 억류할 수 있었습니다. 심지어 검사도 영장을 발부받을 수 없는 경우가 있었습니다. 정치범의 경우 통상 1년 이상 구금되었습니다. 한국인들은 이에 항의하였습니다. 해방 이후 군정은 이와 같이 부당한 법률을 수정하고자 했습니다. 다수의 수정안이 제출되었고 실제 초안이 작성되었지만, 유감스럽게도 아직 바로잡지 못하였습니다.

한국에서 자유선거를 하고자 한다면, 이 체계는 수정되어야 합니다. 만약 기존의 사법체계를 그대로 둔다면 자유선거는 방해받을 수 있습니다. 예를 들어, 경찰이 특정 정당의 활동을 방해할 수도 있고 선거규칙을 위반할 수도 있습니다. 경찰은 자의적으로 사기, 횡령 혹은 절도 등의 죄명으로 기소할 수 있습니다. 한 사람을 3달에서 5달간 구금할지도 모릅니다. 개인이 아니라 수천 명이 될 수도 있지요. 경찰은 단번에 1만 명 혹은 5천 명을 체포할 수도 있습니다. 따라서 이는 자유선거를 저해하는 요인입니다. 한국인은 이러한 사법체계를 잘 인지하고 있습니다. 이 제도는 수정되어야 하고 법원영장제도가 도입되어야 합니다.

본래 사법체계는 시민적 자유를 옹호합니다. 예를 들어, 1891년에 독일인들은 인권을 더욱 고양할 수 있도록 형사소송절차를 수정했습니다. 그러나 한국에서 사법체계는 퇴화되었고 일본 식민지배정책이 도용되었습니다. 사법체계는 수정되어야 합니다. 이제 경찰과 검찰은 법원이 통제하여야 합니다. 표면적으로 한국의 사법제도가 공론에 기반 한다는 말이 있기는 합니다. 그러나 경찰은 검찰과 마찬가지로 3달에서 1년간의 기나긴 조사 후에 조서를 작성합니다. 판사는 단지 그 조서를 읽을 뿐입니다. 법원은 증인과 참고인을 요청할 수 있었습니다. 그러나 정식 청구는 거의 없습니다. 이번에야말로 이런 폐해를 고쳐야 합니다. 영미법의 좋은 점을 채택하고, 경찰을 오직 체포의 기관으로 또 검사를 오직 소추의 기관으로 만들어야 합니다. 법원이 실질적이며 중심적인 판결기관이 되어야 합니다.

식민정책 과정에서 일제는 친일적이거나 친일부역자라고 생각되는 인사에 한해서 집행기관이 기소를 방해할 수 있는 제도를 도입하였습니다. 일제는 실제 범죄자라고 판단되더라도 불기소나 집행유예를 지시하였습니다. 현재의 제도는 기소가 요구될 때에도 검찰이 기소하지 않을 수 있기 때문에 수정될 필요가 있습니다. 그리고 범죄 피해자에게 기소권이 일부 부여되어야 합니다.

본인이 정확히 이해했다면, 영국이 이 제도를 채택한 것으로 압니다. 그리고 중국이 이 제도를 전적으로 도입하였습니다. 중국은 이 제도를 가장 넓게 채택하였습니다. 검사가 범죄자라고 판단된 특정인을 기소하지 않는다면, 범죄 피해자가 기소할 수 있습니다. 이 제도는 어느 정도 한국에도 채택되어야 한다고 봅니다.

민사소송에 대해서도 언급해야 할 사항이 있습니다. 일제의 체계에 따르면 법원은 모든 범죄 관련 사실을 수집해야 합니다. 사실과 이유를 기재해야 하기 때문입니다. 법원은 큰 사건의 경우 3달이나 3년의 시간을 필요로 합니다. 특정 민사사건 판결에 10년이 걸리기도 했습니다. 고등법원의 경우, 범죄 관련 사유와 함께 사실을 판결문에 기입하기 때문에 이러한 제도를 유지해야 했습니다. 그러나 1심과 2심의 경우, 영미법이 가지는 몇 가지 특징이 적용되어야 합니다. 법원은 단지 결론만 기술하면 됩니다. 법원이 사건을 보다 신속하게 처리하기 위해 판결은 사건의 기록과 병기해야 합니다.

일반 진술을 하겠습니다. 본인은 한국의 사법제도가 선진적 국가들의 우수한 점, 특히 영미법 체계를 받아들여 수정해야 한다고 생각합니다. 그러나 실질적 수단이라는 측면에서 보자면, 중국이 모든 문명국의 좋은 점을 차용하고 있다는 점, 그리고 이미 보다 발전된 체계를 활용하고 있다는 점 및 우리와 매우 가깝다는 점을 지적하고 싶습니다.

한국인이 중국으로부터 배울 수 있는 또 다른 중요한 사항이 있습니다. 병합 이전 2천 년간 한국인은 중국으로부터 배워왔습니다. 그리고 한국인들은 중국 제도를 채택함에 있어 불평할 어떠한 이유도 없습니다. 지금도 중국은 많은 문명국의 제도를 채택하였습니다. 한국은 중국의 경험으로부터 잘 배울 수 있습니다.

이것이 한국 사법체계의 요약입니다. 한국 사법체계에 대해 더 질문할 내용이 있으시면 답변하겠습니다.

루나(Pufino Luna, 필리핀) : 항소법원과 고등법원에 대한 언급이 있었습니다. 도(道)나 다른 지자체에 있는 사법기관에 대해 보다 상세히 알 수 있을까요? 지방의 사법행정은 어떻게 관리됩니까?

김용무 : 각 도에는 지방법원이 있습니다. 도내에 있는 주요 시군에는 지방법원지원이 있고, 지원은 세 명의 판사로 이루어진 합의제 법원으로 구성됩니

다. 때로는 한 명의 판사만 있는 지원도 있습니다. 합의제 법원이라면, 지방법원이 다루는 사건을 포함해 어떤 사건도 다룰 수 있습니다. 한 명의 판사가 있는 법원은 중요도가 낮은 사건을 다룹니다. 어느 경우든 이들 지원은 지방법원에 속해 있고 지방의 사건을 관할합니다.

루나 : 1달, 2달, 심지어 5년간 경찰에게 구금된 사람을 언급하고 싶습니다. 이런 구금에 처한 사람들에 대한 사건을 법원으로 이관하는 법률이 있습니까? 달리 말하면, 영미법에 있는 인신보호영장(habeas corpus)과 유사한 것이 있습니까?

김용무 : 전혀 없습니다. 게다가 경찰이나 검사가 피고인을 수사할 때, 그는 변호사를 부를 수도 없습니다. 그래서 고문을 당했더라도 어떠한 항의도 할 수 없습니다. 오직 법원으로 호송된 후에야 변호사를 지명할 수 있습니다.

루나 : 그것이 제가 듣고 싶은 바입니다. 어떤 사람이 체포되어 1달이나 2달간 고문을 받았다고 가정해보면, 일정한 법적 절차를 거쳐 인신보호영장으로 석방될 수 있습니다. 그러나 한국에 인신보호영장에 따른 소송절차와 같은 것이 없다면 구금된 자는 어떻게 석방될 수 있습니까?

김용무 : 그러한 방법은 없습니다. 일제가 시민의 자유를 보호하는 인신보호영장제도를 도입할 이유가 없었습니다. 만약 그러한 제도가 있었다면, 아마도 한국인들은 지금까지 받아왔던 고통이 없었을지도 모릅니다. 해방 이후 이 잘못된 제도를 수정하려고 하였습니다. 사실 우리는 초안을 작성한 적이 있습니다. 특히 법원조직법 기초위원회는 인신보호영장제도 채택을 염두에 두고 있었습니다. 경찰이나 검사가 피의자를 지나치게 오래 구금할 경우, 그가 재판에 회부되거나 석방될 수 있도록 하였습니다.

루나 : 다시 말하자면, 어떠한 개인도 경찰 앞에서는 꼼짝할 수 없다는 말이군요. 체포영장 없이도 어느 때나 체포될 수 있고, 무기한 구금되거나 혹은 법원이 해당 구금을 심리할 수 있는 법률이 없다는 말씀이신가요?

김용무 : 정확히 보셨습니다.

패터슨(캐나다) : 대법원장께서는 사법제도상 필요하다고 생각한 근본개혁을 제안하면서, (법원)영장발부제도의 필요성을 강조하셨습니다. 그리고 그러한 개혁이 자유선거 실시에 필요하다고 말씀하셨습니다. 영장 발부 없이 체포된 자들을 선거 실시 이전에 석방해야 한다는 말씀이신가요?

김용무 : 여러분들이 잘 알고 있듯 경찰이나 검찰은 범죄사실을 기술해야 하고, 법원으로부터 영장을 받아야 합니다. 그래야 그들의 체포권 남용이 완화될 수 있으며, 법원이 영장을 발부한 후에야 각 개인의 시민적 자유권은 더욱 보호될 수 있을 것입니다.

각 도의 실제 절차에 관해서는 본인이 언급했듯, 지방법원 내 지원이 있고 지원은 영장 발부가 요청될 것입니다. 수정안의 절차에 대해 말씀드리자면, 이 제도는 군정법령을 통해 수정될 수 있습니다. 일반적으로는 입법의원이 기존 법률을 수정한 공법이나 법률이 될 것입니다. 그러나 이는 결국 군정의 영역입니다. 군정장관이 필요하다고 판단한다면, 군정장관의 명령을 통해 법률을 수정할 수 있습니다.

패터슨 : 세 번째 질문은 이미 체포된 사람들에 대한 처우와 관련이 있습니다.

김용무 : 우리가 고려해야 할 세 번째 사항은 만약 범죄자가 석방된다면 공공질서를 위협하고 혼란을 일으키기 때문에, 이 경우의 유일한 해결책은 법원이 용

의자에 대한 빠른 판결을 하도록 법원절차를 간소화하는 것입니다. 서류상으로는 경찰이나 검사가 10일 이상 용의자를 구금할 수 없습니다. 그러나 10일 후 경찰은 이 자들을 서류상으로 다시 체포합니다. 그렇게 구류는 지속됩니다.

바레(Miguel Angela Pena Valle, 엘살바도르) : 한국의 형법에서 투표권 박탈이나 대리투표와 같은 참정권을 침해하는 행위 혹은 선거기간 중 선거법에 저촉되는 행위에 대한 처벌을 어떻게 규정하는지 알고 싶습니다.

김용무 : 그와 같은 정치범죄에 대한 조항은 없습니다. 일제 형법에 내란이나 폭동, 반역에 대한 범죄조항이 있었습니다. 일제와 맞섰던 많은 한국인들은 일제의 식민지적 (형법)제도 하에서 반역자로 몰렸습니다.

아마도 이러한 행위를 정치범죄로 부를 수 있을 것입니다. 그러나 이는 일제의 형사법 체계 내에 있었던 제도입니다. 우리가 한국의 선거법 위반사항을 고려할 때, 이제 일제의 선거법은 한국에 적용되지 않습니다. 언급할 만한 선거체계는 없었습니다. 도의회나 시의회 선거는 일부 있었지만, 일제의 편의를 위한 것이었을 뿐입니다. 그리고 이러한 선거절차는 선거법이라고 부를 수도 없을 만큼 불완전하였습니다.

왕공싱(王恭行, Gung-Hsing Wang, 대만) : 본인의 질문은 루나 씨와 패터슨 씨와 거의 유사합니다. 단지, 한 가지 묻고 싶은 바가 있습니다. 각 개인이 체포된 이후 벌어지는 일이 아니라, 시민적 자유를 옹호하기 위해 체포를 막을 수 있는 방법에 대한 것입니다. 다시 말하자면, 시민적 자유라는 문제에서 경찰로부터 재산과 인명을 보호하기 위해 현행 민법에는 관련 조항이 있습니까? 아니면 대법원장은 자유선거와 관련하여 표현의 자유와 여타 주요한 자유권을 보장하기 위해 어떠한 규정이 채택되어야 한다고 보십니까?

제2분과위원회 면담 및 구술 기록

김용무 : 본래 일제가 그들의 형사절차를 과도하게 한국에서 준용시키려 했다고 말씀드렸는데, 특히 조선형사령(朝鮮刑事令, the Korean Criminal Act)이 대표적입니다. 조선형사령에 따라 경찰과 검사는 누구든지 체포할 수 있었습니다. 이제 경찰이나 검사가 법원이 발부하는 영장 없이 체포할 수 없게 하는 제도를 채택한다면, 경찰이나 검사가 법원에 영장을 요청한다고 해도 그들이 체포할 수 없습니다. 범죄 사실이 법원으로 제출되어야 하기 때문입니다. 그런 연유에야 법원이 영장을 발부합니다. 이에 따라 무분별한 체포와 시민적 자유의 박탈을 막을 수 있는 환경이 조성됩니다.

특정 법률이 입법부를 통과해야 한다는 점과는 별개로, 이 제도를 수정할 수 있는 구체적인 절차가 쉽게 마련될 수 있음을 재차 말씀드립니다. 현 체제에서 군정장관은 먼저 조선형사령 폐지에 관한 법령을 공포할 수 있습니다. 그러면 법원의 영장 발부를 통해 경찰이나 검사에 의한 체포를 막을 수 있습니다. 이는 1주일 혹은 심지어 3일이면 할 수 있는 일입니다.

자비(Zeki Djabi, 시리아) : 행정 권력으로부터 사법권은 독립되었습니까? 판결이 행정부의 의도와 충돌할 경우, 판사들의 배제나 교체가 일어납니까?

김용무 : 해방 이후 군정은 삼권분립제도를 채택하여 왔습니다. 과도입법의원, 민정장관, 대법원장이 동등한 지위입니다. 그러나 실제 법률상, 이 제도는 아직 완전하게 채택되지 않았습니다. 모든 법원체계는 사법부장의 관할 하에 있는데, 사법부는 행정부의 한 부처입니다. 일부 한국인들을 포함하고 있지만 미국인들이 사법부를 행정부로부터 완전히 독립시키는 법전 기초 작업을 해 왔습니다. 그러나 이 법전들은 제정되지 않았습니다. 그래서 형식적으로 법원은 여전히 행정부에 속해 있습니다.

두 번째 질문에 대한 답변으로, 아직 한국에 행정법원이 없음을 말씀드리고 싶습니다. 일본에는 행정법원이 있었지만, 이 행정법원을 통해 일본정부의 불법행위가 교정되지 않았습니다. 해방 이후 우리가 민주적 원칙을 따르게 된 이후, 행정 관료가 자행한 불법적 업무는 특별한 입법 없이도 법원이 수정할 수 있었다고 생각합니다. 현행 제도에서 만약 판사가 행정부의 의견과 충돌하는 판결을 하게 될 경우 교체나 배제되는가라는 질문에 대해, 행정부가 판사를 파면시킬 수 없다고 말씀드립니다.

자비 : 판사는 누가 그리고 언제 지명합니까?

김용무 : 대법원 추천으로 군정장관이 지명합니다. 징계위원회가 지명한 소위 징계 판사(disciplinary judgment)가 파면할 수 있습니다. 어떤 판사가 부적절하게 행동했을 때, 그는 징계위원회에 회부됩니다. 혹은 그가 처벌이나 구금 또는 징역형을 받지 않더라도, 징계위원회가 공직에서 퇴출시킵니다.

코스틸레(Henri Costilhes, 프랑스) : 과도입법의원 이전에 한국의 형사법 수정문제를 논의한 적이 있었나요?

김용무 : 없었습니다.

의장 : 대법원장이 직접 우리에게 와서 여러 가지 사실을 알려주신 점에 대해 감사드립니다. 아마 세부적으로 더 논의해야 할 시간이 필요할지도 모르지만, 우리가 사태의 진행상황에 대해 잘 이해할 수 있었다고 봅니다. 일본이 도입한 제도가 여전히 운용 중이며 인신보호영장제도와 같은 것이 없다는 사실을 알았습니다. 법률 수정에 대한 의도는 있어 보이지만 일제하에서 도입된 법률에 어떠한 변화도 없었군요. 제가 말한 바가 맞나요?

김용무 : 그렇습니다.

의장 : 한국인들은 특정 정당의 편에 서 있는 파렴치한 경찰의 처분에 놓일 수도 있습니까?

김용무 : 그렇습니다.

의장 : 나는 김용무 씨의 진술이 자유로운 선거의 분위기 보장문제를 다루는 분과위원회에 특별한 관심을 불러일으킨다고 생각합니다. 충분히 가치 있는 말씀이었습니다. 다음과 같은 전제조건들이 있어야 할 것입니다. 표현의 자유, 언론 및 정보의 자유, 집회 및 결사의 자유, 운동의 자유, 임의동행 및 구금으로부터의 보호, 그리고 폭력과 협박으로부터의 보호입니다. 대법원장이 현재 이러한 조건들이 마련되어 있지 않다고 판단하는 것으로 정리하겠습니다.

김용무 : 그렇습니다. 그러한 자유들은 매우 조심스레 검토되어야 하고, 위에 언급된 수정안들이 채택되어야 합니다.

의장 : 대법원장은 포괄적으로 잘 말씀해 주셨습니다. 그리고 수정되어야 할 문제들을 지적해 주셨습니다. 우리는 당신께 매우 감사드립니다. 우리가 대법원장께 더 질의할 사항이 없다고 봅니다. 우리가 세부사항을 잘 알 수 있도록 많은 시간을 할애해 주셨습니다. 김용무 씨가 여기에 오셔서 사법부, 대법원 및 그의 관할 하에 있는 법원의 업무에 관한 매우 흥미로운 설명을 해 주신 점에 대해 감사를 드리고 싶습니다. 그리고 제도상의 맹점 및 보완해야 할 점과 관련하여 중요한 시사점을 우리에게 주셨습니다.

김용무 : 지금까지 본인은 한국의 사법에 관한 진술을 하였습니다. 신문에서 위원단은 한국의 선거법과 선거규정에 관심을 두고 있다고 보았습니다. 혹시 여러분들이 선거법과 선거규정에 관한 저의 견해를 더 궁금해 하시거나 혹

은 남북에서 선거를 실시할 수 없어 남한만의 선거가 실시된다면, 위원단이 듣고 싶어 하는 부분에 대해서도 견해를 말씀드리겠습니다.

의장 : 당신의 제안에 깊은 감사를 드립니다. 분명 우리에게 도움이 될 것입니다. 우리에게 더 많은 시간이 있다면, 당신과 같이 보내고 싶습니다. 그러나 우리의 프로그램은 계속 진행됩니다. 혹시 일주일이나 열흘 이후에라도 다시 방문이 가능하시다면, 협의를 부탁드려도 되겠습니까?

김용무 : 그렇습니다.

의장 : 위원단은 당신께 큰 도움을 받게 될 것이라고 확신합니다. 우리가 원하는 사항에 대해 말씀해 주시면 매우 감사드리겠습니다. 대단히 감사합니다.

(김용무가 퇴장함)

(청문회는 오후 4시 20분에서 4시 30분까지 휴회함. 그 동안 위원단 위원과 사무총장이 배석함)
(경무부장 조병옥이 회의실로 들어와 배석함)

의장 : 조병옥 씨는 다양한 사안들, 특히 경찰조직과 관련하여 우리에게 도움을 주실 것입니다. 선거 실시를 위한 자유로운 분위기 조성을 관장하는 분과위원회의 견해는 다음에서 제시하는 최소한의 전제조건이 마련되어야 합니다. 표현의 자유 및 언론의 자유, 집회와 결사의 자유, 임의동행과 구금으로부터의 보호와 폭력 및 협박으로부터의 보호입니다. 우리는 국립경찰의 수장으로서 당신의 임무가 법률, 규정 및 법령의 준수임을 알고 있습니다. 당장은 그 부분에 대한 답변을 요구하지 않겠습니다. 다만 당신의 책임과 임무, 경찰력과 같은 조

직체의 운영방식과 구성 등을 알고자 합니다. 그런 다음에 몇 가지 질문을 하겠습니다.

경무부장으로서 당신은 서울을 포함하여 남한에 있는 모든 경찰력에 대해 통제권을 행사합니까?

조병옥 : 그렇습니다.

의장 : 조선경비대나 해안경비대도 당신의 통제를 받습니까?

조병옥 : 그 조직들에 대한 통제권은 없습니다.

의장 : 독립기관인가요?

조병옥 : 그렇습니다.

의장 : 누가 당신을 임명했나요?

조병옥 : 미군정의 하지(John R. Hodge) 장군이 임명하였습니다.

의장 : 당신의 임명에 과도입법의원은 관여하지 않았습니까?

조병옥 : 그렇습니다. 과도입법의원은 1년 6개월 후에 수립되었습니다.

의장 : 당신은 현재 누구에게 책임을 집니까?

조병옥 : 군정장관인 딘(William F. Dean) 장군입니다.

의장 : 오직 군정장관에게만 책임지고, 과도입법의원과는 어떠한 관련이 없습니까?

조병옥 : 그렇습니다.

의장 : 당신은 독립적으로 활동하십니까?

조병옥 : 경찰 활동은 군정장관의 지휘에 따라 수행됩니다. 예를 들어, 병력은 군정장관의 명령으로 본인이 관할합니다. 병력의 이동 및 임명은 군정장관이 부여한 권한으로 경무부장이 행사합니다. 그러나 소위 국립경찰위원회(National Policy Board)가 있습니다. 이 기관을 통해 경무부장이 인사와 정책 결정 과정상의 변경에 대해 일정한 제안을 합니다. 이 기관은 한 달 보름 전에 조직되었습니다.

의장 : 위원들에게 경찰조직에 대한 브리핑을 해주시겠습니까?

조병옥 : 국립경찰은 군대조직에 준하여 설치되었습니다. 분권화된 조직이 아닙니다. 중앙집권적 조직입니다. 조직 구성의 원칙은 전국을 통합한 경찰을 기반으로 합니다. 한국의 치안유지를 위한 독립적인 방어력이 없다는 점이 중요 요인이었습니다. 남한에 주둔한 미군의 안전 확보도 주요한 창립 목적 가운데 하나였습니다. 즉, 남한의 안전 문제를 다룰 조직이 없다는 것입니다.

두 번째 요인은 남한이 처음부터 파괴적인 프로파간다와 북한 당국 및 남한 내 동조세력이 사주한 암해활동의 목표라는 점입니다. 특히 주한미주둔군사령관은 안전문제를 담당할 중앙집권화 된 물리력을 확보해야 했습니다. 이와 같은 중앙집권화 원칙은 통합된 관계당국의 지휘아래 한 지역에서 다른 지역으로 경찰력을 동원하기 위해 채택되었습니다. 이 관계당국이 바로 경무부입니다. 현 경찰조직의 성격은 이후 적절한 제도로 전환하기 위한 임시적 특성을 지닙니다. 국립경찰이 조직된 후, 한국의 안전문제는 완전히 해결되었습니다. 그러나 현재 사령관과 한국인들은 경찰력을 지방분권화 할 정도의 수준에 도달하지 않았다고 봅니다. 이것이 현재에도 국립경찰이라고 불리는 이유이며, 국립경찰은 남한 내 공공질서 유지 문제를 담당하는 중앙집권화 된 기구입니다.

조직에 관하여 말씀드리자면, 최고기관은 경무부(警務部)입니다. 내각 일원인 경무부장이 지휘하며, 관구(管區, National Police Zone)로 구성됩니다. 각 관구는 관구 경찰청장이 관할하며, 각 관구에 감찰관(assistant director)을 두었습니다. 이들은 지역 내 경찰업무를 직접 관장하는 것이 아니라, 경찰관의 직무를 통제하고 감독합니다.

제1관구(Zone 1)는 경기도와 강원도이며, 제2관구는 충청남도, 전라북도, 전라남도와 제주도입니다. 제3관구는 충청북도, 경상북도, 경상남도입니다. 군대가 사단(army division)이라고 부르는 것처럼, 각 관구에도 경찰청(police division)을 두었습니다. 각 관구의 관할지역은 각 도의 영역과 일치합니다. 예를 들어, 경기도는 하나의 관할구역입니다. 경기도와 정확히 일치합니다. 다른 지역도 동일합니다. 서울을 포함하여 9개의 관구가 있습니다. 우리는 알파벳으로 구분합니다. 각 관구는 A, B, C 와 D입니다. 제주도는 도(道)이지만 작은 섬이기 때문에, 감찰관(inspector)을 둡니다.

각 경찰서(division)하에, 파출소(police district)를 설치했습니다. 남한 전체에 154개소의 경찰서가 있습니다. 인구나 전략적 중요도에 따라 각 지역 내에 파출소, 지서를 설치했습니다. 각 경찰청은 도 경무과장이 관할하며, 각 경찰서는 경찰서장이 관할합니다. 파출소는 파출소장이 관할합니다. 이것이 경찰조직의 대강입니다.

경찰관 숫자에 관해 말씀드리자면, 군정장관이 지휘하는 경찰관 총 수는 29,500명입니다, 이 중 2만 9천 명은 남성이고 500명은 여성입니다. 각 경찰서 내에 감찰관(inspection commands)을 둡니다. 이들의 업무는 경찰 활동에 대한 확인 및 감독입니다. 한 명의 감찰관이 4~5개의 경찰서를 관할하기도 합니다.

의장 : 현재 인원이 29,500명이나 됩니까?

조병옥 : 그렇습니다.

의장 : 서울에는 얼마나 있습니까?

조병옥 : 서울에는 대략 6,000명이 있습니다. 이 가운데 1,500명은 정식 경찰관이 아닙니다. 그들은 서울에 있는 미국인을 보호합니다. 미국인의 생명과 재산을 보호하고, 따라서 이들 1,500명은 특정한 업무를 담당하고 있는 것입니다.

의장 : 이들은 경찰서(division)나 관구(zone)의 소속인가요?

조병옥 : 경찰서입니다.

의장 : 광역경찰(metropolitan division)도 있습니까?

조병옥 : 그렇습니다.

의장 : 광역경찰은 독립되어 있습니까?

조병옥 : 아닙니다.

의장 : 하나의 경찰단위로서 당신이 지령이나 명령을 내립니까?

조병옥 : 다른 부처와 동일한 지위와 권한을 가집니다.

의장 : 당신이 서울 경찰 이외에도 경찰의 임명, 진급, 기타 등등의 권한을 가집니까? 모두 당신의 권한입니까?

조병옥 : 순경(patrolmen)에서 경위(Lieutenant Inspector)까지의 낮은 직급은 경찰서장(the chiefs of the division)이 임명하고, 감찰관(Inspector)에서 경감(captain)까지는 총경(Director)이 임명합니다.

의장 : 군정장관은 임명하지 않습니까?

조병옥 : 그렇습니다.

의장 : 전부 당신이 임명한 것입니까?

조병옥 : 전부 경무부장을 거쳐 임명됩니다.

의장 : 어떻게 임명합니까? 어떤 지시를 내리나요?

조병옥 : 추천과 임명은 경찰서장(chief of the division)이 합니다. 때로는 경무부장이 특정 직위를 제안하기도 합니다.

의장 : 민정장관이 개입합니까? 당신은 민정장관 하에 있습니까?

조병옥 : 현재는 그렇지 않습니다. 국립경찰의 기능은 군정장관이 직접 관할하며 인사권은 경무부장에게 있기 때문입니다. 경무부장이 인사를 단행할 때,

민정장관의 승인이나 추천을 받지 않습니다. 그러나 앞서 말씀드렸듯이 경무부장의 추천, 임명, 교체 등을 다루는 6인으로 구성된 국립경찰위원회(National Police Board)가 설치되어 있습니다.

의장 : 그 위원회는 경무부 소속의 고위 인사들로 구성되어 있습니까?

조병옥 : 아닙니다, 독립적인 인사들입니다. 미국인이 2명, 법원과 과도정부의 인사가 각각 2명입니다. 군정장관이 임명한 독립 기관입니다.

의장 : 이것은 부차적인 문제입니다만, 물어보고 싶습니다. 일제 강점기에 투옥된 적이 있다고 들었습니다.

조병옥 : 네, 5년간입니다.

의장 : 현재 경찰이 거의 29,000명에 이르지 않나요? 얼마나 많은 경찰관이 이전에 일본경찰이나 동종 기관에 복무했습니까?

조병옥 : 순경과 경위까지의 하위 계급 가운데 75%가 경찰 경험이 없습니다. 이는 순경과 경위 중 75%가 새로운 사람들이라는 점을 의미합니다.

의장 : 당신이 언급한 부류의 직급 이상에는 그 비율이 얼마나 됩니까?

조병옥 : 50% 정도입니다.

의장 : 우리는 경찰직을 맡고 있는 사람들에 대한 엄청난 분노를 접했습니다. 이에 대해서는 어떻게 생각하십니까?

조병옥 : 언급해주신 사안에 대해서는 주의 깊게 생각해 본 적이 있습니다. 어느 외국인 친구는 저를 경찰두목(police chief)이라고 부르더군요. 매우 당황스러웠습니다. 솔직히 매우 모욕적이었습니다. 저는 학교에서 뛰어난 학생이자 지적 분야에서 다른 젊은이들과 함께 하고 싶었기 때문입니다. 이것이 본인의 열망과 생각이었습니다. 그러나 결국 경찰이 될 운명이었나 봅니다. 저에게 맡겨진 직책을 고수할 것입니다. 경무부장 직책을 받아들였을 때, 사람들은 경찰 내 친일분자들을 비난하였습니다. 본인은 소위 친일 반역자에 대한 문제는 지혜와 정의, 그리고 현실감을 가지고 신중하게 다루어야 한다고 생각합니다.

모든 한국인들이 40년간 일제의 희생자였기 때문입니다. 40년은 긴 시간입니다. 역사적으로 보자면 25년도 긴 시간입니다. 보통 사반세기라고 하지요. 40년은 사반세기보다 깁니다. 오랫동안 한국인들은 두 가지 선택지 가운데 하나를 결정해야 했습니다. 감옥에 가거나 자신과 가족을 지키기 위해 일제에 협력하는 길이었습니다. 대부분은 생존을 선택하였습니다. 은행원, 법원 서기, 교사가 그들입니다. 40년 동안 많은 일들이 있었습니다. 이와 같은 평범한 사람들은 유럽의 사람들과 비교하여 동일한 기회를 가질 수 없었습니다. 작년에 이 문제를 매우 진지하게 논의할 기회가 있었습니다. 국립경찰에 너무나 많은 친일분자들이 있다고 하지 장군에게 불만이 제기되었기 때문입니다. 저는 제 자신과 경찰관들을 지켜야 했습니다. 이와 관련된 이야기를 해 드리겠습니다. 한국의 점잖은 인사들은 대중 연설과 라디오 방송에서 다음과 같이 말합니다. "우리는 일본제국과의 전쟁에서 이겨야 합니다. 이것이 한국의 미래를 지키는 유일한 길입니다. 이는 아시아 수백만을 지키는 유일한 길입니다. 우리는 더 큰 아시아를 위해 싸워야 합니다". 그가 누구인지 말씀드리지는 않겠습니다. 그러나 누구에 대한 언급인지 아시는 분도 있을 것입니다. 그들이 본인을 비난하고 싶어도 그렇게 하지 못할 것입니다. 어느 누가 40년간 일제와 싸울 수 있었단 말입니까? 우리 경찰들은 일본인을 위해 복무했습니다. 그러나 그들은 보통사람들일 뿐이었습니다. 그들은 생계를 연명해야 했습니다. 그러나 본인은 사익을 추구하거나 고위직을 바라는 인사들, 즉 공공대중에게 증오의 대상이거나 독립운동을 박해한 사람들을 채용하지 않았습니다. 그들이 친일적이라서 채용한 것이 아닙니다. 다만, 그들의 직업만으로 처벌하지 않은 것입니다. 만약 그 사람에게 잘못이 있다면, 그를 곁에 두지 않겠지만 일본경찰에 복무했다는 이유로 버리지는 않을 것입니다. 그렇게 할 수 없다고 표명한 바 있습니다.

의장 : 당신은 경찰의 친일 행위에 대해 직업의 문제로 보시는군요?

조병옥 : 소련 혁명 이후인 1922년 공산당 회의에서, 공산주의자들이 경찰조직 문제를 논의하였다고 작년에 위원단 측에 말씀드린 바 있습니다. 그들은 소련군도 조직했지요. 공산당은 차르제국 하에 있던 모든 경찰력 및 군 조직 활용을 만장일치로 결정하였습니다. 공산주의자들조차도 실질적으로 필요하다고 판단한다면 그대로 이행하였습니다. 작년에 여러분께 말씀드렸습니다. 범죄를 색출하기 위해서는 경찰력 구축이 필요합니다. 범죄 색출은 기술이며, 경험은 경찰력을 구축하기 위한 필수조건입니다. 본인은 이 원칙을 철저하고 진지하게 관철하였습니다. 본인은 동료들을 아무런 근거도 없이 친일분자라고 비난하지 않습니다.

공산주의자들이 사회질서 붕괴, 즉 그들이 우리의 발전을 지체시키고자 모든 지식인과 중간계급을 없애려고 한다는 점을 알고 있습니다. 용납할 수 없습니다. 본인도 투옥된 적이 있습니다. 그렇다 해도 개인적 원한을 가지고 한국의 경찰관들을 박해하지 않을 것입니다. 그들에게 개인적 편견을 가져서는 안 됩니다.

의장 : 현시점에서 당신은 본래 일본경찰이었던 자들을 채용하는 데 만족하는 것입니까?

조병옥 : 전적으로 만족하는 것은 아닙니다. 경찰조직은 아직 경험이 부족하며 또 많은 결점이 있습니다. 국립경찰 조직 후, 5,666명이 1년 만에 그만두었습니다.

의장 : 누가 그만두게 했나요?

조병옥 : 신입 경찰을 포함하여 경찰관 스스로가 그만두었습니다. 또한 일제에 복무한 많은 경찰들도 그만두었습니다. 우리는 직무 수행에 적합하지 않다고 판단하면, 신입이던 기존 경찰이던 그릇된 자들을 일소하고 있습니다.

의장 : 우리는 경찰조직의 정화에 대한 당신의 노력을 치하합니다. 그런데 일제경찰에 복무한 사람들을 재교육하고 있나요? 현재 시행중인 경찰규정은 누가 기초하였습니까?

조병옥 : 현행 경찰규정은 일제가 만든 것입니다. 그리고 특정 규정들은 아놀드(Archibald V. Arnold) 장군, 러치(Archer L. Lerch) 장군, 딘 장군 등 군정 장관들이 새로이 입안한 것입니다. 우리는 민주적 관행과 모순되는 모든 절차와 방식을 수정하였습니다. 그리고 많은 변화가 있었습니다. 그러나 세부규정들은 대개 일제가 사용한 것을 이어받았습니다.

의장 : 일부 예외를 제외하고, 일제하에서 시행되던 규정과 같다는 말씀입니까?

조병옥 : 행정절차의 차원에서 일제와 유사하다고 생각합니다. 그러나 인권 옹호, 집회의 자유 및 민주적 관행의 진흥이라는 측면에서 보면, 군정이 추진한 새로운 변화가 중요하다고 생각합니다.

의장 : 군정에 의한 효과적인 변화가 있었다는 말씀입니까?

조병옥 : 그렇습니다.

의장 : 영장 없는 임의동행도 그러합니까?

조병옥 : 그 문제를 논의한 바는 없으나 아직 채택하지 않았습니다. 미국인들에게 조차도 그 제도는 일반적으로 생각하는 것만큼 효과적이지 않기 때문입니다. 법원이 없는 지역도 많습니다. 그래서 판사가 발부하는 영장을 받기에는 시간이 소요됩니다. 다음으로 통신체계가 좋지 않습니다. 너무나 많은 시간이 소요되며, 그 사이에 범죄자를 놓칠 가능성이 매우 큽니다.

의장 : 아직 별다른 대안이 없다는 말씀입니까?

조병옥 : 그렇습니다.

의장 : 그래도 임의동행과 구금이 여전히 있지 않습니까?

조병옥 : 그렇습니다, 지금도 그러하지요.

의장 : 여전히 일제가 만든 대부분의 법률과 규정이 시행되고 있지요? 일제 하에서 훈련받은 경찰관의 생계문제는 별개로 하고, 다른 측면에 대해 생각해 보신 적은 있나요? 당신은 바꾸어야 한다고 말한 문제들, 즉 일제경찰 출신들을 등용하고 있습니다. 여전히 50%가 일제경찰을 지낸 사람들이고, 일제의 규정이 시행되고 있습니다.
혹시 외부인들이 다음과 같은 정당한 문제 제기를 하리라 생각하지 않으셨

나요? "임의동행과 구금이 횡행함에도 불구하고, 어떠한 이유에서 적의 규정을 적용하여 적들로부터 훈련받은 자들을 채용하고 있는 것인가? 그러면 자유가 없지 않은가?"라는 질문입니다. 내가 강조하고 싶은 것은 이 점입니다. 우리는 이에 대한 적절한 해명을 요구합니다.

조병옥 : 그 점에 대해서는 분명 동의합니다. 많은 결점과 개선되어야 할 사항들이 있다고 말씀드렸습니다. 긍정적인 결과를 가져올 유일한 방법은 교육정책과 교육프로그램입니다. 다음을 염두에 두셨으면 합니다. 즉, 국립경찰의 새로운 중추를 만드는 것입니다. 구체적으로 말해 새로운 경찰관, 새로운 사고 그리고 새로운 희망을 건설하는 것입니다. 그래서 우리는 학교, 즉 교육기관을 세웠습니다. 생도 제도(system of cadet)를 채택했습니다. 생도에게 경찰학을 4년간 가르치고 학문적으로 교육시키고 있습니다. 지금까지 그들 가운데 10명을 임명하였습니다. 그리고 작년에 과정을 이수할 120명의 청년들을 모집하였습니다. 20~25세 정도의 청년들을 추가로 20명 더 모집할 것입니다.

이 가운데 200명이 이번 3월에 10개월에 달하는 이수과정을 시작합니다. 그들은 새로운 정책, 새로운 사고, 그리고 새로운 계획을 수행할 새로운 지도자 혹은 새로운 정책관료로 훈련받을 것입니다. 현재 진행 중입니다. 그러나 본인은 다소 우려스러운 부분이 있다고 해서 당장 일소할 것이라고 공표할 수는 없습니다. 모든 경찰을 혼란에 빠뜨릴 수 있기 때문입니다. 그래서 매우 조심스럽습니다.

의장 : 일제에 복무한 사람들은 재교육을 받습니까? 기존 경찰관들이 신입 경찰관 교육을 담당하고 있습니까?

조병옥 : 그들이 해야만 합니다.

의장 : 신입 경찰관 훈련에 그들을 활용하고 있나요?

조병옥 : 그렇습니다. 국립경찰 인사 고과를 보신다면 많은 변화가 있었음을 확인하실 겁니다.

의장 : 5년~30년간 일제경찰에 복무한 상당수의 경찰관이 있지요?

조병옥 : 현재 복무 중인 경찰관을 말씀하시는 겁니까?

의장 : 그렇습니다.

조병옥 : 그러한 범주에 속하는 자들이 많다고 생각합니다.

의장 : 군이나 경찰과 같은 법 집행기관에서 훈련받은 사람들이 자신의 경험에서 벗어나기 어려울 수 있다는 점을 고려해 보셨나요? 일제하 경험을 말씀드리는 것입니다. 그들이 훈련받은 나쁜 습관에서 벗어나기가 거의 불가능하다고 생각하지 않으셨습니까? 새로운 기초 위에서 경찰을 세우고자 하는 당신의 희망이 무위로 될 수도 있지 않습니까?

조병옥 : 무슨 말씀인지 잘 알겠습니다. 5년~30년간 일제에 복무하고 일제의 관행과 수단에 익숙한 사람들은 변화하려고 하지 않습니다. 이에 대해서는 국립경찰이 관심을 두고 있는 사항입니다. 우리는 최대한 그들을 배제하고자 합니다. 오늘날 한국에는 많은 경찰업무가 있습니다. 특정 정당출신자를 임명해야 할 경우, 다른 정당출신자들이 저에게 와서 "당신은 편향되어 있다"라고 말합니다. 현시점에서 경찰직을 전부 채우기 어렵습니다. 유감스럽게도 여러분들의 견해가 실제 문제보다는 단지 조건에만 충실하다고 생각하는 이유입니다.

요컨대, 우리는 새로운 사고와 관행을 토대로 새로운 경찰을 조직할 시간이 필요합니다.

의장 : 수도경찰 내에서 일제에 복무했던 경찰의 수가 다른 경찰조직 보다 많다는 의견이 사실입니까?

조병옥 : 아마 사실일 것입니다. 아니 사실입니다.

의장 : 어느 정도 됩니까?

조병옥 : 현재 경찰 지도부 가운데 1명을 제외하고, 나머지는 일제에 복무한 사람들이라고 들었습니다.

의장 : 얼마나 되나요?

조병옥 : 9명입니다.

의장 : 우리가 입수했던 정보와 거의 같군요.

조병옥 : 지난 2년 6개월 동안 그들과 함께 일해 왔습니다. 그들이 결함이라고 지적받아온 것은 단지 경찰공무원 출신이라는 점 뿐입니다. 우선 그들이 일제에 복무했다는 것과는 별개로, 우리는 한국인으로서 경찰업무 수행을 굳게 결심하였습니다. 여러분께 약속할 수 있습니다. 둘째, 남한에 프로파간다가 횡행하는 가운데에서도, 특히 수도경찰청은 미군정에 대해 한국을 식민화하거나 착취하기 위한 기관으로 보지 않습니다. 이들은 미군정을 한국독립의 완수 및 준비를 위한 기관이 될 것이라고 믿습니다.

의장 : 누가 그것을 믿습니까?

조병옥 : 경찰관들입니다.

의장 : 아직 경찰 경험이 없는 신입 경찰관들이 기존의 일제경찰 출신 못지 않다는 말씀인가요?

조병옥 : 본인이 만약 경무부장으로서 성공을 거두게 된다면, 아마 두 가지 요인을 들어야 할 것 같습니다. 첫째 그들(경찰관)을 참된 한국인으로 만들었습니다. 둘째 미군정이 제국주의나 혹은 식민 지배를 위한 기관이 아님을 인식시킨 것입니다. 물론 미국인들이 한국에 있다는 사실이 수치스럽기는 합니다. 그러나 이는 우리의 운명입니다. 우리가 무엇을 할 수 있을까요? 나는 다음과 같이 말합니다. "국립경찰로서, 이 정부를 그대들의 손으로 만들라". 이것이 내가 훈련시킨 내용입니다.

의장 : 그 훈련은 모든 경찰에게 적용되었습니까, 아니면 일부에만 적용된 것입니까?

조병옥 : 모든 경찰에게 강조하였습니다. 경찰관들은 애국적인 한국인들이며 이 정부에 충성합니다. 그것이 이유입니다. 그들은 잘 해내고 있습니다. 그들의 직무뿐만 아니라 능력의 측면에서도 말입니다.

의장 : 일단 우리가 묻고 싶은 질문은 다했다고 봅니다.
다른 나라의 사례에서 보듯이 경찰이 청년조직을 돕고 있습니까? 많은 국가에서 경찰은 청년조직을 지원합니다. 한국에서도 그러합니까?

조병옥 : 국립경찰에 관한 한, 어떠한 청년단체도 지원한 바 없습니다. 그렇지만 본인이 보기에 청년단체는 한국의 사회적 열망을 상징한다고 생각합니다. 그래서 어느 개인이 추동하였던 것이 아니라 자발적 운동에 가깝다고 봅니다. 곳곳에서 청년단체가 등장하였고, 이들은 남한에서 폭동이 일어난 1946년에 사회적 무질서와 폭도를 제압하는데 도움이 되었습니다. 경상남도에서 시작된 폭동은 남한 전체를 휩쓸었습니다. 7~8명의 인원이 배치된 파출소의 소재지에서 폭동이 일어난다면, 이곳을 지킬 수 있는 유일한 방법은 해당 지역주민의 협력을 얻는 일입니다. 이들 단체는 항상 존재하였습니다. 그들은 경찰을 도우며, 경찰관들은 그들을 친구로 생각합니다. 일부가 폭동과 방화를 자행하지만, 청년단체는 경찰을 지원합니다. 그러나 청년단체를 경찰의 하위조직으로 만드는 정책을 취하고 있다는 주장은 사실과 거리가 멉니다. 그것은 잘못된 비난일 뿐입니다.

의장 : 우리는 청년단체를 어떤 부속기관으로 보지 않습니다. 나의 조국인 호주를 예로 든다면, 경찰이 운동장이나 클럽을 만들고 또 후원합니다. 그리고 이름도 모르는 소년들을 데려와 훌륭한 시민으로 만듭니다. 어느 소규모 지역의 청년단체가 지난 10년간 거리를 배회하는 15,000명의 어린 소년들을 데려와 훌륭한 시민으로 만드는 데 도움을 주었습니다. 본인이 말하고 싶은 바는 바로 이것입니다.

조병옥 : 우리는 지금 경찰클럽(police clubs)을 조직하고 있습니다. 8개월 전에 창립되었습니다. 16세의 소년소녀들로 구성되었습니다. 이 경찰클럽은 가정과 경찰의 유대를 위해 결성되었습니다.

의장 : 본인이 말한 클럽은 22세 이상의 소년소녀로 구성되어 있습니다.

조병옥 : 그들 대부분이 나이가 어린 사람들의 단체는 아닙니다. 25세 이상의 사람들로 구성된 실제 정치집단(political parties)입니다. 거기에는 한 가지 문제가 있습니다.

의장 : 혹시 그들은 경찰을 돕는 단체이지만, 모든 지역에서 그런 것은 아니다. 이 말씀인가요?

조병옥 : 우리를 당혹스럽게 하는 곳이 많습니다. 이들 지역 청년단체는 한때 도움이 되었지만, 이제 우리를 불편하게 만들고 있습니다. 경찰로부터 정당한 권한을 받지 않은 채 경찰력을 행사하고 있기 때문입니다. 그래서 일부는 감옥에 보냈습니다.

의장 : 혹시 그들은 당신이 언론에서 언급한 "위장경찰"로 활동한 사람들입니까?

조병옥 : 돈 때문에 위장경찰 행세를 했습니다.

의장 : 어찌되었든 그들이 청년운동에 직접 관여한 것은 아니군요.

조병옥 : 그렇습니다. 개인적으로 움직였습니다.

의장 : 청년운동을 전반적으로 평가할 때, 그들의 목적이 무엇이라고 보십니까?

조병옥 : 우선 젊은이들이 해야만 하는 일은 아직 한국에 없습니다. 그들 중 다수가 부랑자들이고 무언가 얻으려고만 할 뿐입니다. 둘째로 한국은 이제 막

해방되었고 새로운 희망을 품게 되었습니다. 젊은이들은 이미 아주 야심만만 해졌지요. 그들은 신속한 재기와 만회를 바랍니다. 이는 어디에나 있을법한 현상입니다. 국가가 아직 제대로 수립되지 못하였다고 생각합니다. 셋째, 남한의 정치지도자들은 이들 청년운동을 일종의 담보로 이용하려고 합니다. 북한에는 50만 명의 훈련받은 사람들이 있습니다. 지난 2주 동안 분계선에서 경찰관들이 살해당했습니다. 또 9일간 3명의 민간인도 살해당했습니다. 한국 내부의 상황이 이러합니다. 어떤 자들은 우리가 무방비상태에 놓여 있다고 말합니다. 우리에게 무기가 없다고 합니다. 우리가 무력하기 때문에 미래에 있을지도 모를 북한의 위협에서 우리 자신을 보호할 수 없습니다. 그래서 막대기와 돌멩이만으로도 북한군에 맞서기 위해 청년들을 조직해야 합니다. 이것이 청년운동이 필요한 이유입니다. 물론 정부는 청년운동을 합법화할 수 있습니다. 그러나 우선 법률로서 연령을 제한하여야 합니다. 그러나 정부는 청년단체에게 군사훈련을 시켜서는 안 됩니다. 셋째, 만약 청년단체의 지위를 유지하기 위해서는 불필요하게 정치에 관여해서는 안 됩니다. 청년운동은 통제, 지도 또는 관리되어야 합니다. 그렇지 않으면 청년단체는 결국 테러와 불법행위의 기반이 될 수도 있습니다. 그래서 우리는 이에 대비를 해야 합니다. 동시에 소총회는 방어계획을 수립해야 합니다.

의장 : 청년단체는 일반적으로 어떤 사람들로 구성되었나요? 정당에 소속되어 있나요, 혹은 우익입니까, 아니면 좌익입니까?

조병옥 : 정확히 알지는 못합니다. 현재 가장 강력한 청년운동은 우익이 주도하고 있다고 봅니다.

의장 : 왜 청년운동을 우익이 주도하나요?

조병옥 : 작년 8월 즈음에는 좌익 청년단체가 훨씬 강했습니다. 그리고 폭동과 테러, 파업을 자행하였습니다. 좌익청년단체 지도자 대부분은 특정 범죄로 구금되었고 이는 지도부의 붕괴를 의미합니다.

의장 : 본래 그들은 좌익이거나 공산주의자였나요?

조병옥 : 그들 대부분은 공산주의자들로부터 거짓말과 프로파간다에 현혹된 것이라 생각합니다. 이 때문에 그들 가운데 절대 다수가 한국인으로서 정화될 수 없습니다.

의장 : 이범석(李範奭) 장군이 이끄는 조선민족청년단(朝鮮民族靑年團, the National Youth Organization)이 있다고 알고 있습니다.

조병옥 : 그렇습니다, 이범석 장군이 이끌고 있습니다.

의장 : 이청천(李靑天) 장군이 이끄는 대동청년단(大同靑年團, the Dai Dong Young Men's Association)이라는 단체도 있습니다. 이들 단체들은 동일한 노선과 사상을 지향합니까?

조병옥 : 솔직히 말씀드리자면, 본인은 두 단체에 매우 관심이 있습니다. 이범석 장군이 이끄는 조선민족청년단은 미군정의 보조를 받고 있기 때문입니다. 일종의 유사 정부기관입니다. 그러나 이청천 장군이 일을 너무 빨리 진행해서, 그가 혼자 통제하기에는 조직이 너무 비대해졌습니다. 더구나 많은 공산주의자들도 스며들었습니다. 약 5분 전에 관련 사실이 본인에게 보고되었습니다.

현재 8명이 투옥되어 있는 상태입니다. 그들은 민족청년단 단원이었습니다. 5일 전에 벌어진 장택상 수도경찰청장 암살시도와 관련하여, 5명의 암살범은 이전에 좌익청년단 소속이었습니다. 좌익들이 민족청년단에 침투한 것입니다. 본인은 참된 국민운동을 위해 청년단체 사이에 조정해야 할 부분이 있다고 생각합니다. 이청천은 매우 훌륭한 인사입니다. 그러나 단지 2~3개월 만에 모든 청년조직을 통합하려 했습니다. 본인이 보기에 이것이 분란의 원인이 되었습니다. 그들에 대해 어떤 조치가 필요하다고 생각합니다.

의장 : 이러한 청년단체 가운데 불법적인 조직이 있나요? 당신은 군정의 후원을 받는 단체를 제외하고 모두 언급해줄 수 있는 지위에 있습니다. 어느 곳이 불법단체인가요?

조병옥 : 어느 특정 단체가 불법이라고 단정할 수는 없다고 생각합니다. 난립한 단체라고 말하는 편이 보다 정확할 겁니다. 그러나 전반적으로 그러한 조직을 불법단체라고 매도하지 않겠습니다. 그저 무분별하고 오도된 단체라고 부르겠습니다.

의장 : 집회와 관련한 통상적인 군법, 특히 3명 이상의 집회 금지를 그들이 위반한 것은 아닙니까?

조병옥 : 아직까지는 그들(족청과 대청)이 군정당국의 권위를 침해하고 있다고 생각하지 않습니다. 어떤 경우에 그들은 일반시민의 돈을 강탈하거나 협박 또는 테러를 가하기도 했습니다. 때문에 간단하게 그 문제에 답변할 수 없습니다.

(조병옥 씨가 남북을 가르는 분계선이 그려진 차트를 분과위원회 위원들에게 제시함)

조병옥 : 공산주의자들이 38선을 그었습니다. 인민위원회는 북한의 정부기

관입니다. 노동당과 민주주의민족전선(民主主義民族戰線)도 있습니다. 이들 하부에는 거의 19개 조직들이 있습니다. 남한에도 유사한 형태의 조직, 즉 남조선노동당과 민주주의민족전선이 있습니다. 그 아래 청년단체와 농민단체, 노동조합, 문인동맹 같은 24개의 정치·사회단체가 있습니다. 본인은 1947년 4월 14일에 그들의 활동을 분석한 기사를 실었습니다. 그 기사에서 지난 2년간 남한 내소위 정치·사회단체들의 활동을 개괄했습니다. 그들은 결코 합법적이며 합리적인 제헌운동(constitutional movement)을 하지 않았습니다. 그들의 유일한목적은 미군정을 전복하고 파괴하는 것이었습니다. 당시 본인은 우리가 지나치게 오래 참고 있다고 말했습니다. 이들 24개 단체 및 민전과 남로당을 규탄하고싶습니다. 살인과 방화의 책임이 그들에게 있기 때문입니다. 모든 정치단체를일괄적으로 규탄하는 것이 아닙니다. 모든 청년단체를 불법이라고 규탄할 수도없다고 생각합니다.

의장 : 그러한 단체들을 위한 계획이 있다면 말씀해 주시겠습니까? 다소 혼란스럽군요.

조병옥 : 본인은 여러분들이 관련된 사건을 그저 언술로만 전해 들었다는점이 심히 유감입니다. 여러분들은 본인이 진술한 이야기를 반드시 들어야 합니다. 여러분들은 다양한 곳에서 제기하는 항의로 부담을 느끼셨을 겁니다. 그래서 한국의 명확한 그림(전체적인 상황)을 보여드렸습니다.

의장 : 현 분과위원회의 임무는 자료를 수집하여 위원단에 보고 하는 것입니다. 이렇게 하는 이유는 시간 절약 때문입니다.
전반적인 청년운동과 관련하여 특별히 말씀하시고 싶으신 바가 있습니까?

조병옥 : 국립경찰의 일반정책에 대해 말하고 싶은 바는 모든 정당에 대한

취급은 민주주의 원칙인 불편부당성에 기초한다는 점입니다. 언론의 자유를 보장할 수 있는 유일한 방식입니다. 이것이 살아 있는 유기체로서 사회의 건전함을 보장하기 때문입니다. 그러나 이 불편부당성의 참된 적용이란 정치활동이 법과 질서에 따라 이루어지며, 국가의 생명을 위협하지 않는 곳에서 유지될 수 있습니다. 영국과 미국 같은 국가에서는 보수당과 노동당, 혹은 민주당과 공화당의 차이를 두고 대우하지 않습니다. 이 정당들은 자신들의 정치이념과 기준에 따라 그리고 헌법적 수단과 절차를 거쳐 국가의 영속적인 복리를 증진시키고자 노력합니다. 그러나 오늘날 그리스의 상황을 살펴보겠습니다. 민족주의자와 공산주의자 간의 충돌을 아무런 전제조건 없이 그저 불편부당성의 원칙으로 보아야 하겠습니까? 민족주의자들은 민족의 이해 증진이 목적이지만, 공산주의자들은 외부 지원을 통해 파괴활동을 벌일 뿐입니다. 동일한 문제가 한국에도 있습니다. 거칠게 말하면, 남한에도 서로 충돌하는 두 개의 정치세력, 즉 민족주의 그룹과 공산주의 및 이들의 지원세력이 있습니다. 민족주의자들이 민족 재건을 가장 중요하게 고려하는 반면, 공산주의자들은 군정을 파괴하고자 합니다. 공산주의자들은 외부의 지시로 움직이며 민족의 희생을 대가로 소위 국제주의를 실현하고자 합니다. 한 쪽은 애국적이며 준법적인 집단인 반면, 다른 쪽은 민족반역자이면서 분리주의자(local entity)들입니다. 어찌하여 정치적 동질성과 불편부당성이라는 원칙이 이러한 조건하에서 발현될 수 있단 말입니까? 우리는 정당을 비난하지 않습니다. 그저 사실관계에 따라 분석할 뿐입니다. 그들이 불법적인 행위를 자행한다면, 합법적 기관으로 대할 수 없습니다. 이 점을 강하게 지적하고 싶습니다. 한 정당의 활동이 합법적이라면, 본인은 그 정당을 보호할 것입니다. 우리는 이상(ideals)을 두려워하지 않습니다. 결국 인간의 존재이유와 지혜만이 그 문제를 해결할 것입니다.

의장 : 경찰관의 정당 입당이 허용됩니까?

조병옥 : 입당을 금지하는 명령은 내리지 않았습니다. 그러나 어떠한 정치활동에도 관여하지 말도록 했습니다. 개인적으로 입당은 허용하나, 정치활동은 금지했습니다. 현재 소수의 경찰관만 입당한 상태입니다.

의장 : 당신은 입당한 상태입니까?

조병옥 : 한국민주당의 평당원입니다. 한 때 창당 멤버였고 주요 직위에 있었습니다. 아놀드 장군에게 다음과 같이 말한 적이 있습니다. "나는 이제 경찰에 몸담지만 어떠한 정치활동도 하지 않을 것입니다". 그러나 한국은 민주국가가 되어야 합니다. 이제 대중에게 그러한 원칙들을 설득할 수 있는 정당이 있어야 한다고 생각합니다. 군정에 몸담고 있는 자들이 현재 적을 둔 정당 및 사회단체에서 탈퇴한다면, 여러분은 한국의 실질적인 민주주의 발전을 어떻게 예견할 수 있겠습니까? 비록 본인은 당적을 유지하지만, 정치활동에 개입하지 않을 것임을 여러분께 보장합니다.

의장 : 그 진술은 어느 경찰관이 특정 정당에 가입해 있을 수도 있다는 말인가요?

조병옥 : 용납할 수 없습니다. 그러한 경우가 있다면, 당장 내쫓을 것입니다.

의장 : 선거와 관련하여 경찰의 역할은 무엇입니까?

조병옥 : 본인은 선거법 입안을 위해 세부사항을 연구할 위원회를 지명하였습니다. 사본이 필요하시면 보내드리겠습니다. 그러나 경찰에게 일반훈령을 내렸습니다. 1948년 1월 22일자 명령입니다. 다음과 같습니다.
"유엔한국임시위원단 위원들이 이제 선거를 감시하기 위해 여기에 왔다. 한

국인의 참된 바람을 이루기 위해서는 자유로운 환경이 조성되어야 한다. 따라서 귀관들은 선거기간 동안 이를 염두에 두고 인권을 보호하라. 각 개인의 바람이 진실로 표현되기 위해서이다. 따라서 경무부장으로서 나는 귀관들에게 공공질서와 안녕이 위협받지 않는 한 이 원칙의 준수를 명령한다."

이것이 본인이 하달한 내용입니다. 또한 다음과 같이 촉구하였습니다.

"귀관들은 다음을 명심하길 바란다. 모든 종류의 집회 신청은 허용된다. 그리고 체포는 오직 증거에 의해 이루어져야 한다. 증거가 없다면 즉시 석방하라. 신문기사, 포스터, 대자보 등이 폭동을 고무하지 않는다면 관련자들을 처벌할 수 없다. 유엔위원단 위원이나 군정을 비난한다고 해도 그것이 체포의 정당성을 담보하지는 않는다. 게다가 모든 국립경찰은 투표권을 가지지만, 어떠한 정치활동에도 개입할 권리는 없다".

의장 : 매우 분명한 명령이군요. 다른 질문이 있습니다. 오늘날 한국에서 자유로운 선거 실시를 방해할 조건이 있다고 보십니까?

조병옥 : 자유선거를 방해할 조건은 없다고 생각합니다.

의장 : 현시점에서 자유선거를 방해할 만한 것이 전혀 없습니까?

조병옥 : 그렇습니다. 물론 본인은 매일 북한이 남한의 선거 실시를 방해할 움직임을 벌이고 있다는 정보를 받습니다. 북한과 남한 내 동조세력이 문제를 일으키지 않는다면, 자유로운 선거를 실시할 수 있다고 생각합니다.

의장 : 자유로운 분위기 조성과 관련하여, 선거는 당신과 당신이 지휘하는 경찰의 통제에 달려있지 않습니까?

조병옥 : 그렇습니다. 그것은 본인의 책임입니다.

의장 : 경무부장으로서 당신은 유력한 지위에 있습니다. 군정장관의 명령이나 개입과 별개로 당신이 경찰을 관리할 수 있는 법률이 있습니까?

조병옥 : 본인은 분명 유력한 지위에 있습니다. 저의 손에 엄청난 권력이 있다는 사실을 잘 알고 있습니다. 그리고 한국과 군정에 충성해야 한다고 생각합니다. 본인은 이 권력을 지혜롭고 정의로우며 공정하게 행사해야 합니다. 이것이 말하고 싶은 바입니다.

스스로를 중도파라고 부르는 사람들이 많습니다. 그러나 저보다 한국의 자유주의 실현을 열망하는 사람은 없다고 생각합니다. 본인이 컬럼비아대학에 있을 때 매주 2과목의 강의를 들었습니다. 이 강의들은 사회주의를 다루었습니다. 심코비치(Simkhovich) 교수가 진행하였습니다. 또한 저는 역사유물론을 공부했습니다. 헤겔철학도 배웠습니다. 자랑하려는 것이 아닙니다. 그저 여러분께 저의 경험을 말씀드리는 것이며, 공공의 복리를 지키기 위해 경찰을 옹호하는 것일 뿐이지 지주나 독점자본가를 위한 것이 아님을 밝히는 바입니다. 우리는 스스로의 물질적 삶과 조건을 개선하고 있습니다. 비록 절대적이지는 않더라도 상대적이나마 그 이익을 공유해야 한다고 생각합니다. 이것이 제가 믿는 바이며 이러한 정치적 원칙을 발휘할 기회가 있다면, 기꺼이 그렇게 할 것입니다. 그래서 저는 경찰권을 행사함에 있어, 모리배나 자본가를 위하지 않을 것입니다. 오늘날 우리는 매우 중대한 상황에 처해 있습니다.

의장 : 사실 먼저 드렸어야 하는 질문이 하나 있습니다. 일반 행정조직과 경찰 간의 협력문제입니다. 우리는 이미 다양한 진술을 접했으며, 행정기관과 경찰 간에 긴밀한 협력이 이루어지지 않고 있음을 암시했습니다. 어떤 도(道)에서는 도지사가 경찰의 손아귀에 있다고 파악하였는데, 경찰이 주요 지방을 사실

상 장악하고 있기 때문입니다.

경찰이 도시의 행정업무를 직접 수행하기란 어렵습니다. 경찰이 대민 행정을 담당하기란 쉽지 않기 때문입니다. 그래서 경찰의 행정업무 수행은 거의 불가능할 수 있습니다. 우리가 입수한 일부 진술에 대해 소개한 것뿐입니다. 경찰과 행정조직 간의 협력은 어떻게 생각하십니까? 여전히 정리해야 할 난점들이 있나요? 아니면 앞서 언급한 진술이 잘못된 것입니까?

조병옥 : 그 점은 다소 아쉬움으로 남습니다. 오랫동안 도지사와 시장들이 제기한 불평을 알고 있습니다. 그들은 제가 협력하지 않았다고 불만을 표해 왔습니다. 해당 문제를 검토한 바 있었습니다. 도지사 및 시장과 긴밀한 협력을 위한 절차를 마련하였습니다.

본인이 지역경찰에게 지시하면, 도지사나 시장은 쉽게 협력을 얻을 수 있을 것입니다. 그러나 도지사가 미약하거나 직무를 잘 이해하지 못할 경우, 상급기관에 불만을 표시하는 경우도 있습니다.

작년 7월 도지사와 군정의 부장 간 합동회의에서 이 문제를 다루었습니다. 저는 다음과 같이 말했습니다. "여러 국립경찰에게 도지사와 협력하도록 명령을 내리겠습니다. 어느 경찰관이 본 명령을 어긴다면 나에게 말씀하세요. 고치겠습니다". 또한 방어체계가 없기 때문에 중앙집권화 된 경찰의 중요성을 설명했습니다. 평화와 질서유지가 매우 어려워 우리가 집중된 힘을 가져야 한다고 설명했습니다. 이후 또 다시 불만이 제기되었는데, 이번에는 도지사가 아니라 검사였습니다. 검사와 수사관 간의 협력 부족 문제를 제기하였습니다. 정부는 경찰력을 가져야 합니다. 그리고 우리도 곧 그리 되리라 생각합니다. 도지사, 시장과 국립경찰은 긴밀한 협의를 가져야 하지만 동시에 매우 조심해야 합니다.

의장 : 우리의 관심사는 다음과 같습니다. 행정조직과 경찰의 협력이 어떤 식으로든 결합되지 못하고 또한 경찰력이 여전히 일제에 복무한 경험에 바탕

을 두고 있다면, 경찰에게 지나친 권력을 부여한 일제 체제로부터 벗어나지 못할 가능성이 충분히 상존합니다. 경찰은 실질적으로 압도적인 힘을 가지고 있습니다. 그리고 일제가 행한 방식이 그대로 한국에도 통용되고 있습니다. 즉, 경찰은 지배력을 갖고 있습니다. 경찰은 사실상 행정조직을 지배하고 있습니다. 그래서 우리가 다음과 같이 생각하고 있음을 아셔야 합니다. 당신은 구태에서 벗어나 있다고 생각합니다. 악습을 교정하고 있다고 우리에게 말했습니다. 그리고 당신의 배경, 지식 등을 고려해 보았을 때, 그것은 확실하다고 생각합니다. 그러나 현시점에서 경찰에게 과도한 권력을 부여하고 행정조직을 부차적으로 만들어버린 일제 체제로부터 여전히 크게 벗어나 있지 못한 것으로 보입니다. 제가 완전히 잘못 이해했나요, 아니라면 그러한 가능성을 차단할 수 있는 계획이 있습니까?

조병옥 : 물론 법 집행기관으로서 국립경찰은 막강한 힘을 가집니다. 그러나 남한의 일반사면(general amnesty)에 개입하지 않습니다. 우리는 제한된 힘을 가지고 있습니다. 법과 질서를 유지하는 권한이 있기는 합니다. 그러나 경찰은 정책을 관철시킬 수 없습니다. 정부 내 인사에도 개입할 수 없습니다.

의장 : 서울을 제외하고 남한전체가 그러하다고 생각하지는 않습니다. 광역경찰(metropolitan police force)로서 서울경찰은 상당히 독립적입니다. 광역경찰이라는 유형은 중앙집권적인 성격을 지닙니다. 생각보다 훨씬 큰 힘을 갖습니다. 독립적으로 활동하는 그 힘이 남한에서 너무나 큰 영향력을 가집니다. 당신이 말하는 경찰의 모습은 아직 잘 조직되어 있지 않으며, 특히 수송문제(transport)와 관련하여 적절한 통제에 있지 않습니다. 수송과 관련하여 큰 문제는 선거기간에 경찰관 개인이 사실상 선거기관이 될 수 있다는 점입니다. 즉, 경찰이 행정을 무시할 수도 있습니다. 또한 이와 별개로 선거지역 전체의 통제권이라는 관점에서 보면, 당신 혼자서 모든 경찰력을 통제하기가 과도하게 어

려울 것입니다. 이 점은 지역경찰이 선거를 특정 방향으로 이끌 수도 있음을 함의합니다.

조병옥 : 아닙니다, 저는 그렇게 생각하지 않습니다. 국립경찰은 명령을 준수해야 합니다. 그 명령이 무엇이라 해도 경찰관 개인이 변경할 권한이 없습니다. 또한 제가 내린 명령이나 계획을 변경할 것이라고 생각하지 않습니다. 이는 그들이 훈련받아온 원칙입니다.

의장 : 당신에게 절대적으로 복종한다고요?

조병옥 : 그렇습니다, 예외는 없습니다.

의장 : 혹시 미국의 경우처럼, 경찰을 법무장관 하에 두는 것을 생각해 볼 수 없습니까?

조병옥 : 그 부분은 일본이 빠르게 진행하고 있습니다. 그러나 일본은 분단되지 않았고, 한 외세가 국가 전체를 통제하는 것으로 정치적인 행운을 누리고 있습니다.

의장 : 당신은 관행이 한 번 고착되면 한국인들이 여기에 잘 수긍한다고 했습니다. 일제 식민지를 경험한 한국인들이 잘 따르겠습니까, 아니면 통제를 벗어날까요? 현재 사용하는 방법이 지속될 것이라고 생각하십니까?

조병옥 : 우리는 공동체가 가지는 사회적 사실들을 살펴보아야 합니다. 우리는 한국의 민주주의에 대해 논의하고 있습니다. 그러나 마그나 카르타 이후 700년간 민주주의 원칙을 만들어 온 영국 혹은 미국, 호주, 캐나다 같은 국가들

의 민주주의 원칙을 그대로 적용한다면, 이를 한국에서 바로 실현하기는 어려울 것이라고 생각합니다.

본인은 우리 민족이 가지는 가치를 폄하하지 않습니다. 그러나 한국인은 2,000년 동안의 군주제와 40년간의 일제 식민통치 하에서 살아왔습니다. 우리는 민주주의에 대해 잘 모릅니다. 배운 적도 경험해 본 적도 없습니다. 민주주의 원칙은 일정한 시간을 거쳐 실제 경험과 삶을 통해 배워야 한다고 생각합니다. 그래서 한국에 민주주의를 그대로 적용할 필요가 당장은 없다고 봅니다. 우리는 이 원칙을 앞으로 실천해야 합니다. 또한 우리 민족의 수준을 고려해야 합니다.

의장 : 민주정부가 수립될 때까지 민주주의 제도를 당장 도입하기는 어렵고, 또한 사람들을 잘 통제할 수 있는 제도를 활용해야 한다고 말씀하셨습니다. 제가 정확히 이해한 것인가요?

조병옥 : 그렇습니다. 한국인들은 통일정부를 갈망합니다. 그래야 상황을 통제할 수 있고 현 체제보다 더 빨리 민주주의를 배울 수 있다고 생각합니다.

루나(Pufino Luna, 필리핀) : 늦은 시간까지 흥미로운 정보를 주셔서 감사합니다. 내일 아침이나 오후라도 다시 방문해 주시기 바랍니다. 9시나 10시까지 본 청문회가 지속된다면, 사무총장에게는 과중한 업무가 될 것이기 때문입니다. 이제 분과위원회 위원들이 반대하지 않는다면, 조병옥 씨에게 가능한 시간에 다시 방문해 주시길 요청하고자 합니다.

의장 : 종료할 시간이 되었군요. 조병옥 씨에게 추후라도 재차 방문해 주실 것을 요청합니다.

조병옥 : 재방문을 요청해 주셔서 매우 감사합니다.

의장 : 추가로 질문할 위원이 계신가요?

패터슨(George. S. Patterson, 캐나다) : 조병옥 씨의 답변에 대해 2가지 추가 질문을 하겠습니다. 조병옥 씨의 의도와 생각은 잘 들었습니다. 그러나 주로 행정기관에 있어서의 임명 및 이행 기관 문제만으로 답변이 한정되었다고 생각합니다. 그러나 유엔위원단으로서 우리는 민주적 이념에 부합하도록 선거를 감시할 의무가 있습니다. 그런데 문제는 시공간이 한정되었다는 점입니다. 조병옥 씨가 언급한 한국의 사회상황은 인상적이며, 또한 단시일에 민주주의가 실현될 수 없다는 점에도 동의합니다. 그러나 민주적 관행과 이념에 부합하여 선거를 실시해야 한다는 점에 비추어, 우리는 민주주의 원칙에 입각하여 통제권은 결국 주민들의 손에 있어야 한다고 봅니다. 이러한 사고방식(민주주의)의 긴 역사에서 보건데 입법, 사법, 행정 간의 균형 유지가 필수적이기 때문입니다.

그러나 군정 하에서는 불가능합니다. 조건이 잘 맞지 않습니다. 현 상황에서 민주적 이념과 부합하는 방식으로 선거를 실시하기 어렵다고 생각합니다. 이 문제를 말씀드리고 싶습니다. 조병옥 씨가 (경찰)행정 관료의 직위에서 잠시 벗어날 수 있는지 또는 선거기간 중에 도입될 규정이나 개혁에 관하여 구체적이고 실질적인 방안이 있다면 말씀해 주시기 바랍니다. 이는 선거가 자유로운 분위기에서 실시되기를 희망하는 우리에게 확실한 안전장치가 될 것입니다. 당신의 청렴함, 계획, 혹은 목적만으로는 충분하지 않습니다. 다른 민주사회에 있었던 제약보다도 그 이상의 통제력이 필요합니다.

제한된 기간에 그러한 개혁이나 규정을 마련하는 일이 가능할까요?

조병옥 : 남한에서 자유로운 선거가 실시될 수 있는 유일한 방법은 선거인과 피선거인이 법을 위반하지 않으면서 자신들의 권리를 행사할 수 있도록 외

부의 위협을 막는 일입니다. 그래야 한다고 생각합니다. 현재의 경찰이 이러한 업무를 올바르게 수행할 수 있다고 봅니다.

패터슨 : 우리는 그렇게 보지 않습니다.

조병옥 : 여러분의 국가에 존재하는 기준에 따라 한국에서 자유롭고 안전한 환경을 만들고자 한다면, 여러분께 말씀드릴 만한 대안은 없습니다. 실은 이 때문에 2년간 진행된 미소공동위원회가 결렬되었습니다. 모스크바 결정에 따라 미소공위는 정부를 구성하기 위해 남한에 있는 모든 정당과 사회단체 간의 협의를 요구하였습니다. 정치단체 및 사회단체가 버섯처럼 퍼져 나갔고 각자가 정당을 만들었습니다. 이로 인해 정당들이 비정상적으로 난립하였습니다. 다수의 경우 소위 정당 지도자들이라는 인사들은 자천(自薦)하면서도 그들이 갖는 정견은 상식 밖이었습니다. 여러분들은 남한의 많은 정치 지도자들과 협의를 통해 자유로운 환경 조성을 위한 명확한 방법을 찾으려 합니다. 그러나 과거의 경험과 남한에 상존하는 조건을 따져볼 때, 당장은 그 미래가 매우 어둡다고 생각합니다. 여러분들이 무엇을 할 수 있을지 모르겠습니다. 여러분들이 실질적인 협의를 하고 싶다면, 선거 실시를 위한 목적 하에서 한국인들과 협의할 수 있습니다. 이와 관련하여 본인이 어떠한 제안을 할 수 있을지 모르지만, 일종의 예비선거가 가능할 수도 있습니다. 남한 혹은 한국의 대변자로서 공식적으로 협의할 수도 있습니다. 제가 보기에 그것이 유일하게 가능한 방법입니다. 여러분들은 아마 시간이 그다지 없을 것입니다. 그리고 과도입법의원이 13개월 전에 조직되었기 때문에 너무 늦었습니다. 이들 의원 중 절반이 군정장관의 지명이며, 나머지는 선거로 선출되었습니다. 그래서 민주적 관행에 부합하는 방식으로 정부기관을 정비할 수 없습니다. 위원단은 시간이 없습니다. 유엔총회가 여러분에게 어느 정도의 시간을 부여했는지 모릅니다. 그러나 정부체계 개혁 및 선거 실시를 위한 실질적인 수단에 대해 제가 무엇을 제시할 수 있는지 모르

겠군요. 여러분들은 현실을 직시해야 합니다. 여러분들에게는 각자 국가의 정부체계가 있고 모든 종류의 사회적 의견 표시를 할 수 있습니다. 저는 위원단이 그러한 사회적 사실들을 적절히 평가할 수 있다고 생각합니다. 한국인의 복리를 위한 가장 실현 가능한 해결책은 여러분께 달려 있습니다. 이에 대한 개혁과 모든 사안을 이야기할 시간은 없다고 봅니다. 시간이 부족합니다.

의장 : 지금까지의 진술에 대해 우리 모두는 조병옥 씨에게 감사드립니다.

조병옥 : 여러분이 시간을 허락하시면, 기쁜 마음으로 다시 방문하겠습니다.

의장 : 감사합니다.

(청문회는 오후 6시 25분에 종료됨)

제15차 회의 전문(全文)기록[1]
1948년 2월 3일 화요일 오후 3시 30분, 서울 덕수궁

의장 : 잭슨(S. H. Jackson, 호주)

청문 : 장건상(張建相)

의장 : 유엔한국임시위원단 제2분과위원회 제15차 회의를 시작하겠습니다.

의장 : 근로인민당(勤勞人民黨, the Labouring People's Party) 당수인 장건상 씨를 소개합니다. 장건상 씨는 우리의 이목을 끄는 단체에 대해 말씀해 주실 것입니다.

(장건상이 착석함. 황진남(黃鎭南)과 동행함)

의장 : 장건상 씨는 곧바로 진술하지 않기를 희망합니다. 그래서 자유선거를 위한 분위기 조성과 관련된 일반문제를 질문하겠습니다.

자유로운 선거 실시를 위한 분위기 조성 문제를 다루는 분과위원회(제1분과위원회)는 다음과 같은 사항을 요구합니다. 표현, 언론 그리고 정보의 자유, 집회 및 결사의 자유, 이동의 자유, 임의동행 및 구금 또는 폭력과 협박에 대한 보호입니다. 질문은 다음과 같습니다. 귀하가 보기에 자유선거를 위한 분위기와 부합하지 않는 조건 및 법률·규정 그리고 법령이 있는가, 그리고 있다면 이를 개선하기 위해 필요한 법적 혹은 실질적 조치는 무엇이라고 생각합니까?

---

1   Document A/AC.19/SC.2/PV.15.

장건상 : 본인은 언론 및 여타의 자유를 매우 희망합니다. 그러나 우리는 실질적인 실천을 요구합니다. 우리는 실질적으로 자유로운 언론, 그리고 자유로운 집회의 권리를 가져야 한다고 말하고 싶습니다. 군정 하에서 우리는 이러한 자유를 누릴 수 없습니다. 공법(남조선과도입법의원 공법 제5호) 규정은 만족스럽지 않습니다. 본 공법이나 자유로운 행동을 방해하는 어떠한 조항도 반드시 수정되어야 합니다.

의장 : 혹시 평소 염두에 두신 군정의 규정이 있나요?

장건상 : 구체적인 내용은 황진남 씨가 상세히 진술할 것입니다. 포고령 제2호는 군정에 대한 적대행위자에 대해서는 구금뿐만 아니라 사살까지도 규정하고 있습니다. 또한 미군정법령 제55호는 군정에 저항한 자는 누구라도 어떠한 형태로든 처벌할 수 있도록 규정하였습니다. 여하튼 법의 문제는 아닙니다. 문제는 남한에서 경찰이 실질 권력이라는 것입니다.

의장 : 3명 이상의 집회를 금지하는 규정이 있다는데, 사실입니까?

황진남 : 경찰 허가 없이 3명 이상이 집회를 개최하는 것을 금지하는 규정이 있습니다. 물론 이 규정은 매우 임의적입니다. 경찰은 누가 참여하는지 묻습니다. 실질적으로 그들은 판사나 다름없습니다.

장건상 : 중앙 경찰의 명령은 아닌 것처럼 보입니다만, 경상남도에서는 3명까지 함께 할 수 있지만 경상북도는 5명까지입니다. 다른 도의 규정은 잘 알지 못합니다.

의장 : 경찰이 자신의 권한을 넘어선 행위를 한 사례를 혹시 알고 계신가요?

짐작컨대 군정 규정은 폭동이나 소요를 막기 위한 것 같습니다. 그런 경우가 일반적이었습니까?

황진남 : 다양한 사례를 말씀드릴 수 있습니다. 예를 들어, 제 친구인 서울대 사회학 이송박(Mr. Lee Song Pak) 교수가 있습니다. 어제 그는 Tygun[2]을 방문했습니다. 그의 고향이었고 자연스럽게 친구 몇 명을 만났습니다. 그런데 경찰이 그를 체포했습니다. 저는 군정에 대해 그를 석방하도록 요청했습니다. 경찰은 그가 폭동에 참여했고 또한 공산주의자라고 군정에 보고하였습니다. 그는 공산주의자가 아닙니다. 민족주의자입니다. 그러나 경찰은 편의대로 보고하였고 군정은 이 보고서를 믿었습니다.

의장 : 그저 한 개인으로서 체포한 것입니까?

황진남 : 이송박 교수가 집회를 할 권리가 없다는 구실을 늘어놓았습니다.

의장 : 실제 집회를 했습니까?

황진남 : 그는 고향을 방문한 것이고 자연스럽게 친구를 만난 것뿐입니다. 경찰이 어느 정도는 알고 있었습니다. 당일에 체포하였는데, 그가 폭동을 일으키기 위해 내려왔다고 주장했습니다. 그러나 사실이 아닙니다. 브라운(Albert E. Brown) 장군에게 말해서 석방시켰습니다. 그가 공산주의자였다면, 서울대학교 사회학 교수가 될 수 없었을 것입니다. 이 사례는 경찰이 전횡을 하고 있음을 보여줍니다. 경찰문제에 대해서는 소위 '한미공동회의(American-Korean Conference)'에서 자세히 검토하였습니다. 김규식(金奎植)도 말한 바 있습니

---

2 '대전' 혹은 '대구'인 듯함.

다. 그러나 어떠한 조치도 취해지지 않았습니다. 이럴진대 같은 이야기를 반복해봐야 무슨 소용이 있겠습니까?

의장 : 우리의 입장은 다음과 같습니다. 위원단의 임무는 자유롭게 협의하는 동시에 정보를 수집하는 것입니다. 죄송하지만, 이 점을 유념해 주십시오. 무의미하게 느껴지는 일이라도 말씀해 주셔야 합니다. 그것은 우리가 원하는 정보이기 때문입니다. 불법집회 명목으로 체포되었으나 현재 석방된 인사에 대해서 우리는 보고를 받았습니다.

황진남 : 현 상황에서 경찰은 거대한 정치조직입니다. 부정할 수 없는 사실입니다.

의장 : 앞서 언급한 표현의 자유, 집회의 자유, 그리고 임의동행과 구금 문제에 대해 질의하겠습니다. 경찰은 군정이 공포한 규정을 어느 정도로 준수합니까? 경찰을 독립적인 기관으로 볼 수 있을까요?

황진남 : 경찰이 군정규정과 별개로 활동한다고 말할 수는 없습니다. 그러나 종종 경찰은 그릇되게 행동하며, 군정은 사후에 사태를 진정시킵니다.

의장 : 귀하의 단체에서 개별적으로 경찰문제를 제기한 적이 있습니까? 경찰이 귀하의 단체를 조사하거나 혹은 업무를 방해한 일이 있습니까?

장건상 : 다수의 사례가 있습니다. 공개적으로 방해하지는 않았지만, 경찰은 여러 번 시도했습니다. 예를 들어, 근로인민당은 군법을 위반한 적이 없습니다. 경찰이 우리 당원을 체포한다면, 반드시 이유가 있어야 합니다. 증거가 없음에도 불구하고, 경찰이 기소하였습니다. 우리 당원은 오랫동안 경찰서에 구금되

었습니다. 우리는 재판에 회부되길 바랐지만, 경찰은 그들이 원하는 기간 동안 경찰서에 우리 당원들을 구금하였습니다.

의장 : 우리는 경찰 규정에 대해서 많은 이야기를 접했습니다. 현행 경찰 규정은 일제보다 더 강압적이라고 들었습니다.

장건상 : 그 점이 문제입니다. 해방된 한국에서도 여전히 남아있는 일제 경찰관들이 있습니다. 이들은 일제하에서 보유한 권한을 재차 행사합니다. 한국인들은 이를 용납하지 않을 것입니다. 우리는 참된 해방을 원합니다. 그러나 여전히 친일세력이 경찰에 남아있는 상태입니다.

의장 : 현 상황에서 자유선거가 가능한지, 혹은 자유선거를 위해서는 좌익도 공정한 기회를 가져야 한다고 보십니까?

장건상 : 현재의 일반적인 상황에 비추어 본다면 그렇지 않습니다.

의장 : 어떠한 변화가 있어야 할까요? 또한 무엇이 필요합니까?

장건상 : 실질적으로 자유가 보장된 언론과 군경의 방해를 받지 않는 집회의 자유가 있어야 합니다.

의장 : 어떻게 그와 같은 일이 가능하겠습니까?

장건상 : 우리를 그대로 놔두면, 우리 스스로 해나갈 수 있습니다. 그러나 개입이 이루어진다면 가능할 수 없습니다. 한 가지 예를 들겠습니다. 1945년 8월 15일 해방 이후 미소 양군이 한국에 들어오기 전부터 일본군이 떠난 후까지 한

국인들은 모든 것을 스스로 운영하였습니다. 한국인들은 모두 훌륭한 질서를 유지하였습니다. 우리 민족은 현재와 같은 심성을 갖고 있지 않았습니다. 그러나 미소 양군이 한국에 진주했을 때, 한국인들은 분열되었습니다. 한국인들은 본래 분열되어 있지 않았습니다. 그러나 소련군이 북한에, 그리고 미군이 남한에 진주했습니다. 한국인들은 양군에 의해 분열되어 버렸습니다. 이로 인해 한국민족에게는 슬픈 상황이 도래하였습니다.

여러분들이 개입하지 말고 한국인들에게 맡긴다면, 우리는 스스로 헤쳐 나갈 것입니다. 이러한 이유로 본인은 1945년 8월 15일 일제가 철수한 후 벌어진 일에 대해 언급하고자 합니다. 미소 양군이 한국에 진주하지 않았다면, 우리는 스스로 안정적인 질서를 구축했을 것입니다. 그러나 이제 한국인들은 미소 양측으로 분열되었습니다. 유감스러운 상황입니다.

의장 : 현 상황에서 선거가 3월 31일 이전에 실시되어야 한다고 보십니까?

장건상 : 아닙니다. 그렇게 생각하지 않습니다. 불가능합니다.

의장 : 언제 선거가 가능하리라 생각하십니까? 우리는 선거가 한반도 전체를 위한 출발점이 될 것이라고 생각합니다.

장건상 : 한국인을 그대로 두어야만 가능하다고 말씀드리고 싶습니다. 군정 하에서 사실상 자유는 없습니다.

의장 : 군정 하에서는 자유가 없다는 것입니까?

장건상 : 그렇습니다.

의장 : 군정이 신속하게 종식되기를 바라시는군요. 전적으로 동의합니다.

장건상 : 군정이 개입하지 않고, 한국인들이 스스로 나서게 해야 합니다. 유엔은 우리가 하는 것을 지켜보기만 하면 됩니다.

의장 : 현 시점에서 말씀하신 내용을 현실화하기 위해서는 어떻게 해야 할까요? 남한의 누구에게 통제권을 부여해야 한다고 보십니까?

장건상 : 우리는 특정 정당에 의한 통제를 원하지 않습니다. 좌우 양측이 협력해야 합니다. 우리는 우리 민족을 좌우 양 진영으로 분리시키는 것을 원하지 않습니다.

의장 : 혹시 현 시점에서 선거가 실시된다면 좌익과 우익 가운데 어느 쪽에서 선거를 통제할 수 있으며, 한편으로는 좌익이 공정한 기회를 가지지 못할 것이라고 말씀하시는 것입니까?

장건상 : 우익이 득세한다면 좌익은 기회를 얻지 못할 것입니다. 좌익은 배제될 것입니다.

의장 : 만약 통제권을 확보하게 되면, 어떻게 하시겠습니까?

장건상 : 귀하에게 말한 바와 같습니다. 미소 양군이 한국 민족에게 개입하지 못하도록 할 것입니다. 한국인 스스로 할 수 있는 조치를 강구할 것입니다.

의장 : 군정이 최대한 빨리 나가야 한다는 것이군요. 알겠습니다. 그러나 이를 위해서는 무엇을 해야 할까요? 미소 양군은 현재 남북한에 있지 않습니까?

그들이 철수하도록 할 수 있을까요?

장건상 : 그렇게 된다면 우리는 환영할 것입니다.

의장 : 귀하의 입장은 남북에서 점령군의 철수, 그것도 즉시 철군입니다. 한국문제에 개입하지 않는다면 스스로 잘 해나갈 것이라고 하셨습니다. 그러나 이는 외국군 철군보다 더 많은 조건이 요구됩니다. 철군이 이루어지기 전까지 무엇을 해야 한다고 보시나요? 누가 통제해야 할까요?

장건상 : 본인의 제안은 다음과 같습니다. 미소 양군의 철수는 4월말까지가 적절하다고 말씀드리고 싶습니다. 그러면 남북에 있는 한국인들이 함께 만나 외국 군대의 개입 없이 모든 문제를 논의하게 될 것입니다. 미소 양군은 한국의 국내문제에 대해 어떠한 개입도 해서는 안 됩니다. 즉시 철군이 어렵다면 정해진 시간까지 주둔하고, 한국인들이 무엇을 하든 지켜만 보아야 할 것입니다. 그러면 우리 스스로 한국의 통일을 위한 길을 찾을 수 있을 것입니다. 우리는 민족자결을 위한 기회를 원합니다. 그러나 이러한 기회가 없었습니다. 미소 양군이 주둔한 이후 스스로 통일을 위한 기회를 가질 수 없었고, 지금 그 대가를 치르고 있는 것입니다.

의장 : 위원단이 미소 양군의 철수를 제안할 수 있습니다. 그러면 4월 30일까지 점령군이 철수한다면 어떠한 결과가 발생할까요? 경찰은 여전히 여기 있을 것이며, 우익단체는 남한 정부에게 정권을 넘겨주게 될 과도정부 및 경찰과 긴밀한 관계에 있습니다. 이 경우 귀하는 어디에 위치합니까? 이러한 상황이 만족스러운가요?

장건상 : 가능하다면 유엔위원단이 우리에게 호의를 보여줄 수 있습니다. 남

한에서 미군을, 북한에서 소련군이 철수하도록 해주십시오. 북한에 군사조직이 있다는 말이 있습니다. 그러나 남한에도 군사조직, 즉 국방경비대(南朝鮮國防警備隊, national defence force)가 있습니다. 게다가 청년단체도 있습니다. 이들은 현재 무장되어 있지는 않으나 군사조직 창설을 위한 준비가 되었습니다. 그러나 한국인들이 방해를 받지 않는다면 이 조직들은 군사조직이 아닌 민간조직이 될 것입니다. 군사적 방식이 아니라 정치적 방식이 될 것입니다. 한국인들이 방해 받지 않는다면 유엔은 한국인들이 운영해 가는 방식을 감독할 수 있을 것입니다. 이것이 제가 여러분에게 바라는 바입니다.

의장 : 귀하가 어떠한 계획을 염두에 두고 있는지 알고 싶습니다. 외국 군대의 철수를 바라시지만, 철군 이후 어떠한 세력이 한국의 정부 수립 이전까지 통제권을 보유하게 될까요? 한국은 혼란스러운 상태에 빠질 것입니다.

장건상 : 이 부분에 있어 저는 외국 군대가 특정일자, 즉 4월말까지 철군하기를 희망한다고 말씀드렸습니다. 지금부터 4월말까지 유엔위원단이 여기에 머물면서 감독과 도움을 줄 수 있습니다. 남북의 한국인들이 서로 만나 정치문제와 질서유지에 대한 방법을 논의할 것입니다. 미소 양군이 남북을 방해하지 않는다면, 우리가 무엇을 할 수 있는지 보여줄 자신이 있습니다. 방금 말씀드렸듯이, 해방 이후 우리는 그렇게 한 적이 있고 미소 양군이 철수한다면 지금이라도 할 수 있습니다. 우리는 자신이 있습니다.

의장 : 미소 양군의 철수 전후로 귀하가 말하는 회담이 열릴 수 있을까요? 귀하가 우려하는 청년조직이나 여타 무장집단이 혼란을 부추기거나 경우에 따라서는 귀찮게 할 수도 있음을 말하는 것입니다.

장건상 : 즉시 철군을 환영하지만, 4월말까지 주둔해도 좋습니다. 그러나 이

경우는 개입이 아니라 감찰할 뿐입니다.

의장 : 미소 양군은 누구에게 통제권을 이양해야 할까요? 미소 양군이 다음 주에 철군한다면 당장 그 다음 주부터 여기에는 아무도 없게 됩니다. 어떠한 일이 일어날 것이라고 생각하십니까? 남북에서 누가 통제권을 행사할까요?

장건상 : 중요한 지적입니다. 우리에게 1, 2주의 시간을 준다면 그동안 남북이 서로 만날 수 있습니다. 남북이 자유롭게 왕래한다면, 상호 신속하게 만날 수 있습니다. 1주일 내지는 2주면 충분할 것입니다.

의장 : 남북 간의 유일한 교통편이 오직 열차뿐인데 1주일 내에 오갈 수 있나요? 1주일 내에 어떻게 회담을 열 수 있는지 모르겠습니다.

장건상 : 교통상의 편의만 제공해 주신다면 가능합니다.

의장 : 시간이 너무나 짧습니다. 왕래하기에는 물리적으로 불가능합니다.

장건상 : 일제 강점기에도 기차로 평양까지 가는데 5시간밖에 걸리지 않았습니다.

의장 : 현 시점에서 미국과 소련이 할 수 있는 최선의 준비는 제가 말씀드린 내용입니다. 미국과 소련이 지금은 대화할 수 없기 때문에, 우리는 열차를 준비할 수 없습니다. 우리 분과위원회의 난맥상은 그것만이 아닙니다. 누구라도 예상할 수 있습니다. 귀하는 이를 이해할 수 있는 입장에 있습니다. 우리는 귀하가 생각하는 해결방안을 듣고 싶습니다.

장건상 : 그런 것은 문제가 되지 않습니다. 우리에게 2~3주의 시간, 아니면 1주일만 준다면 북한과 만나 특정한 정치기구를 조직할 수 있습니다. 우리는 외세의 개입 없이 평화를 이룩할 수 있습니다. 단지 2, 3주의 시간만 있으면 됩니다. 그리고 평화와 질서를 보전할 수 있습니다. 공공질서를 위협하지 않을 것이라고 확신합니다. 우리에게 기회만 주시면 됩니다.

의장 : 평화를 유지할 수 있도록 어떻게 도와드리면 될까요? 여기에는 군정이 있습니다. 갑자기 통제가 사라진다면, 그 누구도 남한의 질서를 지키지 못할 것입니다. 우리에게는 힘이 없습니다. 우리는 단지 선거 감시만 할 수 있을 뿐입니다. 조언을 할 수는 있지만, 통제권 이양방식에 대하여 어떠한 도움도 드릴 수 없습니다. 통제권을 확보하도록 지원할 수 없으며, 실질적으로 군정이 없는 한 평화를 유지할 수도 없을 뿐만 아니라 남조선과도정부도 없습니다.

장건상 : 경찰이나 군은 어떠한 개입 없이도 평화를 이룩할 때까지 우리를 도울 수 있습니다. 그들은 우리를 보호할 수 있습니다. 다만, 유엔위원단의 감시 하에서 그럴 수 있습니다. 유엔위원단은 남북에서 군정과 경찰을 감시할 수 있고, 우리의 업무에 대해 실질적으로 감찰할 수 있습니다. 유엔위원단이 여기에 있는 한 사태는 진정될 것이며, 그렇기에 우리는 자신감을 가질 수 있습니다.

의장 : 귀하는 우리가 단지 조언만 할 수 있을 뿐, 미소 양군에 대해 어떠한 통제권도 가질 수 없음을 알고 있습니다. 국내에 대한 통제권을 확보할 수 있는 방안을 제시하거나 회담을 위한 구체적인 대책에 대해 설득시키지 못한다면, 우리는 회담에 관한 제안조차 하지 못할 것입니다. 본인은 귀하가 어떻게 이를 진행시킬지 알 수 없습니다. 귀하가 생각하는 회담에 많은 혼란과 반대가 있을 수 있습니다. 그런데 귀하는 어떠한 외부의 개입 없이 회담을 진행하기 위한 시간을 요구하고 있습니다.

장건상 : 그것이 제가 말하고 싶은 바입니다. 경찰이 오직 질서유지에만 전념하고 여타의 방해를 하지 않는다면, 아무런 소란 없이 진행할 수 있습니다. 우리가 회담을 완수한 다음에는 문제가 달라집니다.

의장 : 시간이 필요하군요. 그것은 괜찮습니다. 그러나 귀하의 계획이나 권고에 대해서는 도와드릴 수 없습니다. 회담문제로 돌아가겠습니다. 남북에서 누가 참여하게 됩니까?

장건상 : 한국인들이 정당하다고 인식하는 정치지도자들입니다.

의장 : 어떻게 진행합니까? 남북 전체의 회담인가요? 모든 정당의 인사들을 초청합니까?

장건상 : 중소 정당은 참여할 수 없으며, 적어도 언론에 다루어진 정당이어야 합니다. 북한에서는 3~4명의 정치인들이 대상이 될 것입니다. 그들은 대표자를 파견하며, 우리도 보냅니다. 잘 알려진 지도자들이 참가할 것입니다.

의장 : 누구인가요? 우익 인사들인가요?

장건상 : 누구든 상관없습니다.

의장 : 상관이 없습니까? 진실로 그들이 누구라도 괜찮습니까? 그러나 누가 그들을 대표로 인정합니까? 유엔위원단이 추천하거나 군정이 추천해도 문제가 없겠습니까?

장건상 : 아닙니다. 우리가 그들을 추천합니다. 우리는 어떤 정당이 남북에

서 영향력이 있는지 알고 있습니다. 우리는 남북 양측에 초청장을 보낼 것이며, 특정한 시간과 장소에서의 회합을 제안할 예정입니다.

의장 : 이승만(李承晩), 허헌(許憲), 김규식(金奎植)을 비롯하여 귀하도 포함됩니까? 남한에서는 어느 정당이 포함됩니까? 그리고 그들은 북한의 정당과 협의할 수 있습니까?

장건상 : 남북의 제(諸) 정당 대표자들이 참석하게 될 것입니다.

의장 : 우리는 귀하가 정당의 참여에 대해 어떻게 결정할지 알고 싶습니다.

장건상 : 북한의 정당은 아마도 북조선노동당(北朝鮮勞動黨)과 조선민주당(朝鮮民主黨)이 될 것입니다. 남한에는 상당히 많습니다.

의장 : 그들을 아주 중요한 정치단체로 간주하겠습니다.

장건상 : 북한에서는 북로당과 조선민주당이 있고, 우리가 조공(朝共)[3]이라고 부르는 정당도 있습니다. 북한에서 세 정당의 대표가 참여한다면, 상당히 만족스러울 것입니다. 중소 정당은 그다지 문제가 되지 않습니다. 남한에는 이승만 박사, 김구(金九) 씨, 김규식 씨가 될 것입니다. 저의 동료들은 본인 또한 거론합니다. 그러나 친일인사나 부역자라고 의심 받지 않는 어느 정당이라도 참여할 수 있습니다.

의장 : 그러한 정당을 누가 정합니까, 그리고 그들의 친일 및 부역행위를 어

---

3 원문은 'the Cho Dung'임. 조선공산당의 음역을 오기한듯함.

떻게 판단할 수 있습니까?

장건상 : 대중은 이미 잘 알고 있습니다.

의장 : 정확히 누구에게 결정할 수 있는 권한이 있다는 말입니까? 누구나 언급할 수는 있습니다. 귀하가 결정할 수 있나요? 제가 결정할 수 있다는 말입니까? 그럴 수는 없지 않습니까? 누가 최종적으로 그 정당들을 회합에 참여하도록 할 수 있다는 말입니까? 누구나 말은 할 수 있겠지만, 대체 누구를 참여시킨다는 말씀입니까?

의장 : 우선 우리는 논의를 위해 각 정당의 중요 인사를 초청하려고 합니다.

의장 : 누구를 초청합니까? 귀하는 "우리"라고 말했습니다. 그러나 누구인지는 언급하지 않았습니다.

장건상 : 그것은 문제가 되지 않습니다.

의장 : 아닙니다, 문제가 됩니다. 누군가는 그것을 해야 하기 때문입니다.

장건상 : 그에 대해서는 경험이 있습니다. 문제로 대두될 사안이 있을 때, 각 정당에 해당 사안을 논의할 회합을 요구한 적이 있습니다. 그리고 그들은 기꺼이 회합에 임하여 문제를 논의했으며, 향후 어떻게 진행할지 결정하였습니다. 누가 진행하는지는 그다지 중요하지 않습니다.

의장 : 다양한 정당을 찾아다니며 논의를 위한 회합을 요청하였을 때, 대부분 도와 주었습니까?

장건상 : 그렇습니다, 항상 와 주었습니다.

의장 : 각 정당을 방문하였다고 해도 모든 정당을 살피지는 못 했을 것입니다. 귀하가 선별한 정당입니까?

장건상 : 아닙니다.

의장 : 친일 정당에는 가지 않았나요?

장건상 : 그렇습니다, 친일 정당은 제외하였습니다.

의장 : 그것이 귀하의 의견이군요. 알겠습니다.

장건상 : 이 점에 대해서 여러분들은 확실히 잘 모르는 것 같습니다. 친일파와 부역자들은 한국의 대중에게 이미 잘 알려져 있습니다. 누가 친일파이고 부역자인지는 너무나 자명하지요. 우리는 다음과 같이 합니다. 친일부역자를 제외하고 각 정당을 방문하여 주요문제를 논의할 때, 우리는 "해결해야 할 어려운 문제가 있습니다. 이에 대해 논의할 수 있도록 시간을 허락해 주시겠습니까"라고 했습니다. 그들은 항상 협조해 주었습니다.

의장 : 본 분과위원회에서 있었던 논의를 생각나게 하는군요. 현재 남한에서 권력을 가지고 경찰을 통제하는 그 정당은 귀하가 친일파 또는 친일부역자라고 규정하는 사람들이었습니다. 그들은 실제로 일제에 부역했습니다. 현재는 강력한 정당입니다. 우리의 희망과는 관계 없이 그들이 가장 강력한 통제력을 가지고 있음을 보여주고 있습니다. 귀하는 그 정당과 거리를 두는군요. 혹시 그들과 접촉해 본 적이 있습니까?

장건상 : 지인들에게 물어보았습니다. 한국 통일에 동의한다면, 어떤 정당도 초청해야 한다고 말했습니다. 그러나 통일에 반대하는 정당이라면 즉, 단정(單政)을 원하는 정당이라면 우리는 배제할 것입니다. 우리는 그런 사람들을 원치 않습니다.

의장 : 이제 논점을 옮겨 보겠습니다. 귀하는 남북한의 단정을 원하는 정당에는 관심이 없다고 말씀하셨습니다. 그렇다면 그들을 지지하는 누구라도 귀하는 배제하겠지요. 그런데 귀하는 단정을 반대하는 정당과 어떻게 논의할 수 있는지 저에게는 아직도 의문입니다. 누가 귀하의 친구인가요? "가서 그 당과 논의하라"라고 말한 사람들 말입니다.

장건상 : 각 정당에 대한 방문 자체는 문제가 되지 않습니다. 방문의 목적 자체가 옳다면, 사람들은 따르기 마련이지요.

의장 : 위원단이 귀하를 도울 방법이 있나요? 이 점이 저의 관심사입니다. 우리는 최대한 돕고 싶습니다. 그 회담이 개최되도록, 군정당국이나 유엔으로 하여금 남북의 모든 정당이 회담에 참석하도록 요구해도 되겠습니까? 세계에서 가장 높은 권위를 지닌 유엔총회가 우리를 보냈음을 잊지 마십시오. 유엔총회는 남북 회담을 지지할 것입니다. 우리가 도울 수 있는 방안은 무엇입니까?

장건상 : 우리가 잘못하고 있을 때, 여러분들이 고쳐주시면 됩니다. 우리가 옳다면, 사태전개에 따라 우리를 도울 수 있습니다. 우리가 어떻게 하는지 감독하시면 될 것입니다. 우리는 여러분의 감시 하에 일을 진행할 수 있습니다. 이것이 여러분들께서 우리를 도울 수 있는 방법입니다. 여러분들이 한국에 있다면, 우리는 매우 신중하게 행동할 것입니다. 한국을 떠나게 되면, 한국인들은 아마도 부주의하게 행동할지도 모릅니다. 여러분들이 한국에서 우리를 지켜봐준

다면, 한국인들은 모든 문제를 매우 신중하게 처리할 것입니다. 이것이 여러분들께서 우리를 도울 수 있는 방법입니다.

의장 : 본인은 귀하가 두 초강대국 군대의 주둔이나 철군을 어떻게 예상하고 있는지 모릅니다. 1945년이라면 달랐을지도 모르겠습니다. 그러나 그 사이 너무나 많은 사안이 대두하였습니다. 아마 우리들 가운데 일부 인사들도 당시에는 그렇게 (미소 양군 철수를) 예상했을지 모릅니다. 그리고 귀하도 그랬으리라고 생각됩니다. 그러나 이제 이야기가 달라졌습니다. 두 강대국이 여기에 있습니다. 그리고 양국은 한 국가의 일부를 자신의 영향권 아래에 두기를 원합니다. 나는 의심할 바 없다고 생각합니다. 그리고 귀하도 미소 양국의 군대가 바로 철군하고 "이제 다시 합시다"라고만 할 수는 없을 것입니다.

장건상 : 귀하가 무슨 말씀을 하시는지 알고 있습니다.

의장 : 이 난점을 극복할 방안이 있다면 말씀해 주시겠습니까?

장건상 : 여러분들이 진실로 한국인을 돕고 싶다면, 근본문제부터 해결해야 합니다. 미소 양군이 한국에 주둔하는 한, 이는 언제나 한국인들에게 비극이 될 것입니다. 이 문제는 중요한 계기를 통해 해결되어야 합니다. 이는 본인이 해방 이후와 현재의 차이점을 지적한 이유이기도 합니다. 지금처럼 미소 양군의 주둔이 지속된다면 한국인들에게 가장 불행하고 슬픈 일이 될 것입니다. 미소공동위원회가 결렬된 후, 우리는 어쩌면 국제적 지원이 이루어질지도 모른다고 생각했습니다. 진정으로 여러분들이 한국 통일을 도와주시길 바랍니다. 그래서 한국 통일에 대해 진정한 도움을 주신다면, 여러분의 감독 하에 남북은 최대한 조기에 효과적인 기구를 조직할 수 있다는 자신이 생길 것입니다.

의장 : 우리의 바람과 귀하의 희망은 정확히 일치합니다. 그러나 우리가 무엇을 해야 할지 알 수 없습니다. 미소 양군은 자신들의 필요에 따라 계속 주둔할 것이고, 반드시 계기가 만들어져야 철군할 것이라고 생각하기 때문입니다. 본인은 미소 양군이 철군하기를 간절히 바랍니다. 양측이 귀하의 단체가 활동할 기회를 부여하길 희망합니다.

그러나 양국이 상호 의견이 일치하기 전에 철수를 바라기는 어렵습니다. 이것이 우리의 난관입니다. 한국이 고유의 정부조직을 가져야 한다는 점은 의심의 여지가 없습니다. 그러나 이 또한 우리가 이루어내기 어렵습니다. 귀하는 현 시점에서 남북 회담이 개최되기를 희망한다고 말했습니다. 북측은 귀하의 뜻에 따르리라고 생각하십니까?

장건상 : 그렇게 생각합니다.

의장 : 북한이 회담에 참여할까요? 회담은 위원단의 제안을 통해서만 열릴 것이라고 생각합니다. 유엔위원단이 점령군 측에 회담이 개최되어야 한다고 제안할 경우, 북한이 동의할까요? 귀하가 할 수 있는 다른 방안이란 사실상 명확해 보이지 않습니다. 그저 제안만 할 수 있을 뿐입니다. 혹시 귀하가 위원단으로 하여금 점령군에게 다음과 같은 제안을 하도록 요청한다면, 그들과 협의해 볼 수 있습니다. "남북 모두의 치안을 한국인 손에 넘기고 청년단체를 무장해제 시킨다면, 한국의 어떠한 지역도 위험에 빠지지 않을 것이다"라는 제안입니다. 이런 조건하에서 한국인들의 회담 개최와 미소 양군의 철군을 제안할 수는 있습니다. 그러나 현실적으로는 어렵습니다.

귀하는 미소 양군이 우선 철군해야 한다고 요청합니다. 그러나 위원단이 이를 요구하기는 어렵습니다. 본 분과위원회는 현 상황에 대한 정보를 파악하기 위해 조직되었습니다. 아 점이 위원단이 가지는 한계입니다. 귀하는 우리에게 도움이 되는 현실적인 제안을 해줄 수 있습니까?

장건상 : 매우 어려운 질문이군요. 유감스럽게도 본인은 북한으로 하여금 위원단의 권위를 인정하게 할 수 없습니다. 북한이 위원단을 받아들인다면, 문제는 생각보다 쉽게 해결될 것입니다.

의장 : 귀하는 회담이 개최될 경우 북측의 인사들이 파견될 것이라고 말했습니다. 북한에서 온 인사들이 점령군에 대하여 한국인만이 회담에 참여해야 한다고 설득할 수 있을까요? 그것이 가능하리라 생각하십니까?

장건상 : 그렇습니다. 이 문제에 대해 본인은 북측의 인사들이 우리와 뜻을 함께 할 것이라고 확신합니다.

의장 : 왜 만나지 못하나요? 왜 회담을 열지 못했던 것입니까?

장건상 : 현재는 불가능합니다. 우리가 북한을 방문하면, 경찰에게 체포되어 구금당할 것입니다.

패터슨(George. S. Patterson, 캐나다) : 그렇다면 어떤 조치가 필요합니까?

장건상 : 자유롭게 왕래할 수 있어야 합니다. 월경은 현재 불법입니다.

왕공싱(王恭行, Gung-Hsing Wang, 대만) : 이 문제를 그런 식으로 다루면, 즉 점령군이 개입하지 않거나 또는 남한 경찰이 방해하지 않는다면, 남북 지도자 간의 회담이 가능하리라 생각하십니까?

장건상 : 그렇습니다. 가능하다고 봅니다. 믿기지 않으면, 일단 우리에게 기회를 주십시오.

패터슨 : 제가 보기에 장건상 씨는 매우 분명해 보입니다. 귀하는 회담 개최를 희망하지만, 문제는 회담이 열릴 수 있는 방안입니다. 일개 청취자로서, 본인은 이 점을 말씀드리고 싶습니다. 어떻게 해야 회담이 열릴 수 있을까요?

장건상 : 이 문제를 우리가 해결할 수 있도록 기회를 주십시오, 우리 스스로 해결할 수 있습니다. 여러분께 회담을 개최해달라는 말이 아닙니다. 우리 스스로 그렇게 할 수 있는 기회를 부여해 주십시오.

패터슨 : 왜 귀하는 시작하지 않으셨나요? 왜 회담을 열지 않았습니까?

장건상 : 기회가 없었습니다. 북한에서 내려올 수 없었고 남한에서는 올라갈 수 없었습니다.

패터슨 : 회담을 개최할 수 없었다면, 현재 이 사안을 논의해야 하는 이유가 무엇입니까? 비난하려는 것이 아닙니다. 공정하게 말하고 싶을 뿐입니다. 귀하는 회담에 대해 말하고 있습니다. 그러나 회담을 개최할만한 조건이 마련되어 있지 않다면, 사실상 논의를 진전시킬 필요가 없습니다. 귀하는 왜 회담에 대한 계획을 수립하지 않았는지 말씀해 주셔야 합니다. 이미 계획이 수립되어 있지만 할 수 없었던 경우라면, 그것은 별개의 문제입니다.

빅터 후(Victor Hoo, Hu Shih-Tse, 사무차장보) : 제가 장건상 씨의 발언을 판단하건대, 점령군이 한국인의 남북왕래를 막지 않았다면 회담이 개최될 수 있었다는 것처럼 들립니다.

패터슨 : 그렇습니다, 그러나 가능할 것이라고 믿기 어렵습니다.

빅터 후 : 아닙니다, 가능하다고 믿는 것 같습니다.

장건상 : 남북 왕래를 방해하지 않는다면 회담을 개최할 자신이 있습니다.

패터슨 : 그럼 왜 개최하지 않는 것입니까?

빅터 후 : 현재 점령군이 남북의 자유왕래를 막고 있기 때문입니다. 장건상 씨가 원하는 것은 한국인들의 자유왕래입니다.

자비(Zeki Djabi, 시리아) : 북한 점령군이 정치 지도자들의 월경을 허용할 것이라고 믿습니까?

장건상 : 그들의 안전이 보장된다면, 올 것입니다.

루나(Pufino Luna, 필리핀) : 충분히 논의가 이루어졌다고 생각됩니다. 검토해야 할 조건들이 너무 많습니다. 어찌 될지도 모르는 상황에서 같은 문제를 계속 논의하는 것은 시간낭비가 될 수도 있습니다. 향후에도 이 문제는 계속 논의해야 합니다. 회담을 찬성하는 사람들이 있지만, 회담이 개최되기 전에 몇 가지 조건들이 해결되어야 합니다. 우선 집회의 자유입니다. 누군가는 이들의 안전을 보장해야 합니다. 우리에게 집회나 안전을 보장할 수 있는 자격이 있나요? 이것이 문제입니다. 우리가 이러한 위치에 있지 않다면, 이 문제를 논의하는 일은 소모적입니다.

마네(Olivier Manet, 프랑스) : 위원단이 추후에 현 상황 및 제안사항을 검토할 필요가 있습니다. 시간문제를 제외하고, 우리는 오직 제기된 제안에만 주목해야 합니다. 검토해야 할 상황이나 조건 혹은 '가정(if)'이 너무 많다면, 이를 전부 다루기 어렵다는 루나 씨의 견해에 전적으로 동의합니다. 우리는 오직 구체적인 제안에 집중해야 합니다.

루나 : 그렇습니다. 구체적인 제안과 사실만 다루어야 합니다.

패터슨 : 우리는 여러분(장건상, 황진남)이 구체적인 도움을 요청해 주시기를 말씀드리고 싶습니다. 그러나 지금까지 귀하의 제안은 '가정'에 근거하였습니다. 그러나 이 '가정들'을 현실화 할 수 있는 방법을 제시하지 않는다면, 남북회담은 불가능합니다. 우리는 회담을 성사시킬 수 있는 방안이 필요합니다. 우리는 귀하의 계획을 모릅니다. 그래서 그 방법을 알려주시기 바랍니다. 우리도 귀하와 같은 어려움에 처해 있습니다.

황진남 : 장건상 씨는 소련이 협조하지 않기 때문에, 우리가 무엇을 할 수 있는지 묻고 있는 것입니다. 귀하는 어떤 입장인가요? 소련이 한국인들의 남북 간 자유왕래를 허용할 가능성이 없다면, 남북 통일정부를 수립할 수 있는 가능성이 있을까요?

의장 : 귀하는 현재 상황을 비관적으로 보시는 것입니까?

황진남 : 본인은 단지 장건상 씨가 언급한 내용을 부연한 것뿐입니다.

패터슨 : 문제를 얼버무려 넘기려는 것이 아닙니다. 그러나 문제를 해결할 시간이 없습니다. 이 분과위원회는 한국인 인사들로부터 정보를 얻기 위해 열렸습니다. 물론 언젠가 해결해야 할 문제이기는 하나 오늘은 아닙니다. 우리가 회담을 열 수만 있다면 그리고 장건상 씨가 우리가 무엇을 해줄 수 있는지 묻는다면, 적절한 논의가 이루어질 수도 있습니다. 그러나 우리는 아직 구체적으로

숙고할 수 있는 수준에 있지 못 합니다.

황진남 : 그 점에 대해서는 잘 알겠습니다.

의장 : 지금 우리 모두가 관심을 갖고 있는 귀하의 계획이 가능성은 있을까요, 그리고 위원단 보고에 도움이 될 만한 것이 있다면 어떤 것입니까? 오늘 우리가 얻은 정보는 그다지 도움이 되지 못할 것 같습니다. 귀하가 어려움에 처해 있다는 점과 해결할 방법이 거의 없다는 것 외에는 없습니다.

황진남 : 이 문제의 유일한 해결책은 소련이 "예스(yes)"라고 선언하는 것입니다.

의장 : 만약 (남북 인사들의) 회담이 특정 시점에 열리게 될 경우 미소 양군은 특정일, 즉 4월 1일에 철군해야 한다는 의견이 이미 제기된 적이 있습니다. 회담이 3월 1일에 개최되거나, 이 때부터 4월 1일 사이에 개최되는 방안이었습니다. 우리가 이 방안을 제안하였습니다. 그러나 이 회담에는 시간이 필요합니다. 귀하가 언급한 회담은 특정한 책임소재를 필요로 합니다. 즉, 만약 남북회담이 합의에 이르고 미국과 소련이 4월 1일에 철군하기로 결정한다면, 모든 사태는 여러분(남북) 자신의 책임에 달려있게 됩니다. 그러나 이 두 방안 중 어느 것도 실현될 수 없습니다. 이미 수립된 계획이 있기 때문에, 귀하가 말한 것처럼 진행하기는 어렵습니다.

황진남 : 말씀 가운데 분명하지 않은 부분이 있습니다. 장건상 씨는 미소 양군 철군에 일정한 기간이 필요하다고 했는데, 이는 해당 기간에 선거가 진행됨과 동시에 잠정협정이 준비되어야 함을 의미합니다. 미소 양군 철수 시에는 이미 정부가 수립되어 있어야 하기 때문입니다. 이것이 그가 말하고자 하는 바입

니다.

의장 : 정확히 보신 것 같습니다. 말씀하신 제안은 다른 측에서 제기한 것입니다. 회담 개최가 가능하다면, 북한 인사들이 회담에 참여할 수 있도록 소련에 압력을 행사해야 한다는 의견이 있었습니다. 오직 한국인들만의 회담입니다. 성사가 가능할까요?

황진남 : 그에 대해 답변하기 어렵군요.

패터슨 : 이 청문회에서 분명 암묵적이기는 하지만, 귀하가 현재 언급하고 있는 문제는 레이크석세스(Lake Success)에서 수 주간 진행된 논의와 같은 것이라고 말씀드려야겠습니다. 소련이 1월 1일에 양군 철수를 제안하였습니다. 그러나 미국이 수용하지 않았습니다. 미국은 다른 제안을 하였습니다. 즉, 유엔위원단이 지명되어야 하며 양군 철수 이전에 의회 및 정부가 수립되어야 한다고 주장하였습니다. 그래서 오늘 본 청문회에서 관련된 논의를 진행하는 것은 그다지 도움이 되지 않습니다. 이미 유엔총회에서 논의되었고 또한 결정되었기 때문입니다. 귀하의 제안은 사실상 부결된 것입니다.

의장 : 유엔에서 논의된 여러 문제 중 하나일 뿐입니다. 레이크석세스에서 (남북)회담 문제가 없었다는 점은 분명하다고 생각합니다.

패터슨 : 아닙니다. 두 가지 제안이 있었습니다. 정부수립 이전 양군 철수 제안은 미국이 거부했습니다. 미국은 정부수립 없는 철군에 분명 동의하지 않았습니다.

황진남 : 개인적으로 미국이 반대했다는 사실은 이미 알고 있었습니다. 총

회에서 전부 검토되었습니다. 그리고 여러분들이 점령군의 동시 및 즉시 철수를 제안한다 해도, 미국은 동의하지 않을 것입니다. 유엔도 동의하지 않을 것입니다. 레이크석세스에서 압도적 다수로 부결되었기 때문입니다. 그래도 여기에 있는 여러분들이 이 점을 표명해주셨으면 합니다.

의장 : 결국 동일한 결론이 됩니다. 우리에게는 현재의 난관을 타개할 정보가 없습니다.

황진남 : 아시다시피 한국은 권력정치의 가장 좋은 예입니다. 여러분들은 다음 사항에 동의하실 것입니다. 국제 정세와 미소 간 대립이 그것입니다. 우리는 양 강대국에 의해 점령되었습니다. 일제가 무조건 항복을 받아들였을 때, 한국에 좌익이나 우익은 없었습니다. 이제 소련이 막후에서 조종하고 있습니다. 어제 미국의 고위관료와 이야기를 나누었습니다. 그는 하지 장군의 정책이 미국 정부의 정책이라고 지적했습니다. 그는 거의 3년간 한국에 있었고, 철군을 단행하지 않았습니다. 하지 장군의 정책이란 무엇일까요? 그의 정책은 철저한 극우세력을 토대로 하는 정당의 창립입니다. 그래서 미국은 극우정당의 배후에 있고 소련은 좌익의 배후에 있습니다. 이 적대관계는 시간이 흐르면서 점점 더 깊어졌습니다.

이는 한국만의 문제가 아닙니다. 위신을 걸고 벌어지는 두 초강대국의 문제입니다. 여러분들은 구체적인 사례와 제안을 희망하고 있습니다. 여러분들은 결국 불가능한 것을 요구하고 있습니다. 여러분들은 우리를 초청하였지만, 본인은 그다지 낙관적으로 보고 있지 않습니다.

패터슨 : 이 두 분이 문제를 선명하게 해 주시는군요. 그러나 우리는 그 문제의 성격을 알고 있습니다. 우리가 관련 업무를 진행할 수 있도록 건설적인 제안을 할 수 없다면, 난관을 헤쳐 나가는데 도움을 주기 어렵다고 생각합니다.

루나 : 상황을 명확히 할 필요가 있습니다. 우리는 불필요한 논의를 진행하고 있습니다. 우리의 임무는 사실에 대한 확인이지 정책을 논하는 것이 아닙니다. 우리는 유엔이 설정한 정책을 따를 뿐입니다. 따라서 권력정치나 하지장군의 정책, 북한에 대한 정책, 혹은 하지 장군이 우익을 지지하고 북한이 좌익을 지지하는 지에 대한 논의는 제기될 필요가 없습니다. 우리가 여기에 있는 이유와 무엇을 해야 하는지는 이미 분명하다고 생각합니다. 즉, 우리의 역할은 위원단에게 도움을 줄 수 있는 정보의 수집에 한정되어 있습니다.

이 자리에서 정책에 대한 논의를 계속한다면, 오해와 불신을 초래할 수 있습니다. 그리고 향후의 일이 어떻게 될지 모릅니다. 우리가 왜 여기에 있는지 분명히 밝혀야 할 필요가 있다고 봅니다.

의장 : 의장으로서 저는 논의의 종료를 부탁하고 싶습니다. 우리가 정보를 얻는데 두 분이 도움을 주셨음이 분명하다고 생각합니다. 현시점에서 얻을 수 있는 정보는 더 없습니다. 단지 회담 개최와 양군 철수를 희망한다는 점은 알게 되었습니다. 혹시 우리가 위원단에게 전달해야 할 사항이 있나요? 귀하들이 올바른 시각을 가지고 있으며, 시간을 낭비하지 않았다는 점을 말씀드리고 싶습니다.

패터슨 : 당장 수용할 수 있는 구체적인 대안은 없었지만, 두 분이 주장하는 바가 매우 가치 있다고 봅니다.

의장 : 완전히 불가능한 제안을 논의하는 것보다는 훨씬 더 유용한 시간이었습니다. 두 분은 솔직한 태도를 보여주셨습니다. 혹시 우리가 무의미하게 여겼다고 생각하지는 마십시오.

마네 : 장건상 씨에게 남북 선거의 실시에 있어 최대 장애는 무엇이라 생각

하는지 물어봐도 될까요? 외국군 주둔이나 혹은 38선이라고 생각하십니까?

황진남 : 장건상 씨는 그것이 같은 문제라고 말했습니다.

마네 : 장건상 씨가 판단하는 최대의 장애물은 남북을 점령한 외국군이 아 닌가 싶습니다. 38선보다도 더 문제일 것입니다. 이미 선거 이전에 미소 양군이 남북에 주둔했더라도, 장벽(38선)은 제거될 수 있었기 때문입니다.

황진남 : 제가 장건상 씨를 제대로 이해한 것이라면, 미소 양군이 주둔해 있 다는 바로 그 사실이야말로 커다란 걸림돌이 된다는 점에 유념해야 합니다.

마네 : 유럽의 경우, 외국군 주둔 하에서 선거가 실시된 적이 있습니다. 그런 데 선거실시가 불가능했던 것은 아닙니다. 혹시 38선이 가장 큰 장애라고 생각 하는지 묻고 싶습니다. 남북에 미소 양군이 주둔하고 있는 상황이며 그 장벽(38 선)이 오직 미소 양군을 위해 존재하기 때문입니다.

황진남 : 그 두 가지 점은 동일하다고 생각합니다.

마네 : 같은 문제라고 생각하시는군요.

황진남 : 귀하 말씀은 우리가 자유롭게 오갈 수 있다는 말입니까?

마네 : 양 강대국이 왕래를 용인한다면, 해결안이 있다고 믿지는 않으십니까?

황진남 : 그렇게 생각하지 않습니다. 분명히 외국군의 존재가 한국의 정치를 황폐화시켰습니다.

장건상 : 경찰은 항상 군정의 영향력 하에서 활동합니다. 이는 의심의 여지가 없습니다. 군정이 방해하지 않는다 해도, 여전히 경찰이 그들의 영향력 하에서 활동한다는 것이 두렵습니다. 공식적으로는 "아니요"라고 할 것입니다. 그러나 실상은 "그렇다"입니다.

마네 : 무슨 말씀인지 알겠습니다. 가능하다고 생각하지는 않았지만, 귀하의 견해를 알고 싶었을 뿐입니다.

장건상 : 군정의 영향력 하에서 경찰이 활동하는 것이 문제입니다.

의장 : 귀하가 보기에 우리가 건설적으로 할 수 있는 업무는 무엇이라고 생각합니까?

장건상 : 청문회 가운데 말씀드렸지만, 관련된 명확한 답변을 준비했습니다. 한국어로 준비했지만, 영어로 통역했습니다. 내일이나 모레 쯤에 여러분께 드리겠습니다. 이제야 통역을 마쳤기 때문입니다.

의장 : 기대하고 있겠습니다. 우리가 현 상황을 올바르게 판단할 수 있도록 도와줄 것이라고 생각합니다.

패터슨 : 장건상 씨에게 남한에서 단독 선거가 실시된다면, 한국의 통일과 한반도 전체에 어떠한 결과를 초래할 수 있는지에 대해 질문하고 싶습니다. 전적으로 우리 위원단의 후원 하에서 실시되어야 함을 의미하지는 않습니다. 논의된 바 없지만 선거가 남북한 전체의 선거가 아닌 남한에서만 실시된다면, 그것이 통일에 미칠 영향에 대해 어떻게 평가합니까?

장건상 : 그 결과는 치명적일 것입니다. 그리고 한민족에 매우 부정적인 영향을 줄 것이다. 민족분열을 의미하기 때문입니다.

패터슨 : 분단질서를 강화시킨다는 말씀입니까?

장건상 : 그렇습니다. 우리는 원치 않습니다. 애국적인 한국인들도 원하지 않습니다.

패터슨 : 그렇게 된다면 무슨 일이 일어날까요?

장건상 : 남한만의 선거가 실시된다면, 북측 사람들이 반대할 것입니다. 좋지 않은 감정이겠지요. 우리나라를 파멸시킬 수 있는 중대한 위험이 됩니다. 역사상 한국은 수천 년 동안 분열되지 않았습니다. 우리는 단일민족입니다. 항상 통일되어 있었습니다. 선거가 남한단독으로 실시된다면, 우리는 두 민족으로 분열될 것입니다.

마네 : 장건상 씨가 우리에게 언급한 것과 같은 이유로, 근로인민당은 북한에서 실시된 선거에 반대하는 입장입니까?

장건상 : 같은 이유로 북한에서 단독선거가 실시된다고 해도 우리는 반대합니다.

마네 : 향후 실시될 선거를 반대한다고 받아들여도 되겠습니까?

장건상 : 그렇습니다. 중앙정부가 아니라 자신의 통제권이 미치는 지역에만 해당하는 것입니다. 이는 별개의 문제입니다. 남한이 북한과 같은 경우일지라

도, 우리는 찬성하지 않습니다.

의장 : 장건상 씨께서 우리 질문에 답변해 주시고 필요한 정보를 주신 데 대해 감사를 드립니다.

장건상 : 대단히 감사합니다.

(청문회는 오후 6시 10분에 종료됨)

제16차 회의 전문(全文)기록[1]
1948년 2월 7일 화요일 오전 11시, 서울 덕수궁

의장 : 잭슨(S. H. Jackson, 호주)

의장 : 유엔한국임시위원단 제2분과위원회 제16차 회의를 시작하겠습니다.

청문 : 주한미주둔군사령관 하지(John R. Hodge) 중장

의장 : 주한미사령관 하지 장군이 우리와 협의하기 위해 와 주셨습니다. 언제나 위원단을 위해 기꺼이 도와주셔서 감사드립니다. 기대하는 바가 큽니다. 질문보다는 경청하겠습니다.

하지 장군 : 질문을 하셔도 좋습니다. 미리 준비하지는 않았습니다. 혹시 분명치 않은 점이 있다면, 명확히 밝히겠습니다.

여러분, 전반적인 남한의 상황은 여러분이 아시는 것보다 더 복잡합니다. 단순히 지역만의 상황이 아닙니다. 종전 이후 미국은 군사협정에 의거하여 한반도 일부를 점령하였습니다. 우리는 38선 이남에, 소련은 이북에 들어왔습니다. 소련의 점령은 침공으로부터 시작되었습니다. 우리는 종전 후 약 1개월 이후에야 왔습니다. 남한에 왔을 때 이곳은 빈곤과 질병이 만연해 있었고 공산주의자들이 주도하는 인민위원회가 통제하고 있었습니다. 소련이 활동하기 유리한 상황이 조성된 배경은 여러 해 전으로 거슬러 올라갑니다. 한국에서 공산당은 1925년에 조직되었습니다. 공산당은 한국인들에게 조직의 기술, 슬로건, 그리고 일본에 저항하는 지하운동 등을 전파하였습니다. 여러분이 1928년 코민테

---

1   Document A/AC.19/SC.2/PV.16.

른의 기록을 보신다면, 그들의 한국에 대한 목적을 분명히 알 수 있습니다. 또한 많은 국가들, 이를테면 인도, 미국 등의 국가들도 마찬가지였습니다.

우리의 목적은 일본의 무장해제, 법과 질서의 유지, 최대한 빠른 시일 내에 민주정부를 수립하는 것이었습니다. 미국식 민주주의를 강제할 수 없습니다. 그들이 이해할 수 있고 정서에 맞는 민주주의를 도입할 수 있을 뿐입니다. 우리는 구 일본인 관료들을 유능한 미국인으로 대체하려 했습니다. 그러나 미국인이 너무 적었습니다. 수백 명의 미국인들로 수천 명의 구(舊) 일본 관료를 대체할 수 없었습니다. 우리의 목적은 최선의 노력을 다하여 한국인들을 활용하는 것이었습니다. 한국인의 선발기준은 그들의 업무 수행능력에 근거를 두었습니다. 일차적인 문제는 법과 질서의 회복이었습니다. 일본군을 철수시키고 그들을 한국에서 구축(驅逐)하였습니다.

현재 한국인들은 정부 운영 경험이 없습니다. 그들의 체제는 민주주의와 전혀 관계없으며, 또한 일본과 다를 바 없는 신분제에 기초한 전제정치 하에 있었습니다. 한국인들은 정책결정 수준의 정부운영에 참여할 기회를 갖지 못하였습니다. 대부분의 한국인들은 하급직에 머물렀습니다. 이를테면 서기나 육체노동 등의 일입니다. 산업 영역에서도 마찬가지였습니다. 일본인들은 한국인들을 결코 높은 자리에 앉히지 않았습니다. 판매 부분에만 한국인을 채용했습니다. 판매 부문에서만 일본경제에 도움을 주었기 때문입니다. 이러한 경험과 지식부족은 우리가 도착한 이후 심각한 장애로 다가왔습니다.

우리는 일단 이 국가를 운영하기 위해 실제 군인이 아니라, 군복을 입은 민간인을 활용해야 했습니다. 너무 적은 수로 시작했습니다. 상당한 전문가를 얻을 수 있었지만 우리가 바라는 만큼의 경험을 가진 사람은 생각보다 적었습니다. 이러한 요인이 꼭 나빴던 것만은 아닙니다. 예상했던 것보다 한국인들이 더 많은 책임을 갖는 계기가 되었기 때문입니다.

한국은 최소한의 정치적 관념도 갖추지 못한 낙후된 국가입니다. 이 사람들에게는 기본적 자유, 즉 언론, 집회의 자유에 수반되는 책임이라는 개념이 없습니다. 대부분의 한국인들은 노동으로부터의 자유를 생각하는데, 그 자유란 일하지 않아도 누군가가 자신들을 돌보아 준다는 것입니다. 나는 기본적인 현 상황에 대해 여러분께 말씀드립니다. 일본인에 대한 증오는 강고합니다. 한국인은 일본인을 좋아하지 않습니다. 한국인들은 일제에 협력하지 않았습니다. 자신의 이익을 위해 사업상으로만 협력했을 뿐입니다. 그것은 '친일(pro-Jap)'이라기보다는 '자위(pro-self)'에 가까운 것이었습니다. 우리는 일본인들을 내보낼 수 있었습니다. 우선 법과 질서유지를 위한 우리의 노력은 한국인들이 일본인 여성 및 어린아이를 살해하거나 일본재산을 파괴하는 것을 막기 위한 수단이었습니다. 군정이든, 과도정부든 한국인을 어떻게 교육하느냐에 달려있었습니다. 수십만의 난민들, 즉 일본, 중국, 남태평양 등에 퍼져 있다가 귀국한 한국인들을 관리해야 했습니다. 게다가 북한과 만주에서 얼마나 더 월남했는지는 알 수 없습니다. 일부는 기록으로 남겼지만 우리가 진주하기 전에 온 사람들에 대한 기록은 없습니다. 대략 350만 명 정도 증가한 것으로 파악됩니다.

일본인은 이곳을 폐허로 만들고 떠났습니다. 믿기 어렵지만 사실입니다. 어떠한 보수도 이루어지지 않았습니다. 비료, 철도 및 통신설비도 전혀 없었습니다. 여러분들은 공항에서 여기까지 지프차로 2시간 반이나 걸려서 왔을 것입니다. 인천은 더 낙후되었습니다. 일본인들은 모든 잉여농산물을 약탈해 갔습니다. 핵심 섬유기계도 철거하였습니다. 일부는 고칠 수 없을 만큼 녹슬고 부품도 교체되어 공장가동이 중지되었습니다. 일부 부품은 결국 회수하지 못하였습니다.

우리는 인민위원회, 즉 소위 '조선인민공화국(人民共和國, South Korean People's Republic)'을 인정하지 않았습니다. 우리가 진주하기 전 수립된 공산정권임이 분명했습니다. 그들은 미군정에 대항하여 미국인을 폄하하는 공작을 벌이는 동시에 민주적 발전을 꾀하는 우리의 노력을 무위로 돌리려 했습니다. 그들은 시위와 폭동, 특히 도시 주민들에게 공급할 미곡수집에 반대하면서 기회를 엿보았습니다. 이 나라는 식량부족국가입니다. 이들을 원조하기 위해 국제사회의 지원이 필요합니다. 외부로부터 공급되는 식량은 일 년에 40만 톤 정도 됩니다. 1945~46년간 첫 미곡 수집은 전 방위에 걸친 사보타주에 직면했습니다. 공산주의자들이 농민들에게 그들의 쌀을 포기하지 말도록 설득하는 것은 쉬운 일이었습니다. 1946년 여름 심각한 문제가 발생했습니다. 1946~47년 사이의 겨울을 거치는 동안 어느 정도 개선되었지만 여전히 공산주의자들이 이끄는 저항이 지속되었습니다. 한 개 도(道)를 제외하고 상황이 개선되기 시작했습니다. 미곡생산자들이 소비할 부분을 남기고, 36%를 수매했습니다. 40만 톤은 최소한의 양이며 무역을 통해 우리가 들여올 수 있는 규모였습니다. 그래서 여러분들은 (남한에서) 아주 심각한 영양실조를 발견하지 못하셨을 것입니다. 사람들이 전혀 굶어죽지는 않는다는 점을 말하려는 것이 아닙니다. 일부는 비타민 결핍으로 인한 질병으로 사망합니다. 북한에서 내려온 사람들 중 일부는 월경하기도 전에 기아로 인해 사망했습니다. 우리 지역의 거주민들 중 일부는 실제로 기아에서 완전히 벗어나지 못했습니다.

1945년 12월에 열린 모스크바 3상회의는 모든 한국인들이 수용할 수 없는 결정이었습니다. 한국어로 번역된 '신탁통치(trusteeship)'라는 말은 모든 한국인들에게 1905년 일본의 '보호국(protectorate)'과 동일한 것으로 받아들여졌습니다. 그 해 일본은 한국을 보호국으로 만들고 결국 식민지화했습니다. 1946년 1월 2일 중앙지도부의 지령을 받은 공산주의자들은 이 날부터 찬탁으로 돌아섰습니다. 다른 사람들은 여전히 그 용어를 반대했습니다. 이 용어는 그들을 광분하게 만들었습니다. 우리는 신탁통치란 새로이 수립될 임시정부의 안정화를 위한 조치이며, 이 임시정부는 민주적 방식으로 운영될 것이라고 모든 노력을 다해 설명했습니다. 그러나 국제적인 감각이 전무한 보통의 한국인들은 이 용어를 납득하지 않았습니다. 그들은 외국뿐만 아니라 외국인도 전혀 믿지 않았습니다.

1946년 3월 미소공동위원회가 열렸을 때, 공산당을 지지하지 않는 사람들은 이 신탁통치에 대한 증오를 소련대표단에게 돌렸습니다. 모스크바 결정을 반대하는 모든 사람들은 소련대표단과의 협의에 반대하였습니다. 이 패턴은 1946

년과 1947년 두 번의 미소공동위원회 내내 지속되었습니다. 우리는 우익집단의 협력이나 선의를 바라지는 않았지만, '신탁통치'라는 용어는 그들의 머릿속에서 떠나지 않았습니다. "모스크바 결정은 민주주의 국가들이 정하였다. 따라서 이것은 민주적 결정이다. 모스크바 결정을 반대하는 어느 누구도 민주적이지 않다". 이것이 소련의 기본주장으로 간주되었고 신탁통치에 반대하는 한국인들이 미소공위를 반대한 이유였습니다. 이 용어가 남한 정치활동의 축이 되었기 때문에 거론하는 것입니다. 북한에서 신탁통치에 대한 이야기는 거의 들리지 않았습니다. 월남한 한국인들의 마음속에, '신탁통치'라는 용어는 공산주의나 소련의 지배와 동의어가 되었고 지금도 여전히 그렇습니다.

거의 2년간 모스크바 결정의 틀 내에서 진행된 미소공위는 이러한 상황에 대처하고자 노력했습니다. 이 난국은 미군 점령지역에 있는 한국인의 정치적 사고와 이해를 가로막는 결과를 초래했습니다. 카이로선언(Cairo Declaration) 및 이후 국제협정에서 결정된 한국의 독립에 아무런 도움이 되지 않았을 뿐만 아니라 엄청난 장애가 되었던 것입니다. 한국인들은 군정이 어떻든 독립의 열망을 가진 사람들입니다. 그들은 어린아이에서 성인에 이르기까지 독립을 꿈꿉니다. 따라서 군정은 인기가 있을 리 없습니다. 우리가 여기에서 운영하는 통치기관은 안타깝게도 군정입니다. 그러나 이에 대해 변호하고 싶은 마음은 없습니다. 이미 상당한 결과를 얻었기 때문에 얼마나 노력했는지 설명하고 싶지는 않습니다. 실수는 있었습니다. 그러나 상황을 개선하려는 노력 또한 있었습니다. 달갑지는 않았지만 때로 상황을 통제하기 위해 필요한 조치를 취했습니다.

군정은 한국인들의 정치적 대표권을 확보하기 위해 몇 가지 채널을 운영했습니다. 초기에는 많은 혼란이 있었습니다. 한국인들은 국가적 기반에서 사태를 논의하는 데 익숙하지 못했습니다. 그들은 의견을 한데 모은 경험이 없습니다. 일본이 경찰 동행 없이는 3~4명의 회합도 허용하지 않았기 때문입니다. 한국인들은 특정사안에 대해 논의하는 데 익숙하지 못합니다. 어느 한국인은 이러한 상황을 다음과 같이 적절하게 표현했습니다. "우리나라에는 3천만이 있다. 그런데 우리에게는 3백만의 의장이 있다". 점령 초기 우리는 한국인 대표를 찾아, 그가 누구인지 확인했습니다. 또한 그들에게 조언과 도움을 주었습니다. 우리는 좌익도 군정에 참여시키려 하였습니다. 그러나 그들은 그럴 의도가 없었습니다. 여전히 외부에서 도사리면서, 군정을 사보타주할 기회를 엿보고 있었습니다. 한 명씩 만나 그들의 능력에 따라 군정에 자리를 마련해 주겠다고 설득했습니다. 그러나 처음부터 단호하게 거절했습니다. 1945~46년 겨울 동안에 모든 정당을 대표하는 주요 인사들을 선별하였습니다. 한국인들도 노력하였고, 결국 우리가 자문역할을 하면서 서로 회합하는 데까지 이르렀습니다. 공산당을 제외한 모든 정당의 대표들을 소집하였습니다. 좌익 측은 처음에 조선인민당(朝鮮人民黨, the people's party)과 조선민족혁명당에서[2] 대표를 보내왔습니다. 그러나 공산당 지도부의 지령으로 첫 회합 이전에 철수했습니다. 따라서 (좌우합작은) 상당히 우익적 색채를 띠었고 실제 군정의 자문기관으로 활동할 수 없었습니다.

우리는 개인적 권력을 추구하지 않고 민족주의적이고 애국적 노선을 견지하는 온건파들의 연합을 추구했습니다. 1946년 여름과 가을 사이에 입법기구를 수립하면서 연합은 가능할 것으로 보였습니다. 입법기구 중 절반은 구체제에서 활동한 사람들로 구성되었고, 다른 절반은 지명하였습니다. 지명된 사람들은 소규모 정치집단, 종교집단, 교육집단 등을 포함한 광범위한 분야에서 선별한 사람들이었습니다. 1946년 12월 12일 첫 회의를 가졌습니다. 입법의원 의원들은 대부분 우익적 신념을 가진 사람들입니다. 서울에서 선출된 공산주의자 일부와 공산당 지도부의 원조로 당선된 인사들이 있었습니다. 이들은 새로운 선거에 의해 대체되었습니다. 김규식(金奎植) 및 다른 온건파와 협의한 후 8명을 배제하였습니다. 압력은 있었지만 공산주의자들은 군정운영에 참여할 수 없었습니다.

---

2 원문은 'revolutionary parties'임. 역자주.

이 입법기관이 부여받은 첫 번째 임무는 향후 보통선거를 통해 선출될 입법기관을 위한 선거법 제정이었습니다. 여러분들의 분과위원회 가운데 하나가 이 선거법과 관련한 연구를 하고 있습니다. 한국인들의 사고를 여러분들이 대의하는 것입니다. 시작은 우리가 했지만, 한국인들의 행동으로 뒷받침됩니다. 한국인들은 유엔이 공포하는 어떠한 법이라도 받아들일 것입니다. 따라서 보다 균형 잡힌 대의권의 집행이 요구됩니다. 위원단의 역할이 막중합니다. 이 법안은 1947년 6월에 초안이 통과되었습니다.

이 법률은 단정을 수립하기 위한 것이 아닙니다. 단지 과도적 성격을 가질 뿐입니다. 미국은 여기에 최우선적인 역점을 두었습니다. 미국정부의 공식 정책은 한국의 통일입니다. 그러나 미국은 결국 불가능하다는 사실을 인식하였습니다. 남한은 전 인구의 2/3를 포함하고 있습니다. 소수가 무력으로 지배하는 북한과는 달리 한국인들의 존중을 받을 수 있는 정부를 수립할 것입니다. 이 선거법은 과도입법의원에 회부되었고 최종적으로 군정이 승인하였습니다. 그러나 이즈음에 이르러 미국은 미소공동위원회에 희망이 없음을 알게 되었습니다. 이미 한국의 보통선거를 요구하는 의제가 유엔총회에 회부되었고, 유엔의 감시가 시작될 때까지 남한의 선거 실시는 우리에게 맡겨져 있습니다.

여러분께 공산당 공작의 약사(略史)를 말씀드리겠습니다. 남한에 깊은 영향을 미쳤기 때문입니다. 1925년에 창설된 공산당이 통제권을 행사하고 있을 때, 우리가 진주했습니다. 그들은 일제에 맞서 지하운동을 하였기 때문에 인기가 높았습니다. 또한 많은 민족주의자들에게도 폭넓은 지지를 받았습니다. 그러한 지지는 공산당지도부가 '조국 소련' 또는 "우리는 조국 소련에 충성한다"라는 슬로건을 내건 후 사라지기 시작했습니다. 4대 강국을 동일하게 존중하였던 초기에도, 그들은 한국이나 미국의 국기를 들지 않았습니다. 공산당은 소련에 공개적인 충성을 표명하면서 공산주의를 확대하려 했기 때문에 급격히 몰락해 갔습니다. 그들은 '진보적 민주주의'를 제창하기 시작했습니다. 또한 공산당 지도부의 지시로 위조지폐를 만들기도 했습니다. 이 사건은 그들의 위신을 떨어드렸고 여타 행위들은 한국인들로부터 의혹, 즉 소련이 저지른 모든 행위를 옹호한다는 의심을 받게 되었습니다. 이후 당의 분열 및 공산당 전선의 재건 시기를 거쳤는데, 일부 중요 위원회의 동일 인물들이 중심이 되었습니다. 이 패턴은 전 세계적으로 잘 알려져 있습니다. 문예단체, 노조, 농민동맹 등이 민주주의민족전선(民主主義民族戰線, Democratic People's Front)에 속해 있습니다.

공산당은 남조선노동당(南朝鮮勞動黨, South Korea Labour Party)으로 당명을 바꾸었습니다. 이들은 오늘날 공산당으로 불립니다. 지도부는 동일하며 '당 노선(party line)' 및 행동강령은 변하지 않았습니다.

1946년 9월 공산당은 총파업을 단행하였습니다. 남한 전체로 확대하려고 했습니다. 한 주간이나 철도를 묶어 버렸습니다. 폭동, 경찰서 습격, 정부 시설에 대한 전면적인 파괴가 있었습니다. 선동가들은 대부분의 경우 지역주민에게 잘 알려져 있지 않았습니다. 이들은 한국에서 벌어진 사건에 대해 터무니없는 공세로 군정의 위신을 떨어뜨리려 하였습니다. 50여명의 경찰이 살해당했습니다. 다양한 공산당 분파가 사건을 저질렀는데, 체포된 자들 중 일부는 해당 지역과 관계가 없는 자들이었습니다. 즉, 외부에서 유입된 자들이었던 것입니다. 폭동이 퍼져나갔지만 한국인 경찰들이 거의 완전히 진압하였습니다. 미 주둔군은 오직 한국경찰이 위험에 빠지거나 지원이 필요했던 4~5건의 사태에만 개입하였습니다. 그들의 행위는 민주적인 시위가 아니었습니다. 우리는 이들 정당이 작성한 문서를 검토한 바 있습니다. 한마디로 그것은 군정을 전복하기 위한 공산당의 공작이었습니다. 1947년 10월 북한에서 '남조선 혁명' 1주년 기념식이 3일간 열렸습니다. 그들이 작성한 문서에는 각종 논의사항이 포함되어 있었는데, 거기에는 자신들이 미약하다고 언급되었습니다. 그리고 다시 시도할 때 성공하기 위해 무엇을 개선할 것인가에 대한 내용이 담겨 있었습니다.

공산당의 공작행위 때문에 사람들은 그들을 불신하게 되었습니다. 이것이 그들을 어느 정도 분열시킨 것으로 보입니다. 동양에서는 이를 체면을 잃었다고 합니다.[3] 이 말이 어떤 의미인지 아시리라 생각합니다.

1947년 5월 미소공위가 재개되었을 때, 그들(공산주의자들)은 미소공위를 반대하는 극우세력과 달리 미소공위를 지지하면서 다시 세력을 얻기 시작했습니다. 이들 가운데 어떤 정당도 불법화되지는 않았습니다. 자유롭게 자신의 견해를 표명할 수 있었습니다. 그러나 그들은 한국인들에게 신뢰를 상실하였습니다. 미소공위가 열릴 동안 추종세력을 모았는데, 그 때는 미국의 노선에 따라 성공이 예견된 시기였습니다. 겉으로는 온건하게 활동하였으나, 곧 공개적 테러와 전복활동을 개시하였습니다. 1947년 7월 테러가 최고조에 달했습니다. 거의 전적으로 좌익들의 교사에 의한 것이었습니다. 소련대표단과의 협상과정에서 드러났듯 공산당의 영향력과 위신은 빠르게 약화되었습니다. 광범위한 소요사태와 지역정부의 전복 음모가 미국인에 대한 평판을 저하시키려는 공작과 더불어 적발되었습니다. 미소공위 동안 우리는 소련대표단이 연루된 상당한 스파이 활동을 적발하였습니다. 8월의 소요사태는 각 도(道)에서 나온 자료와 여기에서 언급된 인사들의 인적사항, 공작 시간과 장소를 파악함과 동시에 이를 계획한 자들을 체포함으로써 미연에 방지하였습니다. 이 시기 지속적인 소요와 전복 행위에 맞서 우익이 주도한 단체들이 있었습니다. 사태가 점차 분명해지자 공산당의 위신은 크게 실추되었습니다. 소련이 사주한 저항 및 저항세력에 대한 지지가 그들의 위신을 떨어뜨렸던 것입니다. 현재 무엇이 진행 중이며 또한 이들 저항세력이 어떤 자들인지 알게 된 사람들은 남로당에서 이탈하여 우익진영으로 들어오고 있습니다.

제가 보기에 한국인은 가장 민족주의적인 사람들입니다. 그들은 줄곧 이 고립된 반도에 살았습니다. 그러나 그들의 정치적 무지는 프로파간다에 쉽게 현혹되는 요인이었습니다. 무언가를 해 주겠다는 정치적 이데올로그들의 과격한 약속을 믿었던 많은 사람들은 이제야 (공산주의자들의 숨은 의도를) 이해하기

---

3 원문은 'lost face in the Orient'임(역자주)

시작했습니다. 그리고 그것이 공산당의 위신에 상당한 손상을 입혔던 것입니다. 이 위신 실추와 적대행위가 오늘날 그들이 지하로 숨게된 원인입니다. (공산당) 대변자들은 자신들이 억압받고 학대받아 왔다고 합니다. 그러나 군정의 처벌은 미군의 안전을 위협한 범죄행위에만 가해졌을 뿐입니다.

잠시 되돌아보면, 우리가 한국에 왔을 때 18만 명의 무장한 일본군들이 있었고 그들이 치안을 담당하고 있었습니다. 우리는 일본인들을 퇴출시키고 일단 그들을 보호하였으며, 한국인으로 구성된 경찰력을 재건해야 했습니다. 경찰업무에서 일본인들을 빠르게 배제하였습니다. 그러나 일제하에서 경찰 경력을 가진 사람들을 제외하면, 경찰조직이나 경찰행정에 대한 지식을 가진 사람은 없었습니다. 우리는 행정상의 부정적인 영향을 최소화하면서, 경찰관들을 교육하였습니다. 우리는 일제 경찰을 활용하였다는 이유로 비판을 받아왔습니다. 그러나 한국인들이 거부하는 어떠한 개인도 우리는 배제하였습니다. 경찰 내 부적격자를 축출하고 지속적인 모집을 통해 대체하여 왔습니다. 한국경찰을 미국경찰 수준으로 발전시키는 일은 쉽지 않았습니다. 동시에 미국인들은 한국의 관습, 언어 등에 관한 지식이 거의 없었습니다. 그러나 우리는 한국 경찰을 빠르게 발전시켜야 했습니다. 점령초기 우리 미군은 한국 경찰을 보조하는 외에 경찰업무를 수행하지 않았습니다.

경찰은 숱한 공격의 대상이 되어 왔습니다. 4,000년 동안 한국민족은 경찰에 대한 좋지 않은 경험을 해 왔을 것입니다. 신분제도는 여러분도 알고 있듯이 민주주의와 대치됩니다. 이 4,000년이라는 시간을 단지 2년 6개월 동안에 바꿀 수는 없습니다. 우리의 임무는 법과 질서 유지하는 것이었습니다. 대체로 성공적이었다고 말씀드릴 수 있습니다. 여러분들은 틀림없이 경찰지휘부에 대한 공산주의자들의 비난을 들었을 것입니다. 1년 전 미소공위에 이어 10월 봉기가 발생했습니다. 공산주의자들의 문건을 확보하여 검토하기 전까지, 우리는 경찰에 대한 분노가 봉기발발의 원인이라고 생각하였습니다. 우리는 해당지역에 경찰을 파견했습니다. 그러나 대중들의 말을 무조건 모두 수용할 수는 없었습니다.

사람들이 경찰을 폄훼했을 수도 있고 또한 경찰의 사기를 저하시키는 일이 될 수도 있었기 때문입니다. 가끔 경찰이 사람들을 구타하기도 했습니다. 경찰은 수천 년 간 그러한 행위를 하였고, 앞으로도 수십 년 동안 이를 지속할 지도 모릅니다. 이러한 행위가 좋은 관행은 아니었기에 그만하라고 말한 적이 있습니다. 거의 사경을 헤매는 사람이 독방에 갇혀 있다는 사실을 알게 된 적도 있습니다. 한국인의 습속을 보면 만약 여러분이 어떤 사람을 가볍게라도 건드릴 경우, 여러분은 그를 구타한 것이 됩니다. 여러분이 혹시 실수로 넘어뜨렸다면, 자신을 죽이려 한 것으로 생각합니다.

경찰이나 정치집단에 대한 비난을 계속해서는 안 됩니다. 경찰은 단지 개인일 뿐입니다. 이는 분명한 사실입니다. 그들에게 정치에 개입하지 말라고 했습니다. 한국인들은 시위나 대중 집회에 아주 능합니다. 물론 시위는 다른 사람들에게 자신의 의견을 피력하기 위한 것입니다. 경찰관 개개인은 어떠한 일이 용납될 수 있는지 사람들에게 고지합니다. 전반적으로 그들은 과도정부에 충성하고 최선을 다해 법과 질서유지 임무를 완수해 냈습니다.

1946년 1월 반탁시위가 절정에 있을 무렵 김구(金九)와 임정은 정권을 차지하려고 했습니다. 김구가 경찰을 장악하려 했다면, 잠시 동안은 그럴 수 있었을 것입니다. 그러나 경찰은 거부했습니다. 우리가 부여한 법과 질서유지 임무를 준수했습니다. 지난 3월 김구가 다시 시도했지만, 경찰이 그 공작을 중단시켰습니다. 경찰은 또한 공산주의자들의 공작도 저지했습니다. 지난 여름 이승만(李承晩)이 계획한 대규모 반탁시위를 경찰이 진압하였습니다. 그에게는 스스로 정부라고 내세울 만큼의 큰 집단이 있습니다. 경찰은 체포가 아니라 지지를 거부함으로써 그 집단을 저지했습니다. 경찰이 10월 봉기에 빠르게 대처하자, 좌익들은 전면적으로 경찰을 비난하였고 많은 사람들을 현혹시켰습니다. 어떤 문건을 통해 좌익들이 경찰력 확보 없이 혁명을 성공시킬 수 없다는 결론을 내렸다는 것과 합작을 진행한 온건파를 통해 경찰에 대한 통제권을 얻으려고 공작한 사실을 알게 되었습니다. 알리바이를 확보하려는 것이 아닙니다. 경찰은 발전할 여지가 있습니다. 그러나 문제는 한국정부 수립 이후 진행되어야 할 교육입니다. 상황을 개선시키기 위해 우리가 진행해 온 노력을 기록한 보고서를 금일 아침에 제출하였습니다.

(하지 장군은 올해 어느 도(道)에서 유죄로 확정된 경찰의 비행(非行) 목록을 낭독함)

이 목록은 대중에게 공표되지 않았습니다. 법 집행기관으로서의 위신을 실추시킬 수 있습니다. 경찰은 공무집행을 위한 노력을 지속하여 왔습니다. 만약 공표된다면, 법과 질서유지에 책임 있는 인사들에 대한 공산주의자들의 계략에 빌미를 줄 수 있을 것입니다.

본인은 몇 가지 문건에서 남한이 경찰국가라고 말한 것을 보았습니다. 그러나 남한은 피점령 지역임을 지적하고 싶습니다. 현재 군정의 지도하에 있습니다. 경찰력은 법과 질서유지를 담당하고 있으며, 덧붙여 전복활동에 대한 감시는 지역의 평화와 안전을 보장합니다. 남한의 경찰력은 천 명당 1.5명 미만입니다. 미국의 평균적인 비율은 2천 명당 1.5명입니다. 미국 도시의 경찰력은 천 명당 1.5명입니다. 남한의 경찰 비율은 그다지 높지 않습니다. 조선경비대와[4] 미군은 치안업무를 담당하지 않습니다. 이 둘은 현재 개입하지도 않으며, 특히 법 집행 부문에는 전혀 관여하지 않습니다.

선거를 실시하기에 앞서 한국인에 대한 교육의 과정이 필요합니다. 이는 선거법 홍보와도 연결될 수 있습니다. 유엔위원단이 내한했을 때, 여러분들이 도착하기 3, 4일 전까지도 본인은 한국인이 위원단과 유엔결의안을 어떻게 받아들일지 알 수 없었습니다. 당연히 우리는 유엔위원단 홍보에 상당히 노력했습니다. 우익은 즉각적인 선거 실시를 강력히 주장하였습니다. 그들은 지체되지

---

4 원문은 'constabulary'임. 역자주.

않기를 희망하였습니다. 게다가 우익들은 이미 통과된 법(선거법)을 통해 선거를 실시해야 한다고 주장했습니다. 이들은 유엔이 감시하는 선거실시를 기대하고 있습니다. 공산주의자들은 유엔의 노력을 사보타주하며 방해하려 할 것입니다. 그들의 포스터 선전전은 매우 격렬합니다. 그들의 계획은 유엔에 전혀 협력하지 않겠다는 의도를 포함하고 있습니다. 그들이 계획한 결과가 어젯밤부터 드러나기 시작했습니다. 오늘 아침 기관차와 트럭이 파괴되었고, 발전소와 기차역 및 상수도와 통신시설이 공격받았다는 정보를 입수하였습니다. 현 시각에도 진행 중입니다. 이는 유엔의 노력을 겨냥한 것입니다. 미소 양군의 상호 철수를 지지하는 것인데, 그들은 자신들이 소위 '민주주의'라고 부르는 폭력적인 이데올로기를 관철하기 위한 공백을 만들고자 합니다. 유엔위원단이 공격적으로 활동하고 선거를 분명하게 공표한다면, 그 공백은 상당부분 줄어들 수 있을 것이라 생각합니다. 그들이 지연술책을 책동하고 있는 동안 소련은 여러분들의 입북을 허가하지 않았습니다. 그리고 그들은 앞으로 이번 일이 어떻게 진행될지 궁금해 합니다. 북한에서 온 지령에는 위원단을 비난하고 방해하라고 되어 있지만, 상당수의 좌익들은 오히려 선거참여에 관심이 있다는 정보도 있습니다. 그 규모는 얼마인지 알 수 없습니다.

한반도 남부의 어느 도(道)에서 추곡수매에 반대하는 습격사건이 있었습니다. 어느 배급소에서는 폭동계획도 있었는데, 배급소는 식량을 요구하는 사람들이 모이기 때문에 쉽게 동원이 가능합니다. 또한 자신들이 원하는 사보타주를 확대하기 위한 슬로건을 전파할 수도 있습니다. 그들은 실제행동으로 아주 잘 유도합니다. 그 슬로건 이면에 담긴 내용은 유엔활동은 불법이라는 점, 소련이 미소 양군의 상호철수를 요구한다는 점, 그리고 이를 받아들여야 한다는 것입니다. 당연히 본인은 유엔위원단 활동에 관심을 두어왔습니다. 그리고 여론 및 위원단과 협의되는 진술에도 주목해 왔습니다. 한국인 지도자들, 특히 정치인들을 알고 있습니다. 그들이 어떻게 움직이는지도 알고 있습니다. 그들과 대화를 나눈 경험이 있기 때문입니다. 그들 가운데 상당수는 서울을 제외하면 추종세력이 없습니다. 그들은 선거에서 당선되지 못할 경우, 외부의 압력으로 기회를 얻지 못했다고 평계를 댈 것입니다. 상당한 추종세력이 있는 인사는 일부에 국한됩니다. 그들의 분열이 너무나 안타깝습니다. 일부 인사가 갖는 편협함이 너무나 안타깝습니다. 제가 보기에 그 편협함에 대한 유일한 대안은 소련과 관계없이 철저한 감시 하에서 정부를 수립하는 것입니다.

본인은 한국의 입법부(과도입법의원)를 신뢰하고 있습니다. 여러분을 통해 유권자들의 지지를 받은 100명의 한국인이 생긴다면, 거기에서부터 발전시킬 수 있을 것입니다. 민주주의는 현재 진행 도상에 있습니다. 그러나 이 나라에서 민주주의의 최종적인 발전이 무엇이 될지는 알지 못합니다. 다만, 그들이 완전한 주권을 가지지 못한 채 (민주주의를) 강제할 수는 없다고 생각합니다. 완전한 주권을 가져야만 발전될 것입니다. 무질서나 혼란이 있을 수 있습니다. 각각의 집단은 나름의 무언가를 요구할 것입니다. 이 부분에서 여러분들이 한국인 정치인들과 충돌할 것입니다. 그 100명의 한국인들을 무시해버린다면, 우리의 작업은 용이할 수도 있습니다. 그러나 한국인들은 발전해야 합니다. 그들은 군정이 아니라 자신들이 선출한 사람들을 통해 발전을 이룩할 것입니다. 군정 내에는 미국 전문가들의 훈련과 지도하에서 유능한 행정가로서 변모해왔고 여전히 발전 중인 사람들이 있습니다. 이 과업은 중단되지 않을 것입니다. 그러나 현 시점에서 그들의 책임의식은 아직 부족합니다.

서두에서 말씀드렸듯, 우리의 문제는 전 세계적 상황의 일부입니다. 여러분은 분명 이를 잘 알고 있습니다. 우리는 암중모색 중입니다.[5] 국제 정세가 어떻게 전개될지 모르기 때문에 앞날을 예측할 수 없습니다. 그러나 우리는 우리가 작동시킨 이 엔진이 계속 작동할 것임을 알고 있습니다. 그리고 우리는 한국인들에게 최대한 신속하게 그들 스스로 책임져야 한다는 사실을 알려주어야 합니다.

---

5 원문은 'We are like an engineer in a fog'임(역자주)

일제 통치 40년 때문에 한국인들은 통제를 매우 싫어합니다. 그들은 어떠한 통제도 반대합니다. 그들은 해방된 사람들이며 또한 자의식이 강한 사람들입니다. 계속된 독립 지연에 실망하고 때로 환멸을 느낍니다. 한국인들은 대안으로 유엔위원단을 받아들였습니다. 그리고 여전히 위원단이 대안이 될 수 있다고 믿고 있습니다. 그 믿음을 상실한다면, 본인은 무엇이 대안이 되어야 할지 모르겠습니다. 한국인들은 전 세계 국가들의 승인이나 후원을 필요로 하며, 또 그래야만 북측 사람들은 인구 대부분이 거주하는 남한을 민주주의의 이정표로 인식할 것입니다. 자신들의 심성 및 민족적 요구에 부합하는 조건하에서 삶을 영위할 때, 그것이 한 민족에게 구원이 될 것이라고 생각합니다.

2년 6개월 전에 이곳에 당도한 이후 본인은 한국인들을 사랑하게 되었습니다. 그들은 제가 본 민족 가운데 가장 매력적인 사람들입니다. 그들의 심성을 볼 때, 다른 동양인들과 달랐습니다. 여러분들이 들으셨을지 모르겠지만, 그들은 흔히 동양의 아일랜드 사람들이라고 불립니다. 싸우길 좋아하고, 권위와 정치를 사랑합니다. 어떠한 경우에도 모든 사안에 대해 자신들의 견해를 표현하는 것에 거부감이 없습니다. 대단한 재치를 가진 매우 흥미로운 사람들입니다. 또한 엄청난 가능성을 가지고 있습니다. 그들을 돕고자 하는 본인의 바람은 저의 직무만큼이나 개인적 인상에서 나온 것입니다. 단지 금전적인 면만으로는 충분치 않습니다. 청렴한 의식 없이 한국의 미래는 없습니다. 본인은 최선을 다하는 외에 다른 야망은 없습니다. 군인으로서 여기에 왔고 여러 문제들과 씨름해야 했습니다. 우리가 조성해 온 조건하에서 얻게 된 결과에 후회는 없습니다. 이 조건에 대한 연구와 이해는 누구라도 현 상황의 배경을 이해하는데 중요하다고 생각합니다.

테러에 대해 말씀드려야겠습니다. 지난 7월, 주로 좌익들이 벌인 테러가 얼마나 심각했는지 여러분께 말씀드렸습니다. 8월 들어 어느 정도 소강상태로 접어들었지만, 이번에는 우익들이 행동을 개시하였습니다. 지난달 테러는 감소하였습니다. 정치와는 그다지 관련 없는 사건이 25건 발생하였고 대부분은 폭력

배가 일으킨 소요사태였습니다. 두 명이 사망하였는데, 어느 정도 정치적 중요성이 있는지 알 수 없습니다. 공산주의자들은 위원단으로 하여금 미군이 질서를 유지할 수 없다는 인상을 심어주기 위해 전 방위적으로 공작활동을 전개하였습니다. 그들은 많은 증거를 여러분께 보낼 것입니다. 어젯밤에 시작되었기에 앞으로 어떠한 사태가 일어날지 알 수 없습니다.

이렇게 진술하게 되어 영광입니다. 여러분이 원하시면, 본인의 부관으로 하여금 누구와도 협력하라고 지시하겠습니다. 다른 질문이 있으시다면, 답변하겠습니다.

의장 : 다른 위원들은 질문이 있습니까?

루나(Pufino Luna, 필리핀) : 하지 장군은 최대한 빠른 시일 내에 선거가 실시되어야 한다고 말했습니다. 선거가 완료된 후 선출된 대표들은 어떤 형태의 정부를 구성할 수 있나요?

하지 장군 : 선출된 의회는 유엔위원단과 협의하게 될 것이고 또한 필요한 조언을 받게 될 것입니다. 여러분들은 한국인들을 결집시킬 수 있는 조치를 취할 수 있습니다. 소련의 고집에 대해서 본인만큼 유감을 느끼는 사람도 없을 테지만, 여러분들이 그들에게 엄포를 놓는다면 아마 희망하시는 답을 구할 수 있을 것입니다. 그들이 두려워하는 바를 겨냥하십시오. 여러분께 이미 소련의 프로파간다 사본을 보내드렸습니다. 선거에 대한 그들의 전단을 확보했습니다. 저들은 항상 자신들이 두려워하는 부분을 공격합니다. 아주 솔직히 말씀드린다면, 저들이 획책하는 전복 행위가 구체적으로 무엇인지, 그리고 그것이 얼마나 심각하며 우리 모두에게 얼마나 영향을 줄 수 있는지 말씀드리는 것입니다. 예를 들면, 단전과 단수, 철도파괴 등입니다. 이러한 사태는 저들이 생각하는 권력 행사로 간주하면 될 것입니다. 수개월 동안 사보타주 훈련을 받아온 것으로 알

고 있습니다. 단지 몇 가지 사례를 보여준 것이며, 실제로는 더 많은 사례가 있습니다. 인민위원회와 북한의 경비대(constabulary)에서 탈출해 온 사람들도 매우 많습니다. 그들 사이에 있는 연락책으로부터 가로챈 문건도 있습니다. 이를 통해 어떤 일이 진행되고 있는지 알게 되었습니다. 그러나 어느 정도인지는 알 수 없었습니다. 그 내용으로 보건대, 한반도 전체를 손에 넣기 위한 전면적 공작이 시작될 수도 있습니다. 우리는 약 3개월 전 북한군 고위급 인사로부터 남한을 점령할 계획을 세운 군사위원회 회의의 전말을 확보했습니다. 그들은 남한을 차지하기 위한 인원을 훈련시키고 있었습니다.

패터슨(George. S. Patterson, 캐나다) : 유엔이 후원하는 선거의 이점은 무엇이라고 보십니까?

하지 장군 : 물리적 효과의 측면에서 보자면, 별다른 차이가 없을 것입니다. 그러나 유엔의 감시가 가지는 장점은 한국의 위신과 관계됩니다. 그 도덕적 영향은 매우 클 것입니다. 세계의 자유국가를 대변하는 유엔이 감시하는 선거입니다. 엄청난 이점이 있습니다. 선거기간에 한국인들의 도덕성 함양에 도움을 줄 것이며, 선거에 반대하는 프로파간다를 근절할 것이라 생각합니다. 단지 한 국가만이 아니라 유엔회원국 전부에 대한 프로파간다는 어렵기 때문입니다.

자비(Zeki Djabi, 시리아) : 남한에 정부가 수립되고 점령군이 철수한다면, 북한군 공격에 대비할 수 있습니까?

하지 장군 : 현재로는 특별한 수단이 없습니다. 유엔결의안이 군대 창설에 도움을 줄 수 있습니다. 유엔은 (남한의) 군대 창설에 분명 도움이 될 것입니다. 경찰력은 군사기준으로 볼 때 충분하지 않습니다. 현재 국방경비대는 소규모입니다. 항만, 부두, 창고 경비를 맡고 있습니다. 이 병력으로는 북한을 막을 수 없

습니다. 그러나 강화할 수는 있을 것입니다. 미국은 국방경비대를 창설하고 유지하는 데 도움을 주었습니다. 유엔결의안에서는 점령군이 정부수립 이후 90일 내에 철군할 것을 규정하고 있습니다. 그 때까지 군대 창설은 불가능합니다. 창설될 군대의 정확한 규모는 현재 논의된 바 없습니다.

의장 : 남한에서 선거가 실시된다면, 완전히 자유로운 선거가 될 수 있습니까?

하지 장군 : 주민들이 교육을 받아야 합니다. 교육이 그들에게 자유를 부여할 것입니다. 마을에 있는 늙은 가부장들은 그 마을 전체를 통제하길 바랍니다. 한국의 오랜 신분제가 붕괴되어야 합니다. 아마 이 낡은 제도가 여러분들이 봉착하는 가장 어려운 문제가 될 것입니다. 교육, 즉 라디오방송이나 영화 등을 통해 유엔이 선거구 주민들에게 자유주의 사상을 전할 수 있을 것입니다.

폴-봉크르(Jean-Louis Paul-Boncour, 프랑스) : 상세하게 상황설명을 해주셔서 감사드립니다. 프랑스 대표로서 우리 정부와 군이 얼마 전에 한국과 유사한 어려움에 직면하였던 경험이 있음을 말씀드리고 싶습니다. 또한 귀하가 담당해야 할 책임과 난관에 깊이 공감하고 있다는 말씀을 드립니다. 질문이 하나 있습니다. 한국에 처음 오셨을 때, 주민들만큼이나 많은 정당이 있다고 말씀하셨습니다. 그렇다면 어떤 방법으로 현 상황을 변화시킬 수 있는지, 그리고 남한 주민을 대변할 수 있는 정당이 어느 정도로 있는지 알고 싶습니다.

하지 장군 : 한국정치는 지속적인 의견대립을 특징으로 합니다. 정치교육이 진행될수록 이 같은 현상은 가속화되었습니다. 현재 중요한 범주로서 적어도 5개 정당이 있습니다. 물론 확실한 것은 아닙니다. 이승만(李承晩)이 이끄는 정당이 가장 강력합니다. 김구(金九)가 이끄는 한국독립당(韓國獨立黨)계의 임정세력이 있는 반면, 다른 집단들은 몇 가지 이유로 지지 세력이 없고 따라서 그다

지 강력하지 않습니다. 제3의 집단으로 불릴 수 있는 세력이 있는데, 여러 정당이 이합집산 후 김규식(金奎植)이 이끌게 되었습니다. 이들 정당 내에는 공산주의자들이 침투해 있습니다. 여운홍(呂運弘)과 장건상(張建相)의[6] 정당이 이 같은 정당 가운데 하나입니다. 여운형(呂運亨)[7]이 있었던 정당입니다. 이 정당은 비주류입니다. 우익 온건파를 포함하며 일부 집단은 비교적 좌익에 경도되어 있습니다. 남조선노동당(南朝鮮勞動黨)도 있습니다. 그 세력을 정확히 파악하기는 어렵습니다. 현재 위신이 크게 떨어져 있는 상태입니다. 5번째 집단은 김성수(金性洙)가 이끄는 한국민주당(韓國民主黨)인데, 가장 큰 집단입니다. 이 정당은 이승만의 정당보다는 강력하지만 다소 온건합니다.

이들은 이승만의 정당과도 연합할 수 있고 김규식과 김구의 정당과도 연대할 수도 있습니다. 요컨대, 2개의 큰 우익세력과 공산당이 있습니다. 정치교육과 국제정세 습득이 진행됨에 따라 의견대립은 겉으로 보이는 것만큼 두드러지지 않게 되었습니다. 단지, 일부 중요 인사들이 있을 뿐입니다. 이승만, 김구, 김규식, 김성수입니다. 여운홍과 장건상 같은 인사들은 소규모 공산주의 세력의 목소리를 대변합니다. 나머지 인사들은 사실 주목할 여지가 없습니다. 그들은 여러분께 허튼소리를 합니다. 여러분들에게 그저 핑계거리만 늘어놓을 뿐입니다.

폴 봉크르 : 이 5개 세력에 얼마나 많은 지지 세력이 있습니까?

하지 장군 : 정확히 알 수 없습니다. 모두 6,200만 명이나 등록되어 있지만, 별다른 의미는 없습니다. 그들은 거짓 주장을 할 뿐만 아니라 중복하여 당원을 등록하였습니다.

---

6 원문은 'Chang Kan Sun'임. '장건상'인듯함. 역자주.
7 원문은 'the older Lyuh'임. '여운형'을 말하는 듯함. 역자주.

메논(V. K. Krishna Menon, 인도) : 포괄적이며 직접적인 설명에 감사드립니다. 프랑스 대표의 질문에 한 가지 덧붙이고 싶습니다. 장군은 5개 주요 정당을 언급하였습니다. 남북 지도자들의 회담 개최를 하나의 대안으로 제시한 정당이 이 가운데 3개 정당입니다.

하지 장군 : 그것은 상당히 의도적입니다. 여러분들이 입북을 시도했던 결과와 동일할 것입니다. 그러나 선거가 공표된다면 다시 입북을 시도할 가능성이 있습니다. 아마 일부 인사들이 개인자격으로 방문할 수 있습니다. 고위급 인사들이 내려올 수 있다는 정보도 있습니다. 그들은 동기유발이 필요했고 무언가 가치 있는 일을 하고 싶어 합니다. 우리는 온건하고 중도적인 정책에 노력했습니다. 신탁통치는 거대한 균열을 초래했습니다. 본인은 좌익과 우익을 끔찍이 싫어합니다. 한국인들이 중도노선을 취하길 희망합니다. 일단 정부가 수립된다면, 누구라도 그것(남북협상)에 반대할 것입니다. 정부가 수립된다면 한국인들은 동요하지 않을 것이지만, 동기가 주어진다면 남북한의 지도자가 접촉할 가능성은 있습니다. 납득할만한 일인지는 알 수 없으나, 남북 간 화해를 위한 첫 단계일 수 있습니다. 그러나 실패할 것입니다. 본인은 회담이 선거를 방해해서는 안 된다고 봅니다. 그러한 움직임이 있기 전에 선거가 실시되어야 한다고 믿습니다.

메논 : 우리는 남북 회담의 실시와 이를 통해 바람직한 결과를 얻기에는 많은 어려움이 있다고 생각합니다. 회담이 희망적인 신호인지 알고 싶습니다.

하지 장군 : 너무 개의하지 마시길 바랍니다. 김규식과 김구가 회담을 시도하고 있습니다. 약 1년 전 (좌우)합작을 진행한 바 있습니다. 그들은 이데올로기적 공산주의자라기보다는 정치적 공산주의자들입니다. 북한과 교섭했지만 아무런 성과도 없었습니다. 공산주의자들의 채널을 통하지 않고서는 아무 것도

할 수 없습니다. 그래도 해야 한다면, 여러분을 통해야 합니다.

바레(Miguel Angela Pena Valle, 엘살바도르) : 하지 장군께서 제2분과위원회에 오셔서 남한의 상황을 자세하게 설명해 주신 데에 대해 감사드립니다. 본인은 가까운 미래에 많은 정당들이 등장할 가능성이 있다고 믿습니다. 혹시 정당 수립을 저지할 수단이 있는지 묻고 싶습니다.

하지 장군 : 정당수립을 막지 않습니다. 정당은 아니지만 2~3개 집단이 불법행위를 하여 해산시킨 적은 있습니다. 허위 정당에 대한 제재는 선거규정으로 정할 것입니다. 각 선거구마다 입후보자가 나온다면, 자연히 줄어들 것입니다. 본인은 이 문제에 대해 걱정하지 않습니다. 이미 추세가 변하기 시작했기 때문입니다. 여러분들이 마련하는 선거법이 그것을 막을 수 있습니다.

왕공싱(王恭行, Gung-Hsing Wang, 대만) : 메논 씨가 제기한 질문, 즉 3개의 정당이 남북 지도자 회담을 제안한 사항에 대해 추가로 묻고 싶습니다. 5개 정당 모두가 그 제안을 지지할 가능성이 있습니까? 그렇게 된다면 위원단이 제안할 수 있는 절차는 무엇이라고 생각하십니까?

하지 장군 : (남북협상이) 지체된다면, 여타 정당들이 합류하지 않을 것이라고 단언합니다.

왕공싱 : 어제 위원단이 유엔소총회와 협의를 진행하였음을 아실 것입니다. 어쩔 수 없이 지연될 가능성도 있습니다. 한국 전체, 아니면 남한에 어떠한 결과를 초래할 것으로 생각하십니까?

하지 장군 : 매우 위험하고 우려스럽습니다. 삼일절은 한국인에게 독립을 기

념하는 매우 중요한 날입니다. 무언가 공표되지 않는다면, 무슨 일이 발생할지도 모르겠습니다. 한국인들은 성급합니다. 2년 6개월 동안 그들은 각양각색의 모습을 보여 왔습니다. 그들에게 지연은 이미 또 다른 실패로 보일 수 있습니다. 지연되어서는 안 됩니다. 지연이 계속된다면 무슨 일이 있을지 알 수 없습니다. 여러분들은 수많은 폭력사태와 테러에 직면할 수도 있습니다. 앞서 말씀드렸듯 사보타주는 이미 시작되었습니다. 경찰에 대해 말씀드리는 것이 아닙니다. 시민들에 대해 말씀드리고 있습니다. 지나친 지연은 위험합니다. 한국인들은 미소공위가 어떻게 종결되었는지 보았습니다. 그리고 이제 유엔위원단을 주시하고 있습니다.

메논 : 우리도 이러한 지연이 초래할 수 있는 문제를 인식하고 있다고 말씀드리고 싶습니다. 그리고 사무총장에게 얼마나 시간이 소요될지 확인을 요청했습니다. 유엔 소총회 소집에 48시간이 소요되며, 토론은 3일 이내로 종결될 것이라고 들었습니다.

의장 : 하지 장군의 설명에 깊은 감사를 드립니다. 우리는 한국인으로부터 정보를 계속 취합할 예정입니다. 다시 한 번 장군의 진술에 감사드립니다. 장군과 보다 신속하게 공청회를 열었더라면, 더 유의미한 정보를 얻었을 것입니다.

(청문회는 오후 1시 15분에 종료됨)

제21차 회의 전문(全文)기록[1]
1948년 2월 19일 화요일 오후 3시, 서울 덕수궁

의장 : 루나(Pufino Luna, 필리핀)

의장 : 유엔한국임시위원단 제2분과위원회 제21차 회의를 시작하겠습니다.

청문 : 노기남(盧基南, The Most Reverend Paul M. Ro) 서울교구 주교

(노기남 주교가 분과위원회 회의장에 입회함. 질문은 한국어로 통역되고, 노 주교의 한국어 답변도 통역됨)

의장 : 금일 노기남 주교와 만남을 갖게 되어 영광입니다. 본 분과위원회에 매우 유용할 것임을 의심치 않습니다. 주교님이 제공해주신 정보에 대해서 제1, 2, 3분과위원회가 준비한 질문을 할 것입니다. 그 전에 발언하고자 하는 내용이 있으면, 본 분과위원회는 기쁜 마음으로 듣겠습니다.

노기남 주교 : 소위 해방 이후 2년 6개월이 지났지만, 오늘날까지 우리는 독립을 얻지 못했습니다. 그 동안 미소공동위원회를 개최한 것이 최선이었습니다만, 두 번에 걸친 시도는 높은 기대에도 불구하고 실패로 돌아갔습니다. 우리의 마지막 희망은 한국문제가 세계여론에 의해 해결되어야 한다는 것에 달려있습니다. 다행히 유엔이 우리의 문제를 다루었습니다. 회원국 대다수가 최대한 신속하게 이 문제를 해결하기 위해 유엔위원단 설치에 찬성하였습니다. 온 민족이 기뻐했으며 위원단의 성공에 높은 기대를 걸고 있습니다. 우리 모두는 위원

---

1 Document A/AC.19/SC.2/PV.21.

단이 이 문제를 해결하고 미소공위의 실패를 반복하지 않을 것을 희망하고 있습니다.

위원단이 지명된 후 얼마간 시간이 경과했습니다. 우리는 위원단이 자신들의 사명을 위해 열정적으로 임하고 있음을 알고 있습니다. 위원단의 가장 큰 목적은 물론 미소 양군의 점령지역에서 보통선거를 통한 통일정부를 수립하는 것입니다.

유엔총회에서 회원국 다수가 채택한 결의안을 소련이 강력하게 반대했다고 들었습니다. 또한 위원단이 내한하여 방북을 요청했을 때, 소련은 답변조차 하지 않았다고 들었습니다. 소련이 유엔결의안 및 위원단의 업무에 협력하지 않을 것이 명백합니다. 소련의 태도가 미국의 의도나 한국 국민의 희망에 매우 적대적임이 분명합니다. 미소공위를 무위로 돌린 것과 같습니다.

현 상황은 거의 유사합니다. 소련은 허세로 가득한 선언에도 불구하고, 한국의 독립을 원하지 않습니다. 이번에는 한국민족이 이러한 상황을 용납하지 않을 것입니다. 한국민족은 지난 2년 6개월 동안 참아왔지만, 이제야 우리의 정부를 가질 수 있게 되었다고 생각합니다. 위원단의 노력에도 불구하고, 소련은 위원단에 협력하지 않을 것임을 매우 분명하게 드러냈습니다. 그렇다면 무엇을 해야 할까요? 한국인은 인내심이 많은 민족으로 알려져 있지만, 이제 그 인내심은 거의 바닥이 났습니다. 그리고 현 상황이 지속되기를 바라지 않습니다. 한국독립을 위한 새로운 단계를 전개시키기 위해서는 몇 가지 수단이 필요합니다. 즉, 보통선거를 통해 의회 구성원을 선출하고 이를 바탕으로 새로운 정부를 창출하는 것입니다.

소련은 위원단의 입북을 막았습니다. 또한 어떠한 협력도 기대하기 어렵기 때문에, 미군의 점령지역인 남한에서 선거가 실시되어야 함은 분명합니다. 미국은 보통선거에 협력할 뜻을 분명히 표명했습니다. 물론 우리 모두는 통일정부를 바랍니다. 따라서 선거는 한반도 전체에 걸쳐 시행되어야 합니다. 이는 당연히 이해될 수 있는 바입니다만, 우리의 희망에도 불구하고 소련의 태도 때문에 현 시점에서 실현될 수는 없습니다. 이러한 이유로 가능한 지역에서라도 선거가 실시되어야 한다고 말씀드리는 바입니다. 남이든 북이든 어떠한 차이도 없습니다. 이것이 세계 모든 국가의 시각이며 또한 한국민족의 희망이기도 합니다. 그리고 가능하다면 선거는 모든 수단을 활용하여 최대한 신속히 실시되어야 합니다.

우리가 원하는 정부형태는 '민주적 원칙'이라는 용어의 실질적 의미를 갖춘 정권입니다. 우리는 소련의 태도가 세계의 보편적 인식에 부합하는 것이 아님을 알고 있습니다. 소련이 권력을 잡는 곳마다 독재와 전제정치가 자행되고 있음을 알 수 있기 때문입니다. 소련이나 공산주의자들의 요구에 굴복한다면, 한국에서도 동일한 사태가 벌어질 것입니다. 공산주의 체제와 민주주의 체제 간의 타협은 있을 수 없습니다. 공산주의자들은 자신들이 권력을 잡지 못하면 결코 타협하지 않습니다. 따라서 민주정부를 수립하고자 한다면, 공산주의자들과 타협이 성사될 가능성은 없다고 생각해야 합니다. 공산주의는 인간의 마음에 대한 독극물일 뿐입니다. 사람들의 도덕정신을 황폐화시킵니다. 공산주의를 용납하는 것은 소련에게 나라 전체를 바치는 꼴이 될 것입니다. 우리가 결코 원하지 않는 바입니다. 따라서 비록 우리가 통일정부를 원하기는 하지만, 공산주의 분파가 조금이라도 통제력을 가지지 않도록 해야 합니다. 우리는 파괴적인 공산주의 분파를 일소하고 진정한 민주정부의 건설을 원합니다. 이것이 강력하게 강조하고 싶은 내용입니다.

유엔의 목적은 영속적인 세계평화의 유지입니다. 그러나 우리가 경험했듯이 유엔총회나 다른 곳에서 공산주의 세력이 등장하면 평화나 타협은 멀어져 갑니다. 우리는 소련이 유엔총회에서 채택한 어떠한 결의안도 반대했음을 알고 있습니다. 자신들이 주도권을 행사할 수 없을 때에는 끝까지 반대 입장을 취했습니다. 평화질서를 수립하기보다 이를 파괴하는 것이 소련의 원칙입니다. 따라서 우리는 한국에서도 그들이 무엇을 원한다 해도 공산주의자들과의 협력은 무익한 꿈일 뿐임을 알고 있습니다. 진정 평화로운 독립을 쟁취하기 위한 첫 번째 전제조건은 공산주의 세력을 완전히 일소시켜야 한다는 점입니다.

우리는 소련이 다른 국가에서 평화를 위해 노력한 경험을 접해 본 적이 없습니다. 이러한 태도 때문에 본인은 소련이 무엇을 염두에 두고 있는지 알고 있습니다. 또한 소련이 세계평화를 위협하고 있음을 알고 있는 유엔회원국이 소련의 계획을 용인하지 않기를 희망합니다. 유엔은 이제 다음과 같이 주장해야 합니다. 소련의 완강하고 불공정한 주장은 용납할 수 없으며, 가능하다면 유엔에서 소련을 배제시켜야 합니다. 소련은 항상 건설적이기 보다는 파괴적이었습니다. 이제라도 자신의 마음가짐과 태도를 변화시키지 않는다면 평화는 있을 수 없습니다.

가톨릭 주교로서, 본인은 종교적 관점에서 사물을 판단합니다. 그래서 공산주의가 한국을 지배하면 종교의 자유가 사라질까봐 매우 우려합니다. 분명히 박해가 수반될 것입니다. 만주에서는 오랫동안 1명의 독일 가톨릭 주교, 여러 명의 수도사, 신부 및 수녀가 박해를 받아왔고 결국 추방되었다고 들었습니다. 베이징에는 현재 만주에서 추방당한 7명의 주교, 700명의 신부 그리고 300명의 수녀가 있습니다. 만주는 가톨릭 성직자가 없는 상태입니다. 북한에는 아직 신부와 수녀에 대한 직접적인 박해는 없지만, 상당한 압박은 있었습니다. 예를 들어, 가톨릭을 믿는 아이들이 학교에서 쫓겨났습니다. 당국은 미사를 방해하였습니다. 신부들은 수사관에게 미행을 당했습니다. 이들이 북한에서 탈출하는 것은 시간문제일 뿐입니다. 일부 신부들은 이미 준비하고 있습니다. 최근 어떤 신부가 공산정권과 협력하고 자신의 종교를 버리라는 심각한 위협을 받았습니다.

남한이 공산주의 세력에게 통제된다면, 분명 기독교인에게 종교의 자유가 허용되지 않을 것입니다. 반대로 박해가 따르게 되겠지요. 이는 매우 분명한 사실입니다. 이런 이유로 본인은 한국에 공산주의의 영향력이 미치는 것을 강하게 반대합니다.

의장 : 천주교를 믿는 한국인들이 많은가요?

노기남 주교 : 북한의 상황 때문에 정확한 수를 알기는 어렵습니다. 남북을 통틀어 거의 30만 명입니다. 남한에 대략 20만 명이 있습니다.

의장 : 유엔소총회와 협의한다면, 가장 적합한 선거일자는 언제라고 생각하십니까?

노기남 주교 : 선거법에 대해서 잘 이해하고 있지 않지만, 총회결의안에 기입된 3월 말까지 선거를 실시하기는 어렵다고 생각합니다. 아마도 준비 기간이 2, 3개월은 필요하지 않을까 합니다. 선거일자 공표는 준비과정을 고려할 때 적어도 2, 3개월은 필요합니다.

의장 : 제1분과위원회가 보낸 질문이 있습니다. 자유선거 실시를 방해하는 조건이 있습니까?

노기남 주교 : 본인이 판단하기에, 북한에는 선거를 위한 자유가 없다고 생각합니다. 그러나 남한은 다르며, 북한 공산주의자들의 지령에 따라 활동하는 극좌세력이나 공산주의자를 제외하고 선거가 자유롭게 실시될 수 있는 가능성은 충분합니다. 그리고 공산주의자들은 유엔감시 하 선거 실시라는 방안에 매우 강하게 반대하고 있습니다. 그들은 선거 계획을 전복하기 위한 지령을 받았습니다. 그럼에도 불구하고 경찰의 강력한 통제가 있다면, 다른 이들은 선거를 받아들일 준비가 되어 있다고 생각합니다. 강조하고 싶은 점은 공산주의자와 추종세력을 제외한 사람들은 자유선거를 반기고 있다는 점입니다. 그리고 이번 선거를 방해할 목적으로 봉기, 파업, 살인이나 방화가 자행되지 않기를 희망합니다. 경찰이 통제한다면 분명히 선거는 실시될 수 있습니다.

마네(Olivier Manet, 프랑스) : 주교님은 남한만의 선거 실시를 반대하는 사람들 가운데에는 공산주의자뿐만 아니라 극좌세력이 있다고 말씀하셨습니다. 공산주의자나 극좌세력은 아니지만, 남한만의 선거 실시를 반대하는 사람들 중 일부는 애국적인 이유에서 반대합니다. 단독 선거는 결국 분단을 의미하기 때문입니다. 또 남한만의 단독선거 실시에 반대하는 다른 이유도 있습니다. 여기에 대해서는 어떻게 생각하십니까?

노기남 주교 : 공산주의자가 아니면서 단독선거에 반대하는 소수가 있음은 알고 있습니다, 그러나 그 동기는 이해할 수 없습니다. 어떠한 한국인도 분단을 원하지 않습니다. 그럼 무엇을 해야 할까요? 한국의 독립을 촉진시킬 대안은 있습니까? 그런 사람들은 결국 독립을 지연시키는 것 외에 아무런 답변도 하지 않습니다. 따라서 본인은 그들의 견해에 동의하지 않습니다. 한국을 영원히 분단시킨다는 그들의 믿음과는 달리 다른 어떤 동기가 있는 듯이 보입니다. 통일이 공산주의자들과의 타협을 의미한다면, 즉 그들의 주장과 요구를 들어주는 것이라면 그러한 통일에 반대합니다.

남한만의 단독선거 실시를 반대하는 지인의 발언을 인용하고 싶습니다. 그에게 실제 의도를 물었습니다. 그는 정세 상으로 실질적으로 통일이나 통일을 위한 (남북)선거가 가능하리라고 예상하지 않습니다. 그는 이것이 불가능하다는 점을 너무나 잘 알고 있었습니다. 한국인으로서 차마 유엔위원단에게 남한 단독선거 실시를 요구할 수 없었던 것입니다. 이는 그가 생각한 민족적 자존감이자 위신이었습니다. 우리가 선거를 실시한다면, 우리가 그에 따른 책임을 져야 합니다. 반면 유엔위원단이 선거를 실시한다면, 유엔이 책임을 지게 됩니다. 요컨대, 어떠한 선거이든 우리의 책임이 되어야 한다는 점입니다. 이것이 유일한 이유입니다. 현재 우리에게 실현가능한 대안이 없습니다. 선거가 전 한반도에 걸쳐 실시될 수 없음을 알고 있습니다. 나의 지인도 이 점을 잘 알고 있습니다. 그러나 그는 원칙상 남한만의 단독선거에 반대할 뿐입니다.

게다가 이 주장에 동조하는 지인도 많습니다. 그러나 그들의 속마음은 이 선거가 실시되기를 희망합니다. 한국인으로서 자존심에 상처를 입기 때문에 주장할 수 없는 것입니다.

바레(Miguel Angela Pena Valle, 엘살바도르) : 가치 있는 정보를 주신 노기남 주교에게 감사를 드립니다. 그렇다면 주교께서 언급하신 선거 실시와 관련된 부정적인 요인을 막기 위해서는 어떠한 조치가 필요한지 묻고 싶습니다.

노기남 주교 : 선거 실시를 위한 부정적 요인을 막는 유일한 방법은 현재의 경찰력을 이용하는 것이라고 생각합니다. 현재의 경찰체제에 대해 많은 이야기들, 특히 좌익들이 경찰의 비행에 대해 힐난하고 있습니다. 저는 그릇되게 행동하는 일부 경찰이 있을 수 있기에 그에 상응하는 적절한 제재가 필요하다고 생각합니다. 다만, 해방 이후 많은 혼란과 무질서가 있었습니다. 그러나 현재는 질서가 잘 유지되고 있습니다. 범죄자가 있다면 바로 체포됩니다. 그래서 경찰이 수행한 과거의 일을 고려하면, 그들에게 많은 신뢰를 보내야 한다고 생각합니다. 경찰이 무질서를 바로잡는 외에는 다른 길이 없습니다.

쓰추더(司徒德, T. L. Ssetu, 대만) : 어떤 한국인들은 경찰이 선거에 영향력을 행사할 수도 있고, 권력을 가진 일부 인사도 그럴 수 있다고 말했습니다.

노기남 주교 : 저도 그럴 가능성은 있다고 봅니다. 권력을 가진 일부 인사가 영향력을 행사할 수 있습니다. 그러나 이는 세계적으로 일반적인 현상입니다. 인간이 가진 본능이며, 완전무결한 청렴함을 전제로 하지 않는다면 누구도 완벽할 수 없습니다. 말씀하신 일이 발생할 가능성이 있습니다. 그러나 일부만이 해당될 것입니다. 유엔위원단이 선거를 감시한다면, 그들은 선거에 영향을 미치지 못할 것입니다. 우리가 걱정할 필요는 없다고 생각합니다. 그리고 말씀하신 내용은 아마 좌익들의 프로파간다에서 제기된 바 있습니다.

현재 경찰이 자유선거를 방해할 만큼 불온하다고 생각하지 않습니다. 이 선거는 한국사에서 최초의 보통선거가 됩니다. 따라서 우리는 경험해 본 적이 없습니다. 실수와 어리석은 행동이 일부 있을 수 있습니다. 그러나 유엔위원단이 선거를 엄격하게 감시한다면, 어떠한 개인이나 관료들도 심각하게 불의·비행을 저지르지 못할 것입니다. 나는 이러한 일들이 벌어질 가능성이 과대평가되고 있다고 봅니다. 여러분들이 지나치게 신경 쓰지 않기를 바랍니다.

가톨릭 신자들은 전 인구에 비해 소수일 뿐이지만, 가톨릭 주교로서 본인은 그들에게 한국을 대표한다는 마음으로 개인적인 반목이나 불법적 수단을 통해 선거를 방해하지 말라고 요청했습니다. 자신의 양심에 따라 전 인류가 지켜보고 있다고 생각하면서 투표권을 행사하기를 요구했습니다. 가톨릭 신자에게 하나의 전범을 만들라고 진심을 다해 말할 것입니다.

의장 : 분과위원회 위원들의 질문에 답변하여 주신 노기남 주교님께 깊은 감사를 드립니다. 본인은 그의 진술이 분과위원회와 위원단에게 많은 참고가 되었다고 확신합니다. 개인적으로 위원단에게 가장 유용한 진술이었다고 생각합니다.

노기남 주교 : 만주에 있는 가톨릭 신자들의 실상과 박해에 대한 서면진술을 할 수 있다면 전해드리고 싶습니다. 물론 위원단은 오직 한국만을 대상으로 하지만 총회에 그 내용을 보낼 수 있다면 그렇게 하고 싶습니다.

의장 : 그 말씀에 감사드립니다. 그러나 총회로 송부하는 일은 위원단의 결정사항은 아닙니다. 그러나 보내주시면 받겠습니다.

노기남 주교 : 본인은 만주에서 벌어지는 불의에 대해 국제 법정에 호소하고 싶습니다.

의장 : 그렇다면 기쁘게 받겠습니다. 위원단에서 총회 송부를 논의해 보겠습니다.

마네(프랑스) : 우리가 그럴 권한이 있는지 고려하겠습니다.

(청문회는 오후 4시 20분에 종료됨)

제23차 회의 전문(全文)기록[1]
1948년 2월 25일 수요일 오후 3시, 서울 덕수궁

의장: 잭슨(S. H. Jackson, 호주)

의장: 유엔한국임시위원단 제2분과위원회 제23차 회의를 시작하겠습니다.

(이동선(李東善) 조선상공회의소 회장, 전용순(全用淳) 조선상공회의소 부회장, 최순주(崔淳周) 조선은행 총재 겸 조선상공회의소 부회장이 분과위원회 회의실에 입장함)

(의제 채택, 의제는 이견 없이 채택됨)

청문: 이동선, 전용순, 최순주

의장: 오늘 오신 세 분께 감사를 드립니다. 여러분과 자유롭게 대화할 수 있기를 바랍니다. 우리가 모르는 부분이 있거나 한국문제에 대해 새로운 견해가 있다면 말씀해 주십시오.
첫 질문은 다음과 같습니다. 한국에서 자유롭고 민주적인 선거가 실시되기 위해 여러분들이 필요하다고 생각하는 조건은 무엇입니까?

이동선: 언론과 집회의 자유가 필요합니다. 선거에 어떠한 방해가 있어서는 안 됩니다.

---

1 Document A/AC.19/SC.2/PV.23.

의장 : 또 다른 조건이 있나요?

이동선 : 이 조건 외에 자유선거를 방해할 만한 것은 없다고 생각합니다. 현 상황은 자유로운 선거를 실시하는 데 아주 적절하고 공정합니다.

의장 : (전용순에게 질문) 현재 선거를 방해하는 조건이 있다고 보십니까?

전용순 : 현재의 군정 하에서 미군은 한국인들의 자유를 보장할 민주적 행정의 이행에 노력하였습니다. 그러나 우리는 북한에서 월남한 사람들, 특히 공산주의 세력들이 두렵습니다. 그들은 자금을 활용하여 농촌지역에서 자신들의 사상을 전파합니다. 이것이 자유선거를 방해합니다. 예를 들어, 남한 전체로 확대된 공산주의 봉기가 이미 있었고 많은 경찰관과 시민이 살해되었습니다. 이러한 바람직하지 않은 요인들이 자유선거를 방해할 수도 있습니다.

의장 : 그들의 자금으로 자행된 방해공작으로는 무엇이 있습니까?

전용순 : 북한에서 내려온 상당량의 자금은 조선은행권입니다. 짐 속에 숨겨 운반되었습니다. 아시다시피 북한에서 조선은행권은 신권으로 환전됩니다. 점령 이전에 많은 조선은행권이 북한에서 통용되었습니다. 대략 40억 원이 북한에 있었습니다. 지난 12월, 북한은 화폐개혁을 통해 신권을 발행하였습니다.[2] 그 후 이곳으로 여러 채널을 통해 구권을 보냈습니다. 공산주의 활동에 사용하기 위해서입니다.

---

2 전현수, 「1947년 12월 북한의 화폐개혁」, 『역사와 현실』19, 1996, 175쪽. 1947년 12월 6~12일간 구조선은행권(구권)과 소련군사령부 군표가 북조선중앙은행이 발행한 신권과 교환됨.

의장 : 여러분들이 상업적 활동을 하거나 은행 업무를 하다가 발견되었나요?

최순주 : 여러 종류의 화폐가 발견되었습니다. 점령 이전에 발행된 것도 있고, 점령 이후에 발행된 것도 있었습니다.

의장 : 구권은 남한에서 여전히 사용됩니까?

최순주 : 그렇습니다, 남한에서 여전히 사용됩니다.

의장 : 그들이 남한에 내려와 구권을 사용한다는 사실을 어떻게 알게 되었습니까?

최순주 : 구권 통화량 증대를 확인함으로써 가능했습니다.

의장 : 일련번호나 그 외의 특징을 확인해서 발견한 것입니까?

최순주 : 다른 방법으로 확인했습니다.

의장 : 어떻게 정확한 정보를 확인할 수 있었는지 말씀해 주십시오.

최순주 : 경찰이 북한에서 내려 온 화폐를 발견하고 몰수했습니다.

전용순 : 실제로는 상공회의소 회장이 하지(John R. Hodge) 장군과 딘(William F. Dean) 장군에게 세 번이나 구권의 폐지를 건의하였지만, 호의적인 답변은 없었습니다. 현실적으로 우리가 할 수 있는 일은 거의 없었습니다.

의장 : 은행권 발행을 즉시 바꾸도록 제안하지 않으셨나요?

전용순 : 구권을 신권으로 바꿀 수 있다고 생각합니다. 그렇게 하면 소위 남한 파괴운동을 방지할 수 있습니다. 남한 내 공산주의자들은 북한으로부터 자금을 확보할 수 없을 것입니다. 즉시 구권을 교체해야 합니다.

의장 : 상당량의 은행권이 남한으로 유입되었다는 정보는 확실합니까? 은행도 그것을 발견할 수 있었을 텐데, 다량의 은행권이 유입된 것을 직접 확인하였습니까?

최순주 : 다소 모호한 측면이 있습니다. 물론 구권의 다량 유입을 확인했다면, 우리는 바로 동결시켰을 것입니다. 대부분의 경우 사람들은 구권을 예금하지 않습니다. 다만, 경찰이 북한에서 유입된 구권을 적발한 많은 사례가 있습니다.

의장 : 혹시 다른 부분은 확인하신 바가 있나요?

최순주 : 없습니다.

의장 : 그 부분에 대해서는 경찰로부터 들은 바가 있습니다. 북한이 모종의 은행권을 남한으로 보냈다고 했습니다. 혹시 은행이 확인할 수 있는 다른 방법이 있는지 알고 싶습니다.

최순주 : 금일 아침 우리 은행으로 구권 50만원이 예금되었습니다. 그래서 동결시켰습니다. 물론 재무부에도 보고했습니다. 말씀하신 일이 정말로 있었습니다. 한국의 어느 은행에라도 다량의 구권이 예금되어 있다면, 은행당국은 동결과 함께 즉시 조사보고서를 올려야 합니다. 북한에서 특정한 목적으로 자금

을 보낸 증거가 있습니다.

의장 : 귀하의 은행에서 특별한 목적으로 사용된 증거가 있다면 말씀해 주시겠습니까?

최순주 : 그 부분은 관할하지 않습니다. 경찰이 보고합니다.

의장 : 그럼 적발된 화폐가 특정한 목적으로 사용된 사례입니까?

최순주 : 그렇습니다.

의장 : 예금동결 결과에 대한 조사 결과, 그 은행권이 북한에서 온 것이 확실합니까?

최순주 : 네, 확실합니다.

의장 : 북한에서 온 것으로 보이는 수백만 장의 은행권이 존재함을 알게 되었다면, 귀하의 은행이 북한에서 유입된 다른 은행권도 확인할 수는 없었나요?

최순주 : 그것은 매우 어렵습니다.

의장 : 우리는 그 자금의 출처에 관심이 있습니다. 소련이 발행한 군표(the Red notes)가 다량 유입된 것으로 보이는군요.

선거에 영향을 준다는 점에서 우리의 흥미를 끄는 사안이 또 있습니다. 청년운동입니다. 상당한 정보를 이미 입수했습니다. 이들 청년단체는 조직운영을 위해 상당히 많은 자금을 확보해야 합니다. 이 조직들이 어떻게 자금을 확보하는지 아시는 바가 있습니까?

전용순 : 좌우익을 포함한 남한 내 정당 활동자금에 대해 말씀드리면, 우익은 지난 2년 6개월 동안 대략 2억 원 정도를 사용했습니다. 좌익에 대해서는 정확히 알 수 없습니다. 다만, 북한정권이 적어도 10억~20억 원을 모은 것으로 알고 있습니다. 그들은 남한 파괴를 목적으로 그 자금을 사용할 것입니다.

의장 : 좌익을 위해서 쓰이는 것입니까?

최순주 : 그렇습니다. 좌익을 위해서 쓰입니다.

의장 : 귀하가 언급한 20억 원은 어떠한 사실에 근거한 것입니까? 좌익의 자금은 정확히 얼마인지 모른다고 하셨지만, 그러면서 좌익의 정치자금이 20억 원이라고 하셨습니다.

최순주 : 현재까지 우익은 2억 원을 사용했습니다. 북한은 남한의 선거결과에 영향을 미치기 위해 20억 원을 가용할 수 있습니다. 그들은 많은 자금을 확보하고 있기 때문입니다.

의장 : 어떻게 해당 금액을 알게 되었습니까?

최순주 : 그들이 자유롭게 자금을 반입할 수 있다면, 그 정도가 될 것입니다. 단지 추정치일 뿐입니다.

의장 : 어디에 근거를 둔 것인지 궁금합니다.

최순주 : 그들은 수중에 많은 돈을 가지고 있습니다.

의장 : 회수한 것으로부터 알게 된 것입니까?

최순주 : 그렇습니다.

의장 : 선거목적으로 해당 자금을 전부 사용한다면, 말씀하신 금액만큼 사용할 수 있다는 것입니까?

최순주 : 그 이상으로 사용할 수 있을 것입니다.

의장 : 우익 측에서 20억 원을 사용했다고 말씀하셨습니다.

최순주 : 우익정당은 2억 원을 사용하였습니다.

의장 : 제가 드린 질문에 아직 답변하지 않으셨습니다. 청년단체가 어디서 자금을 확보하는지 아시는 바가 있습니까?

최순주 : 좌익청년단체입니까, 아니면 우익청년단체입니까?

의장: 우익을 먼저 말씀해 주시죠. 어디에서 자금을 확보했습니까?

전용순 : 우익청년단체에 대해서 말씀드리자면, 그들은 자신들이 속한 정당에서 받습니다. 좌익청년단체는 북한에서 온 자금과 재원을 사용한다고 생각합니다.

의장 : 청년단체가 자금 확보를 위해 개별 세대를 방문하거나 비누를 판매한다는 말을 들었습니다. 이 진술이 사실과 부합한다고 보십니까?

전용순 : (좌우청년단체)둘 다 해당될 것입니다.

의장 : 청년단체가 각 가정을 돌아다니면서 어느 정당에 가입했는지 묻는다고 들었습니다.

전용순 : 그렇습니다. 그들은 자기 정당에 가입하도록 설득할 뿐만 아니라 심지어 강요하기도 하지요. 그러면 사람들은 그들이 강요하는 정당에 자연스레 속하게 됩니다.

의장 : 우익정당의 청년들이 사람들에게 사적으로 금품을 요구하거나, 응하지 않으면 공산주의자 명단에 올리겠다고 협박한다는 말을 들었습니다. 이러한 진술을 들은 본 적이 있나요?

전용순 : 물론 그런 사건이 있을 수도 있습니다만, 매우 드문 일입니다. 거의 벌어지지 않습니다.

의장 : 좌우익을 불문하고 청년단체가 자기 정당을 지지하도록 강요하지 않는다는 말인가요? 사람들에게 전혀 압력행사를 하지 않는다고 생각하십니까?

최순주 : 물론입니다. 개인적으로는 발생할 수 있습니다. 그러나 이 두 분(이동선, 전용순)의 말씀이 맞습니다.

전용순 : 많은 루머가 있습니다. 그러나 실제로 일어난 일은 드뭅니다.

의장 : 청년단체를 위험하게 생각할 필요가 없다는 말씀인가요?

전용순 : 우리 모두는 이들이 선거를 방해하지 않는다고 생각합니다.

의장 : 좌익에 동조하는 사람들도 그렇습니까?

전용순 : 우리는 좌익 청년단체를 경험한 적이 없습니다.

의장 : 좌우 청년단체 간의 다툼에 관한 사건을 들어보신 적이 있나요?

전용순 : 네, 들어본 적은 있습니다. 청년단체 간의 싸움이 있었다고 들었습니다. 주로 단체내의 분파 때문에 벌어집니다. 예를 들어, 좌익인물이 우익단체 내로 잠입하여 분열을 획책하거나 다른 우익단체와 갈등을 빚게 합니다. 이들 청년단체 상당수가 쉽게 휩쓸릴 수 있는 젊은이들로 구성됩니다. 그래서 단체 내에 다른 정당원이 있다면 다툼이 벌어집니다.

의장 : 우익 청년단체 간의 다툼이 심합니까, 좌우 청년단체 간의 싸움이 더 심한가요?

전용순 : 물론 우익단체 간의 다툼이 가끔 벌어지기는 해도 좌우익 간의 다툼이 더 심합니다.

의장 : 일반 상황에 대한 내용에 대해 말씀드리자면, 청년단체가 선거에서 특정정당의 후보를 위해 이용되거나 그 일부가 될 수도 있다고 보십니까?

전용순 : 청년단체 그 자체에 대해서 말씀드리자면, 정당과 어느 정도 거리

를 두고 있습니다. 그러나 일부 정치인들은 자금을 활용해 그들의 힘을 이용하고자 합니다. 청년단체 자체는 애국적인 단체이며 어느 특정 정당에 속해 있지 않습니다. 우리는 청년단체가 자유선거에 위험요소가 된다고 보지 않습니다.

의장 : 중진으로서 여러분들은 이들 청년단체가 개선되기 위해서 무엇이 필요하다고 보십니까? 장차 선거가 실시될 경우, 청년 단체가 한국의 불안요소가 아닌 평화를 증진하는 집단으로 거듭나기 위해서는 무엇이 필요합니까?

전용순 : 좌우익에 대해 말씀드리면, 이데올로기는 타협의 대상이 아니기 때문에 양자 간 협조란 있을 수 없다고 생각합니다. 그래서 좌우 청년단체의 결합도 불가능합니다. 우익단체는 좌우익 간의 갈등만큼은 아니지만, 상호 간의 다툼이 있기는 합니다. 우익정당은 이들 우익 청년단체가 애국적인 조직인 만큼 잘 이끌어야 합니다. (우익 청년단체의) 지도자들은 정파를 만들어서는 안 되고, 오직 한국의 독립과 복리를 위해 복무해야 합니다. 청년단체를 특정 정당에 속하게 해서는 안 됩니다. 정당의 정치적 무기가 되어서는 안 됩니다. 그래야 청년들이 그들을 따를 수 있고, 청년단체는 독립적인 애국단체가 될 수 있습니다. 그러나 지도자가 한 정당에 의탁하고 또 청년들이 그를 따른다면, 문제가 발생할 수도 있습니다.

의장 : 귀하가 청년단체 규약을 가져오셨다고 알고 있습니다. 청년단체 집행부에게 어떤 정당에도 속하지 말고 정치적 동맹관계도 맺지 말라는 취지에서 도입하신 것입니까, 그리고 그 규약이 청년단체들의 문제를 충분히 방지하리라 생각하십니까?

최순주 : 그렇습니다.

의장 : 이동선 씨에게 질문합니다. 북한에서 소련이 확보한 상당량의 원화가 남한에서 발견되었습니다. 은행은 실제 그 증거를 발견하지 못했지만, 일단 예금된 많은 양의 원화를 동결하고 군정에 보고하였습니다. 그런 다음 군정과 경찰의 조사를 통해 알게 되었습니다. 그리고 은행은 이 화폐가 북한으로부터 유입된 것으로 간주합니다. 이 점에 대해서 은행 측은 확신할 수 있다고 보십니까?

최순주 : 그렇습니다.

의장 : 그 은행권을 좌익이 사용하거나 혹은 좌익 청년단체가 받았다고 보십니까? 우익 청년단체는 우익정당의 후원을 받습니다. 자금을 요청할 수 있으며, 사람들에게 압력이나 위협을 행사하는 등 자신들이 원하는 결과를 만들어 낼 수 있습니다. 그다지 어려운 일이 아닐 것입니다. 선거 이후 이들 청년단체가 어떠한 정치적 연계도 가지지 못하게 하는 법률을 정하는 것이 타당하다고 생각합니다. 청년단체가 평화적 노선으로 전환할 수 있다고 보십니까? 혹시 (좌우)연합정부가 탄생한다면, 좌익 청년단체에도 적용시킬 수 있을 것입니다. 귀하는 다음과 같이 말했습니다. 우익 청년단체 간의 문제는 적으며, 좌우 청년단체 간의 문제는 심각하다고 말입니다. 이들 단체는 청년들로 구성되어 있다고도 진술했습니다. 제가 알기에 청년들의 평균연령이 22세에 달하며 상당수가 25세 이상입니다.

전용순 : 일반적으로 청년단체에 속한 사람들은 대부분 23세~30세에 걸쳐 있습니다.

의장 : 청년이라고 부르기는 어렵지 않나요?

최순주 : 한국에서는 청년입니다.

의장 : 30세 정도의 한국인이 걸핏하면 싸운다는 말인가요?

최순주 : 통상 30세 미만이 사람들이 청년으로 불립니다. 한국의 관례입니다.

의장 : 청년단체 문제는 잠시 접어두겠습니다. 분과위원회 위원 가운데 질의 하실 분이 계신가요?

마네(Olivier Manet, 프랑스) : 한국의 실업계를 주도하는 두 분께서 현재 남북 간의 산업현황에 대해 말씀해 주실 수 있습니까? (남북 간의 경제관계가) 완전히 단절되었습니까? 지하화 했나요? 혹시 교역은 있습니까?

의장 : 잠시 개입하자면 다음 질문을 앞당겨 하신 건가요? 해당 사안은 다음 질문으로 하겠습니다. 이동선 씨께서 남한 및 한국전체의 산업 현황에 대해 진술해주시면 감사하겠습니다. 이를테면, 남한의 자립가능성 및 그 방향과 관련하여 말씀해 주시면 됩니다. 현재 남북 간의 교역은 어떠한지에 관한 마네 씨의 질문은 이것으로 대체하겠습니다.

전용순 : 남한의 일반적인 경제상황을 말씀드리자면, 남한 인구의 60%에 대응하는 식량이 생산되고 있음을 알고 계실 것입니다. 직물업은 일제하에서 70%를 생산하였고, 경공업도 그 정도였습니다. 그러나 대부분의 중공업, 광업, 석탄생산은 북한에 집중되어 있기 때문에 현재 단절된 상태입니다. 남한의 경공업분야는 발전시킬 수 있습니다. 그러나 중공업분야는 발전시키기 어렵습니다. 다만, 현재 남한의 전 산업분야에는 원료 부족, 섬유기계 고장 등이 심각합니다. 대처하기 어렵습니다. 전력 및 석탄도 부족한 형편입니다. 사실 현재 중공업 및 경공업시설은 단지 30%만 운영되고 있습니다.

의장 : 단지 30%입니까?

최순주 : 그렇습니다. 예를 들어, 한국인은 면화를 사용합니다. 1년 생산량은 1.8명당 1야드 정도입니다. 오직 남한만의 생산량을 보자면 1인당 1.6야드가 됩니다. 대부분의 한국인은 고무신을 신습니다. 20명당 1켤레입니다. 경제적으로 독립하려면 통일을 해야 합니다.

의장 : 명확하지 않습니다. 경공업이 발전한 남한에서 원료 부족 때문에 공장의 가동이 어렵다는 말인가요?

최순주 : 그렇습니다, 원료 부족 때문입니다.

의장 : 남한에서 원료는 충분히 생산할 수 있습니까?

최순주 : 그렇습니다.

의장 : 북한은 아직 생산할 수 없나요?

최순주 : 그럴 것이라고 생각합니다. 일제 하 남북의 산업생산량은 필요한 양의 70%였고, 나머지는 수입에 의존하였습니다.

의장 : 그 점은 몰랐습니다. 귀하의 말은 비록 남한이 공장과 원료를 조달할 수 있어도 전력이 부족하기 때문에 통일을 해야 한다는 것입니까?

최순주 : 우리에게는 석탄이 없습니다. 공장에 필요할 뿐만 아니라 운송수단에도 필요합니다.

의장 : 식량은 남북 인구대비와 같은 비율로 생산되고 있다고 말씀하셨습니다.

최순주 : 그렇습니다.

의장 : 그러면 북측은 그들이 필요한 만큼 충분한 생산량을 담보하기 때문에 현 시점에서는 식량을 자급한다고 볼 수 있습니다. 맞습니까?

전용순 : 그렇습니다. 북한은 충분한 양을 생산할 수 있습니다. 그러나 여러분이 알고 있듯이 생산량 가운데 일부는 수출되고, 군(軍)에 2만~5만 명의 병사가 있기 때문에 식량이 부족합니다.

의장 : 북한에는 중공업과 경공업 간의 불균형이 존재합니다. 한편 남한의 경공업, 직물업 등의 가동률은 기존의 60%에 불과합니다. 원료가 있으면 가동될 수 있으나, 현재는 30%만을 가동할 수 있을 뿐입니다. 맞습니까?

최순주 : 그렇습니다.

의장 : 그것과 관련하여 더 말씀해 주실 사항이 있나요?

최순주 : 남북 간 밀수가 성행하고 있습니다. 정부차원의 정규적인 무역은 예외입니다. 우리에게는 많은 전력시설과 기계류가 필요하며, 가끔 북한으로부터 전력을 위한 광물자원과 원료를 구입하였습니다. 이를 제외한, 대부분의 무역은 밀수와 같은 비공식적인 방식으로 진행되었습니다. 북한 선박이 텅스텐을 싣고 부산에 정박한 사례도 있습니다. 다시 북한으로 돌아간 것으로 알고 있습니다. 시멘트와 비료를 쌀과 교역하기도 했습니다. 전부 밀수였습니다.

마네 : 상품이나 식량교환이 원화로 이루어졌습니까?

최순주 : 물물교환도 있었습니다. 북한의 조선은행권이 여기에서 상품대금으로 지불되었습니다.

마네 : 북한 측이 남한의 상품 대금을 원화로 지불했다는 말입니까?

최순주 : 그렇습니다.

의장 : 북한과의 밀수를 통해서 말이군요.

마네 : 남한에 유통 중인 북한 화폐를 구축함으로써 밀수를 근절시키는 방법이 고려된 적이 있습니까?

최순주 : 아니요, 지금까지 없었습니다.

마네 : 그 이유를 말씀해 주시겠습니까. 그리고 귀하는 이에 대한 조치를 취해야 한다고 보십니까 아니면 하지 말아야 한다고 보십니까?

최순주 : 해야 한다고 생각합니다만, 조선은행권을 회수하기 위해서 80억 원이 필요하다고 예상됩니다.

마네 : 실제 유통된 통화량은 어느 정도입니까?

최순주 : 남한에 있는 모든 통화량은 320억 원입니다. 그러나 해방 이전 발행된 구권의 액수는 북한을 포함하여 80억 원입니다. 구권을 신권으로 교환하

기 위해 적어도 80억 원이 필요합니다. 그러나 우리의 인쇄능력으로는 즉각적인 태환(兌換)을 준비할 수 없습니다.

마네 : 그것이 유일한 이유라고 보십니까?

최순주 : 그렇습니다. 이것이 유일한 이유입니다. 그러나 일부 정치인들은 좌익집단과 유대관계를 맺으면서 현 상태가 유지되기를 희망합니다. 이러한 견해는 정치적 관점에서 비롯된 것입니다. 기술적 관점에서는 다른 문제입니다.

마네 : 남북의 군정당국이 밀수나 물물교환을 중지시킬 수 있는 방법이 있는지 알고 있습니까?

최순주 : 외형적으로 남북의 군정당국은 이를 중지시키려고 합니다. 그러나 해결 방법은 없다고 생각합니다.

마네 : 남한의 어려운 경제사정을 개선하기 위해서는 어느 정도 밀수가 허용되어야 한다고 보십니까?

최순주 : 개인적으로 남북 간의 '밀수'는 필요하다고 봅니다. 남한에 필요한 재원은 북한에 있고 그 반대의 경우도 마찬가지이기 때문입니다. 남북 간에는 자유무역이 필요합니다. 사견입니다. 그것이 공식적으로 승인된다면, 훨씬 더 나아지리라 생각합니다. 그러나 북한에서 상품을 반입하는 사람들은 파괴적인 공작을 벌입니다. 이것이 두려운 부분입니다. 그러나 남북 간의 자유무역은 고무되어야 할 사안입니다. 북한 사람들은 정치적 목적으로 많은 자금을 보유하고 있습니다. 자금 뿐만 아니라 재화도 갖고 있습니다. 밀수를 평계로 내려온다면, 자유선거를 어렵게 할 수도 있습니다. 남한에서 그것을 막기란 매우 어렵습

니다.

의장 : 은행가로서 귀하는 우익이 선거에 자금을 사용할 수 있어도, 좌익이 사용해서는 안 된다고 보십니까? 우익에게 유리한 방식으로 선거참여를 허용하는 것이 정상적인 것은 아니지 않습니까?

전용순 : 대부분의 사람들은 우익정당에 자금이 있다고 생각합니다. 그러나 현재 땅을 팔 수 없기에 이는 사실이 아닙니다. 현재는 어떤 사업체도 없습니다. 그래서 실제로는 자금이 없습니다. 좌익들은 돈이 많습니다. 자유롭게 예금도 할 수 있으며, 농촌지역에 있는 무지한 자들을 매수할 수도 있습니다.

의장 : 본인은 오직 논리적인 측면으로서 묻고 있습니다. 여기 남한에 있거나 뿌리를 내린 사람들은 선거에 참여할 수 있는 단체가 있습니다. 좌익은 북한에서 유입된 자금을 이용할 수 있습니다. 남한은 별도의 은행권 발행수단이 없고, 구권도 현재 동결시키고 있기 때문에 상황이 여의치 않습니다. 귀하는 선거에서 싸우기 위한 자금이 좌익들의 수중에 있다고 했습니다. 이것이 제가 보는 입장입니다. 신권발행 외에 대책은 없어 보입니다.

최순주 : 솔직히 말씀드리면, 조선은행권을 관리하는 은행가로서 본인은 군정이 즉시 입장을 바꾼다면 가능할 것이라고 생각합니다.

의장 : 혹시 해외에서 은행권을 인쇄하여 유통시킬 수는 없었나요?

최순주 : 조선은행에 약 35억 원, 다른 은행에 10억 원 정도가 있습니다. 80억 원에 해당하는 구권에 상응하는 수표나 어음형태로 발행될 수 있을 것입니다.

의장 : 제가 보기에 귀하는 신권을 인쇄할 수 없다는 사실에 불만인 것 같습니다. 앞으로 정부가 수립된다면 새로운 은행권을 즉시 발행할 수 있을까요?

최순주 : 그렇습니다. 예금 잔고는 새로운 정부와 조선은행의 이름으로 발행될 수 있습니다.

의장 : 지금 귀하가 말했듯이 군정이 위험을 감수하고 어떤 특별한 조치를 취한다면 새로운 은행권을 발행할 수도 있지 않을까요?

최순주 : 네, 가능합니다. 그럴 수 있으리라 생각합니다.

마네 : 어떠한 이유에서 단행하지 않았는지 궁금합니다.

최순주 : 대부분의 한국인들은 기꺼이 변화하고자 합니다. 그러나 주로 미국인들로 구성된 중앙경제위원회(National Economic Board)가 있는데, 이 위원회는 은행권 태환을 위한 조치를 전혀 취하지 않았습니다.

의장 : 왜 은행권의 태환을 하지 않았는지 더 자세히 말씀해 주시겠습니까?

최순주 : 처음에는 전혀 신경도 쓰지 않았습니다. 그들은 남한의 정치상황을 거의 고려하지 않았습니다. 솔직히 말해 우리는 대화를 시도하였지만, 그들은 한국정부가 수립될 때까지 지연시켰습니다.

의장 : 본인은 미군정의 계획을 조금 알고 있습니다. 그것은 본국의 훈령 때문입니다. 여러분은 미국인들이 사태를 어떻게 보고 있는지 알아야 합니다. 그들은 사실 한국인들이 해야 할 일을 방해하려 하지 않습니다. 저는 이를 부차적

인 쟁점으로 언급하고 있습니다만, 귀하는 그들(미국인들)이 전혀 관심을 두지 않는다고 보시는군요. 그러나 미국인들은 한국에서 정부가 수립될 때 행정권을 이양할 경우 발생할 수 있는 사태 때문에 하지 않은 것입니다.

최순주 : 알겠습니다.

의장 : 논의해야 할 다른 문제가 있으니 이제 종료해야겠군요.

최순주 : 발언할 기회를 주셔서 감사합니다.

(이동선 씨와 두 명의 동료가 위원회 회의실을 떠남. 국립서울대학교 총장 이춘호(李春昊) 씨가 배석함)

청문 : 이춘호

의장 : 이춘호 박사께서 오셨습니다. 교육부문에 대한 질문으로 시작하겠습니다. 이 호텔에서 일하는 젊은이들을 포함하여, 한국의 젊은이들은 기술자가 전혀 없었던 시기에도 철학을 공부하였다고 알고 있습니다. 우리는 귀하의 답변에 매우 큰 관심을 두고 있습니다.

이춘호 : 해방 이후 한국의 교육체계는 미국의 교육체계와 유사한 형태로 변화하였습니다. 즉, 소학교 교육 6년과 고등교육 6년, 그리고 4년간의 대학교육입니다. 물론 한국인들은 소학교에서 대학까지 자녀들을 학교에 보낼 수 있다면, 그렇게 합니다. 모든 한국인들은 그러한 교육체계 하에서 교육받기를 원합니다. 그러나 현재 여러분이 말씀하신 바와 같이 한국은 보다 과학적으로 훈련받은 기술자들을 필요합니다.

대학졸업자들이 연구자, 고등학교 교사 및 공장 일선을 주도할 것이라고 생각합니다. 그러나 현재의 체계에서 실질적인 기술교육이 부족합니다. 본인은 현재의 대학교육 위상이 유지되기를 바라지만, 보다 실질적인 교육을 통해 더 많은 한국의 젊은이들이 육성되어야 한다고 생각합니다. 3년의 고등학교 교육을 마친 후에 진학할 수 있는 3년 과정의 특별 기술학교를 설립하는 등 하나 이상의 교육과정을 추가하는 방법도 있습니다. 기술학교 졸업생들은 공장노동이나 육체노동을 할 수 있고, 3년 동안의 기술학교를 졸업한 학생들은 공과대학(engineering school)으로 진학할 수 있습니다. 졸업 이후 교사나 공장의 감독관 혹은 독자적으로 기술 작업을 수행하게 될 것입니다.

이렇게 된다면 대학교육을 이수할 수 없었던 많은 한국의 젊은이들이 실질적인 기술을 배울 수 있다고 확신합니다.

의장 : 그와 같은 기술교육을 위한 계획은 마련되어 있나요?

이춘호 : 아직 없습니다.

의장 : 현재의 소학교는 어떠한가요? 귀하가 제출한 교과과정을 검토하니, 읽기와 쓰기, 수학은 있지만 거기에서 크게 벗어나지 않습니다. 대부분의 다른 국가처럼 학생들이 기술 중심의 교육을 받고 있습니까?

이춘호 : 아닙니다. 그런 교육방식은 없습니다.

의장 : 전혀 없습니까?

이춘호 : 전혀 없습니다. 앞으로 해야 할 일입니다. 그러나 일제하에서 한국인들은 일본의 교육체도 하에서 일본어로 교육을 받았습니다. 일본의 교육체계

는 실제적인 교육내용을 포함하지 않고 오직 이론만 가르쳤습니다. 이전에 선교사들이 한국에 와서 소학교와 고등학교를 세웠습니다. 그리고 새로운 교수방법(教授方法)을 고등학교와 대학에 적용하고자 하였습니다. 예를 들어, 목조와 철공, 페인팅 등 하루에 두 세 시간이면 배울 수 있는 과정을 도입하였습니다. 그러나 일본 당국은 이러한 방식을 배척하는 한편, 선교사들에게 교과과정에서 실무적인 교육내용을 배제하도록 강요했습니다. 30년이 넘는 일제하에서 한국인들은 자연히 일본의 사상을 주입받았고, 이것이 현재 우리가 극복해야 할 난관 가운데 하나가 되었습니다. 새로운 사상을 도입하기에는 아직 시간이 필요합니다.

의장 : 일제하에서 어떠한 형태로든 교육을 받은 한국인의 비율은 얼마나 됩니까?

이춘호 : 정확한 비율은 알지 못합니다.

의장 : 대략 50%가 학교에 갈 수 있다고 들었습니다. 소학교를 말하는 겁니다.

이춘호 : 고등학교와 대학교의 비율은 미미합니다. 아마 2, 3%일 것입니다.

의장 : 소학교가 2, 3%입니까?

이춘호 : 아닙니다. 대학입니다.

의장 : 일제를 위해 복무했거나 적어도 그러한 혐의가 있는 사람들의 자제일 것이라고 생각합니다.

이춘호 : 그렇습니다.

의장 : 읽고 쓸 수 있는 한국인의 비율은 어느 정도입니까? 일본어를 말씀드리는 것입니다.

이춘호 : 현재 말입니까?

의장 : 그렇습니다. 현 단계에서 말입니다.

이춘호 : 현재 70%이상일 것입니다.

의장 : 해방 이후 현재 한글을 읽고 쓸 수 있는 비율은 어느 정도입니까?

이춘호 : 70% 정도입니다.

의장 : 일제가 한글을 가르치지는 않았지요?

이춘호 : 그렇습니다. 한글은 쉬운 언어입니다. 군정은 각 지역에 교사를 파견하는데, 3개월~6개월간의 특별과정입니다.

의장 : 인구의 70%가 문맹에서 벗어났다는 말입니까?

이춘호 : 그렇습니다.

의장 : 일본어를 읽고 쓸 수 있는 인구는 어느 정도입니까?

이춘호 : 훨씬 적습니다.

의장 : 선거가 실시될 경우, 어떤 내용이라도 이해할 수 있는 70%의 인구가 있다는 말입니다. 포스터를 게시한다면, 이해할 수 있습니까?

이춘호 : 그렇습니다.

의장 : 저에게는 새로운 정보군요. 그 정도로 높다고 생각하지 않았습니다.

이춘호 : 얼마 전부터 교육부가 경기도의 통계를 준비하였는데, 경기도민 70%이상이 읽고 쓸 수 있다는 결과가 도출되었습니다. 다른 도(道)에서도 비슷할 것이라고 확신합니다.

의장 : 여전히 30%의 문맹자가 있는데 어떻게 생각하십니까?

이춘호 : 그것은 다른 문제입니다.

의장 : 그들을 제외하거나 혹은 그다지 신경 쓸 정도는 아니라는 말씀인가요? 70%가 읽고 쓸 수 있다면 가족구성원 중 일부가 읽고 쓸 수는 없어도 크게 문제되지 않을 수 있습니다. 따라서 가족 내 문맹자는 자신들의 형제나 아버지로부터 투표의 의미를 배울 수도 있고 자신의 의사를 표시할 수도 있을 것입니다. 이런 경우에 그들의 투표가 유효하다고 볼 수 있지 않나요?

이춘호 : 문맹자를 배제하는 것이 더 낫다고 봅니다. 그렇지 않으면 친구나 가족에게 영향을 받을 수 있습니다.

의장 : 그럼에도 불구하고 문맹자도 사고할 수 있기 때문에 배제시키면 문제가 되지 않을까요? 반드시 가족에게 영향을 받는다고 볼 수 없습니다. 문맹

자도 독립적인 정신을 갖고 있습니다.

이춘호 : 읽고 쓸 수 없다면, 가족이나 친구에게 물어보아야 합니다.

의장 : 그렇지 않을 것입니다. 단지 친구에게 읽을거리를 요청하는 것만은 아닙니다. 라디오를 들을 수도 있습니다. 즉, 읽기만이 능사가 아닙니다. 모든 정보가 라디오를 통해 전달될 수 있습니다. 문맹자도 읽고 쓸 수 있는 사람만큼 가치를 지닌다고 보아야 하지 않을까요?

이춘호 : 물론 동의합니다. 그러나 그런 사람들은 친구들로부터 확실히 영향을 받습니다.

의장 : 다음 질문입니다. 특정인이 다른 마을 사람들을 통제하는 경우가 있다고 가정한다면, 그 마을에서 자유선거가 이루어질 수 있을까요? 즉, 우익성향의 마을에 좌익성향을 가진 사람이 있다면, 그는 자유롭게 선거를 할 수 있겠습니까? 아니면 5,000명의 마을사람들이 있는데 좌우익 인사 가운데 한 명씩 출마한다면, 이 경우에는 자유선거가 가능할까요?

이춘호 : 엄격한 감시가 동반되지 않으면, 자유선거는 불가능합니다.

의장 : 선거가 실시된다면, 그 결과는 어떻게 생각하십니까? 감시 없이 진행된다면, 무슨 일이 벌어질 것이라고 예상하시나요?

이춘호 : 감시가 없다면, (어느 한 명이) 가족이나 투표자에게 일방적으로 강요할 것입니다.

의장 : 다른 점은 없나요?

마네 : 감시가 엄격히 이루어지지 않는다면, 자유선거가 실시될 수 없다는 이유를 이해할 수 없습니다.

이춘호 : 강력한 감시가 없다면, 좌우익은 자신들의 가족에게 강력하게 영향을 주거나 영향을 줄 수 없다면 강제할 것입니다.

마네 : 좌우 양측이 다 그럴 것이라고 생각하시는군요.

이춘호 : 네, 둘 다 마찬가지입니다.

의장 : 한 마을에서 두 명이 입후보할 수 있다고 보십니까, 아니면 아직 그 단계에 이르지 못했다고 보시나요? 좌우 인사가 각각 한 마을에서 입후보했을 때, 우익마을에서는 우익후보자를 지지하고 좌익후보자를 완전히 배제할까요?

이춘호 : 두 후보에게 기회를 주는 것이 적절하다고 봅니다.

의장 : 어떤 마을에서 용인 받지 못한 사람이 있다면, 그는 출마할 기회를 얻지 못할 것이라는 말을 들었습니다. 심지어 죽게 될 수 있다고 들었습니다. 과장 아닌가요?

이춘호 : 어떤 지역에서는 일어날 수도 있는 일입니다.

루나(Pufino Luna, 필리핀) : 선거에 대해 물어볼 것이 있습니다. 강력한 감시가 이루어지지 않는다면 자유선거가 실시될 수 없다는 귀하의 진술이 어떤 사실에 근거한 것인지 알고 싶습니다. 저에게는 명확해 보이지 않습니다. 투표를 방해하는 협박이나 위협이 있음을 보여주는 사실이 있습니까? 단지 사실을 확인하고자 할 뿐이고 어떤 결론을 내리고자 함이 아닙니다. 협박이나 개인적 폭행 등이 있는지요?

이춘호 : 있습니다.

루나 : 투표자가 자신의 양심에 따라 의사를 표현할 수 없게 한다는 것입니까? 그것이 사실인가요?

이춘호 : 위협과 폭력 둘 다 맞습니다. 일부에서는 아마 총격전이 발생할 수도 있습니다.

루나 : 제가 잘못 알고 있다면 바로잡아 주십시오. 귀하는 어떤 아버지가 자신의 아들이나 딸 혹은 아내에게 자신의 결정에 따르도록 강제할 수 있다고 생각합니다. 그렇다면 그것을 협박이나 강제 혹은 단지 가족에게 가해지는 압력으로 보아도 될까요?

이춘호 : 어느 특정 가족에게 그와 같은 일이 벌어질 것이라고 단정할 수는 없습니다. 다만, 지금 우리는 마을에 대해 이야기하고 있습니다.

루나 : 맞습니다. 마을이지요. 한 마을이 1명의 촌장 아래에 있는 세대들의 집합으로 이루어진 것으로 가정해 보겠습니다. 그 마을은 촌장을 수장으로 하여 씨족 간의 결혼을 통해 대략 100명 정도로 확대되어 왔습니다. 이 경우 촌장이 마을사람들에게 좌익이나 우익 가운데 특정 세력에게 투표하도록 위협할 수 있지 않을까요?

마네 : 협박이라고 하셨는데, 구체적으로 무엇을 말씀하시는 것입니까?

루나 : 이춘호 씨, 무언가를 염두에 두시고 협박을 말씀하신 것 아닙니까?

이춘호 : 아닙니다.

루나 : 알겠습니다. 서울대학교 총장님이 말씀하시는 협박이란 촌장이 가족에게 행사하는 것이라고 요약하고 싶습니다.

이춘호 : 자신의 가족뿐만 아니라, 다른 가족에게도 마찬가지입니다.

리우위안(劉馭萬, Liu, 대만) : 귀하가 말하는 협박이란 정확히 무엇을 의미합니까?

루나 : 그가 말한 것은 협박이 아닙니다.

의장 : 겉으로 드러난 측면만으로 판단해서는 안 된다고 생각합니다. 이는 옳지 않습니다. 가족 내에서 그러한 협박이 있을 수 있다는 말씀이지요? 100명 정도의 씨족 내에서 구성원들이 촌장의 지시를 따르지 않을 경우, 그 촌장은 폭력을 사용하거나 일부 가족 구성원들이 다른 가족들에게 촌장이 원하는 후보자에게 투표하도록 강제한다는 말인가요?

이춘호 : 저는 대도시에 대해 말씀드리는 것이 아니라 시골에 대해 말씀드리고 있습니다. 보통 한 마을에 좌익이나 우익에 속해 있는 세대들은 있지만, 대부분은 특정 정당에 속해 있지 않습니다. 자연히 우익정당은 이들의 표를 얻으려 하며, 좌익정당도 마찬가지입니다.

루나 : 가족 가운데 한 명이 다른 구성원에게 특정 정당에 투표하도록 강요한다면, 귀하는 이를 협박이라고 보시나요? 무엇을 염두에 두시는 것입니까? 만약 제가 한 마을에 살고 있고 10명의 자식들이 있다고 가정해 봅시다. 10명의 자식들도 전부 자녀들이 있습니다. 그래서 저는 이제 할아버지가 되었습니다. 이 자녀들도 결혼하여 이제 거의 50명에 이르는 대가족이 되었습니다. 제가 좌익이라고 가정하고 가족들에게 제가 지지하는 후보자에게 투표하라고 말했습니다. 그래서 제 가족들도 이에 동의하고 각자가 3,000명을 설득하였습니다. 그러나 이들은 다른 사람들에게 좌익에 투표하라고 영향을 준 외에 아무런 행위도 하지 않았습니다.

이춘호 : 거기까지는 괜찮습니다.

루나 : 귀하가 염두에 둔 것이 혹시 다른 사람들을 협박하거나 좌익에 투표하라고 폭력을 행사하는 경우인가요?

이춘호 : 아닙니다, 말씀하신 거기까지는 괜찮다는 입장입니다.

루나 : 그렇다면 대체 무엇이 문제입니까?

이춘호 : 그 후에 위협이 가해질 수 있습니다.

루나 : 어떤 위협입니까? 어떠한 사실이 위협이 됩니까? 귀하는 위협이 될 수 있다고 하셨는데 정확히 무엇을 말하는 것입니까?

이춘호 : 그 씨족 구성원이 어떠한 후보자에게 찬성표를 던질지 답변하지 않는다면…

루나 : 가족 가운데 한 구성원이 다음과 같이 말합니다. "내가 좌익인 것을 잘 알지? 넌 꼭 좌익에게 투표해야 해. 그렇지 않으면 더 이상 돌보아 주지 않을 거야". 이렇게 말하는 경우가 있다면 이는 위협이라고 생각하시는 건가요?

이춘호 : 아닙니다.

마네 : 마을에 프로파간다가 횡행할 때, 각 개인이 비밀투표를 보장받을 수 있다고 보십니까? 사람들이 그것을 이해할 수 있다고 생각하십니까? 시골사람들을 이해시킬 수 있을까요? 한국인들은 과거에 민주적 절차에 의해 실시된 선거를 경험해 본 적이 없습니다. 필리핀 대표가 지적하듯이 세련된 연설로 영향을 주는 것은 자유선거에 대한 개입 또는 위협이 아닙니다. 반대로 특정한 폭력이 벌어질 때, 우리는 그것을 자유선거에 대한 방해로 봅니다. 즉, 투표함을 개봉하거나 비밀엄수가 보장되지 않는 경우, 혹은 다른 사람 앞에서 특정 후보자의 성명을 투표용지에 기입할 때, 이는 자유선거에 대한 개입입니다. 한국인들이 선거를 경험한 적이 없다 해도, 선거가 실시되기 전 모든 수단을 활용하여 잘 홍보한다면, 한국인들은 자신들이 지지하는 후보자에게 투표할 수 있음을 인식해야 한다고 생각합니다.

이춘호 : 시골마을에서 말입니까? 매우 의문입니다.

마네 : 마을 사람들은 유력자의 지시에 따른다고 생각하시는군요.

이춘호 : 그렇습니다. 대부분 그러할 것입니다.

마네 : 마을사람들이 유력자의 지시에 따르는 것에 익숙해 있기 때문에, 그것을 위협으로 인식하지 않는다는 말씀이신가요?

이춘호 : 시골 사람들은 매우 단순합니다. 이름도 모르고 투표할지도 모릅니다. 그러나 특정인에게 투표하라고 하면 다른 누군가를 마음에 두었다고 해도 그 사람에게 투표할 것입니다.

의장 : 그들이 그럴 것이라고 생각합니까?

마네 : 알겠습니다. 그러나 우리는 다음과 같은 자유를 생각하고 있습니다. 명백한 폭력이나 협박이 없다면 어떤 것이든 허용됩니다. 전 세계가 동일합니다. 가장이 식구들에게 존경을 받는다면, 가장의 바람에 따를 것입니다. 우리의 관심은 협박입니다. 선거 기간 중 그러한 겁박이나 공갈 혹은 보복의 위협이 있다면, 사람들은 경찰에게 그 사실을 알릴 것이라고 생각하십니까?

이춘호 : 의문입니다. 공갈이나 협박이 발생한다 해도 시골사람들은 경찰에게 알리는 일을 두려워할 것입니다.

마네 : 무엇보다도 귀하는 한국의 관습을 염두에 둔다고 이해해도 되겠습니까?

이춘호 : 그렇습니다. 선거는 새로운 경험입니다.

마네 : 귀하는 한국인들 스스로가 지지하는 후보자에게 투표한다는 것을 제대로 이해하기 위해서는 시간이 필요하다는 입장인가요?

이춘호 : 그렇습니다. 그것이 제가 주장하고자 하는 의견입니다.

의장 : 아주 분명해졌다고 생각합니다. 귀하는 선거가 실시될 경우, 대부분

의 가정 심지어 필리핀 대표가 예로 든 대가족조차도 특정 후보에게 투표할 수 있을 것으로 생각한다고 이해해도 되겠습니까?

이춘호 : 아마 그렇게 될 수도 있다고 생각합니다. 차이가 있을 수 있습니다. 아버지가 우익이고 아들이 좌익이라면, 아버지는 아들 하나를 제외한 모든 가족을 좌우할 수 있습니다. 그러나 통상의 가족은 가장의 뜻에 따라 투표할 것입니다.

의장 : 그렇다면 한 개인이 가족 전체에게 영향을 미칠 수 있습니까? 만약 500명의 가족이 있다고 한다면 500명의 가족이 촌장의 뜻에 따라 투표할 수 있으나, 이에 반해 선거에 대한 교육을 위해서는 많은 시간이 필요한 것입니까?

리우위안 : 누가 위협합니까? 투표자에게 협박하는 자들은 누구입니까?

이춘호 : 예를 들어, 한 마을에 10개의 세대가 있다고 생각해봅시다. 한 집은 우익이고 다른 집은 좌익입니다. 우익정당은 다른 8개 세대를 자신의 편으로 삼고 싶어 합니다. 좌익정당도 같을 것입니다. 이 8개 세대는 어느 세력의 편도 아니지만, 우익정당은 8개 세대가 동요하고 있음을 알고 있습니다. 우익정당은 한 세대가 우익이지만, 다른 세대들은 좌익이 아니더라도 항상 그들에게 경도될 수 있다고 생각할지 모릅니다. 자연히 우익정당은 그들에게 동조하는 두 세대에게 접근하여 자신에게 투표하라고 요구할 것입니다. 대답이 명확하지 않으면, 우익정당은 위협을 가할지도 모릅니다.

루나 : 어떠한 형태의 위협입니까?

이춘호 : "나에게 투표하지 않으면 무슨 일이 벌어질지 몰라"라고 말입니다.

의장 : 그 "무슨 일"이란 것이 어떤 것인지 말씀해 주실 수 있습니까?

이춘호 : 아마 '죽이겠다'는 말이겠죠.

의장 : 그런 의미입니까?

이춘호 : 실제로 그 정도는 아닐 수 있습니다.

의장 : 식량문제는 어떤가요? 사람들이 배급표를 받는다고 들었습니다. 촌장이 다른 가족들의 배급표를 빼앗거나 통제할 수 있습니까?

이춘호 : 단지 위협만 할 것입니다. 그것이 전부라고 봅니다.

루나 : 그 외에 다른 방도는 없습니까?

이춘호 : 다른 방법은 없지만, 그것만으로도 사람들은 두려워 할 것입니다.

의장 : 적어도 당황하겠지요.

리우위안 : 좌우익 모두 위협할 것이라고 보시나요?

의장 : 이 문제가 선거의 자유와 관련되어 있습니다.

마네 : 이러한 일이 전 세계에서 흔하다고 생각하시는지는 모르겠으나, 보통 사람들은 그것을 위협이라고 생각합니다.

이춘호 : 이 부분은 사람들에 대한 교육에 달려있습니다.

마네 : 그렇습니다. 정부의 효율성과 당국의 공정함에 달려 있지요.

의장 : 오늘 귀하와의 대담에서 분명해진 점이 있습니다. 우리가 사용하는 용어가 반드시 같은 의미일 필요는 없습니다. 한국인과의 협의에서 빈번하게 등장하는 '위협'이라는 용어가 실제로는 다르게 사용된다는 점입니다. 예를 들어, 귀하가 말하는 '위협'은 우리에게 '사람들에게 영향을 준다'라는 표현에 가깝습니다.

이춘호 : 아닙니다. 영향을 준다는 것은…

의장 : 루나 씨가 제기한 문제입니다.

루나 : 저는 '위협'이라는 용어를 '영향력'이라는 용어와는 구별하고 싶습니다.

이춘호 : 사람들에게 미친 영향이 심대하거나 결과가 의심스럽다면, 이 경우는 위협이 있다고 보아야 합니다.

의장 : 우리는 보통 다음과 같이 구분합니다. 영향력, 과도한 영향력, 협박, 실제 폭력입니다.

이춘호 : 알겠습니다.

쓰추더(司徒德, T. L. Ssetu, 대만) : 이춘호 씨는 서울대학교 총장이므로 한국에서 좌우익이 갖는 의미가 무엇인지 말씀해 주셨으면 합니다.

이춘호 : 우리는 좌익을 공산주의라고 생각합니다.

쓰추더 : 우익은 무엇입니까?

이춘호 : 공산주의자를 제외한 모든 사람들입니다.

의장 : 대만 대표는 아마 정치적 의미가 아닌 학술적 의미를 물으신 것 같습니다. 제가 보기에 공산주의와 좌익을 한 편으로 하고 나머지 모두를 우익으로 인식하는 것은 공정해 보이지는 않습니다. 현재 선거에 참여하고자 하는 사람들은 우익뿐입니다.

이춘호 : 저는 그렇게 생각합니다.

의장 : 이것이 귀하의 답변인가요?

마네 : 대학생들의 시기별 정치성향 변화에 대해 물어보겠습니다. 그들 모두가 애국자이고 조국의 통일과 독립에 큰 관심을 두고 있다고 알고 있습니다. 이와는 별개로 한반도의 일부에서만 선거를 실시할 수밖에 없다면, 어느 정당을 선호하는 경향이 있는지 알려주십시오. 일반적인 성향은 어떻습니까?

쓰추더 : 제가 알고 싶은 바도 같습니다.

마네 : 오직 지난 4년간 대학생들의 정치 성향만을 묻는 것입니다.

이춘호 : 현재 대부분의 대학생들은 정치에 직접 관여하고 있지 않습니다.

마네 : 관여하고 있지 않다고요? 저는 그 반대라고 생각합니다.

이춘호 : 아닙니다, 그렇지 않습니다.

마네 : 이춘호 씨는 대학생들이 현재 정치에 참여하고 있지 않다고 말씀하십니다.

쓰추더 : 대학생들이 정치에 무관심하다고요?

이춘호 : 사실입니다. 물론 대학생들이 유엔위원단의 직무에 관심을 두고 있습니다. 저 또한 모든 한국인은 그래야 하고 한국의 독립을 위한 위원단의 업무를 잘 알아야 한다고 생각합니다. 제가 말하는 것은 실제 정당에 소속된 학생이 그다지 많지 않다는 점입니다.

의장 : 다른 나라들에서 대학생들은 정치에 앞장섭니다.

마네 : 그렇습니다. 이춘호 씨의 말은 실제 정당원이 많지 않다는 것으로 이해됩니다.

의장 : 그 말씀이 맞는 것 같습니다.

이춘호 : 저는 대학생들이 당원은 아니라는 것을 말하려는 것입니다. 물론 그들은 선거나 정부수립 방식에 대해 자기 나름의 견해를 가질 수 있습니다.

바레(Miguel Angela Pena Valle, 엘살바도르) : 이춘호 씨에게 질문하고 싶습니다. 전 세계에서 좌익들은 일반적으로 학생들, 특히 대학생에게 자신들의 이데올로기를 전파해 왔습니다. 한국에도 이러한 현상이 존재하는지 묻고 싶습니다.

이춘호 : 서울대학뿐만 아니라 다른 대학 대학생들도 좌익에 동조한다고 확신합니다.

쓰추더 : 학생들이 좌익의 프로파간다와 조직을 따른다는 말씀이신가요?

마네 : 우리가 보통 '좌익'이라고 지칭하는 의미에서 학생들이 좌익성향을 가지거나 혹은 북한에서 온 공산주의 프로파간다에 확실히 동조하고 있다는 것입니까?

이춘호 : 그렇습니다.

마네 : 그렇다면 사회주의 성향 혹은 '핑크(pink)'라기보다는 공산주의 프로파간다에 가깝다는 말씀이신가요?

이춘호 : 우리 대학에는 9개의 단과대학이 있습니다. 일부 단과대학은 우익학생보다는 좌익이 더 많습니다. 좌익학생들은 북한의 지령에 따라 프로파간다를 조직하고 학습합니다.

마네 : 혹시 관련된 증거가 있습니까? 해당 행위가 지적인 학습이라기보다는 지령에 따른 것이라는 말씀이신가요? 그렇다면 그러한 행위를 목격한 적이 있으십니까?

이춘호 : 공산주의자들이 직접 그와 같은 작업을 하는지 모릅니다. 그러나 예를 들어, 4월 7일에 벌어진 소요사태는 공산당 지도부의 지령에 따른 것이었

습니다. 물론 북한의 지령을 받아 수행된 것이지요.

마네 : 다른 학생들에게도 동일한 방식으로 영향을 주려고 합니까?

이춘호 : 그렇습니다. 확실히 그렇습니다.

쓰추더 : 그렇게 학생들이 정치에 참여합니까?

이춘호 : 그렇습니다.

마네 : 심지어 현실정치에도 참여한다는 말입니까?

바레 : 저의 학창시절을 회고해보면, 좌익 프로파간다는 법과대학에서 특히 강했습니다. 한국의 법과대학도 그런지 묻고 싶습니다.

이춘호 : 서울대학교도 마찬가지입니다. 그러나 작년에 좌익학생들 대부분을 제거했습니다.

루나 : '제거(wiped out)'했다고요?

이춘호 : 그렇습니다. 제거했습니다.

루나 : 죽였다는 말입니까, 아니면 출교(expelled)했다는 말입니까?

이춘호 : 출교시켰습니다.

바레 : 현재 법과대학에서 좌익학생의 비중은 어떻습니까?

마네 : 공산주의라는 의미의 좌익입니다.

이춘호 : 한국에서도 동일한 의미입니다. 우리는 사회주의라고 하지 않습니다. 현재 대략 40%라고 말씀드리겠습니다.

바레 : 죄송하지만 앞서 드렸던 질문을 반복하겠습니다. 협박에 대한 것입니다. 이춘호 씨는 촌락에서 발생할 수 있는 협박을 언급했습니다. 서울 같은 대도시에서도 협박사례가 있다면 말씀해 주시겠습니까?

이춘호 : 서울에서 협박이 있을 것이라고 생각하지는 않습니다.

의장 : 한국경찰이 특정 정당의 편에 서거나 선거에서 우익정당을 지지하면서 다른 정당을 배제하지 않을까요?

이춘호 : 대도시에서 이런 일은 없으리라 생각하지만, 농촌에서는 분명 그럴 것입니다. 이러한 이유로 저는 강력한 선거감시를 역설하고자 합니다.

의장 : 경찰이 각 가정에 압력을 가할 것이라고 보시는군요.

이춘호 : 네, 몇 가지 사례가 있습니다.

의장 : 대도시에서는 불가능하다고 보시고요.

이춘호 : 그렇습니다.

의장 : 경찰이 우익당원으로 있거나 혹은 당원이 되라고 강요받는 지에 대해서는 아시는 바가 없습니까?

이춘호 : 네, 모릅니다.

의장 : 확인 차 말씀드린 것입니다. 이춘호 씨, 시간을 내주셔서 대단히 감사합니다.

(청문회는 오후 6시에 종료됨)

제24차 회의 전문(全文)기록[1]
1948년 2월 27일 금요일 오전 11시, 서울 덕수궁

의장 : 잭슨(S. H. Jackson, 호주)

청문 : 민원식(閔瑗植), 김병순(金炳淳), 이응진(李應辰)

의장 : 유엔한국임시위원단 제2분과위원회 제24차 회의를 시작하겠습니다. 서울타임스(the Seoul Times) 사장 민원식 씨를 모셨습니다. 진술을 듣겠습니다.

민원식 : 저 같은 일개 한국인이 여러분 앞에서 한국독립에 대한 견해를 밝힐 수 있게 되어 영광입니다. 어려운 일을 하시는 여러분을 도울 수 있다면 성심을 다하겠습니다. 물론 다른 한국인에게서도 다양한 견해를 들으셨을 것으로 생각합니다. 그들의 견해가 도움이 되었기를 바랍니다. 그들이 특정 정파나 정당에 편향되지 않으면서도 자신의 삶을 통해 한국의 독립을 마음속에 담았다면, 그들의 진술은 진실되고 정확할 것이라고 확신합니다. 대부분의 한국인처럼 저의 희망은 조국의 완전한 독립입니다.

여러분께 우선 한국의 정치상황에 대해 말씀드리겠습니다. 물론 한국의 현 상황, 즉 두 초강대국이 진주한 사실은 이미 아실 것입니다. 이 두 초강대국은 서로 다른 이데올로기를 바탕으로 한국을 양분하였습니다. 경제적으로 보면, 이 두 이데올로기는 한국인들의 동의를 얻지 않았습니다. 본인은 미소 양군이 철수하기 전까지 남북이 하나가 될 수 없음을 말씀드리고자 합니다. 해방 이후 정치에는 관여하지 않은 저 같은 사람이 한국의 현 상황을 만족스럽게 인식할 수 없습니다. 한국의 정당은 좌우로 나뉘어 있습니다. 주요 우익정당 중 하

---

1 Document A/AC.l9/SC.2/PV.24.

나는 한국독립당(韓國獨立黨)입니다. 주요 좌익정당은 남조선노동당(南朝鮮勞動黨, South Korea Labour Party)입니다. 또한 민주주의민족전선(民主主義民族戰線, Democratic People's Front)을 비롯하여 남로당에 산하에는 많은 중소 단체가 있습니다. 주요 정당 가운데 하나가 권력을 가질 때, 중소 단체는 그 일부가 됩니다. 중소 단체와 주요 정당 간에는 차이가 없습니다. 좌우익 간의 차이만 존재합니다. 독립적인 시각을 가진 저로서는 그들의 정책과 운영방식에 동의하지 않습니다. 극우정당은 주로 지주, 모리배, 부역자들의 지지를 받습니다. 이 정당은 한국에서 강력한 위상을 가지려고 합니다. 독립적인 자유인으로서 저는 이 정당을 지지하지 않습니다. 한국에는 두 개의 주요 정당이 있습니다. 물론 본인은 좌익, 특히 외세의 지배를 받는 공산당을 지지하지 않습니다. 오히려 통상 공산주의자라고 비난받는 좌익이 실제로는 전혀 공산주의적이지 않기 때문에 지지하지 않습니다. 그들은 우익정당과 정책을 반대합니다. 현재 남한에서 우익은 가장 강력한 정당이고 좌익은 지하로 숨었습니다.

마네(Olivier Manet, 프랑스) : 좌익이 지하로 숨었다고 말씀하셨는데, 귀하가 말하는 좌익은 공산주의자를 말합니까 아니면 모두 좌익입니까?

민원식 : 공산주의자와 일부 좌익세력을 말씀드리는 것입니다. 한국에서는 만약 우익정당을 반대하는 사람이 있다면, 그 자는 '빨갱이(red)'라는 말을 듣습니다. 이는 한국인들이 좌익과 공산주의를 구분하지 못한다는 점을 의미합니다. 진보적인 사고를 가진 사람이 있다면, 그에게는 좌익이라는 딱지가 붙게 됩니다. 어떤 사람이 좌익이라고 여겨진다면, 공산주의자가 되는 것입니다. 이것이 한국의 상황입니다.

루나(Pufino Luna, 필리핀) : 그들이 '비난 받는다'라고 하셨습니다. 누가 비난하는 것입니까?

민원식 : 우익들이 비난합니다.

루나 : 비난 받는 인사들은 혹시 법원에 기소도 됩니까?

민원식 : 나중에 말씀드리겠습니다.

마네 : 민원식 씨가 사용하는 단어는 프랑스어에서 유래되었습니다. 그런데 프랑스어 발음이 탁월하시군요. 아마 그들이 공산주의자로 '딱지(branded)'가 붙는다는 의미인 것 같습니다.

민원식 : 그렇습니다. 남한에 선거가 실시된다는 소식이 미국으로부터 전해 졌습니다.

의장 : 말씀 중에 죄송하지만 번복해야 할 부분이 있군요. 미국인들은 남한 의 선거 실시를 본위원단에 제안하였습니다. 저는 그 제안이 유엔에서 통과됐 는지 알지 못합니다. 공식문서가 없기에 우리는 알지 못합니다. 따라서 그 문제 는 여기서 다루지 않았으면 합니다. 우리가 할 수 있는 업무의 대부분은 제안에 불과하기 때문입니다. 민원식 씨의 의도가 무엇이든지 선거에 대한 문제와 연 관되어야 합니다. 착오가 없으시길 바랍니다. 핵심은 선거가 실시된다는 것에 있는 것이 아니라, 본 위원단이 해당 문제에 대한 최종결정권을 가지고 있다는 점입니다. 이를 명확히 말씀드리지 않아 그런 말씀을 하시는 것 같습니다.

민원식 : 현 상황에서 어떻게 자유롭고 민주적으로 선거가 실시될 수 있겠 습니까? 독립을 모색하는 애국자로서 저는 조국이 분단되는 것에 부끄러움을 느낍니다. 한국은 세계에서도 독특한 나라입니다. 즉, 하나의 언어와 전통, 관습 을 가진 단일한 민족입니다. 물리적으로 우리나라는 둘로 나뉠 수 없습니다. 나

제2분과위원회 면담 및 구술 기록

의 조국인 한국은 남반부에 농업이 발달하였고 북반부에는 임업, 석탄, 광물, 수력 등을 비롯한 천연자원이 풍부합니다. 남한은 농업이 주된 산업입니다. 이제 우리나라가 분단된다면, 남한이 북한으로부터 경제적으로 독립할 수 있겠습니까? 어떻게 해야 한국이 외세로부터 자유로워질 수 있겠습니까? 한국인으로서 저는 우리가 자존감과 관용을 가질 수 없다고 생각합니다. 우리나라가 분단된다면, 경제적으로 남한체제는 유지될 수 없습니다. 원자재 부족으로 빈약한 경제상황에 처하게 될 것입니다. 남한에는 석탄, 목재, 광물 등의 필수적인 물자를 비롯하여 전력이 필요합니다. 우리나라가 어떻게 유지될 수 있을까요? 우리는 다른 나라에 의존할 수 없습니다. 일부 정치지도자들은 남한 단독선거와 단독정부를 요구합니다. 그들이 여러분들에게 남한을 어떻게 운영할 수 있는지에 대한 분명한 계획을 제시했습니까? 저는 그러한 계획을 알지 못합니다. 이는 매우 중요한 문제입니다. 저는 정치인이 아니지만 분단에 앞서 남한의 경제상황을 가장 먼저 고려해야 한다고 생각합니다. 우리는 남한의 경제와 삶을 위한 계획을 수립해야 합니다. 그런 연후에야 자유선거에 대한 계획을 여러분께 보여주어야 한다고 봅니다.

제가 앞서 말씀드렸듯이 현재 남한에서 자유는 없습니다. 독립적인 인간으로서 저는 남한에서 자유를 느끼지 못합니다. 모든 일을 군대나 경찰이 통제합니다. 개인을 보호할 법은 없습니다. 인신보호영장제도(habeas corpus)도 없습니다.

루나 : 자유롭지 못하다고 말씀하셨는데, 귀하의 진술을 뒷받침할 근거가 있습니까? 무엇을 근거로 자유롭지 못하다는 것입니까?

민원식 : 경찰에게 아무런 이유 없이 체포나 심문을 받거나 심지어 투옥될 수 있습니다.

한 가지 사례를 들겠습니다. 제가 길을 걷다가 경찰과 우연히 어깨를 부딪치면, 그 경찰은 다음과 같이 말합니다. "왜 쳤지? 경찰에게 시비를 거는 건가". 이 때 미안하다고 말하고 용서를 구하지 않으면, 그 경찰은 야비하게 굴 것입니다. 그리고 체포하고 경찰서로 연행합니다.

루나 : "쳤다"라고 말하셨습니다.

민원식 : 어깨를 스쳤다고 말씀드리는 것입니다. 길을 걸을 때, 부딪칠 수 있지요.

루나 : 아, 이해했습니다.

마네 : 그런 일은 다른 나라에서도 충분히 있을 수 있습니다. 차이점은 다른 나라에서는 그런 일로 구금하지 않는다는 것이지요. 경찰서로 연행되어도 스스로를 지킬 수 있습니다. 얼마나 구금될 수 있습니까?

민원식 : 며칠에서 몇 주가 될 수 있습니다.

마네 : 3일 이상 구금하지 않는다는 규정이 있다고 알고 있습니다.

민원식 : 정확히는 48시간입니다.

마네 : 아닙니다, 3일입니다.

의장 : 48시간이지만, 3일로 연장할 수 있습니다.

민원식 : 구금 시에는 다양한 구실을 만들 수 있기 때문에, 제대로 규정이 준

수되지 않습니다. 예를 들어, 제가 미국산 넥타이를 착용하고 있다면, 경찰이 미국 상품을 소지했다는 이유로 구금할 것입니다. 경찰은 온갖 핑계를 대면서 구금할 수 있습니다. 범죄사실이 확인되지 않는다면, 3일 후에 방면됩니다. 그런데 다른 경찰서에서 그 사람을 체포하고 구금합니다. 또 다시 3일 간 구금된 후 방면되는데, 이번에는 서대문경찰서가 체포하고 그 다음은 동대문경찰서가 체포합니다. 이런 일들이 자행되고 있습니다. 한국에 자유는 없습니다.

루나 : 이전에 체포된 경험이 있으면 다른 경찰서에서 재차 구금한다는 것입니까? 점령 이후 별다른 이유 없이 구금된 적이 있습니까?

민원식 : 저는 경찰서에서 심문을 받더라도 제 자신을 지킬 수 있습니다. 저의 지위가 체포하려는 경찰관을 어느 정도 두렵게 할 수 있습니다. 서울에 연줄이 있기 때문입니다. 그래서 일반적인 한국인처럼 취급받지 않습니다.

루나 : 점령이 시작된 후 지금까지 귀하는 어느 경찰에게도 체포되지도, 3일 간 구금되지도 않았다는 말씀입니까?

민원식 : 오직 저만 그렇습니다.

마네 : 귀하의 지인들은 이런 일을 겪었습니까?

민원식 : 그렇습니다. 저의 많은 지인들도 체포된 적이 있습니다.

마네 : 지인들의 정치성향에 대해 말씀해 주실 수 있습니까? 정치색으로 인해 경찰의 의도적인 체포나 권한남용이 일어날 수 있기 때문입니다.

민원식 : 경찰 고문직에 있는 한 미군장교로부터 들은 바가 있습니다. 그의 이름을 언급하지는 않겠습니다. 그러나 적어도 3,000명의 한국인들이 일제하에서 경찰로 복무했으며, 경찰 고위직은 일제 경찰 출신이 대부분을 차지한다고 하였습니다. 그리고 그들은 식민지시기에 해왔던 방식으로 경찰조직을 운영하고 있습니다.

마네 : 한 가지 말씀드려도 될까요? 민원식 씨의 진술을 반박하기 위해서가 아닙니다. 지난 전쟁 중 프랑스 경찰에도 부역행위가 있었습니다. 당국과는 별개로, 프랑스 경찰 대다수는 해방 이후 경찰직을 유지하였고 별다른 피해를 입지 않았습니다.

민원식 : 남한의 경찰은 특정 정당이 통제합니다. 모두가 알고 있습니다. 자유선거가 실시되리라 생각합니까?

마네 : 귀하의 진술을 의심하는 것이 아닙니다. 그러나 다음의 사항을 지적하고 싶습니다. 정부수립 이후 귀하가 관여하는 정당이 의회의 다수를 차지하며 또한 정부와 밀접한 관계를 가지고 있다고 가정해 봅시다. 이 경우에도 경찰은 정당이 아닌 정부에 계속 충성을 바칠 것입니다. 말씀하신 내용은 그다지 중요하지도 않을 수 있습니다. 제 의도를 이해하시겠습니까?

민원식 : 유력한 정당이 자유선거를 통해 집권한다면 문제가 되지 않습니다. 그 정당이 경찰을 통제할 것입니다. 그러나 앞서 언급한 정당은 현재 정권을 잡지도 또한 주민들의 자유의사에 의해 선출되지도 않았습니다. 그러나 현재 경찰을 통제하고 있지요. 이것이 남한의 상황입니다. 북한의 상황은 모릅니다. 물론 북한이 경찰국가이며, 경찰이 모든 것을 통제하고 있다고 들었습니다. 현재 남북은 경찰국가입니다.

마네 : 한국인들은 4천년의 역사에서 경찰국가만을 경험했다는데, 사실입니까?

민원식 : 모르겠습니다.

마네 : 다시 말씀드리자면, 귀하가 주장하는 자유선거는 서구 선진국에서 사용하는 개념을 토대로 하는 자유선거인지, 아니면 한국의 역사와 관습에 근거한 자유선거인지 궁금합니다.

민원식 : 현재 한국의 상황은 미국과 같은 선진국의 민주적인 절차를 허용하지 않습니다. 우선 우리는 개인적인 자유를 누릴 수 없습니다. 둘째, 모든 것을 경찰이 통제하고 있기 때문에 자신의 의지나 생각을 표현할 수 없습니다. 개개인은 자신이 희망하는 바를 누릴 자유를 가져야 합니다. 그러나 남한의 상황은은 거의 독재에 가깝습니다.

마네 : 귀하가 말하는 자유는 과거의 관습과 사회적·애국적 관행에 따른 자유입니까? 달나라 여행 같은 것입니까? 아니라면 구체적으로 무엇을 말씀하시는 것입니까? 한국에서 선거는 없었습니다. 이번 선거는 최초로 실시되는 것입니다. 귀하가 요구하는 선거의 자유란 정확히 무엇입니까? 이는 상대적인 자유입니까? 최소한의 요구조건이 있다면 말씀해 주십시오. 제가 무엇을 말하는지 이해하시겠습니까?

민원식 : 이해했습니다. 경찰이 남한의 모든 부문을 통제합니다. 한국인들은 선진국의 국민들만큼 교육받지 못하였습니다. 따라서 지도자와 지식층이 보통의 한국인들을 교육해야 하며 또한 이들을 지도해야 한다고 말씀드리는 것입니다. 이 식자층이 자유를 갖지 못한다면, 사람들은 진실이 무엇이고 어떠한 소

임을 다해야 하는지 모를 것입니다.

마네 : 그렇다면 한 마을의 촌장이 마을사람들의 투표에 영향을 줄 수 있고, 심지어 다른 마을 사람들에게도 영향을 줄 수 있겠군요. 마을 사람들은 촌장의 권고를 받는 데 익숙하기 때문입니다. 그러나 압력, 여기에서 제가 말하는 압력이란 위협이나 강압을 말하는 것입니다. 촌장이 압력을 행사하지 않는다면 자유선거의 분위기가 존재한다고 이해해도 되겠습니까? 경찰과 한국의 관습에 대한 귀하의 진술을 고려하면 그렇게 이해됩니다.

민원식 : 다음 진술이 귀하의 질문에 답변이 되리라 생각합니다. 남한의 경제적 상황을 말씀드려야겠군요. 앞서 말씀드렸듯이 한국은 농업국가입니다. 물론 이전에는 일본이 지배한 나라입니다. 남한의 토지 40%를 일본이 소유했습니다. 남한에는 적어도 60만 명의 지주가 있습니다. 토지개혁법이 제정되어야 합니다. 시골 사람들은 촌장이 좋은지 나쁜지 알고 있습니다. 좋은 사람을 알고 있더라도, 해당 인사를 선출할 수 없고 결국 지주가 선출될 것입니다. 지주에게 영향을 받기 때문입니다.

왕공싱(王恭行, Gung-Hsing Wang, 대만) : 토지의 40%는 일본이 소유했다고 말씀하셨습니다. 어째서 일본인이 토지의 40%를 차지한 것입니까?

민원식 : 일본이 소유한 40%의 토지는 현재 군정소유입니다.

왕공싱 : 그렇다면 전체 토지 가운데 현재 40%는 한국인이 소유하지 못한 상태입니까?

민원식 : 그렇습니다. 토지의 40%는 신한공사(新韓公社, the New Korea

Company)가 소유하고 있고 나머지는 조선식산은행(朝鮮殖産銀行, the Industrial Bank) 소유입니다. 저는 군정이 토지개혁을 추진할 의향이 있는지 모릅니다. 그러나 한국인으로서 저는 일제가 소유했던 40%의 토지가 소작인 전체에게 무상으로 분배되어야 한다고 생각합니다.

마네 : 소작농을 말씀하셨는데, 북한에서 월남한 사람들에게 토지가 분배되지 않거나 또는 전체적으로 공정한 분배가 이루어지지 않는다는 말처럼 들립니다. 귀하는 일하는 사람들에게 토지가 분배되어야 한다고 보십니까?

민원식 : 그렇습니다. 그 토지는 한국인들이 경작해 왔습니다. 일본은 직접 경작하지 않았습니다. 일본인들은 한국인 소작농을 통해 경작하였습니다. 물론 월남민과 농사경험이 없는 사람들도 토지를 분배받아야 합니다.

마네 : 촌장이 좋은 사람이고 사람들이 그 점을 알고 있더라도, 지주가 후보자라면 아마 해당 지주에게 투표할 것이라고 하셨습니다. 그렇게 함으로써 자신들이 안전할 것이라고 믿기 때문이겠지요. 그렇다면 짧은 시일 내에 비밀투표를 납득시키는 것이 가능하리라 생각하십니까? 사람들이 신뢰할 수 있을까요? 아니면 비밀투표 자체를 믿지 않을까요?

민원식 : 아마 믿으리라 생각합니다.

마네 : 그 경우에도 여전히 지주에게 투표할까요?

민원식 : 경찰이나 혹은 다른 단체가 통제하지 않는다면 믿으리라 생각됩니다. 아마 믿을 것입니다. 마을에 10개의 세대가 있고 각 세대에 1~2명의 투표자가 있다고 가정한다면, 지주는 마을에 유권자가 얼마나 있는지 알고 있습니다.

그들 가운데 대부분은 지주의 소작농입니다. 자신이 선출되지 않을 경우, 그는 누가 자신에게 투표하지 않았는지 알 수 있습니다. 지주는 결국 색출해낼 것입니다.

마네 : 비밀투표가 실시되어도 농민들은 보신책으로 지주에게 투표한다는 말씀입니까?

민원식 : 그렇습니다.

루나 : 아마 귀하가 언급한 토지개혁과 정확히 같지는 않겠지만, 토지개혁은 외국 정부보다는 자국 정부가 주체가 될 때 보다 바람직하고 신속하게 시행될 수 있다고 생각하지 않으십니까? 귀하는 일본인 지주 및 한국인 지주가 40%의 토지를 소유하고 있다고 거론하면서, 토지개혁에 관한 진술을 하였습니다. 한국인들이 고르게 분배받는 토지개혁을 요구한다면, 이는 군정보다는 한국인들의 정부가 수립될 경우 실시될 가능성이 크다고 생각하지 않으십니까?

민원식 : 그렇습니다. 그러나 극우정당이 정권을 잡지 않은 경우에만 가능합니다.

마네 : 극우정당이 정부를 장악하게 될까요?

민원식 : 그렇습니다. 극우정당은 현재 남한의 모든 부문을 실질적으로 지배하고 있습니다. 서두에서 말씀드렸듯이 극우정당은 지주와 유산자, 모리배 등의 지지를 받습니다. 그들은 자신의 토지를 소유하고 있습니다. 그래서 저는 그들이 자신들에게 손해가 되는 법률을 통과시킬 것이라고 생각하지 않습니다.

루나 : 귀하의 진술 가운데 선거의 자유문제와 관련하여, 총회가 결의안에서 다음과 같은 내용을 담은 것에 대해 어떻게 생각하십니까? 결의안에서는 투표자들이 비밀투표를 할 수 있어야 하며 누구의 방해도 받지 않고 선택의 자유가 주어져야 한다고 규정하고 있습니다.

민원식 : 어려울 것입니다.

루나 : 어떻게 어렵다는 말입니까?

민원식 : 시골 사람들은 무지하기 때문입니다. 많은 사람들이 자신의 이름도 쓸 수 없습니다. 현재 우익정당이 시골로 내려가 그들의 지도자 이름을 쓸 수 있는 사람에게 상품을 제공하고 있습니다.

의장 : 귀하 언론사의 기자가 보도한 내용입니까?

민원식 : 그렇습니다. 여러분들이 사실관계를 원하신다면 보내드릴 수 있습니다.

루나 : 호주의 투표방식이나[2] 투표자에게 절대적인 선택의 자유를 부여하는 비밀투표 방식도 있습니다. 비밀투표라는 개념이 현실화된다면, 투표자는 오직 자신이 결정하게 됩니다. 그리고 유권자는 자신이 지지하는 후보자에게 투표하게 되지요. 사람들이 투표장에서 나오게 되면, 다른 누구의 방해도 받지 않고 시민으로서의 의무를 다하게 됩니다. 이렇게 된다면 귀하가 말한 압력이 어떻게 작용할 수 있을까요? 예를 들어, 제가 한국인이라고 가정해 봅시다. 저는 소

---

2 모든 후보자명을 인쇄하여 지지하는 후보자 이름에 기표하는 방식. 역자주.

작농이고 지주가 극우정당에 투표하라고 했습니다. 그러나 저를 납득시키지는 못했습니다. 그에게 다음과 같이 말할 것입니다. "좋습니다. 소작농인 나를 보호해주는 이 정당에게 투표하겠습니다". 그러나 제가 투표 장소에 갔을 때, 저는 양심에 따라 제가 지지하는 후보자의 이름을 기재합니다. 그들은 제가 누구에게 투표했는지 알 수 있는 방법이 없습니다. 극우정당이나 지주가 어떻게 저를 쫓아낼 수 있겠습니까? 물론 그들이 저에게 물어볼지 모르나, 저는 "귀하가 언급한 정당의 후보자에게 투표했습니다"고 말할 것입니다.

마네 : 덧붙여 질문하겠습니다. 유권자가 후보자의 이름을 모른다고 해도 인쇄물이나 사진을 이용하는 방법도 있습니다. 다시 말해, 다양한 방법이 있습니다. 유권자가 후보자의 이름을 반드시 알아야 하는 것은 아닙니다.

루나 : 그 경우에도 투표자가 무언가를 기입해야 할까요?

마네 : 기입할 필요는 없습니다. 인쇄된 용지에 기표한 후 투표함에 넣기만 하면 됩니다.

마네 : 내가 언급하고 싶은 점은 투표자가 투표용지에 이름을 반드시 기입하지 않아도 되는 방법이 있다는 것입니다. 투표함에 넣기만 하면 됩니다. 투표자들이 갖는 어려움을 해결하는 다양한 방법들이 활용될 수 있습니다. 반드시 투표용지에 무언가를 기재할 필요는 없습니다. 저는 세부적인 방법들을 강요하고 싶지 않습니다. 다만 루나 씨가 제기한 질문, 즉 투표의 비밀을 지킬 수 있거나 투표용지에 무언가를 쓰지 않아도 되는 방법에 대해 민원식 씨가 답변해 주길 바랄 뿐입니다.

루나 : 제 질문에 대해 부연하겠습니다. 귀하가 언급한 상황에서도 투표자는

후보자의 이름을 적지 않아도 됩니다. 후보자의 이름은 용지에 인쇄되어 있기 때문입니다. 적어도 투표자는 투표에 대한 자신의 결정을 표기하기만 하면 됩니다.

마네 : 그렇습니다. 투표자는 후보자의 이름이나 사진이 있는 용지를 투표함에 넣기만 하면 됩니다. 이것이 전부입니다. 별다른 세부사항이 필요하지 않습니다. 모든 가능한 대비책이 완전한 비밀투표가 보장하기 위해 취해집니다. 따라서 민원식 씨에 대한 필리핀 대표의 질문은 여전히 남아 있습니다.

민원식 : 여러분 모두는 전 세계에서 통용되는 투표방법 또는 비밀투표가 어떻게 진행되는지 저보다 더 잘 알고 계십니다. 물론 투표자가 후보자에 대한 정보를 파악할 수 있도록 다양한 방법이 이용될 수 있습니다. 그러나 중요한 점은 투표자가 비밀투표를 했더라도, 그 결과가 종국에는 드러나게 된다는 것입니다. 이 점이 제가 우려하는 부분입니다. 여러분들이 알고 계시듯이 다른 나라에서는 투표가 공정하게 이루어지지 않을 때에는 이에 대처하는 방법이 마련되어 있습니다. 예를 들어, 어떤 선거구에서 특정 세력이 권력을 통해 득표수를 조작하는 일이 있을 수 있습니다. 제가 경찰이 분권화되어야 한다고 말한 이유가 바로 여기에 있습니다. 현재 국립경찰이 정치권력을 행사할 수 있습니다.

루나 : 귀하가 우려하는 바는 유권자에게 주어진 선거의 자유문제가 아니라 개표에서 벌어질 수 있는 부정행위군요.

민원식 : 그렇습니다.

마네 : 민원식 씨에게 더 질문하고 싶습니다. 말씀하신 내용은 불행히도 피할 수 없고 다른 국가들의 선거에서도 존재합니다. 소수의 대지주가 토지를 소

유하지 않는 지역이라고 해도, 그 지역주민 전부를 채용한 공장이 있을 수 있습니다. 그리고 그 공장 소유주가 선거 후보자일 수 있습니다. 즉, 해당 지역주민이 처한 상황은 귀하가 묘사한 상황과 동일합니다. 따라서 그것이 중요하다고 생각하지 않습니다. 중요한 점은 유권자에 대한 보복을 막는 일입니다. 민원식 씨는 제가 언급한 점을 이해하셨는지 궁금합니다. 또한 제안하실 사항이 있다면 말씀해 주십시오.

민원식 : 마네 씨의 말씀에 동의합니다. 거의 모든 국가에는 피고용인을 지배하는 대지주나 대자본가가 있지요. 몇 분전에 우리가 논의한 선거에 대한 세부사항, 즉 비밀투표와 투표자들이 투표하는 방법에 관한 사항을 고집하고 싶지는 않습니다. 이에 대해서는 크게 관심이 없습니다. 마네 씨와 필리핀 대표가 언급하였듯이, 투표하는 사람들이 보호를 받아야 한다는 점이 핵심입니다. 현상황은 거의 경찰국가와 유사합니다. 정당이 통제하는 경찰은 현상유지를 바라는 지주, 모리배, 부역자, 즉 그들의 권력, 토지, 돈에 의해 지배받습니다. 그들은 한국인의 복리에 관심이 없습니다. 거의 확신합니다. 나라에 좋은 일만 있기를 바라는 한국인으로서 저는 위원단에게 경찰을 분권화함으로써 그들의 힘을 약화시키길 요청합니다. 그렇게 하면 경찰의 정치적 힘은 축소될 것이고, 어느 정도는 자유선거가 가능할 것입니다.

의장 : 경찰이 개표소나 투표소에 접근하지 못하도록 하는 규정이 있다면 훨씬 상황이 나아지지 않겠습니까?

민원식 : 귀하의 질문에 답변할 수 있을지 모르겠습니다. 투표가 어떻게 진행되는지 경험해 본 적이 없기 때문입니다. 이 문제는 위원단과 해당 사안을 다루어본 사람들에게 달렸습니다. 더 이상 선거의 세부사항을 더 깊게 논의하고 싶지 않습니다. 단지 자유선거를 보장하도록 한국의 일반적인 상황에 대해 진

술하고 싶습니다.

의장 : 우리는 그저 한국인으로서 귀하의 발언을 듣고 싶을 뿐입니다. 선거 통제 시스템은 다음과 같은 기본과정을 거칩니다. 투표소를 관리하는 사람들이 투표자에게 투표용지를 배부하고, 투표자가 기표한 후 선거명부에서 확인하는 과정을 진행합니다. 그들은 선거에서 일정한 역할을 맡습니다. 이 때 경찰은 거리를 두어야 합니다. 경찰은 오직 주변을 정돈하는 정도에 머물러야 합니다. 또한 투표자는 자신이 원하는 출입구를 통해서 입출입할 수 있습니다. 구체적인 절차는 다음과 같습니다. 우선 중복투표를 방지하기 위해 선거명부에서 이름을 확인합니다. 그 다음에 투표지를 배분받습니다. 이 투표지를 가지고 작은 방에 들어갑니다. 모두가 같은 방으로 들어가게 됩니다. 경찰이 그 부근에 머물러 있을 필요가 없습니다. 이는 귀하가 무지하다고 말한 시골사람들에게 적절하다고 생각합니다.

민원식 : 그렇습니다. 경찰관이 투표소 근처에 있지 않다면, 사람들은 보다 자유롭게 투표할 것입니다.

의장 : 그 점이 중요합니다.

민원식 : 프랑스 대표가 말했듯이, 한국인들은 4천년이라는 긴 시간 동안 경찰의 통제를 받아왔습니다. 병합 이전에도 한국인들에게 자유는 전혀 허용되지 않았습니다. 경찰이나 다른 정부기관의 통제를 받았습니다. 그러나 일제 40년간 한국은 경찰국가가 되었습니다. 경찰은 지나치게 억압적이었습니다. 그래서 한국인들은 자연히 경찰복장도 좋아하지 않습니다. 여러분들이 김포공항에서 호텔로 당도한 다음날 환영행사를 했을 열었을 때도 경찰을 보셨을 것입니다. 경찰은 모든 곳에 배치되어 있습니다.

사람들은 경찰이 권력을 가지고 있으며 언제까지나 향유할 것이라고 생각합니다. 어느 한국인이 경찰관을 만난다면, 경찰관에게 말을 걸기 전에 모자를 벗고 4~5회나 인사를 합니다. 그리고 보통 한국인들이 서로 인사하는 방식과는 달리 경찰관은 삐딱하게 서서 그를 맞이합니다. 매우 하대합니다. 경찰이 사람들을 대하는 방식은 이러합니다.

바레(Miguel Angela Pena Valle, 엘살바도르) : 민원식 씨가 한국의 현 상황을 분명하게 설명했다고 생각됩니다. 제가 정확이 이해했다면, 민원식 씨는 경찰의 재편을 언급하는 것 같습니다. 이 부분이 제가 민원식 씨에게 묻고 싶은 질문입니다. 민원식 씨에게 경찰이 재조직되어야 하는지 그리고 한국인들에 대한 경찰의 감시가 완화되기 위해서는 무엇이 필요한지 질문하고 싶습니다. 그가 언급하였듯이, 40년간 일제가 지배하는 동안 경찰이 한국인을 억압했음을 우리 모두는 알고 있기 때문입니다. 이런 점에서 한국인들은 경찰의 감시 완화에 익숙해질까요? 귀하가 말했듯이 한국인들은 집회, 결사, 표현의 자유를 갈구하며 또한 그러한 자유를 성취함으로써 평화와 질서유지에 대한 책임을 지게 될 것입니다. 따라서 저는 민원식 씨에게 경찰의 감시가 완화된다면, 한국인들이 평화와 질서를 유지할 수 있는지 그리고 민원식 씨가 언급한 자유에 대한 책임을 질 수 있는지 묻고 싶습니다.

민원식 : 현재 한국의 법률은 일제가 지난 40년간 사용한 것과 동일합니다. 어떠한 개인도 자유를 보장받지 못할 뿐만 아니라 인신보호영장(habeas corpus)도 없습니다. 군정은 기존 법률에 어떠한 변화도 주지 않았습니다. 향후 법률이 개정된다면, 새로운 법률은 특정인에 대한 이유 없는 체포를 금지해야 하며, 유죄로 판명되지 않는 한 48시간만 구금할 수 있도록 해야 합니다. 그래야만 경찰이 이전과 다르게 행동하고, 사람들이 보호받을 수 있을 것입니다. 둘째, 경찰의 감시가 완화되어야 한다고 제기한 것은 아닙니다. 물론 질서가 유

지되기 위해서는 책임소재가 분명해야 합니다. 그러나 현재 경찰력은 어떠한 변화도 원하지 않는 사람들로 구성되어 있습니다. 경찰체계가 사람들을 관리한 다는 말입니다. 현재 경찰체계와 체포 및 처벌과 관련한 법률의 변경을 통해 어 느 정도 상황이 개선된다면, 문제가 개선되리라 생각합니다.

바레 : 답변해 주셔서 감사합니다. 그러나 다음과 같은 점을 명확히 해 주셨 으면 합니다. 남한에서 실시될 선거에 반대하는 세력이 있습니다. 물론 본인은 한국인들이 평화와 안전유지를 매우 존중한다고 생각합니다. 그러나 현재 선거 와 정치의 장은 좌우로 나뉘어져 있습니다. 좌우는 서로 압력을 행사할 것입니 다. 프랑스와 미국에서 좌우는 자신의 주장을 펴고 선거에서 승리하기 위해 영 향력을 행사합니다. 저는 한국도 동일한 경향이 있다고 평가합니다. 한국인에 게 자유가 주어져야 한다면 한국인들은 여기에 대한 책임을 지며, 자유를 향유 함에 있어 스스로 평화와 질서를 유지할 수 있는지가 본 질문의 핵심입니다.

민원식 : 어려운 질문이군요. 한국인들이 스스로 책임을 지며 질서를 유지할 수 있는지에 대해 질문하셨습니다. 지금 당장 한국인들에게 독립적 혹은 좌익 적인 언론을 허용한다고 해서 그것이 가능하지는 않을 것입니다. 언론은 그다 지 도움이 되지 않습니다. 유감스럽게도 언론의 자유는 남한에 없습니다. 여러 분들은 자신만의 주장을 자유롭게 펼 수 있습니다. 그러나 군정이 질시하는 신 문은 탄압받게 될 것입니다. 한국인들은 자신의 주장을 표현할 수 없다고 생각 합니다. 군정이 좋아하지 않는 내용을 말한다면, 언론은 곧 탄압받을 것입니다. 여러분들이 한국인에 대한 임의동행이나 신문발행의 금지를 막아주지 않는다 면, 한국인들이 질서를 유지하도록 교육받을 기회도, 스스로 책임을 지는 것도 할 수 없습니다. 모든 것을 경찰이 통제하고 있고, 경찰을 특정 정당이 통제하 고 있습니다. 모든 군정이 그렇듯이 미군정의 임무는 군경을 수단으로 하여 질 서를 유지하는 일입니다. 이 때문에 남한에서 경찰의 힘이 너무나 강력합니다.

물론 질서유지가 군정의 임무임에도 불구하고, 경찰은 특정 정당이 통제함으로써 혜택을 받고 있으며 경찰은 사람들의 자유를 통제하고 있습니다.

마네 : 언론이 탄압받거나 신문발행이 금지된 사례가 있습니까?

민원식 : 몇 가지 있습니다.

마네 : 우리는 거센 비난의 목소리를 듣고 있습니다. 명예훼손이 법률로 금지된 어떤 국가에서 명예훼손 사건이 발생하여 언론사의 신문발행이 금지되었다고 가정해 봅시다. 이에 대한 귀하의 견해는 무엇입니까?

민원식 : 해방 직후 많은 언론사가 난립하였습니다. 서울을 비롯하여 남한 전체에 너무나 많았습니다. 신문기자, 특히 젊은 기자들은 언론업무를 경험해 보지 않았습니다. 그래서 명예훼손에 가까운 비판을 하였습니다.

마네 : 그러나 명예훼손이 아닌 단순한 비판도 있지 않습니까? 이 경우도 언론사가 탄압받습니까?

민원식 : 군정 법령을 위반한 사건의 숫자가 얼마인지는 정확히 알지 못합니다. 그러나 과도정부와 군정을 비판하면 처벌받습니다. 언론의 자유를 위해 여러분이 해야 할 일이 많습니다.

다른 문제가 있습니다. 한국에는 많은 청년단체가 있습니다. 그 이야기를 하고 싶습니다. 청년단체는 경찰 및 정당과 연결되어 있기 때문입니다. 경찰이 공식적으로 움직이지 못할 때, 어떤 청년단체가 사람들을 위협하고 신문사를 협박합니다. 이들 단체는 정당과 기관이 통제합니다. 여기 남한에 많습니다.

의장 : 좌익입니까, 우익입니까?

민원식 : 좌우익 둘 다입니다. 처음에는 좌익의 활동이 우익보다 활발했습니다. 그러나 지금은 우익이 더 활발합니다. 제 친척이 거주하는 마을은 좌익청년단체가 통제하는 곳입니다. 모든 것을 좌익이 통제합니다. 그들이 사실상 마을의 지배자입니다. 이후 좌익이 탄압받자 지하로 숨어들었고, 우익단체가 마을로 들어와 좌익을 추방했습니다. 이제 우익이 마을을 지배합니다. 우익이 지배하는 마을이 많으며 경찰이 그들을 후원합니다. 이는 선거와 관련됩니다. 아마 경찰이 없다면, 청년단체가 선거를 통제할 것입니다. 여러분들이 투표소를 방문할 경우, 선거상황을 객관적으로 파악하는 사람들을 어떻게 찾을 수 있을까요? 여러분들은 선거구에서 개표를 하는 사람들을 활용할 수밖에 없습니다. 이때 청년단체가 통제할 것입니다. 이 점이 어려운 문제입니다.

마네 : 정확히 누구인지 그리고 얼마나 객관적인지는 모르겠으나, 누군가에게 들은 적이 있습니다. 그는 해당 청년단체가 향후 정규군대의 중핵을 담당해야 한다고 주장했습니다. 귀하는 청년단체가 해산하여 정규군이 되어야 한다고 보십니까?

민원식 : 그렇습니다. 청년단체는 나라를 지키는 조직으로서, 사람들의 존중을 받도록 재조직되는 편이 좋습니다. 현재 일부 청년단체는 모범적이나 대부분은 그렇지 못합니다.

루나 : 몇 분전에 명목상으로만 언론의 자유가 있다고 하셨지요?

민원식 : 그렇습니다.

루나 : 우리가 언론의 자유를 명확히 인식하는데 도움이 되었다고 생각합니다. 많은 민주국가에서 통용되듯이 언론의 자유는 방종이 아닙니다. 언론의 자유는 편집자가 방만한 출판의 특권을 가지는 것이 아닙니다. 언론의 자유에 대해서 많은 국가에서는 편집자들이 명예훼손이나 모욕, 선동, 소요 혹은 봉기를 조장하는 발언에 책임을 집니다. 이를 규율하는 법률의 유무와는 별개로, 우리는 '언론의 자유'와 아무런 책임도 없이 좌우익을 공격하라는 '방종(licentious uses)'을 구분해야 합니다. 저의 질문은 다음과 같습니다. 일반적인 민주국가에서 시행되는 편집자에 의한 방종적인 출판(licentious publication) 규제와 별개로, 적절한 언론의 자유가 있어야 한다고 생각하십니까? 여기서 방종적인 출판이란 폭동, 소요, 반란을 선동하는 것을 말하며, 건설적 비판은 언론의 자유를 금지·제한하는 범주에 포함되지 않습니다.

민원식 : 귀하의 말에 전적으로 동의합니다. 명목상으로만 언론의 자유가 있을 뿐이며, 귀하가 지적한 사항은 어설프게나마 유지되고 있습니다. 언론의 자유가 없는 이유를 말씀드리겠습니다. 귀하가 언론사를 설립하거나 신문 편집자를 교체하고 싶다고 가정한다면, 군정의 허가를 받아야 합니다. 해당 편집자는 신문사 직원으로 허가받기 전에 방첩대(Counter-Intelligence Corps)에서 확인·승인을 받아야 합니다. 이런데도 언론의 자유가 있습니까? 물론 편집자나 제작자는 신문 발행에 책임을 져야 합니다. 그러나 언론사가 통제받고 있습니다. 저는 서울타임스(the Seoul Times) 사장입니다. 매일 저는 우리 신문에 문제가 될 부분이 있는지 살펴보아야 합니다. 결코 독립적인 신문이 아닙니다.

루나 : 귀하가 방금 진술한 내용은 군정에 관한 것이 아니라, 한국인이 운영하는 민간정부(civil government) 수립과 관련이 있습니다. 한국인들이 정부를 수립한다면, 진실로 한국을 위한 정부를 만들 수 있습니다.

민원식：현 상황에서 남한이 선거를 치르게 된다면, 남북을 지배하는 두 개의 점령세력이 잔존하게 될 것입니다. 저는 점령군이 철수하리라고 생각하지 않습니다. 우리가 어떤 종류의 정부를 가지게 될지 불분명합니다. 그러나 순수하게 한국인의 의지를 통해 정부가 수립되지 않는다면, 현 상황을 변화시키기란 어려울 것이라고 믿습니다. 남한만의 단독정부는 독립적이고 자유로울 수 없다고 봅니다.

왕공싱：현 상황에서 귀하는 적절한 정부를 수립할 수 없다고 보십니까?

민원식：그렇습니다.

왕공싱：그렇다면 민주적 정부를 수립하기 위한 노력이 무용하다고 보십니까?

민원식：물론 아닙니다. 민주적 정부를 수립하기 위한 노력은 계속되어야 합니다.

왕공싱：그러면 민주정부를 수립하기 위한 방법 가운데 하나가 참여를 통해 민주주의를 실천하고 교육하는 것이라고 생각하지는 않습니까?

민원식：그렇습니다, 그것은 중요합니다.

의장：우리와 대담해주신 민원식 씨에게 감사드립니다. 그는 독립적인 한국인입니다. 어느 정당에도 속하지 않으며, 모든 정당의 정보를 수집할 수 있는 지위에 있습니다. 저는 민원식 씨가 언론의 자유를 믿고 있으며, 루나 씨가 지적하였듯이 방종을 바라지 않는다는 것을 알게 되었습니다. 언론이 자유를 누

려야 하지만 언론 자신의 견해를 드러내기 위해 방종해서는 안 된다는 점에 동의합니다. 저 역시 민원식 씨의 생각, 즉 한국은 언제나 하나가 되어야 한다는 견해를 지지합니다. 우리는 소총회가 결정한 방식에 따라 발언하고 있습니다. 남한에서만 선거가 실시될 것으로 보입니다. 우리 위원단은 최대한 조기에 한국을 한국인에게 돌려주어야 한다고 믿고 있다고 말씀드리고 싶습니다. 바로 지금 한국인이 스스로 자신을 통제할 수 있는 위치로 나아갈 수 있는 최선의 방법이 거의 보이는 듯합니다. 저는 민원식 씨에게 이번 대담을 통해 이 부분을 말씀드리고 싶었습니다.

민원식 씨에게 감사드립니다.

(민원식 퇴장함)

(천도교청우당 사무총장 김병순(金炳淳)과 고문 이응진(李應辰)이 회의장에 입장함)

의장 : 김병순 씨가 짧은 진술을 준비하셨습니다. 김병순 씨, 귀하의 견해를 말씀해 주십시오.

김병순 : 우선 한국의 독립을 위해 노력하시는 위원단의 노고를 치하하고 싶습니다. 저에게 한국 독립은 3천만의 지지를 받는 통일한국을 의미합니다. 그러나 현재 큰 어려움에 처해 있습니다.

미소공동위원회가 개최되었지만, 그들의 노력은 헛되이 끝났습니다. 그리고 이제 한국의 독립문제는 유엔위원단의 손에 달렸습니다.

모든 한국인들은 유엔위원단이 자신의 임무를 완수해주기를 바랍니다. 즉,

통일된 한국정부 수립입니다. 그러나 모든 한국인들은 위원단이 실패한다면, 그 이후의 문제에 관심을 가지게 될 것입니다. 다른 나라처럼 한국은 두 개의 정치영역, 즉 좌우로 분열되어 있습니다. 이데올로기적으로 보면 두 집단으로 나뉘어 있지만 사소한 문제일 뿐입니다. 한국이 두 집단으로 분열된 주요 이유는 한국이 두 세력에 의해 점령되었기 때문입니다. 한국이 두 세력에게 점령되었다는 사실은 한국문제를 더욱 어렵게 만들고 있습니다. 위원단이 통일정부 수립에 실패할 경우, 우리는 어떠한 방식으로든 통일정부 수립을 시도해야 합니다. 따라서 다음 단계는 우리 한국이 통일정부를 수립하기 위한 시도임에 틀림없습니다. 통일한국을 이룰 수 있는 최선의 길은 남북의 정치지도자와 정당 대표가 서로 만나는 것이라고 생각합니다. 유엔위원단은 이 움직임에 협력해야 합니다.

겉으로는 남북이 서로 다른 두 국가처럼 보이지만, 일단 서로 만나면 같은 노선을 구상할 것입니다. 즉, 통일된 한국정부 수립을 위해 상호 협력할 것입니다. 저는 남북의 정치지도자들 간의 회담이 순조롭게 진행된다면, 위원단의 임무수행도 수월해질 것이라고 믿습니다.

천도교청우당의 강령은 한국독립을 위한 투쟁입니다. 즉, 통일된 한국정부 수립입니다.

왕공싱 : 김병순 씨에게 남북 간의 협의가 어떻게 시작될지에 대해 분명한 생각이 있는지 묻고 싶습니다.

김병순 : 시작단계에서는 남북의 정치지도자와 좌우 지도자 간에 협의가 이루어져야 합니다. 한 자리에 만나서 통일 한국정부 수립을 위한 절차에 대해 논의할 것입니다. 그리고 위원단은 이를 지원해야 합니다. 이 활동은 위원단의 지지를 받아야 합니다. 우선 모든 한국문제를 자유롭게 논의할 기구를 설립해야 합니다. 즉, 남북 및 좌우 간 협의기구를 구성해야 합니다. 이런 종류의 협의체

를 구성하기 위해서는 남북 간 이동의 자유를 보장하는 조치가 필요합니다. 개인적 안전도 보장되어야 합니다. 이 계획은 위원단의 도움을 받아야 합니다.

의장 : 북한과 연락을 취해본 적이 있습니까?

김병순 : 일본 항복 후 약 1년간은 남북 간에 다소 자유롭게 왕래할 수 있었습니다. 그러나 이후 개인적 안전과 여행의 자유에 대한 보장이 사라졌습니다. 그래서 현재는 북한과 연락할 수 없는 상태입니다. 천도교청우당과 관련하여 보면, 남북 간 회담을 가질 준비가 되어 있는 천도교 정치지도자들이 북한에 많습니다. 자신 있게 말씀드릴 수 있습니다.

의장 : 남한에서 선거가 실시된다면, 남북 회담에 미칠 영향에 대해 어떻게 생각하십니까?

김병순 : 저는 남한만의 보통선거가 실시된다면 조만간 한국이 분열될 것이라고 생각합니다. 보통선거가 실시되기 전에 남북의 정치지도자들 간에 협의가 있어야 합니다.

마네 : 김병순 씨는 소련 측이 위원단과의 협력을 거부했다는 것을 알고 계실 것입니다. 즉, 우리는 입북하거나 소련 당국과 연락을 취할 수도 없습니다. 김병순 씨는 위원단 관리 하에서 북한 방문의 자유가 보장되어야 한다고 말씀하셨는데, 무엇을 염두에 두고 계신지 묻고 싶습니다.

김병순 : 소련이 위원단에 대해 명백한 반대행위를 한 이유는 논리적으로 볼 때, 남한 사람들의 방북 문제가 아니라 북한의 정치지도자와 정당대표가 남한에 내려오지 못하도록 조치하려는 것입니다.

여러분들이 잘 알고 계시듯이 북한에는 세 개의 정당이 있습니다. 천도교청우당, 조선노동당과 조선민주당입니다. 북한에 있는 천도교청우당은 회원수가 80만 명입니다. 청우당 당원을 제외하고도 천도교 교인들의 지지를 받고 있습니다. 남한에서도 청우당은 많은 사람들의 지지를 받고 있습니다. 한국의 통일을 주장하기 때문입니다.

남북 간 정치회담이 시작되기만 하면, 우리 당은 크게 지지 받을 것입니다. 우리 당과 관련하여 이러한 활동은 효과가 있을 것입니다.

의장 : 청우당 당원들이 자유롭게 내려오거나 혹은 귀하가 말한 정당 간 회담에 이들이 참여할 수 있습니까?

김병순 : 앞서 말씀드렸듯이, 해방 후 1년간 자유롭게 오갈 수 있었지만 이제 북한에 있던 당원은 비밀리에 방문합니다.

이응진 : 이러한 활동이 본격화된다면, 북한에서 더 많은 사람들이 내려올 것이라고 확신합니다.

의장 : 천도교청우당에서도 남북협상을 위해 다른 정당과 협의하고자 하는 움직임이 있습니까?

이응진 : 회담을 성사시키기 위한 노력은 계속 있었습니다. 천도교청우당은 공식적으로 참여하지는 않았지만, 다른 대표들의 견해를 듣기 위해 참관인을 파견하였습니다.

의장 : 여타 많은 정당의 지지를 받았겠지요. 천도교청우당 측에서 회담에 찬성하는 다른 정당의 회의에 참관인을 파견하였다고요? 이와 같은 상황에서

말입니까?

김병순 : 그렇습니다. 우리 당의 참관인이 참석하였지만, 천도교청우당은 좌익도 우익도 아닙니다. 그러나 중도세력을 대변하기 때문에 좌우익 정당 내에 많은 동조자들이 있습니다. 이데올로기적으로 말씀드린다면 청우당은 그러한 활동(남북협상)에 전적으로 찬동합니다. 천도교청우당이 공식적으로 참여하지 않은 이유는 북한에 많은 당원이 있기 때문입니다. 남한에 있는 천도교청우당이 공식적으로 참여한다면, 북한에 있는 청우당이 북한정권의 압제 하에 놓일 수 있습니다. 그래서 미묘한 상황입니다. 이 때문에 그들은 공식적인 입장을 내놓지 않습니다. 그리고 공식적으로 참여하지 않는 이유이기도 합니다.

의장 : 참관을 통해 얻은 정보를 알려주실 수 있겠습니까? 협상진행에서 어떤 인상을 받았습니까?

김병순 : 우리는 애초에 매우 많은 관심을 가졌습니다. 당장 통일한국을 이룩해 낼 수는 없다 하더라도 통일한국의 민족적 주권을 되찾기 위한 투쟁을 지속할 것입니다. 우리는 그렇게 결정하였습니다. 그러나 지금 당장 성공할 것이라고 생각하지는 않습니다.

의장 : 최근까지 정당 간 협의를 진행해 온 많은 좌우익들이 있었고 천도교청우당이 참관하였다고 이해하겠습니다. 본 위원단도 최근 그러한 시도를 하고 있다고 알고 있습니다. 그리고 지금도 위원단은 북한과 연락을 시도하고 있습니다. 이와 관련하여 최근 진행상황에 대해 알고 계신 바가 있습니까?

김병순 : 회담에 찬동하는 북한 정치지도자와 남한 정치지도자 간에 모종의 협상이 진행 중이라고 알고 있습니다.

의장 : 연락을 취한 이후 북한으로부터 답변이 있었습니까?

김병순 : 일부 인사가 남한을 방문하였으나, 지금까지 북한으로부터 답변은 없었습니다.

의장 : 여러분은 분명히 지인 가운데 일부가 연락책으로서 남북회담을 진척시키기 위해 북한을 방문하였다고 말씀하셨습니다.

이응진 : 그렇게 알고 있습니다. 일부가 열흘 전에 북한으로 갔습니다. 그러나 미묘한 문제이기에 인적사항은 밝힐 수 없습니다.

의장 : 우리는 방북 사실을 확인하고 싶을 뿐입니다.

이응진 : 단지 정보제공 차원에서 말씀드리면, 분단을 바라는 정치지도자가 일부 있습니다. 그러나 대부분의 한국인은 분단을 원하지 않습니다. 북한 사람들도 분단을 반대합니다.

역사적으로 보면 한국은 남북으로 분단된 적이 없습니다. 그래서 여러분들이 분단을 찬성하는 정치지도자들에게 현혹되지 않기를 바랍니다. 대중은 분단을 심각하게 반대합니다. 그리고 한국이 분단된다면, 우리는 분단에 분노하는 대중들이 일으킬 사태에 직면해야 합니다.

의장 : 남한에서만 선거가 실시된다면 즉각적인 저항이 있을 수 있다고 보시는 것입니까?

이응진 : 답변하기에 앞서 여러분들이 수집한 정보에 대해 언급하고 싶습니다. 아마 잘 아시겠지만, 1919년 우리는 일제에 맞서 대대적인 민족적 저항을

했던 경험이 있습니다. 현재 남한의 상황이 당시와 유사합니다. 북한에 있는 사람들도 정권의 압제를 받고 있습니다. 그러나 그들도 분단을 반대합니다. 그래서 통일운동이 봉기처럼 보일 수 있습니다. 이 운동은 남한에도 확산될 것입니다. 상황이 1919년과 유사하기 때문입니다. 1919년 운동에서 한국인의 희생이 너무나 많았습니다. 그러나 한국인들은 한반도 전체의 즉각적인 독립을 열렬히 요구합니다. 많은 희생이 치르더라도 그렇게 할 것입니다.

의장 : 1919년 시위는 비밀스럽게 조직되었습니다. 이러한 저항이 현재 조직되거나 혹은 준비가 되었다는 징후가 있습니까?

이응진 : 남한에서 이러한 운동은 비밀이 아닙니다. 미군정당국이 이 운동을 조장하고 있기 때문입니다. 그러나 저는 북한에서도 통일 운동을 위한 비밀조직이 있다고 생각합니다.

마네 : 김병순 씨에게 질문을 드리겠습니다. 현재 두 점령군 주둔이 영구화되거나 혹은 전인구의 2/3가 어떠한 형태든 남한만의 정부수립에 찬성한다면, 귀하의 대안은 무엇입니까? 제가 알기로는 어떠한 애국자도 분단을 원하지 않습니다. 희망하신다면 기록에 남기지 않고(off the record) 답변을 듣고 싶습니다.

김병순 : 남한에 수립된 정부가 한반도를 대표하는 것이 확실하다면 저는 그 정부에 대해 찬성할 것입니다. 그러나 통일된 정부가 수립될 가능성은 거의 없습니다. 그래서 통일이 아니라면, 오히려 현재 상태가 더 낫다고 봅니다.

의장 : 우리에게 전달하실 사항이 더 없으신가요?

이응진 : 여러분께 드릴 정보로서, 일제 항복 이후 약 한 달 동안 경찰이 전혀 없었다는 점을 말씀드리고 싶습니다. 당시 일제경찰은 전혀 운용되지 않았습니다. 이런 점에서 치안업무와 관련하여 일종의 공백기가 있었습니다. 그러나 그 기간에 한국인들은 사회질서와 평화를 적절하게 유지했습니다. 그러나 한국이 두 세력에 의해 점령된 이후 온갖 종류의 문제와 무질서가 나타났습니다. 제가 말씀드리고자 하는 부분은 이 시기에 한국인들이 자치능력을 분명히 보여주었다는 것입니다.

김병순 : 소총회가 남한에서 보통선거를 실시하기로 결정했다고 알고 있습니다. 보통선거가 남한만의 정부수립으로 이어진다는 말입니까?

의장 : 현 단계에서는 명확히 밝힐 수 없습니다. 공식통보를 받지 못했기 때문입니다. 죄송하게도 공식통보를 받기 전까지는 분명히 말씀드릴 수 없습니다. 지금까지 접한 소식은 언론보도를 통해서입니다. 현시점에서는 확실히 말씀드릴 수가 없습니다.

김병순 : 여러분들의 초청에 매우 감사드립니다. 그리고 여러분들의 지치지 않는 노력에도 경의를 표합니다.

의장 : 대단히 감사합니다.

(청문회는 오후 1시 15분에 종료됨)

제25차 회의 전문(全文)기록[1]
1948년 2월 27일 금요일 오후 3시, 서울 덕수궁

의장 : 잭슨(S. H. Jackson, 호주)

의장 : 유엔한국임시위원단 제2분과위원회 제25차 회의를 시작하겠습니다.

의제채택

(의제는 논의 없이 채택됨)

청문 : 권태석(權泰錫), 박건웅(朴健雄)

의장 : 민주한국독립당(民主韓國獨立黨) 당수인 권태석 씨는 우리에게 유용한 정보를 제공할 것입니다. 권태석 씨는 자신의 견해를 미리 보내주셨습니다. 그에 따라 진술해 주시기 바랍니다.

(권태석 씨가 분과위원회 회의장에 배석함. 그의 모든 발언은 한국어로 진행되었고, 질문은 한국어로 통역됨)

권태석 : 호외에서 미국의 제안이 소총회에서 통과되었다고 들었습니다. 이 소식을 듣고 매우 실망했습니다. 한국문제가 유엔에 이관된 이후 총회가 한국 관련 결의안을 통과시켰을 때, 저는 국내외에 공식성명을 낸 적이 있습니다. 한국분단의 주요원인은 두 점령군이지 한국인 자신이 아닙니다. 일제하에서도 한국인은 통일전선을 이룩했습니다. 저는 40여년 간 일본제국주의와 싸운 인사

---

1 Document A/AC.19/SC.2/PV.25.

들 가운데 한 사람입니다. 당시에도 공산주의자와 민족주의자가 존재했습니다. 그럼에도 불구하고 우리는 일제와 싸우기 위해 통일전선을 형성하였습니다.

구체적인 예를 들겠습니다. 1927년 신간회(新幹會, 원문은 'Singanho'임)라는 단체가 있었습니다. 이 단체는 일제에 맞서 통일전선을 구축하기 위해 공산주의자와 민족주의자로 구성되었습니다. 그리고 현재 생존한 지도부로는 민주독립당(民主獨立黨)의 홍명희(洪命熹), 상하이에 있는 신석우(申錫雨), 민정장관인 안재홍(安在鴻)이 있습니다. 이 단체는 주요 정치 거물들이 있을 뿐만 아니라 농민조합도 포괄합니다. 정치적 구분과는 상관없이 이 모든 인사들이 일제지배에 맞선 통일전선을 구축하였습니다.

일제의 항복 직후에 세 명의 주요 정치거물이 있었습니다. 고인이 된 여운형(呂運亨) 씨, 여운홍(呂運弘, 원문은 "Mr. Woon Heyung") 씨 그리고 저입니다. 이데올로기는 달리했지만 건국준비위원회(建國準備委員會, the National Reconstruction Preparation(원문은 'Property' Committee))라는 이름의 단체로 연합했습니다. 한국의 독립은 공산주의자와 민족주의자 간의 협력을 통해 달성될 수 있습니다.

당시 38선은 누구도 예상할 수도, 알지도 못한 것이었습니다. 이때부터 정치상황이 긴박해졌습니다. 그리고 양 진영으로 나뉘어버렸습니다. 그러나 저는 한국의 대중들은 공산당이나 다른 극단적인 세력에게 지배받길 원하지 않고, 민주정부 하에서 통합되길 희망한다고 믿습니다. 이제 한국의 정치상황은 소련을 따르는 북한과 미국을 따르는 남한으로 분리된 상태입니다.

앞서 말씀드렸듯이 한국분단의 주요 요인은 미소 양군에 의한 점령입니다. 따라서 한국인들은 미국과 소련이라는 외세에 의지하지 않고, 자신의 힘으로 설 수 있기를 희망합니다. 우리는 38선이 어디서 도래했는지 모릅니다. 카이로(Cairo)나 얄타(Yalta) 혹은 모스크바(Moscow)에서도 언급되지 않았습니다. 그리고 현 세계상황을 고려해 보았을 때, 강대국 간의 협력을 통해 38선이 철폐되리라고 생각하지 않습니다. 따라서 점령군의 철군과 남북의 주요 정치인들이 회담을 열어, 한국인 스스로 한국문제를 해결해야 한다고 주장하는 바입니다. 지리적으로 보면 한국은 소규모의 국가입니다. 중국, 심지어 중국의 일개 성(省)보다도 작고 인구도 매우 적습니다. 그래서 한국이 분단된다면, 우리는 경제적으로 자립할 수 없습니다.

이러한 사실에 비추어 보면 한국의 분단이 있어서는 안 됩니다. 유엔위원단의 임무는 분단이 아닙니다. 그리고 여러분들이 한국을 분단시킨다면, 내전이 벌어지게 될 것입니다. 여러분들이 이러한 상황을 바라지 않는다고 믿고 싶습니다.

한국의 현 상황을 살펴보면, 여러분들은 남한 단독정부를 반대하는 김구(金九)의 민족주의 그룹을 아실 것입니다. 김규식(金奎植)의 지도하에 있는 민족자주연맹(民族自主聯盟, National Independence Federation)내에 14개 정당과 50여개의 사회단체가 있습니다. 그들도 남한 단정에 반대합니다. 남한 단정을 요구하는 분파는 대한독립촉성국민회(大韓獨立促成國民會, the National Association for the Rapid Realization of Korean Independence)와 한국민주당(韓國民主黨, the Hankook Democratic Party)입니다. 이들의 바람대로 남한만의 단독정부수립이 이루어진다면 재앙은 가속화될 것이고, 또한 미군점령 하에서 보다 더욱 상황이 악화될 것입니다.

1919년 한국독립을 위해 투쟁한 모든 사람들은 친일부역자로 지칭된 인사들을 가장 증오했습니다. 그러나 이제 한국의 현실은 참된 애국자들이 존재하는 한편, 자신만의 정치권력을 향유하려는 소위 민족반역자와 부역자들도 있습니다.

경제적으로 보면 전반적인 상황이 악화되었습니다. 심지어 일제 항복 후 운영된 소수의 공장도 불능상태입니다. 미군이 인천에 상륙할 당시를 회고해보면, 저는 매우 분명하게 전체상이 떠오릅니다. 인천에서 서울에 이르는 노상에서 수천 명이 해방자로서 미군을 환영했습니다. 그러나 이제 한국인들은 매우 실망하고 있습니다. 이와 같은 평판을 바꾸고 우리의 민족독립을 성취하는 유일한 길은 남북의 정치지도자 간 회담을 개최하는 것입니다.

저는 여러분들의 선의를 곡해하지 않습니다. 그러나 최고의 선의를 가지고도 여러분들은 한국에 도움이 되지 않을 수 있습니다. 제 개인적 감정이지만 대만 대표에게 호소하고 싶습니다. 대만인들만큼 한국의 상황을 잘 이해하는 사람들도 없다고 생각합니다. 유엔총회의 한국결의안 통과 이후 세계의 많은 사람들은 양군이 철수한다면 한국은 공백상태가 될 것이라고 생각했습니다. 그러나 저는 결코 그렇게 생각하지 않습니다. 여러 이유가 있습니다. 한 가지 이유는 많은 정당의 '강령(platforms)'을 비교해 보았을 때, 별다른 차이점이 보이지 않는다는 점입니다. '강령' 간의 커다란 차이점을 만드는 객관적 조건이 없기 때문입니다. 즉, 한국의 객관적 조건에서는 극좌적 혹은 극우적 독재를 옹호하지 않습니다. 그래서 한국문제가 한국인의 손에 맡겨진다면, 진보적 민주주의에 우호적인 객관적 상황 때문에 한국문제는 참된 민주주의의 기반에서 쉽게 해결될 것입니다.

저의 정치적 견해를 거칠게나마 말씀드렸습니다. 질문이 있으시면 답변 드리겠습니다.

마네(Olivier Manet, 프랑스) : 우리는 단지 분과위원회이며 임무는 정보수집에 한정되어 있다고 말씀드리고 싶습니다. 우리에게는 현재 공식화할만한 견해가 없습니다. 점령군이 철군해도 공백은 없을 것이라고 하셨습니다. 귀하의 주장에 따르면 한국인이 스스로 한국 문제를 해결할 수 있다고 판단됩니다. 그러나 권태석 씨는 최근 일부 국가의 운명, 외국군이 주둔하지 않았던 체코슬로바키아의 사례를 알고 계실 것입니다.

권태석 : 한국의 정치인들 가운데에도 외국군 철수 이후 공백이 발생할지도 모른다는 견해가 많습니다. 저의 견해는 다음과 같습니다. 한국 국부(國富)의 96%는 일본이 소유하였습니다. 우리는 이를 적산(敵産, enemy property)이라

고 부릅니다. 이 적산은 한국인에게 양도될 것입니다. 따라서 두 정치진영으로 한국을 분열시킬 수 있는 경제적 기반은 사라질 것입니다. 이것이 한국에 프롤레타리아 독재가 없을 것이라고 보는 이유입니다.

마네 : 우리는 일본이 소유했던 재산가액의 추정치를 접한 적이 있습니다. 그리고 거의 20%에 이르는 것으로 알고 있었습니다. 그런데 지금 96%라고 하셨습니다. 다른 정보원으로부터 확보한 내용에는 남한 내 지주들이 엄청난 재산을 바탕으로 막강한 정치적 영향력을 행사하고 있다고 합니다. 권태석 씨는 96%라는 수치를 확신합니까? 그렇게 높은 수치는 처음 듣습니다.

권태석 : 남한에 많은 지주가 있다는 점은 사실입니다. 그러나 소지주입니다. 거의 모든 농지를 일본인이 소유했고 또한 거의 모든 산업시설도 그들이 소유했습니다. 어떤 자들은 85%라고 주장하고 다른 사람들은 96%라고 말하기도 합니다. 그러나 제가 말한 수치는 미군정이 작성한 통계를 근거로 합니다.

마네 : 그렇다면 귀하가 보기에 오직 4%만이 사유재산이라는 것입니까?

권태석 : 그 재산은 향후 설립될 정부로 넘겨질 적산과 비교해 보면 일부분일 뿐입니다.

의장 : 남한에서 선거가 실시될 것이라는 점에 비추어볼 때, 우리가 관심을 두어야 할 부분입니다. 귀하는 남한의 선거가 어떻게 실시될지 그리고 자유선거를 위한 분위기 조성이 가능할지에 대해 말씀해 주셨습니다. 선거실시를 위한 조건이 하나 더 있다고 말씀드리고 싶습니다.

권태석 : 공백상태가 존재한다면 이는 현재가 아닐까합니다. 거의 모든 애국

자들과 민주시민들이 공개적으로 자신의 주장을 표출할 수 없기 때문입니다. 현재 언론의 자유가 없습니다. 단지 일부 인사들, 즉 민족반역자와 부역자들이 모든 정치권력을 장악하고 있습니다. 따라서 우리가 자유선거를 위한 조건을 창출한다 해도, 아마 시간상 올해 안으로 그 조건을 마련하기 어려울 것입니다. 1년 이상이 소요될 것입니다. 올해에 선거를 실시할 수 없을 것입니다.

최악의 부문은 경찰입니다. 경찰은 많은 폐단을 일으킵니다. 경찰체제 상의 변화는 다른 부처, 예를 들어 내무부, 사법부 등의 변화를 포함합니다. 얼마나 오래 걸릴지는 모르지만 적어도 상당기간이 소요될 것입니다.

의장 : 선거 이전 경찰부문에 변화를 주어야 한다면, 누가 그리고 어떻게 해야 한다고 생각하십니까?

권태석 : 그 질문에 굳이 답변할 필요는 없을 것 같습니다. 보편적인 견해의 문제이기 때문입니다. 제 시각으로는 어떤 기관이라도 경찰 제도에 변화를 줄 법률을 통과시켜야 한다고 봅니다. 그리고 별개의 입법기관도 있어야 합니다. 그러나 여러분도 아시듯, 현재 입법기관이 있지만 그다지 소용이 없습니다. 애국자들은 그 기관에서 추방되었고, 대한독립촉성국민회와 한민당이 입법기관을 장악하게 될 것입니다. 그래서 그것은 무용하지요.

의장 : 제 말을 오해하셨군요. 우리가 알고 싶은 사항은 누가 그 법률을 입안할 것인지에 대한 정보입니다. 귀하는 경찰의 재조직이 가장 시급하다고 하셨습니다. 이를 위해 법률 개정이 필요하고 누군가 주체가 되어야 합니다. 귀하는 소총회나 군정 혹은 다른 정부기관에서 이 법률을 개정해야 한다고 제안하시는 겁니까? 향후 선출될 정부가 입법절차를 진행할 것입니다.

권태석 : 가장 신속한 방법은 하지(John R. Hodge) 장군이 민주주의 원칙으

로 고위경찰을 교체하는 것입니다. 그러나 고위급 교체에는 오랜 시간이 소요될 것입니다.

의장 : 권태석 씨는 한국에서 선거를 실시하기 위해서는 오랜 시간이 걸린다고 발언했습니다.

권태석 : 다소 오해가 있군요. 경찰 민주화는 선거 전후로 언제든 실행될 수 있습니다. 그런데 선거 이후의 민주화는 현실적으로 어렵습니다. 그리고 선거 이전에 경찰조직의 변화를 시도한다고 해도 오랜 시간이 필요할 것입니다.

루나(Pufino Luna, 필리핀) : 권태석 씨는 부역자와 민족반역자의 손에 권력이 있다고 하셨습니다. 누가 부역자와 민족반역자인지 알려주시는 것이 중요하다고 생각합니다. 매일 평양라디오에서 이승만(李承晚), 김규식(金奎植), 김구(金九) 등 여러 인사들이 부역자와 민족반역자라고 방송하고 있습니다. 우리는 전반적인 상황을 알고 싶습니다.

권태석 : 약 2~3개월 전 웨더마이어(Albert Coady Wedemeye) 장군이 한국에 와서 누가 민족반역자이고 부역자인지에 대한 문제를 제기했습니다. 저는 이들을 보호하는 사람들이 바로 민족반역자와 친일부역자일 수 있다고 답변했습니다. 북한의 라디오 프로파간다가 김구와 이승만을 민족반역자로 부르는 이유는 그들이 대한독립촉성국민회 같은 반동적인 단체를 이끌고 있기 때문입니다. 저는 단순히 김구와 이승만이 반동단체를 이끌고 있기 때문에 반역자라고 생각하지 않습니다. 한국에서 '신탁통치(trusteeship)'라는 용어는 사악한 의미를 가집니다. 우리가 근대적 의미에서 행정경험이 없고 최근까지 자립적 경제생활을 영위할 힘을 가지지 못했기 때문에, 저는 한국이 세계의 민주국가, 특히 모스크바협정에 서명한 강대국의 도움을 받아야 한다는 견해를 가지고 있습니

다. 미소공동위원회는 한국인을 매우 실망시켰습니다. 그러나 우리가 실망한 것 자체는 우리의 잘못이 아니라 강대국의 잘못입니다.

의장 : 현 단계에서 유엔결의안에 의해 선거가 실시될 수 있다고 보십니까? 귀하는 오랜 시간이 걸린다고 말했습니다. 그 점이 우리의 관심을 끕니다.

권태석 : 저는 좌익도 우익도 아닙니다. 그리고 한국의 독립을 위해 서로 협력해야 한다고 항상 주장했습니다. 저는 소년시절부터 혁명운동에 관심을 두었습니다. 심지어 일제하에서도 저는 지금과 같은 끔찍한 상황을 경험하지 않았습니다. 즉, 본인은 밤에 편히 쉬지 못하고 자유롭게 움직이지 못하며 어느 때나 체포될 수 있습니다. 수백 명의 경찰관과 인파가 있는 곳에서 어떤 테러리스트가 제 딸의 머리카락을 잘라버렸습니다. 저의 조카와 아들은 경찰이 체포하였습니다. 저는 지금 가혹한 압제를 경험하고 있습니다.

마네(Olivier Manet, 프랑스) : 권태석 씨는 남한만의 단독정부보다도 오히려 현재처럼 미군정하에 있는 편이 낫다고 판단하는 듯합니다. 남한만의 정부(원문은 'national government')를 가진 상태에서 한국인들 스스로 문제를 해결하는 것이 보다 용이하다고 생각하지 않는 것 같습니다.

권태석 : 저는 오히려 현 상황이 낫다고 생각합니다. 가장 직접적인 이유는 우리가 단독정부를 수립한다면, 내전이 일어날 가능성이 매우 높기 때문입니다. 미국이 성실하게 한국문제에 임하고 진정 한국을 돕고자 한다면, 우선 한국에서 철수하고 한국인이 통일하도록 도와야 합니다. 한국을 보호한다는 구실로 미군은 한국에 주둔하고 있습니다. 그러나 미국의 진짜 의도는 한국에서 자신의 영향력을 강화하는 것입니다. 많은 사람들은 미군이 남한에서 철수한다면 적군(赤軍)이 남한을 침략할 것이라는 잘못된 생각을 늘어놓습니다.

의장 : 소련군이 북한에 주둔한 상황에서도 미군이 철수해야 한다고 주장하시는 것입니까?

권태석 : 충분히 실현가능한 제안입니다. 즉, 미국이 한국을 진실로 돕고자 한다면 한국에서 철수해야 합니다.

의장 : 소련군의 북한 주둔을 불문하고 말입니까?

권태석 : 물론 소련군도 철수해야 합니다.

루나 : 누가 철수를 강제할 수 있습니까?

권태석 : 우리는 힘이 없습니다. 그러나 그들에게 철수를 요청해야 합니다. 소련군이 남한을 침략한다면 세계대전이 벌어질 것입니다.

루나 : 소련군이 철수해도 충분히 영향력을 행사할 수 있는 괴뢰정권을 남겨둘 수 있지 않습니까?

의장 : 침략을 위해서 말이지요?

마네 : 소련이 북한에 자신들을 지지하는 정부를 수립하고 철수한다면, 그 정부가 남한사람들에게 영향력을 행사하려고 하지 않겠습니까?

권태석 : 미군이 남한에 있는 한, 소련군이 북한에서 철수할까요?

마네 : 아닙니다. 미군도 남한에서 철수할 것입니다.

권태석 : 귀하가 왜 그러한 질문을 했는지 이해합니다. 그러나 상이한 조건에 대해 말씀드리고 싶습니다. 겉으로 보기에 북한의 정권은 매우 강합니다. 그러나 북한 정권의 속성은 상대적으로 매우 온건합니다. 적군 중 일부는 소련에 우호적인 사람들에게 민족자결원칙이 적용되어야 한다고 주장합니다. 본인은 양측 점령군이 철수한다면, 한국인 스스로 우리의 문제를 해결할 것이라고 믿습니다.

한국사에 비추어 제 개인사를 말씀드리겠습니다. 저는 1919년 독립운동에 참여했었고, 1921년에는 조선공산당(朝鮮共産黨)에 입당했습니다. 그리고 1928년~1936년간 투옥되었습니다. 제가 공산주의자였을 때조차도 주요관심사는 한국의 독립이었습니다. 그리고 일본이 항복한 이후 지속적인 관심사는 독립 쟁취를 위한 통일전선의 모색이었습니다. 좌익계는 저를 반동으로 규정했습니다. 또한 반동세력은 저를 좌익으로 봅니다. 저는 정당 간의 협력 없이 한국독립을 쟁취할 수 없다고 봅니다.

바레(Miguel Angela Pena Valle, 엘살바도르) : 우리 위원단은 총회 결의안에 따라 자유로운 분위기에서 선거를 실시하고, 선거 이후 전국적 정부(national government) 수립을 돕는데 그 목적이 있음을 환기하고 싶습니다. 이후에 점령군이 철수할 것입니다. 점령군은 오직 선거 이후에야 철수할 수 있음을 강조하고 싶습니다. 또한 본 위원단은 유토피아가 아닌 현실 상황을 토대로 운영되고 있음을 말씀드리고 싶습니다. 그래서 애국자이신 권태석 씨에게 자유로운 분위기에서 선거가 실시된다면, 협력할 것인지 묻고자 합니다. 조금 전 권태석 씨는 유권자에 대한 교육과 정부 내 특정조직의 재편과 같은 변화가 없다면, 자유롭게 선거를 실시할 수 없을 것이라고 말했습니다. 제가 보기에 이와 같은 주장은 비현실적입니다. 우리가 여기에 있기 때문입니다. 위원단의 목적은 선거를 최대한 조기에 실시하는 것입니다.

권태석 씨는 소련이 취한 행동, 즉 비협조적인 행동이 본 위원단의 임무를 방해하고 있다는 점을 잘 알고 있습니다. 남한에서 선거가 실시된다면 그리고 특정 강대국의 비협조로 남북 전체에서 선거를 실시할 수 없다 해도, 협력할 것인지 묻고 싶습니다.

권태석 : 그런 경우라면 위원단에 협력할 수 없습니다. 미군정의 주도 하에 한반도의 일부에서만 선거가 실시된다면 그리고 그 선거가 중앙정부의 수립을 위한 것이라면, 협력할 수 없습니다.

의장 : 중앙정부는 어떤 의미입니까? 남북을 아우른 전국적 정부입니까?

권태석 : 그렇습니다.

의장 : 분명하지 않군요.

권태석 : 남한만의 단독선거에 협력할 수 없습니다. 오직 남한 사람들의 대표만을 선출하기 때문입니다. 남한만의 단독정부 수립을 목적으로 하는 선거에 협력할 수 없습니다.

의장 : 귀하는 오직 협의체 구성 선거(consultative election)일 경우에만 협력한다는 의미인가요? 그리고 귀하는 정부수립을 위한 준비를 거의 못하지 않았습니까?

권태석 : 한국 언론에서는 그것을 단독정부라고 지칭하고 있습니다.

의장 : 첫 단계는 정부구성과 관련한 협의를 위해 선출될 의회구성입니다.

권태석 : 저에게 선택권이 주어진다면, 단독정부 수립에 찬성하기 보다는 시간이 걸리더라도 군정을 택하겠습니다. 남한만의 단독선거에 참여하지 않겠습니다. 그 선거는 중앙정부나 전국적 정부를 표방하지만 실제로는 단독정부 수립에 목적이 있기 때문입니다.

마네 : 그 점이 핵심입니다. 권태석 씨에게 총회결의안을 설명할 필요가 있다고 생각합니다. 우리는 두 개의 다른 단계를 밟아야 하기 때문입니다. 첫 단계는 위원단이 감시하는 선거를 남북에서 실시하는 것입니다. 다음으로는 전국적 정부를 수립할 대표를 선출하는 것입니다.

질문은 다음과 같습니다. 귀하의 정당은 단독 선거에 참여하시겠습니까? 남한만의 선거를 실시하는 이유는 위원단의 입북이 불허되었기 때문입니다. 그리고 선거를 통해 선출될 인사들은 정부 구성문제를 결정할 것입니다.

권태석 : 여러분들이 어떠한 문제를 제기하더라도 해결책은 항상 같습니다. 즉, 한국의 참된 애국자는 오직 통일에 관심을 둡니다. 그리고 남북에 38선이 존재하는 한, 한국의 진정한 독립은 없습니다. 이런 이유로 남한에서 여러분의 임무는 무위로 끝날 것입니다. 제 주장의 요점은 한국이 외세로부터 방해를 받아서는 안 된다는 점입니다. 한국문제는 한국인 스스로 해결해야 합니다. 저는 어느 날인가 시리아대표의 발언, 즉 독립은 누군가가 부여하는 것이 아니라 스스로 쟁취해야 한다는 말을 듣고 기뻤습니다.

바레 : 우리가 어떠한 목적으로 여기에 왔는지 알아주시기 바랍니다. 우리는 한국인들의 독립을 돕기 위해 왔습니다. 한국의 독립을 방해하기 위해 온 것이 아닙니다. 또한 곧 우리 모두는 한국이 독립될 것이라는 희망을 품고 있다고 말씀드리고자 합니다.

의장 : 마지막으로 권태석 씨에게 소총회 제안에 따라 한국에 특별한 조치가 취해지며, 그 목적은 한국인에게 모든 권한을 넘겨주는 것이라고 말씀드리고 싶습니다. 혹시 발생 가능한 오류는 최소화해야 합니다. 실수도 있을 것입니다. 위원단의 목적은 한국인 스스로가 적합한 정부를 수립할 수 있는 환경을 조성하는 일입니다.

권태석 : 어제 기자회견을 가졌습니다. 본인은 미국의 제안이 소총회에서 통과될 것이라고 언급했습니다. 지금 어떤 사람들은 남한에 전 인구의 2/3가 거주한다고 말합니다. 그러나 전 인구의 2/3가 남한에 있다는 점이 단독정부 수립을 정당화하지는 않습니다. 찬성하는 사람은 50만~60만 명을 넘지 않을 것입니다. 따라서 여러분들이 선의를 가졌다 해도, 귀하들의 임무는 한국에 커다란 불행을 가져올 것입니다. 이것이 솔직한 저의 견해이자, 여러분께 호소하는 주장입니다.

(권태석 씨가 분과위원회 회의장을 나가고, 남조선과도입법의원 산업노동위원회 위원장인 박건웅 씨가 배석함. 모든 진술과 질문은 통역됨)

(쓰추더[司徒德, T. L. Ssetu, 대만]가 의장석에 앉음)

의장(쓰추더) : 잭슨 씨의 지명으로 의장석에 앉게 되었습니다. 과도입법의원 산업노동위원회 위원장이신 박건웅 씨가 자리하셨습니다. 우리는 박건웅 씨가 한국의 촌락 상황에 대해 말씀해 주시기를 희망합니다. 박건웅 씨가 일반진술을 마친 후 촌락의 선거문제에 대해 질의하겠습니다.

박건웅 : 저의 견해를 밝힐 수 있는 기회를 주셔서 감사합니다. 여러분의 노력을 통해 한국정부의 수립은 최대한 조기에 달성되리라 믿습니다. 메논(K. P.

제2분과위원회 면담 및 구술 기록

S. Menon) 씨의 소총회보고서 제출에 감사드립니다. 저는 보고서 내용이 정확하다고 생각합니다. 귀 분과위원회가 여러 분야에 걸쳐 한국인들의 견해를 청취했다는 것도 알고 있습니다. 우리의 가장 긴급한 과제는 한국의 독립과 통일입니다. 위원단의 각 대표들은 제가 말씀드린 내용을 이미 들으셨으리라 생각합니다. 그러나 한국인의 생사가 달린 문제이기 때문에 반복하고 싶습니다. 우리의 정치적, 재정적 그리고 사회적 삶이 분단으로 붕괴되었기 때문입니다.

금일 소총회를 통해 가능한 지역에서 선거가 실시될 것이라는 소식이 전해졌습니다. 이와 관련하여 본인은 발언할 내용이 있습니다. 현재 한국의 정세는 양 강대국 간의 불협화음 속에서 배태되었습니다. 남한에서 선거가 실시되고 북한 측에서 다른 조치를 취한다면, 남북의 분단은 심각해질 것입니다. 금일의 소식은 단독정부 구성을 위해 감시가 가능한 지역에서 선거가 실시된다는 것입니다. 이러한 경우라면 남한에서 한국인의 의견이 상반될 것입니다. 이번 결정이 정부 수립을 의미한다면, 누군가 정부조직을 통해 권력을 장악할 가능성을 고려할 것입니다. 권력을 손에 넣고자 하는 부류들은 선거에 열정적으로 참여할 것입니다. 그러나 그렇지 않은 사람들은 선거에 협력하지 않을 것입니다. 본인은 한국 독립에 일생을 바친 사람들은 선거에 참여하지 않으리라 믿습니다. 이들은 남한의 단독정부 수립이 곧 조국의 분단임을 잘 알고 있기 때문입니다.

우리가 미군정에 협력한 까닭은 단독정부의 수립이 아니라 향후에 우리가 통일된 정부를 갖게 되리라는 희망에서였습니다. 남한만의 단독선거가 실시된다면, 한국인들은 세 진영으로 분열될 것이라고 생각합니다. 첫 번째 진영은 선거에 참여합니다. 두 번째 진영은 필사적인 반대를 할 것입니다. 그리고 세 번째 진영은 주머니에 손을 넣은 채 관망할 것입니다.

일반인들은 자신들의 지도자가 선거에 참여하리라 생각하지 않을 것입니다. 남북한에 각각의 정부가 수립된다면, 여기에 개입한 인사들은 역사적으로 한국의 분단에 대한 책임을 지게 됩니다.

우익정당은 적극적으로 선거에 참여하고 좌익정당은 반대할 것입니다. 중도

정당은 관망하겠지요. 이는 일반적인 해석입니다. 여하튼 분명한 사실은 선거 이후에 혼란이 더욱 가중될 가능성이 높다는 것입니다. 한국인들 사이에 심각한 분열이 조장될 가능성도 있습니다. 선거가 실시된다면 미국에 우호적인 사람들은 소수가 되고 다수는 반대할 것입니다. 일반적으로 한국인들은 해외에서 돌아온 인사들과 한국의 혁명을 위해 노력한 사람들을 존경합니다. 이번 선거에 참여하고자 하는 혁명적 지도자는 거의 없을 것입니다. 따라서 일반인들은 선거를 통해 수립될 정부가 적절한 방식으로 조직되었다고 생각하지 않을 것입니다.

또한 유엔위원단의 임무에 심각한 영향을 미칠지도 모릅니다. 유엔은 한국 문제를 해결하고 독립적인 정부를 수립시킬 권한을 보유할 수 없다는 점이 드러날 것입니다. 대다수의 한국인들은 유엔위원단이 미국의 후임자가 되었다는 비난을 하게 될 것입니다. 즉, 메논의 보고서와 유엔위원단이 취한 실제 조치 간에는 커다란 차이가 있음을 의미합니다. 또한 위원단이 통일정부 수립에 실패한다면, 두 초강대국인 미소는 결국 자신이 원하는 것은 무엇이든 할 수 있으리라 생각합니다. 이렇게 된다면 위원단의 위신은 심각하게 손상될 될 것입니다. 단독정부 수립에 기여하고 스스로의 힘이 부족하다는 것을 드러내기 때문입니다.

유엔이 단지 한국과 극동에서만이 아니라 전 세계의 평화를 두고 분열된다면, 이는 위원단의 성패에 큰 영향을 줄 것이라고 생각합니다. 한반도가 남한 단독선거의 결과로 인해 분단될 경우, 한국인뿐만 아니라 5억의 중국인들도 불안정한 상태에 놓이게 됩니다. 그러면 5억의 중국인과 3천만의 한국인은 평화에 대해 불안함을 느끼게 되며, 이는 유엔이 평화를 이룩할 수 없음을 의미합니다.

결론적으로 저의 견해를 여러분이 심사숙고해주시기 바랍니다. 첫째, 미소양국이 합의를 해야 합니다. 둘째, 남한만 선거가 실시된다 해도 정부수립은 신중하게 고려되어야 합니다. 셋째, 위원단이 미·소로 하여금 합의하도록 설득해야 합니다. 한국인은 진실로 남북한 통일정부를 희망하기 때문입니다. 저는 위원단 여러분이 모든 한국인을 지원할 것으로 생각합니다. 좌우익뿐만 아니라 중도세력에게도 도움을 받아야 합니다. 다수의 한국인들은 통일 없이 독립은 불가능하다고 생각합니다.

통일을 이룩하기 위한 유일한 방법이 있습니다. 그 방법은 남북의 혁명적인 좌우 지도자 간의 통합입니다. 친일파나 민족반역자가 여기에 합세한다면, 통합은 실패할 것입니다. 혁명적 인민(people)은 마지막까지 조국의 인민을 위해 싸울 것입니다. 그러나 친일파나 민족반역자는 권력이나 사리사욕 앞에 쉽게 무너집니다.

이것이 현 정치상황에 대한 저의 견해입니다. 그러나 민족자주연맹(民族自主聯盟)과[2] 관련하여 산업부분에 관한 진술을 부연하고 싶습니다.

마네 : 박건웅 씨에게 본 분과위원회의 임무는 미·소 간의 견해를 조정하는 일이 아님을 환기해드리고 싶습니다. 미·소 간의 견해는 레이크석세스의 유엔총회에서 이미 표출되었습니다. 양국은 견해차를 보였고, 소련은 위원단의 활동을 방해하였습니다. 박건웅 씨와의 대담이 시간낭비가 될지 모르겠습니다. 위원단은 그 문제에 대한 권한이 전혀 없습니다.

제가 박건웅 씨에게 묻고 싶은 내용은 다음과 같습니다. 많은 사람들은 본위원단이 해결책을 찾는 최선의 방법으로, 남북이 이번 사안을 해결하도록 개입하지 말 것을 촉구했습니다. 박건웅 씨의 견해도 동일하다고 생각됩니다. 위원단의 입북이 금지되었기 때문에 남한에서만 선거가 실시된다면, 이 선거로 선출된 인사들이 정부를 구성할 것입니다. 이에 대해 어떻게 생각하십니까? 저는 남한만의 단독정부를 전국적 정부라고 부르지 않습니다. 그러나 어떤 형태로든 정부가 수립될 것입니다. 이러한 방식으로 정부가 수립되는 일이 긍정적

---

2 원문은 'Association'임. 앞서 김규식을 언급한 부분에는 'National Independence Federation'이라고 나옴. 박건웅이 민족자주연맹과 관련이 있으므로 'Association'을 민족자주연맹으로 번역함(역자주).

인지 혹은 부정적인지는 언급하지 않겠습니다. 다만 제가 알기로는 선거 이후 90일 이내에 미군이 철수한다는 점입니다. 이 경우 저는 북한 지역에 주둔한 소련군이 철수하지 않을 이유가 없다고 봅니다. 그런 연후에는 여러분 스스로 한국 독립 문제를 해결하지 않겠습니까? 선거 결과가 무엇이든 현 상황보다 더 악화되지는 않을 것이라고 생각하십니까? 아니면 현 상황보다 더 악화되리라 생각하십니까?

박건웅 : 프랑스 대표가 언급한 대로 미·소 양군이 철수한다면, 그것이 최선이 되겠지요. 그러나 한국인들은 그렇게 될 것이라고 믿지 않습니다.

마네 : 어떤 이유에서 미군이 철수하더라도 소련군은 철수하지 않을 것이라고 보십니까?

박건웅 : 그와 같은 경우라면 소련군도 철수할 것이라고 생각합니다.

마네 : 그렇게 된다면, 한국인이 자신들의 문제를 스스로 해결할 기회를 가질 수 있겠군요. 귀하는 이러한 해결책이 불가능할 것이라고 보시나요? 그리고 단독정부의 수립이 최종적으로 분단을 의미한다고 보십니까?

박건웅 : 남한만의 단독정부가 수립된 후에, 미군철수가 실제로 이행될지 의심스럽습니다. 또한 남한 단독정부가 일반인들의 지지를 받을지도 의심됩니다. 자유가 없는 현 상황에서 어느 측에서 정부를 통제할지도 문제입니다.

마네 : 선거에서 선출된 다수당이겠지요.

박건웅 : 물론 그렇게 되겠지요. 앞서 말씀드렸듯이 현 단계에서 이미 결정

된 절차에 따라 실시될 이번 선거는 진정한 의미를 갖지 않을 것입니다. 이 선거로부터 분단이 시작되기 때문입니다. 저는 참된 애국자나 혁명적 지도자들은 누구도 당선되지 않으리라 확신합니다. 지금 수천의 혁명적 인민이 투옥되어 있거나 지하에 숨어있습니다.

의장 : 자유선거를 가능하게 하는 분위기가 조성될 것이라고 생각하십니까?

박건웅 : 불가능합니다.

마네 : 박건웅 씨는 수천 명이 투옥되어 있다고 말했습니다. 나중이라도 명단을 보내주실 수 있으신가요? 현재까지 명단을 확보하지 못했습니다. 우리는 투옥된 혁명적 지도자가 누구인지 모릅니다. 그리고 이 문제는 우리의 관심사이기도 합니다.

박건웅 : 투옥된 대다수는 좌익 정치범이라고 생각합니다. 그리고 명단은 최선을 다해 작성할 것이지만, 좌익정당에 요청하는 편이 더 좋으리라 봅니다. 그들이 보다 상세히 알 것입니다.

마네 : 그들이 정당지도자나 혁명적 지도자라고 말씀하시는 것입니까? 알려주셔서 감사합니다. 그 자료는 매우 가치 있고 중요할 것입니다.

박건웅 : 제가 알고 있는 지도자들의 명단은 여러분들이 이용하실 수 있도록 하겠습니다. 그러나 혁명적 좌익인사들이 신분을 가장하고 주소를 바꾸었습니다.

마네 : 그들이 투옥된 상태라고 이해하겠습니다.

박건웅 : 그들이 주소를 위장해야 할 정도로 자유로운 분위기가 조성되어 있지 않다고 말씀드리는 것입니다.

마네 : 그러나 투옥된 상태라면 주소를 알 수 있지 않나요?

박건웅 : 명단 문제와는 별개로 체포를 피하려는 사람들이 있는 한, 자유선 거에 적합한 분위기는 조성되지 않았다고 말씀드리고 싶습니다.

의장 : 왜 귀하는 자유로운 분위기에서 선거를 실시할 수 없다고 생각하십 니까?

박건웅 : 두 초강대국 간의 불협화음 때문입니다.

마네 : 그것은 전적으로 다른 문제입니다. 레이크석세스로 가져갈 수 없습 니다.

의장 : 박건웅 씨, 대단히 감사합니다.

(회의는 오후 6시 20분에 종료됨)

제26차 회의 요약기록[1]
1948년 3월 2일 화요일 오후 4시, 양평군(楊平郡) 옥천면(玉泉面)

의장 : 잭슨(S. H. Jackson, 호주)

청문 : 옥천면 면장 함운동(Ham Undong)

함운동 씨는 자신이 28세이며 3년간 옥천면 면장으로 재직하고 있다고 소개함. 옥천면은 70여 세대임. 소학교 졸업. 면에 학교는 없지만 도보로 40분 거리에 학교가 있음.

리우위안(劉馭萬, Liu, 대만)이 함운동 씨에게 어떻게 면장이 되었는지 질문함.

함운동 씨는 전임 면장에 이어 마을회의에서 선출되었다고 답변함. 선거는 18세 이상 남녀의 투표로 진행되었고, 선거연령은 마을회의에서 결정되었음.

차석비서관 밀러(Ian F. G. Milner) 씨가 함운동 씨에게 누가 마을회의를 책임지고 얼마나 자주 열리는지 질문함.

함운동 씨는 결정해야할 사안이 있거나 면사무소(Myun Office)의 지시를 받으면 자신이 소집한다고 답변함.

리우위안 씨가 세금은 어떻게 납부하는지 질문함.

---

1 Document A/AC.19/SC.2/SR.26.

함운동 씨는 마을사람들이 면사무소에 갈 일이 있을 때 낸다고 설명함. 세금은 토지세와 세대별 세금(household taxes)이며, 현재 인플레이션으로 인해 과중하지 않다고 답변함.

리우위안 씨가 어떻게 마을 사람들이 북한에 관한 소식이나 선거 실시에 관한 정보를 알게 되었는지 질문함.

함운동 씨는 면사무소에서 소식을 접한 후 마을회의를 열어 사람들에게 전해주었다고 답변함. 자신은 북한에서 온 소식을 듣지 못했으나 남한에서 선거가 실시된다는 사실을 알게 됨. 이번 선거에 마을 사람들이 참여할 것임.

대동청년단(大同靑年團, the Dai Dong Young Men's Group)[2]이 마을사람들에게 선거가 실시될 것이라고 알림. 명단 가운데 대동청년단이 지시하는 이름에 서명했다고 설명함. 이 명단은 봉인되어 대동청년단과 협력하는 면사무소 소장이 후보자를 지명한 후 군청(Gun Office)으로 송부되었음. 이미 사전선거가 실시되었음을 암시한다고 판단됨.

함운동 씨는 대동청년단이 마을을 관리하는 유일한 단체이고 이웃마을의 상황도 동일하다고 진술함.

리우위안 씨는 마을사람들이 대동청년단이 지명하는 후보자를 지지하지 않을 경우, 자신들의 의견을 개진할 수 있는지에 대해 질문함.

함운동 씨는 면 주민들은 보통 대동청년단이 지명한 후보자를 선택한다고

---

2 대동청년단 : 가장 영향력 있는 우익청년단체 중 하나.

답변함.

의장은 대동청년단과 연결된 정당이 있는지 질문함.

함운동 씨는 대동청년단 자체가 정당이라고 설명함. 대동청년단은 한국민주당과 어느 정도 긴밀한 관계에 있다고 말함.

의장은 좌익이나 공산주의 후보자가 선출될 수 있는지 질문함.

함운동 씨는 자신의 면에서 그런 사람들이 문제가 되지는 않지만, 다른 면의 상황은 모른다고 답변함.

의장은 함운동 씨에게 1개 면 단위에서 1명 이상의 후보자가 출마할 수 있는지 질문함.

함운동 씨는 1명 이상의 후보자를 생각해 보거나, 자리를 채우는데 필요한 후보자 수를 고려해 본 적이 없다고 답변함. 모든 면민들은 자신들이 선택한 사람에 만족하기 때문이라고 진술함.

의장은 예를 들어 한 면에서 두 후보자가 나오고 그 면에 5개 리가 있다면, 세 개의 리는 대표되지 않는다고 말함. 이럴 경우 대표되지 않은 리가 어떻게 정부에 대해 자신들의 의견을 대변할 수 있는지를 질문함.

함운동 씨는 사람들이 선거에 기꺼이 참여하겠다고 면사무소에 명단을 보냈기 때문에 그들의 당선 여부에 관계없이 투표할 것이라고 답변함. 명단은 면에 있는 23세 이상 모든 주민의 이름이 기록됨. 그리고 선거가 남북 전체의 복리를 위한 것이기에 누구도 기권하지 않을 것이라고 언급함.

의장은 어디서 그리고 어떻게 투표가 진행되는지 질문함.

함운동 씨는 마을회관에서 투표가 진행될 것이라고 설명함. 투표는 대동청년단과 면장의 감독 하에 실시될 예정임.

의장은 대동청년단을 제외하고 다른 정당이 참여할 수 있는지 질문함.

함운동 씨는 투표를 원하는 다른 정당원이 있다면 사람들이 거부할 것이라고 답변함. 그러나 면이 여러 정당으로 분열되지 않기를 바라기에 후보자들은 한 개 정당에서 출마했다고 함.

의장은 면사무소가 후보자 명단을 어디서 확보했는지 질문함.

함운동 씨는 대동청년단 단장과 면사무소 소장이 함께 협의하여 후보자를 지명한다고 설명함.

밀러 씨가 옥천면에 다른 후보가 있는지 질문하자 함운동 씨는 없다고 답변함.

이승만(李承晚) 박사 외에 다른 정치지도자를 알고 있는지에 대한 질문에 함운동 씨는 김구(金九)를 들어본 적이 있다고 답변함.

(회의는 오후 4시 45분에 종료됨)

조선노동조합전국평의회(朝鮮勞動組合全國評議會) 의장
허성택(許成澤) 인터뷰 요록[1]
1948년 2월 20일 오후 3시 15분, 서울 수도호텔

의장 : 루나(Pufino Luna, 필리핀)

허성택 씨가 자신의 개인사를 담은 개요를 보내옴. 한국 독립운동에 투신한 16세에 투옥되었고 10년간 구금됨. 1945년 8월 15일까지 자유롭지 못하였음. 전쟁 기간 동안에 연합국을 지지하고 반일 활동에 가담하여 일제로부터 고문과 학대를 받음.

그가 태어난 성진(城津)은 북한에 위치함. 남한의 청주(淸州, Chung Jo)에서 1년간 투옥됨. 1945년 8월 16일에 서울로 이동한 후에 그가 의장으로 있는 조선노동조합전국평의회(이하 '전평')를 조직함.

오랜 기간의 구금 때문에 가족들이 흩어짐. 석방 이후 아내와 서울에서 재회함.

1947년 2월 집회허가를 받지 못했다는 이유로 전평 회의에서 경찰에 체포됨. 회의가 그의 사택에서 있었기 때문에 집회허가가 필요하다고 생각하지 않았음. 1948년 2월 19일 자취를 감춘 그의 가족을 찾기 위해 형기만료로 석방됨.[2] 그는 동료들의 호의를 받음.

---

1 Document A/AC.19/SC.2/9.
2 1948년 2월 18일 서울에서 투옥 중인 허성택씨 앞으로 제2분과위원회가 초청장을 발부함. 허성택씨는 그날 석방됨(Document A/AC.19/SC.2/SR.20, page 3).

석방 전날부터 4명의 형사가 끊임없이 미행함. 2월 19일 밤 그가 머물고 있는 집 주인이 집 밖에 4명의 형사가 있음을 알려왔음. 그는 두려워서 달아남. 허성택 씨의 지인이 그들에게 누구인지 질문함. 그들은 수도경찰청 사찰과라고 답변함. 허성택 씨는 집주인을 난처하게 한 것이 미안하여 집을 나옴. 집을 떠난 후에도 지인은 여전히 그 4명의 형사가 쫓고 있다고 알려옴. 다시 그들이 누구인지 확인함. 수도경찰청 사찰과 형사임을 알아냄. 허성택 씨는 근로인민당(勤勞人民黨)과 민주주의민족전선(民主主義民族戰線) 지도부와 연락을 취함. 지도부와 만나는 동안 계속 감시당함. 국제호텔로 들어갈 때까지 형사들은 그를 쫓음. 호텔로 들어가서야 형사들이 추적을 멈추었다고 허성택 씨는 믿고 있음. 숨어 지내는 노조지도부와 연락하길 원함. 아마 은거 중인 지도부가 그를 만나기 위해 모습을 노출할 것으로 보이지 않음. 감시를 받지 않는다고 확인한다면, 그들과 만나기 위해 노력할 것임. 1948년 3월 1일에 체포로부터 자유로워졌다는 연락을 받음. 이후 여러 문제에 대처하려고 함. 따라서 분과위원회의 초청에 응하고 동료들과 연락하기 위해서는 경찰의 감시가 없어야 함. 그는 지속적인 감시를 벗어나기 위해 어떠한 조치가 단행되어야 한다고 말함.

의장은 허성택 씨에게 전평의 목적과 수단이 무엇인지 질문함.

허성택 씨는 전평이 노동자와 농민의 정치경제적 이익을 목적으로 하고 있다고 답변함. 이 목적을 달성하기 위해 언론 및 집회의 자유 같은 민주적 권리와 임금인상을 요구함. 임금인상은 세 가지 수단을 활용함. 먼저 공장주나 소유자에게 직원의 임금을 인상하도록 요청함. 둘째, 미군정 노동부에 노동자의 경제생활 증진을 위한 법률초안을 요구함. 셋째, 다른 수단이 무위로 끝난다면, 파업과 사보타주를 행사할 수 있음.

그가 투옥되기 전에 전평 조합원은 남한에서만 30만 명에 달했음. 현재 회원

수는 정확히 알지 못함.

그는 전평 자체가 단지 협의체일 뿐이라고 강조함. 결정은 철도노조와 같은 다양한 노동조합의 노동자들이 정함. 철도노동자의 임금인상을 위해 철도노조는 행동에 필요한 조언을 받을 수 있음. 그는 전평회원이 언제나 폭력적 수단을 동원하지 않았다고 말함.

1946년 9월 24일 철도파업이 있었지만, 노동자들은 평화적으로 행동하고 설비를 보호함. 파업은 전평의 지시에 의한 것이 아님. 전평이 군정과 협의하려고 했으나 무위로 끝남. 파업과 사보타주는 반드시 폭력을 동반하지는 않음. 노동자들은 자신들의 공장에 한해서만 파업을 할 수 있고, 자신들의 문제를 논의할 수 있음. 사보타주는 고용주에 대한 노동자들의 단결을 보여줌. 1946년 철도파업 기간 동안 경찰은 거의 1,700명의 노동자를 체포함.

그는 자신을 합법적인 전평 의장으로 인식함. 의장은 전평 총회에서 선출되고, 그가 투옥된 이후 총회가 다시 열린 적이 없기 때문임.

체포와 관련된 질문에 허성택 씨는 1,105명이 참석하는 전평 대중집회를 허가받았다고 답변함. 1947년 2월 19일 제2차 전평 총회에서 전평 산하 위원회 회의를 열기로 결정함. 사택 만찬의 형식이었기 때문에 위원회 회의에 허가가 필요치 않은 것으로 생각하였음. 경제적인 이유로 의장과 부의장이 한 집에 80명의 위원회 위원들을 투숙시킴. 회의 후 위원 일부는 귀가함. 남은 52명의 위원들이 식사를 하기 위해 남아있었는데 경찰이 체포. 죄명은 집회허가를 받지 않았다는 것임. 그리고 경찰은 1946년 9월 철도파업과 본 회의가 연관되었다고 믿었음.

52명의 위원들이 군사 법정에서 재판을 받음. 그와 부의장 및 일부 인사들은 1년의 금고형을 받았으며 나머지는 1개월의 금고형에 처해짐. 허성택 씨는 파업과 연관이 없다고 부연함. 군정장관 러치(Archer L. Lerch) 장군과 하지(John R. Hodge) 장군, 군정 노동부 고문에게 서한을 보내 탄원하려고 노력함.

그는 자신에게 내려진 유죄판결이 합법적이지 않다고 생각함. 파업주동자는 폭력행위가 없었다고 보고함. 그는 단지 군정과의 중재 과정에서 문제가 있었던 것으로 생각함.

의장은 허성택 씨에게 1947년 8월의 폭동을 기억하는지 질문함.

허성택 씨는 1946년 9월에 파업이 있었고, 10월에 대구에서 폭동이 있었다고 답변함. 대구 폭동은 농민과 다른 시민들이 일으킨 사건으로 전평은 관여하지 않았음. 그는 1947년 8월의 폭동에 대해서는 당시 투옥 중이었기 때문에 관련이 없다고 진술함. 웨커링(John Weckerling) 장군의 각서[3]와 관련하여 허성택 씨는 여기에 기재된 1947년 8월 폭동에 대한 관련사항은 틀림없이 잘못된 것이라고 강조함. 1946년 파업은 그가 관련되었지만, 1946년 대구 폭동이나 1947년 8월 폭동은 아는 바가 거의 없다고 진술함.

1946년 9월 철도파업과 관련하여 그는 철도노동자들이 군정 운수부에 임금 인상을 요구하였다고 말함. 그는 당국의 답변을 얻기 전에는 파업지도부에게 어떠한 파업도 하지 말라고 조언하였음. 파업이 선언되기 전 군정장관, 하지 장군 및 노동부 수석자문에게 서한을 보냈으나 답변이 없었음. 9월 24일 파업이 시작됨. 9월 25일에 파업소식을 접함. 9월 26일 철도노조 지도부는 허성택 씨가

---

3   Document A/AC.l9/SC.2/8/Add.1.

파업을 지시하지 않았고, 노동자들이 스스로 일으킨 것이라고 보고함. 파업은 폭력행위 없이 진행됨. 야간에 허성택 씨는 군정 노동부에 서간을 보냄. 허성택 씨는 위원회가 파업 상황을 노출시킨다면, 군정의 주목을 끌 수 있을 것으로 생각했다고 부연함.

의장은 허성택 씨에게 어느 정당을 지지하는지 질문함.

허성택 씨는 극좌 세력 중의 하나인 남조선노동당(南朝鮮勞動黨) 중앙위원회 위원이라고 답변함. 중앙위원회 회의에는 참석하지 않지만, 전평 의장이라는 지위 때문에 선출된 것이라고 답변함.

남로당의 정치원리는 매우 복잡함. 주요 목적은 아마도 한국의 민족적 독립일 것임. 그는 남한 단독선거 실시에 관한 남로당의 태도가 무엇인지 말하지 않음. 전평 대표로서 그의 동료와 논의하기 전에 전평의 의사를 진술할 수 없다고 함.

의장은 허성택 씨의 진술을 제2분과위원회가 검토하여 제출할 필요가 있다고 말함. 경찰의 감시를 저지할 수 있는 조치가 취해질 수 있다고 언급함.

허성택 씨는 경찰의 감시로부터 자유로워진다면 2월 28일이나 29일 무렵에 제2분과위원회의 초치를 받아들일 수 있다고 말함. 가능하다면 개인자격으로 방문할 수도 있음.

그는 분과위원회와 협의하기 위해서는 경찰의 감시로부터 자유로워야 한다고 재차 환기함. 남로당 위원장 허헌(許憲)과 협의할 필요가 있음. 그러나 허헌이 수배중이기 때문에 어려울 것임. 남한의 현 상황을 고려하고 특정 인물과 협

의한 후 그는 제2분과위원회 방문 여부를 결정할 수 있을 것임.[4]

(청문회는 오후 4시 45분에 종료됨)

---

4 1948년 2월 2일 서간에서 허성택 씨는 공식적으로 청문회 초청을 거절함(document A/
  AC.19/SC.2/9/ Add.1).

XI. 선거법과 선거규정에 관한 한국인들의 여론 요약

선거법과 선거규정에 관한 한국인들의 여론 요약[1]

1. 1948년 1월 23일 열린 제3분과위원회 제2차 회의에서, 제2분과위원회가 한국인 인사들의 청문(A/AC.19/Sub.3/3)을 위해 고려해야 할 질문사항을 요청하였다. 이에 따라, 제3분과위원회는 제2분과위원회에게 다음의 질문사항을 전달하였다.

질문 1. 남조선과도입법의원 공법 제5호(Public Act No. 5)에서 규정한 선거가능 연령은 23세, 피선거권을 갖는 연령은 25세로 규정되었다. 북한의 선거규정에 의하면 20세에 투표권 및 피선서권을 갖는다.

제3소위원회는 선거가 "성인 보통선거에 근거하여" 실시되어야 한다는 입법의원의 제안에 비추어 가장 적절한 선거가능 연령 및 피선거권을 갖는 연령에 대한 의견을 한국인 인사들을 통해 얻도록 요청한다.

질문 2. 공법 제5호 제2조 (a)항은 다음과 같다.

"다음의 범주에 해당하는 자는 선거권이나 피선거권을 부여하지 않음".

"(1) (법적) 무능력자, 준무능력자, 정신질환자 및 약물중독자.

"(2) 징역형을 선고받거나 복역 중인 자 및 집행유예 혹은 탈주범.

"(3) 1년 이상의 징역 혹은 금고형을 받은 자, 하지만 형기만료 이후 3년 이상 경과하거나 혹은 집행유예인 경우, 그리고 선고가 정치범죄로 인해 내려졌다면, 그 자는 이 범주에 포함되지 않음.[2]

"(4) 법률로 투표가 거부된 자, 그리고 '반역자', '부역자', 혹은 '모리배'로

---

1 Document A/AC.19/W.27.

2 즉, 선거권이 박탈되지 않음(역자주)

서 법률로 규정된 자.

북한의 선거규정 제1조 제1항은 다음과 같음:
"1. 정신이상자 및 사법부 판결로 보통선거권이 배제된 자를 제외하고, 북
한의 모든 20세 주민은 재정상태, 교육, 거주지 및 종교에 상관없이 보
통선거권과 피선거권을 가짐."

이러한 규정이 적절하다고 생각하는가?

질문 3. (a) 일제하 공직에 복무했던 자들에게 선거권과 피선거권을 부여
해야 하는가? 만약 그렇다면, 어느 지위까지 적용해야 하며 또 개별 사항에
대해 어떤 주체가 다루어야 하는가?

(b) 일제하 친일행위자들의 선거권과 피선거권을 박탈해야 하는가?
만약 그렇다면, 어떠한 행동유형에 이를 적용하고 어느 기관이 각 개별적
사례를 다루어야 할 것인가?

질문 4. 문맹자에게 투표권을 부여해야 하는지에 대한 당신의 견해는?

질문 5. 국회의원의 수는 대략 몇 명 정도로 해야 하는가?

2. 1948년 1월 26일부터 2월 3일간 제2분과위원회는 13명의 한국인 인사
와 청문회를 개최하였는데, 이 가운데 7명이 선거와 관련하여 견해를 표명
하였다.
7명 가운데 4명은 5가지 질문에 모두 답하였다. 1명은 제시된 질문 4개 중
3가지에 대해 답변하였다. 다른 1명은 오직 한 가지 질문, 즉 질문 1에만

답변하였다. 그리고 마지막 1명은 단지 일반진술만 하였다.

3. 선거와 관련된 문제에 대해 견해를 표명한 7명의 한국인 인사들은 다음과 진영이나 신념에 따라 같이 구분될 수 있다. 우익 4명, 중도 1명, 무당파 2명. 이러한 구분에 따른 각 질문에 대한 견해는 아래와 같다.

질문 1.

(a) 우익:

선거연령 – 20~23세 ; 입후보 연령 – 오직 1명만 정확한 견해를 밝혔는데, 25세임.

(b) 중도:

선거연령 – 20세 ; 입후보 연령 – 견해를 밝히지 않음.

(c) 무당파:

오직 1명만 선거연령은 23세, 입후보 연령은 25세 이상이라고 명확히 밝힘.

질문 2.

(a) 우익:

3명은 상당히 자세히 진술한 반면, 공법 제5호 제2조 (a)항 조항에 대해서는 대체로 긍정적이지 않았음.

2명은 공법 제5호 제2조 (a)항이 적절한 조항이며, 그 중 1명은 북한 선거 규정 제1조 (1)항에 대해 선거연령 부분만 제외한다면 받아들일 수 있다고 진술함.

(b) 중도:

친일 반역자와 부역자를 판가름하는 재판소 설치에 찬성함.

(c) 무당파:

공법 제5호 제2조 (a)항 규정은 제3항을 제외하고 적절하다고 발언함(1명이 진술함)

질문 3.

(a) 우익:

대체로 일제하 공직에 복무한 사람들의 선거권 및 피선거권 박탈에 대해 사실상 부인함.

더욱이, 이들은 일제하 공직에 복무한 사람들의 수는 선거결과에 영향을 줄 수 없을 정도로 적다고 믿음. 이와 유사하게 반역자와 부역자를 정확히 지목하기는 어렵지만, 그들에게는 선거결과에 영향을 미칠 만큼의 파급력이 없다고 생각함. 질문 3(b)는 누구도 직접적으로 답변하지 않음.

(b) 중도:

오직 고위직인 자들에 대해서만 투표권을 박탈함. (b) 질문에 대한 직접적인 답변은 없음.

(c) 무당파:

열거된 두 범주에 있는 사람들은 특별위원회를 설치하여 처리해야 함(1명이 표명함).

질문 4.

(a) 우익:

1명만 긍정적이고 2명은 부정적임.

(b) 중도:

부정적인 답변.

(c) 무당파:

긍정적인 답변(1명만 견해를 표명함).

질문 5.

(a) 우익:

(1) – 250 명.

(2) – 300 명.

(3) – 400 명.

(b) 중도: 300명.

(c) 무당파:

질문을 제시하지 않음.

4. 제시된 질문에 대한 개인별 답변은 아래와 같다.

(1) 이승만(李承晚, 대한독립촉성국민회 의장)

질문 1. 선거연령과 관련하여, 20세 혹은 23세를 받아들일 수 있음. 입후보 연령과 관련하여, 21세, 22세, 혹은 23세로 한다면 심각한 문제가 될 수 있음.

질문 2. 공법 제5호에 있는 규정들은 개인의 계급 혹은 계층을 차별하기 위해 인위적으로 만들어진 세부사항에 근거한다고 생각함. 그 규정들은 결국 사람들의 자유를 제한할 것임. 이들 규정으로부터 비롯되는 문제들은 한국

정부 설립 이후 적절한 법률과 규정을 통해 특별 법정에서 다루어야 함.

질문 3. 공법 제5호 제2조가 지목하는 개인들은 일제하에서 지위를 가졌던 사람들이지만 사람들의 신뢰를 받았기 때문에 차별받아서는 안 됨. 더욱이 그들은 소수임. 어느 경우든, 투표자들이 이 문제를 결정해야함. 만약 실제 부역자와 반역자가 있다면, 한국인들은 그런 자들을 알고 있음. 따라서 일반대중에 대한 영향력은 없을 것임.

질문 4. 그렇다. 문맹자에 대한 제한은 철폐되어야 함.

질문 5. 인구 10만 명당 1명 꼴로 국회의원으로 거의 250명 정도가 적당함.

(2) 김구(金九, 한국독립당 당수)

질문 1. 투표연령은 20세. 후보연령은 25세임.

질문 2. 어떤 규정은 적절하지만 다른 것은 그렇지 않음. 선거에 관련한 모든 문제를 논의하기 위해서는 남북 정치지도자들 간의 회담이 열려야 함.

질문 3. 일제하 공직에 있던 사람들을 당장 처벌해서는 안 됨. 그들은 고위직에 있었기 때문임. 이 문제는 위에 언급한 회담이 결정하도록 해야 함. 이와 유사하게, 친일행위를 저지른 자들은 회담 결정에 따르도록 해야 할 것임.

질문 4. 오직 비문맹자들에게만 투표권을 부여해야 함.

질문 5. 대략 4백 명의 국회의원들이 인구에 비례하여 선출되어야 함.

(3) "X"(중도좌파단체대표)

(위에 언급한 선거에 관한 질문에 답한 바 없음)

(4) 김규식(金奎植, 입법의원 의장)

(위에 언급된 질문에 답한 바 없음)

(5) 한경직(韓景職, 월남한 목사)

종합 : 한 목사(한경직)는 북측 지역의 대표들은 월남자들이 선출해야 한다고 믿음. 월남자들이야말로 북한 주민의 의사를 대변하기 때문임. 그러므로 북한 지역에 상응하는 특별선거구 설치를 지지함.

한 목사는 모든 월남자들이 우익이라고 봄. 그들은 소위 중도노선을 좋아하지 않음. 중간파 중 다수는 공산주의자라는 의혹을 받기 때문임.

(위에 언급된 선거관련 질문에 답한 바 없음)

(6) 여운홍(呂運弘, 사회민주당 당수):

질문 1. 사회민주당은 선거연령을 20세 규정하는 것에 찬성함. 그러나 23세도 타협할 수 있음. 하지만 여운홍은 선거연령 23세는 비민주적이며, 추후에라도 20세로 낮추어야 한다고 봄.

질문 2. 친일 및 부역자 조사를 위해 특별재판소가 설치될 필요가 있음.

질문 3. 자신의 의지와 상관없이 친왕의 지위를 가진 사람들은 선거권이나 피선거권을 박탈해야 함. 하지만 일제하 고위직뿐만 아니라 경찰 같은 낮은 지위를 가진 자들을 한국인들이 반드시 증오하지는 않음. 오히려 일본인보다도 더 한국인에 반하는 행위를 통해 더욱 친일적이었던 자들이 있음.

질문 4. 문맹자들에 투표권을 부여해서는 안 됨.

질문 5. 인구 10만 명당 1명으로 거의 3백 명의 국회의원들이 선출되어야 함.

(7) 김성수(金性洙, 한국민주당 당수)
질문 1. 선거연령은 23세.

질문 2. 김성수 씨는 남한에 정치범은 없다고 단언함. 따라서 현재 구금되어 있는 자들은 정치적 이유가 아닌 폭력행위로 인해 처벌을 받는 자들임.
공법 제5호 제2조 제1,2,3항은 적절하다고 판단함.
하지만, 제4항과 관련하여, 반역자 및 부역자, 모리배에 대한 정의는 매우 모호하다고 봄. 따라서 현 단계에서 이 규정은 법률에서 제외되어야 함. 정부 수립 이후 이 문제가 고려되어야 함. 선거에 대한 북한의 규정(제1조 (1))이 선거연령을 제외한다면 오히려 더 적절함.

질문 3. 공직에 관한 한, 한국인에게 해를 끼치면서까지 일제에 협력한 자들을 규정하는 일은 쉽지 않음.
공법 제5호 제2조 (b)항은 조항에서 삭제되어야 함.
친일행위자로 비난받는 자들은 선거명단에서 구별될 수 있을 만큼 다수가 아님. 게다가 친일행위를 정의하는 일도 난해함.

질문 4. 문맹자들에게 투표권을 부여해서는 안 됨. 선거에 대한 정확한 판단을 할 수 없기 때문임. 게다가 그러한 조항(문맹자 선거권 배제)은 다수를 배제하지 않을 것임. 한글은 단시일 내에 습득할 수 있기 때문임.

질문 5. 대략 3백 명의 국회의원이 필요함.

(8) 조평재(趙平載, 조선인권옹호연맹 사무총장);

질문 1. 견해를 표명하지 않음.

질문 2. 제3항을 제외하고, 공법 제5호 제2조 (a)항의 모든 규정이 적절하다고 봄. 제3항은 선거에 영향이 없을 것임.

질문 3. 일제하 고위직에 있던 자들은 특별위원회가 취급하여야 함. 부연하여, 일제 정보관련 기관이나 군수 및 전쟁 물자를 취급한 자들은 특별위원회가 처리해야 함.

질문 4. 문맹자에게도 투표권이 부여되어야 함.

질문 5. 답변하지 않음.

(9) 황애덕(黃愛德, Esther Whang Park, 전국여성단체총연맹 위원장)

질문 1. 향후에 하향된다 하더라도, 현 단계에서 선거연령은 23세가 적절함. 입후보연령은 25세 이상이 되어야 함.

질문 2, 3, 4, 5 : 답변하지 않음.

(10) 안재홍(민정장관)

(11) 김용무(사법부장)

(12) 조병옥(경무부장)

(13) 장건상(사회노동당 당수)

(위에 언급한 인사는 선거에 관한 질문에 답한 바 없음)

유엔한국임시위원단 제2분과위원회 보고서

초판 인쇄 | 2018년 12월 10일
초판 발행 | 2018년 12월 20일

편　저 | 경희대학교 한국현대사연구원
발행인 | 한정희
발행처 | 경인문화사
총괄이사 | 김환기
편집부 | 김지선 박수진 유지혜 한명진
마케팅부 | 전병관 하재일 유인순
등록번호 | 제406-1973-000003호
주 소 | 경기도 파주시 회동길 445-1 경인빌딩 B동 4층
전 화 | 031) 955-9300　팩 스 | 031) 955-9310
전자우편 | kyungin@kyunginp.co.kr
홈페이지 | www.kyunginp.co.kr

값 28,000원
ISBN 978-89-499-4782-2　94910
　　　978-89-499-4781-5 (세트)